아동 연구방법의 이해

이은해 · 이미리 · 박소연 공저

학지사

서문

아동연구방법을 출간한 지 20년이 가까워 와도 개정하지 못하고 있다가, 정년을 2년 앞두고 지금은 동료인 제자들의 참여로 작업을 착수할 수 있었다. 이 책의 집필계획은 개정작업 이상으로 거의 새로운 틀로 바뀌었고, 모두 열심히 쓰다 보니 분량이 조금 많아졌다. 초판에 비해 연구절차의 모든 단계를 자세히 서술하였고, 특히 연구문제–설계–분석 간의 연계에 대한 이해를 높이고자 하였다. 그리고 질적 연구와 함께 조사 연구방법 중 경험표집법을 소개한 점도 새로운 시도라 할 수 있다.

이 책은 아동학, 유아교육 및 관련 분야에서 아동에 대한 과학적 연구에 관심을 가진 학부, 일반대학원, 특수대학원 학생들 그리고 현장 전문가들을 대상으로 하며, 연구방법의 절차와 방법을 충분히 이해시키는 데 목적이 있다. 강의대상에 따라서는 제IV부의 내용을 부분적으로 선택하여 다루어도 좋을 것이다.

이 책의 구성은 한 학기의 강의내용에 따라 다섯 부분의 총 14장으로 이루어져 있다. 제I부의 1장과 2장은 연구의 과학적 기초와 연구의 윤리를 다루고 있다. 제II부의 3장, 4장, 5장은 연구과제의 이론적, 개념적 기틀을 마련하기 위해서 연구주제의 발견, 문헌조사, 변인의 선정과 조작적 정의에 관한 내용을 서술하였다. 제III부의 6장, 7장, 8장은 연구설계의 고안에 관련된 내용으로 연구의 접근방법, 표본선정, 변인의 측정을 다루고 있다. 제IV부의 9장, 10장, 11장, 12장은 아동 연구의 대표적인 방법 및 기술을 상술한 내용으로 관찰연구, 실험연구, 조사연구, 질적 연구에 대해 구체적으로 서술하였다. 끝으로 제V부의 13장과 14장은 연구결과의 분석과 보고서 작성에 대한 내용을 다루었다.

이 책의 집필은 1장에서 6장, 8장, 10장은 이은해 교수에 의해, 7장, 11장, 13장은 이미리 교수에 의해, 9장, 12장, 14장은 박소연 박사에 의해 마무리되었다. 그리고 집필 초기에 5장과 14장의 초고 일부를 고윤주 박사가 제공하였다. 이들의 적극적인 참여와 공동의 작업 없이 이 저서는 빛을 볼 수 없었을 것이다.

지난 20여 년간 아동학과 유아교육 관련 분야는 눈부신 발전을 하였고 전문가 집단도 크게 성장하였다. 그러나 우리나라 영유아와 아동을 위한 의사결정과 프로그램 개발에 관련된 실증적 연구의 필요성은 과거 어느 때보다도 더 절실한 것 같다. 전문가는 건전한 이론과 과학적 증거에 기초해서 그들의 주장을 펼 수 있었으면 한다. 이 책이 보다 심도 있고 의미 있는 과학적 연구의 수행에 도움이 됨으로써 이 분야의 학문적 발전에 기여하고, 나아가서는 현장의 여건을 향상시키는 데 조금이라도 보탬이 되었으면 하는 바람이다.

그동안 아동가족 연구방법, 연구방법론 강의를 수강한 연세대학교 학부, 대학원생 그리고 졸업생들은 이 책의 집필내용에 배경과 피드백을 제공해 주었기에 고마움과 함께 출간의 기쁨을 나누고 싶다. 이 책의 집필에 격려와 성원을 보내 준 아동가족학과 교수님들에게 감사하며, 문서정리와 반복되는 수정작업을 말없이 도와준 연구조교 이현경, 대학원생 이세희에게도 고마운 마음을 전한다. 이 책의 출간을 맡아 주신 학지사의 김진환 사장님께 감사하며, 촉박한 시일 내에 원고를 편집해 주신 학지사 관계자 여러분께도 감사드린다.

2006. 1

저자 씀

차례

상세목차

제 III 부 연구설계의 고안

제 IV 부 연구방법과 기술의 적용

제V부 자료분석과 연구결과 보고

제I부 연구의 기초

01 Chapter

연구의 과학적 기초

1. 연구의 개념과 필요성

연구라는 말은 일상생활에서 다양한 의미로 사용되고 있다. 어떤 사람들은 좀 더 깊이 생각해 보겠다는 의미로 연구해 본다고 말하며, 대학원 과정의 학생에게 연구는 학위 과정을 끝내기 위해 필수적으로 거쳐야 하는 과제다. 이처럼 연구 또는 연구방법이 상식과 전문적 용어 사이에서 다양하게 사용됨에 따라 의미의 혼동을 가져올 수 있다. 따라서 이 장에서는 과학적 접근으로서의 연구에 초점을 두고, 연구의 주요 개념을 파악하며, 연구의 필요성에 대해 알아보고자 한다. 또한 좋은 연구란 어떤 것인지 그 특성에 대해서도 서술하고자 한다.

1.1 연구란 무엇인가

연구에 대한 대표적인 정의를 통해 연구의 개념을 살펴보기로 하자.

연구는 어떤 학문 분야든지 그 분야의 이론에 관련된 새로운 지식을 탐색하는 과정이라고 할 수 있다. Salkind(2003)에 의하면, 연구는 '새로운 지식을 발견하는 과정' (p. 3)이라고 하였다. 탐색과 발견의 장(場)은 해당 학문 분야에서 관심을 가진 현상으로, 예를 들면 아동학의 경우 아동과 아동을 둘러싼 환경이라고 할 수 있다. 그러나 연구에서는 '무엇' 에 해당하는 실체(reality)뿐만 아니라 '어떻게' 실체를 알게 되는지 그 방법을 강조하여야 한다.

연구활동이 일상적인 탐구와 구별되는 점은 과학적 접근방법을 적용하는 데 있다. 일상적인 탐구는 인간의 자연스런 활동이다. 특별히 과학적인 접근방법을 사용하지 않고도 일상생활에서 새로운 지식을 찾고, 문제를 해결한다. 예를 들어, 집에서 학교까지 오는 가장 빠른 길과 교통편을 시간대에 따라 알아내는 일이나 자녀를 양육하는 효과적인 방법에 대해 알아보는 것이다. 이러한 과제에도 과학적인 접근방법을 사용할 수는 있지만, 그런 형식적 절차를 거치지 않고도 자연스럽게 우리는 일상적인 탐구를 통해 문제를 해결한다.

연구는 과학적인 절차라는 특별한 접근방법을 사용하는 것 외에도 어떤 문제의식, 의문, 호기심 등에서 출발한다. Tuckman(1999)에 의하면, 연구란 '어떤 문제(의문)에 해답을 발견하기 위한 체계적인 시도' (p. 4)라고 했으며, Adams와 Schvaneveldt(1991)도 연구방법은 '다양한 연구문제에 대한 해답을 찾기 위해서 적용되는 과학적 절차' (p. 16)라고 하였다. 우리가 연구할 수 있는 아동학 분야에서 실체의 범위는 실로 무한하다고 할 수 있다. 연구를 하기 위해서는 광범위한 실체의 어느 특정 부분에 초점을 두고 주요 문제를 제기하게 된다. 따라서 해답을 찾는 것 이상으로 중요한 과제는 탐색이며, 특히 질문을 찾기 위한 탐색이라 하겠다.

과학적 연구의 정의로 보다 구체화하여 서술된 예는 Kerlinger와 Lee(2000: 14)에서 찾아볼 수 있다. 이들에 의하면, 과학적 연구는 '자연현상에 대한 체계적이고 통제된, 경험적이며 도덕과 관계없는 그리고 공적이고 비판적인 탐구' 라고 정의하면서, 연구는 '현상 간의 관계에 대한 가설과 이론' 에 의해 방향 지어진다고 부연한 바 있다. 이 정의를 통해 과학적 연구의 주요 특성을 다음의 몇 가지로 정리할 수 있다.

첫째, 연구가 체계적이고 통제되어 있다는 것은 과학적 연구의 탐구 과정이 질서 있게 이루어짐을 뜻한다. 즉 연구의 결과를 신뢰할 수 있게 연구의 과정이 단계별로 명료하며, 현상 간의 관계를 설명하는 여러 대안 중 하나를 제외하고 모두 배제될 수 있게 논리적으로 이루어진다. 때로는 현상 간의 인과관계가 설정되기도 한다. 연구는 단순한 짐작이나 직관이 아니라 연구자들이 일반적으로 따라야 할 원리와 체계적인 절차가 있다는 점에 유의해야 한다.

둘째, 과학적 연구는 경험적인 것이다. 경험이란 감각기관을 통해서 현상을 체험하는 것 또는 관찰을 뜻한다. 이는 연구자가 가진 가설이나 신념이 실증적으로 검증될 수 있어야 함을 의미한다. 연구자가 주관적으로 그리고 논리적으로 세운 개념이나 가설은 객관적 현실, 즉 자료에 반영되어야 한다. 다시 말하면, 현실 참조적(reality-referent)인 특성이 있다고 하겠다. 연구자는 사회적 세계에 직접 들어가서 어떻게 사람들이 행동하고 사고하며, 사회적 현상이 일어나는가를 관찰한다. 그러나 객관적 현실은 어떤 관점에서 어떻게 접근하는가에 따라 다르게 나타날 수 있다. 단 한 번의 경험적 연구의 증거가 진리로 판명되는 예는 극히 드물다. 따라서 동일한 가설에 대해서도 여러 번의 연구를 통한 누적된 경험적 증거를 필요로 하며, 이런 과정을 통해 점진적으로 지식체계가 구축된다.

셋째, 과학적으로 얻어진 지식은 원칙적으로 도덕적 평가의 대상이 될 수 없다. 연구결과는 '좋은' 혹은 '나쁜' 것이라고 간주되지 않으며, 대신 타당도와 신뢰도 면에서 평가되어야 한다. 다만 과학적 방법의 적용은 도덕적 논란의 대상이 될 수 있는데, 연구자들이 윤리적으로 적합한 방법을 사용해서 책임 있는 태도로 연구에 임했는가 하는 것이다. 따라서 연구는 어떤 현상이 '실제로 어떤 형태인가'에 관심을 두는 것이며, '어떠해야만 하는가'를 일차적 목적으로 다루지는 않는다.

넷째, 연구는 비판적 탐구이며, 연구방법이나 연구결과는 공적인 특성이 있다. 연구자들은 자신의 연구는 물론 다른 연구자의 결과에 대해 비판적이다. 연구결과가 전문 학술지에 발표될 때는 동료들의 심사를 거쳐서 과학적 기준에 부합되는가를 비판적으로 검토받는다. 또한 과학적 정보는 누구에게나 공개되고, 연구방법은 이를 선택하는 연구자들에게 알려져야 한다. 이처럼 연구방법이나 연구결과가 공적 영역에 속한다는 것은 누구든지 다른 연구자의 연구에 대해 의문을 제기할 수 있게 하며, 또 다른 방법이나 경험적 자료에 의해 지식의 영역이 확장되고 수정될 수도 있음을 의미한다.

1.2 왜 연구방법을 배우는가

연구와 연구방법에 대해 배워야 하는 이유를 살펴보기로 하자.

첫째, 연구는 변화와 발전을 가능하게 하는 원동력이다. 자연과학 분야는 물론 사회과학 분야도 연구와 기술의 발전이 곧 그 분야의 발전으로 연결되고 있다. 연구는 기존의 이론이나 지식과 사회적 요구를 연결시켜 주는 다리 역할을 한다. 다양한 사회적 요구에 대해 연구가 모두 반응하고 만족할 만한 답을 줄 수 있는 것은 아니나, 연구가 이에 적절히 반응할 수 있을 때 사회는 발전할 수 있다. 예를 들어, 19세기 후반 프랑스를 중심으로

서구사회는 정박아와 정신질환자에 대한 사회적 관심과 진단 및 훈련에 대한 요구가 증대되었다. 이때 Binet와 Simon의 지능척도 개발 연구는 그 당시로서 발전된 심리학적 지식을 진일보시키는 획기적인 계기가 되었고 이것은 검사운동으로 이어졌다. 현대사회에서 심리검사 없이는 대상의 선발과 분류가 거의 이루어질 수 없을 만큼 심리검사의 기여는 지대하였다.

둘째, 연구방법은 어떤 분야든지 학문적 영역의 세부 내용을 보다 깊이 있게 이해하는 데 도움을 준다. 대부분의 세부 영역들은 학문적 '내용'에 관한 지식이지만, 연구방법은 지식을 추구하는 '과정'에 관한 것이다. 예를 들어, Piaget의 발달 이론은 인지발달 측면에서 흥미로운 내용이지만, 그의 이론이 실험을 통해 어떻게 형성되었는가를 알게 되면 더욱 깊이 있게 이론을 이해하게 된다. 그리고 이론을 있는 그대로 수용하는 데 그치지 않고 새로운 호기심과 의문이 제기될 수도 있다. 특히 대부분의 아동학 분야 이론과 지식이 서구사회의 연구에 기초하고 있어서 우리나라 아동에게도 마찬가지로 적용될 수 있는지, 어떤 측면에서 다른지에 대한 지식을 생성하고 확장하는 데 기여할 수 있다.

셋째, 연구에 대한 지식은 학생 또는 현장의 실무자를 정보에 대한 비판적인 소비자로 만드는 데 도움이 된다. 연구에 관한 정보는 전문 학술지를 통해서 보급된다. 학술지에 나온 연구논문을 읽을 수 있고, 연구결과가 타당한 절차를 거쳐서 발견된 것인지를 판단할 수 있으며, 결과의 유용성을 알 수 있게 된다. 특히 유아교육이나 상담 등 현장에서 실무를 담당하게 되면 자신의 교수매체나 교수법 또는 특수한 상담 접근방식이 효과적인지에 대해 알고자 하며, 효과에 대한 증거가 있는지 찾아볼 수 있다. 따라서 연구는 학문적 영역을 추구하는 연구자뿐 아니라 현장에 근무하는 전문가에게도 도움이 될 수 있다.

넷째, 연구방법은 과학적 사고능력을 키운다. 연구방법은 지식에 도달하는 과학적인 방법과 태도를 습득하게 한다는 점에서 보다 일반화된 사고능력을 신장시킬 수 있다. 우리가 일반적으로 지식을 습득하거나 문제를 해결하고자 할 때 사용되는 방법으로는 직관, 문화적 관습이나 습관 또는 권위 있는 매체나 사람의 견해를 따름으로써 해결된다. 그러나 이러한 방식을 적용할 때 얻어지는 지식은 때로 부정확하고, 주관적으로 정보를 선택하거나 지나치게 일반화하는 등의 오류를 범하기 쉽다. 따라서 과학적인 사고능력의 신장을 통해서 우리는 학문 분야 외의 일상적인 당면과제의 해결이나 정책적 의사결정 등에서 보다 합리적으로 문제를 해결할 수 있다.

이상에서 서술한 이유 외에도 대학원 과정의 이수 및 전문가로 성장하는 데 연구방법론에 대한 지식과 적용능력은 거의 필수적으로 요구된다. 특히 그중에서도 연구방법과 통계적 분석에 대한 이해는 논문의 작성에서 실질적으로 도움이 된다. 그러나 유능한 연구자가 되기 위해서는 개념과 지식을 습득하는 것만으로는 부족할 경우가 있다. 이 목표를 달성하려면 다른 연구자들의 연구보고서를 읽는 간접 경험과 함께 스스로 연구를 수행하거나 경험 있는 연구자 밑에서 실무 훈련을 쌓는 직접 경험이 요구된다. 연구자에 따라서는 여러 가지 연구 접근방법 중에서 더 선호하고 잘 할 수 있는 방법이 있을 수 있으며, 한 가지 방법으로 기술이 연마되어 그 방법론에 대한 전문성을 기를 수 있다. 그러나 연구방법론에 입문하거나 연구경험을 쌓는 입장에서는 여러 가지 다른 접근방법을 고르게 학습함으로써 어떤 연구문제에 보다 적합한 방법을 선택할 수 있게 된다. 뿐만 아니라 외부 연구용역이나 연구기회가 생겼을 때 다양한 방법론의 적용기술을 구비하고 있는 것이 유용하다. 실제로 연구자들은 동일한 연구주제를 다양한 방법으로 접근하여 해답을 구하고 있으며, 이를 통해 연구주제에 깊이 있게 다각도로 접근할 수 있게 된다.

1.3 좋은 연구란 어떤 것인가

이상에서 연구의 정의 및 개념을 살펴보고, 왜 연구방법을 배워야 하는지에 대해 살펴보았다. 그러면 일반적으로 좋은 연구 또는 수준 높은 연구란 어떤 특성을 가지고 있는 것인지에 대해 알아보기로 하자(Salkind, 2003).

첫째, 좋은 연구란 다른 연구자들의 연구에 기초한다. 연구에서 독창성이 중요하다고 하여 전혀 연구되지 않은 주제를 자기만의 방식으로 연구한다는 것은 때로 무모하거나 그 분야에서 이루어진 선행연구에 대한 무지에서 비롯된다. 그러나 다른 연구자들의 연구에 기초한다는 것의 의미를 다른 연구를 그대로 복제하라는 뜻으로 해석해서는 안 된다. 일반적으로 각 분야의 중요한 주제는 과거 많은 연구자들도 관심을 가진 적이 있으며, 동일한 주제는 아닐지라도 최근까지 이루어진 연구들이 누적되어 있을 것이다. 한 주제 영역에 대해 선행연구자들이 어떤 방법론을 주로 사용했고, 어떤 연구결과들을 보고했는지에 대한 일반적 경향을 이해하며, 자신의 연구가 그들의 연구와 어떻게 차별화되어 새롭게 기여할 수 있는지를 찾아내야 한다.

둘째, 연구가 반복될 수 있어야 한다. 한 연구가 동일한 연구방법과 절차에 의해 다시 반복 수행된다는 것은 무엇보다도 연구방법이 그만큼 객관적이고 상세하게 체계화되어 있음을 말하며, 또한 반복할 만한 이유가 있음을 뜻한다. 만일 동일한 방법과 절차에 의해 같은 결과를 산출해 낸다면 연구에 내포된 이론이나 주장을 강화하는 것으로서 연구결과의 신빙성을 높여 준다. 또한 시간적으로 간격을 두고 기술적인 연구가 반복된다면, 시기에 따른 변화의 경향을 알 수 있어서 중요한 자료가 될 수 있다. 따라서 연구가 반복될 수도 있다는 것은 좋은 연구의 특징이라 하겠다.

셋째, 연구결과가 연구현장 밖에까지 일반화될 수 있어야 한다. 수준 높은 연구는 연구자료가 수집된 특정의 연구현장에만 결과를 제한시켜 해석하기보다 연구가 이루어진 현장 밖에까지 일반화하여 적용할 수 있어야 한다. 예를 들어, 아동의 또래압력에 동조하는 특성을 학교 상황에서 연구했다면 그 결과가 동네 친구들과의 관계에도 어느 정도 일반화될 수 있을 때 좋은 연구라 할 수 있다.

넷째, 연구는 이론의 형성에 기여하며, 이론과 연결된다. 아무리 큰 규모의 연구일지라도 한 연구에서 관심영역의 의문을 모두 해결할 수는 없다. 연구의 큰 영역은 작은 요소로 분리되고, 각 요소들은 서로 공통된 주제로 연결되며, 이는 대체로 어떤 이론에 연결된다. 다시 말해서 한 연구는 이론적 틀 안에서 복잡하게 연결된 퍼즐의 한 부분에 대한 의문을 해결하는 것이다. 따라서 이 의문은 이론적 틀에 어떻게 연결되고, 퍼즐의 조각이 어떻게 전체 틀의 이해에 기여할 수 있는지를 논리적으로 설명할 수 있어야 한다.

다섯째, 연구는 수행 가능(doable)해야 한다. 초보연구자들이 때로는 상당히 도전적인 아이디어에 매료되어 연구주제를 의욕적으로 설정하는 경우가 있다. 예를 들어, 보육시설 인증제를 통해서 우리나라 아동의 복지에 기여함을 연구목적으로 삼는다고 하자. 이러한 주제는 좋은 의도를 갖고 있으나 너무 포괄적이고 한 번에 연구하기에는 모호하여 제한된 기간 내의 연구로는 수행 가능하지 않다. 좋은 연구는 해답을 요구하는 어떤 문제가 구체적으로 제기되고 적정 기간 내에 해답을 낼 수 있는 것이어야 한다. 따라서 연구자는 한 주제에 대해 단독으로 대형 과제를 수행하기보다 다른 연구자들과 함께 대열을 이루면서 단계적으로 다룰 수 있는 내용의 연구 부분들을 하나씩 해 나간다.

여섯째, 연구에서 새로운 의문이 도출되고 전체 과정은 순환적 성격이 있다. 최근 이루어진 우수한 연구의 보고는 어떤 문제에 대해 해답을 주기도 하지만, 한편 미해결 과제들과 함께 새로운 연구문제들을 제시해 준다. 따라서 연구결과에서 새로운 연구문제를 도출하고, 그 연구문제의 해답을 찾으면서 다시 의문이 제시되는 등 계속해서 이러한 과정이 순환적으로 이루어진다.

일곱째, 연구는 지식의 체계에 조금씩 새로운 지식을 추가한다. 어떤 연구도 하나의 연구과제에서 그 영역의 광범위한 문제에 충분한 해답을 줄 수 없다. 대체로 연구자들은 한 과제에서 취급할 수 있을 만한 부분으로 축소시켜 연구하게 되고, 새로운 정보나 지식을 점진적으로 누적시켜 이론의 체계에 기여하게 된다. 따라서 연구자들은 관심영역이 비슷한 다른 연구자들과 함께 과거에 구축된 지식체계에 자신의 기여 부분을 추가할 수 있을 뿐 단독으로 놀랄 만한 업적을 이룬다는 것은 지극히 예외적이라 할 수 있다. Piaget의 인지발달 연구 같은 것이 아마도 예외에 속한다고 볼 수 있을 것이다. 그의 이론도 신 피아제 학파의 후속 연구자들에 의해 부분적으로 수정되고 추가된 바 있다.

여덟째, 연구는 보다 나은 사회를 위해 수행되는 활동이지만 비정치적인 것이 바람직하다. 연구가 가능한 한 정치적이 아닌 것이기를 바라지만, 응용연구에서는 정책적 이슈에 연결될 수 있고 정치적 목적에 따라 견해가 달라질 수 있다. 그러나 연구는 궁극적으로 개인적 견해나 정치적 입장에 관계없이 과학적 지식의 발견을 일차적 목적으로 한다. 예를 들어, 영유아 보육정책은 여성의 경제활동 참여와 영유아 발달이 함께 맞물려 있는 사안이다. 연구자가 여성의 경제활동 참여의 시각에서 영아 보육의 효과를 과대 활용한다면 이는 사회발전에 기여할 수도 있지만 영아 발달의 위험요인을 간과할 수도 있다. 따라서 연구자는 지나치게 정치적인 목적에서 연구를 수행하지 않도록 하고, 연구결과가 갖는 다양한 의미를 객관적 증거에 기초하여 제시함으로써 보다 큰 틀에서 인류사회에 기여하는 방향으로 활용될 수 있도록 해야 한다.

이상에서 일반적으로 좋은 연구의 특성을 살펴보았다. 반대로 바람직하지 못한 연구는 위의 특성이 없는 연구들이라고 할 수 있다. 특히 연구의 배경에 어떤 중요한 목적이나 이유가 있어서 보편적으로 발견되지 않는 사실을 의도적으로 찾아내고, 이를 증명하기 위해 자료를 잘못 다루거나 해석하는 일 등은 연구자의 윤리에 어긋나는 것이다. 연구의 윤리적 측면에 대해서는 다음 제2장에서 보다 구체적으로 다룰 것이다.

2. 과학적 연구의 목적

과학의 궁극적 목적은 우리가 살고 있는 세계, 즉 자연현상 또는 사회현상에 대해 설명할 수 있는 이론을 세우는 것이다(Kerlinger & Lee, 2000). 아동학이나 유아교육에서 과학적 연구를 수행할 때의 목표도 아동의 행동이나 교육현상에 대해 보다 충분히 설명하기 위한 것이며, 관련 이론을 정립하는 것이 궁극적인 목적이다. 따라서 연구자는 이론을 궁극적인 목표로 한다고 하더라도 한두 번의 연구로 이루어질 수는 없으므로, 과학적 연구는 보다 구체적인 목표를 갖고 단계적으로 수행하게 된다.

과학적 연구의 목적은 대체로 네 가지로 나누어 볼 수 있다. 첫째, 현상에 대한 기술, 둘째, 기존의 정보를 통한 예측, 셋째, 현상을 통제하거나 향상시키기 위해서 그리고 넷째, 현상 간의 관계를 설명하기 위한 것이다.

2.1 기 술

과학의 첫 번째 목적은 관심을 가진 현상에 대해 상세하게 기술(description)하는 것이다. 어떤 현상을 기술한다는 것은 실제 있는 그대로를 마치 거울에 반영하듯이 정확하고 구체적으로 투시하는 과정이 포함된다. 이를 통해 주요 변인들을 발견해 내고 추후변인 간의 관련성도 추측할 수 있다.

예를 들어, 부모-자녀 관계를 이해하기 위해서는 먼저 부모와 자녀 간의 상호작용에 대한 상세한 기술이 요구된다. 즉 상호작용의 형태는 어떤 양상인지, 어떤 행동들을 각각 보이는지, 부모의 어떤 행동이 상호작용을 지속시키며 어떤 행동이 상호작용을 멈추게 하는지, 시간 경과에 따라 어떤 변화가 일어나는지 등에 대해 기술할 수 있어야 한다. 이를 통해, 자녀의 발달과 관련되어 있는 부모의 양육행동 패턴이 어떤 것인지를 발견할 수 있다.

그 밖에도 아동의 놀이형태, 인터넷을 통한 소비형태, 가족구조의 변화, 이혼율, 출산율 및 의식의 변화, 보육시설의 실태 등 아동과 가족에 관련된 여러 현상들은 충분한 기술을 필요로 한다. 또한 기술적인 통계자료를 제공하는 각종 통계연보와 연구소들이 실시한 실태조사 등의 보고서도 기술적 목적을 위한 자료가 된다.

한편 연구의 기술적 기능은 관찰과 측정도구에 상당 부분 의존하고 있다. 이는 천문학자가 우주 행성의 움직임을 관찰하려면 발전된 망원경이 필수적인 것에 비유할 수 있다. 아동과 청소년, 가족에 관련된 현상을 상세히 기술하기 위해서는 특별히 고안된 검사나 측정도구들을 사용할 수 있다. 또한 비디오 기기 등의 발전은 부모-자녀 간 상호작용,

애착행동, 놀이행동 등 활동의 진행을 관찰할 수 있도록 화면에 저장하여 분석할 수 있게 해 준다.

새로운 영역의 연구를 시작하기 위해서는 그 영역에 관련된 변인들에 관해 우선 자세히 알아야 하므로 기술의 단계를 시발점으로 삼는 경우가 많다. 어떤 현상에 어떤 변인들이 주로 발견되며, 어떻게 관련되어 있는지에 대해 어느 정도의 지식이 축적되어야만 그 현상은 예측되거나 설명할 수 있다.

2.2 예 측

과학의 또 다른 목적은 예측(prediction)이다. 즉 사전에 얻어진 여러 가지 정보를 통해 후에 발생할 현상을 예측하는 것이다. 예를 들어, 해와 달, 지구의 움직임에 대한 지식을 통해 월식을 예측할 수 있다. 또한 태아의 성장에 대한 현 단계의 지식을 통해 태아발달의 다음 단계를 예견할 수 있으며, 유아의 학교 입학 전 학습준비도에 기초해서 초등학교 입학 후의 성취를 어느 정도 예언할 수 있다.

예측에 관련된 많은 연구들은 크게 두 가지 유형으로 나눌 수 있다. 하나는 학교 또는 직업 등에서 성공적으로 적응할 대상을 예측하기 위한 것이다. 입학 또는 입사 선발절차가 이러한 유형에 속한다. 또 다른 유형은 반대로 적응상 어려움과 관련된 위험요소들을 발견하여 사전에 예방하거나 중재를 시도하기 위한 것이다. 예를 들어, 정규학교를 중퇴할 가능성이 높은 대상 또는 범죄에 가담할 가능성이 많은 대상이 어떤 위험요소들을 갖고 있는지 사전에 알 수 있다면 이들을 선별해서 중재 프로그램을 실시할 수 있을 것이다. 청소년 범죄에 가담할 가능성을 예측하는 위험요소로서 낮은 사회경제적 지위, 가정불화, 적절한 성인 모델의 부재 그리고 낮은 교육 수준 등이 관련되어 있다면 이러한 변인들의 예측능력이 얼마나 정확한지, 또 다른 주요 변인은 없는지 계속해서 연구가 이루어져야 할 것이다. 만일 이러한 현상을 비교적 정확히 예측할 수 없다면 우리의 지식과 이해가 그만큼 부족하다고 할 수 있다.

2.3 통제 또는 향상

과학적 연구의 또 다른 목적은 통제(control)라고 할 수 있다. 통제는 기대되는 결과를 얻기 위해 어떤 현상의 결정요인을 조작하는 것이다. 예를 들어, 걸음마기 유아들을 교육하는 교실에서 놀잇감 때문에 분쟁이 자주 생기고 몇 가지 특정 놀잇감을 서로 갖겠다고 다투는 것이 빈번히 발견되면, 그와 똑같은 놀잇감을 몇 세트 준비해 줄 수 있다. 즉 분쟁의 결정요소인 놀잇감을 여러 개 제공함으로써 분쟁을 제거하는 효과를 얻을 수 있다. 마찬가지로 행동 문제를 보이는 아동에게 행동수정의 기법을 적용하여, 특정 행동과 관련된 결정요인을 조작할 수 있다. 즉 바람직한 행동에는 강화를 주고, 바람직하지 않은 행동에는 무시를 함으로써 행동을 변화시킬 수 있다.

이상에서 서술한 바와 같이 과학 분야의 실제에서는 현재의 상황을 변화시키거나 향상시키기 위해 다양한 조작 또는 중재를 하게 되며, 그 효과에 대한 지식을 요구한다(Gall, Gall, & Borg, 2003). 유아교육에서는 교육매체, 공학에서는 건축자재, 의료에서는 약품의 효과에 대한 지식이 필요하다. 교육 연구에서는 아동의 학업성취를 향상시킬 수 있는 다양한 중재의 효과를 검증하여 왔다. Walberg(1984)는 학업성취를 향상시키기 위해 고안된 중재 프로그램 연구 3천여 개의 결과를 종합하여 효과를 비교한 바 있다. 중재방법에 따라 효과의 크기가 다양하게 제시된 것을 볼 수 있다.

과학의 목적이 통제 또는 향상(improvement)일 때 연구자는 있는 현상을 그대로 기술하거나 예측하는 데 그치지 않고, 의도적으로 기존의 조건에 어떤 조작을 가하고 통제를 함으로써 현상에서 일어나는 변화를 기대한다. 그리고 그러한 변화가 현재보다 진일보된 상황, 즉 향상을 목표로 하여 연구가 진행된다. 이는 어떤 현상의 선행조건에 대한 지식이 충분할 때 그리고 그 조건을 조작할 수 있을 때에만 가능하다. 즉 행동과학자들은 행동이나 현상을 통제할 수는 없지만, 이를 유발하는 조건을 통제함으로써 변화를 시도하는 것이다.

2.4 설 명

설명(explanation)은 어떤 현상의 결정요인(determinants) 또는 선행조건(antecedents)에 대해 밝히는 것을 의미한다. 즉 어떤 현상이 왜 생기게 되었는지 그리고 무엇에 의해 그런 현상이 발생되었는지 설명하는 것이다. 따라서 과학적 연구에서 설명이 목적일 때 이는 현상에 대해 기술하고, 결과를 예측하며, 결과에 변화를 주기 위해 어떤 조작이 필요한가에 대한 지식을 모두 포함할 수 있다.

행동과학 연구에서는 행동의 결정요인을 일반적으로 세 가지로 구분해 설명할 수 있다. 즉 역사적 또는 발달적 요인, 상황 또는 맥락요인 그리고 생물학적 요인이다. 역사적 또는 발달적 요인이란 개인의 성장 과정에서의 다양한 경험과 사건들이 행동반응을 일정한 방향으로 특징짓게 하고 때로는 습관화되기도 하는 것을 의미한다. 예를 들어, 성장기의 학대경험이나 경제위기 등은 개인의 행동을 이런 경험을 하지 않은 경우와 다르게 형성하게 한다. 그 다음 상황 또는 맥락요인은 한 개인이 현재 처한 개인 외적 요소로서 기후나 시설 등의 물리적 환경일 수도 있고, 주변 인물들이 만드는 상황일 수도 있다. 한편 생물학적 요인은 개인 내적 요소로서 개인의 기본적 욕구, 개인적 성향, 기질, 체력, 능력 등이 포함된다.

이상에서 보듯이 어떤 현상의 결정요인은 흔히 그 현상이나 행동 유발에 앞서 나타나거나 또는 동시에 발생하는 것이 특징이며, 그러한 의미에서 선행조건이라고도 한다. 또한 하나의 현상은 여러 가지 요인에 의해 결정되어 나타나며, 요인 간의 상호작용도 있으므로 어떤 현상을 충분하게 설명한다는 것은 단순하지 않다. 그러므로 과학자들은 어떤 현상을 결정하는 요소에 대해 충분한 증거가 계속해서 누적될 때 그 현상을 자신 있게 설명할 수 있게 된다. 따라서 설명은 어떤 의미에서 과학의 궁극적인 목표와 연계된다. 그리고 가장 이상적인 형태의 설명은 연구하는 현상에 대한 이론의 구축이다.

3. 과학적 사고의 특성

오늘날 대부분의 연구자들이 과학을 정의할 때 과학적 지식보다는 사고 또는 방법을 강조한다. 그 이유는 과학의 각 분야마다 '조직화된 지식의 총체' 라고 할 수 있는 분야별 지식이 있으나 최근에 지식의 생성속도가 더욱 빨라지고 있으며, 끊임없이 재조직화를 겪고 있기 때문이다. 아동학이나 유아교육 분야도 이러한 경향에서 예외가 될 수 없다. 따라서 과학적 지식을 추구하는 방법 또는 사고에서 어떤 점들이 특징적인가에 대해 알아볼 필요가 있다.

과학적 사고를 다른 접근방식과 구분하게 하는 중요한 특성은 결정론, 객관성, 경험주의 그리고 검증 가능성이라고 할 수 있다(Goodwin, 2005). 이러한 특성에 대해 구체적으로 살펴보자.

3.1 결정론

어떤 현상이나 인간의 행동에 대해 '결정된' 것이라고 할 때, 이는 흔히 제한된 의미로 해석되기 쉽다. 즉 사전에 모든 것이 어떤 불가항력적인 힘(예: 운명, 신)에 의해 결정되어 있다고 생각될 수 있다. 그러나 과학적 사고에서 결정론은 이러한 신념과는 차이가 있다. 과학적 사고의 특성으로서의 결정론(determinism)은 세상의 사건들이나 인간 행동이 어떤 규칙을 따르고 있고, 어느 정도 예측 가능하며, 질서 있게 변화한다는 의미다. 물론 사회현상에 대한 예측이 항상 정확하지는 않으나 무선적이기보다는 규칙성을 가지고 생겨나며, 이러한 규칙성은 연구를 통해 발견될 수 있다고 믿는다.

따라서 결정론은 하나의 가정(assumption)으로서 모든 사건에는 원인이 있을 것이며, 이러한 원인은 과학적 방법을 통해 발견될 수 있으리라고 가정한다. 그러나 사회과학 분야에서는 어떤 사건에 대해 100% 확신을 가지고 예측하기는 어려우며, 우연에 의한 것보다 가능성이 높은가에 의해 예측하는 통계적 결정론 또는 확률적 결정론의 입장을 취하게 된다.

한편 결정론은 확률적인 결정론일지라도 마치 인간의 자유로운 의지나 선택에 역행하는 것처럼 느껴질 수 있다. 개별적으로는 예외가 있다 하더라도, 과학적 사고에서 결정론은 어떤 사건의 보편적이고 일반적인 원인을 발견하고 예측하는 것이다. 이러한 보편성과 규칙성에 대한 믿음이 없다면, 즉 결정론이 진실이 아니라면 인간행동에 대해 이해하거나 예측하기가 불가능해진다. 물론 인간행동에 영향을 미치는 요인은 여러 가지며, 한 사람이 순간적으로 어떤 행동을 할지에 대해 확신할 수는 없다. 그럼에도 불구하고 인간행동은 한 개인을 여러 상황에서 관찰해 보면 일정한 패턴에 따른다는 것을 알 수 있고, 이를 예측할 수가 있다. 예를 들어, 동네 문구점에서 어린 아동이 부모에게 어떤 장난감을 사 달라고 떼를 쓰는 것이 발견되었다면, 아동이 전에 떼를 써서 장난감을 얻은 경험이 있었을지 모른다. 이때 부모는 백화점에 가서도 그 아동이 떼를 쓸지 모른다고 예측할 수 있다.

3.2 객관성

객관성은 과학적 사고의 또 다른 주요 특성이다. 과학적 지식은 개인의 선입견이나 주관적 경험에 의존하기보다는 하나의 견해가 다른 사람들과 공유될 때 객관적이라 할 수 있다. 즉 객관적 관찰은 한 명 이상의 관찰자에 의해 동일하게 입증되어야만 객관성 있는 관찰내용이 될 수 있다(Goodwin, 2005). 예를 들어, 어린이집 교사가 A라는 아동을 '수줍은' 아이라고 했다고 가정하고, 이러한 견해가 객관성을 유지하려면, 같은 학급을 담당한 다른 교사도 마찬가지로 '수줍다' 고 관찰한 바 있으며, 때로는 부모도 같은 견해일 때 A라는 아동의 수줍음은 객관적 사실에 더 근접할 수 있다. 따라서 객관성이란 어떤 현상에 대해 관찰자 간에 의견이 일치하는 정도라고 할 수 있다.

우리가 발견하는 지식은 어느 정도 연구자에 따라 달라지기 쉬우며, 때로는 왜곡되기도 한다. 관찰현상이 복합적일수록 그리고 직접 관찰이 어렵고 물리적 현실에서 거리가 멀수록 왜곡 가능성은 커지게 된다. 예를 들어, 물리학자가 물체의 무게를 측정할 때에는 개인적 견해나 편견이 개재될 기회가 거의 없으므로 왜곡 가능성이 아주 적어진다. 그러나 이와 다른 현상인 아동의 지능, 애착 안정성, 사회적 유능성 또는 부모 양육행동을 측정할 때에는 연구자의 견해와 접근방식에 따라 그 특성은 아주 다른 모습으로 나타날 수 있다.

한편 객관성의 의미는 이같이 개인적 편견이나 지각의 측면에서만 문제시되지는 않는다. 과학적 사고에서의 객관성은 보다 근본적인 차원에서 이러한 특성과 구분하여 설명된다. 즉 과학에서의 객관성은 절차상 또는 방법에서의 객관성에 강조점을 둔다. 그리고 객관성 여부를 판단하기 위해서는 사건이나 현상이 관찰 가능한 것이어야 한다. 이 준거에 의하면 사건이나 행동은 한 사람 이상에게서 관찰될 수 있어야 하며, 이런 경우에 한해서 객관성이 논의될 수 있다. 따라서 행동과학 분야에서 객관성을 확보하기에 일차적으로 가능한 현상은 관찰 가능한 외현행동과 사건들이라고 할 수 있다.

그러나 때로 직접 관찰할 수 없는 인간의 내적 과정도 아동학이나 유아교육 분야에서는 관심의 대상이 된다. 공포, 주의집중, 지능, 창의성 같은 것을 예로 들 수 있다. 이러한 특성이 개인의 행동에 미치는 효과를 관찰할 수는 있으나, 직접 우리가 공포나 지능의 실체를 관찰할 수는 없다. 이와 같이 직접 관찰할 수 없는 인간의 내적 과정을 과학적 탐구에서 제외하기보다 이러한 과정에 대해 조작적 정의(operational definition)를 함으로써 관찰할 수 있는 행동이나 사건과 마찬가지로 취급할 수 있게 된다. 조작적 정의에 대해서는 제5장에서 자세히 다루었다. 심리적 과정에 관련된 변인의 예로서, 지능은 직접 관찰될 수는 없지만 지능검사로 측정할 수 있다. 이때 지능검사 제작자는 지능에 대한 이론적인 개념과 함께 조작적 정의를 통해 검사를 고안한다. 이렇게 고안된 지능검사를 누가 실시하든지 같은 결과가 산출된다면 그 지능검사는 객관성이 있다고 판단할 수 있다.

이상에서 살펴본 바와 같이 과학적 사고의 특성으로서 객관성은 관찰 가능성과 측정에 의해 어떤 현상이나 개인의 행동을 과학적으로 연구할 수 있게 한다. 그리고 하나 이상의 관찰자들이 한 가지 현상에 대해 동일한 견해를 갖게 될 때 보다 확신을 가지고 어떤 현상을 기술할 수 있게 된다.

3.3 경험주의

경험주의란 직접 관찰(observation)과 경험(experience)이 지식을 얻는 최상의 수단이라고 생각하는 입장이다. 과학의 전통적이고 일반적인 생각이 곧 이 경험주의라고 할 수 있다. 즉 관찰된 사실에 의거하여 논하고 사실적인 자료에 기초하여 일반화가 가능하다고 생각한다.

한편, '경험적(empirical)' 이라는 용어가 사용될 때 단순히 실제적 경험이나 관찰이 동반되면 충분하다고 생각할 수 있다. 그러나 과학에서 '경험적' 이라는 말은 두 가지 의미를 갖는다. 첫째는 사실적인 증거 또는 자료에 기초한다는 것과, 둘째는 체계적인 절차를 통해 얻어진 증거에 의존한다는 것이다.

사회과학자들이 인간행동에 대해 어떤 결론에 도달하려면 객관적인 자료 또는 증거에 의해 지지되어야만 한다. 예를 들어, 보육시설의 원장이 "금년도 신입원아들은 신체적으로 최근 몇 년에 비해 훨씬 잘 성장한 것 같다."라고 주장할 때, 이를 경험 지향적인 연구자가 들으면, 금년도 신입원아들의 자료와 함께 최근 몇 년간의 자료를 보아야겠다고 생각할 것이다. 그뿐만 아니라 원아들의 신체 측정치를 통해 정말 금년 신입원아들의 수치가 전년도나 그 이전 해에 비해 평균적으로 큰 것이 발견되어야만 그러한 주장이 타당하다고 할 것이다. 또한 어떤 사람이 지나치게 TV를 많이 시청하면 유아들의 창의성이 감소할 것이라고 주장한다고 하자. 과학적 사고에 훈련된 연구자라면, 창의성은 어떻게 측정하고, TV 시청은 어떻게 조사하며, 얼마나 많이 자료를 수집해야 할 것인지 등을 곧 떠올리게 된다. 이러한 태도가 지나치게 자료나 증거에 의존하는 경향으로 보일지는 모르나 이것이 과학적 사고의 첫걸음이라 할 수 있다.

그 다음으로 경험적이란 용어의 의미는 체계적이고 통제된 절차를 통해서 수집된 증거에 기초한다는 뜻이다. 경험주의에서 사용되는 추론의 기본 형태는 귀납법(induction)이다. 귀납법이란 여러 번의 개별적 관찰을 통해서 일반적인 원리나 지식을 유추해 내는 것을 말한다. 즉 연구자가 사례 1에서부터 사례 N에 이르기까지 체계적으로 관찰을 한 후 이로부터 어떤 원리를 유도해 내는데, 이때 그 원리가 얼마나 타당한가 하는 것은 사용된 귀납적 논리의 형태와 관찰의 대표성 등에 의해 결정된다. 만일 전집(population)의 모든 요소를 관찰했다면 완전한 귀납적 논리(complete induction)를 적용할 수 있을 것이다. 예를 들어, 한 학교의 교사들을 1번부터 N번까지 관찰하여 모두 여성임이 밝혀졌다고 하자. 이 사실로 그 학교의 교사진은 모두 여성이라고 일반화할 수 있으며, 이때의 논리는 완전한 것이다.

한편 어떤 전집의 모든 요소에 대해 완전한 관찰을 하기는 현실적으로 불가능하고 때로는 불필요할 경우도 있다. 따라서 사회과학자들은 전집을 모두 관찰하기보다 전집을 대표하는 표본(sample)을 선정하고, 표본에서 수집된 관찰결과에 근거하여 일반화를 시도한다. 이때의 일반화는 불완전한 귀납적 논리(incomplete induction)의 형태를 취한다고 볼 수 있다. 불완전한 귀납적 논리를 적용하는 경우 사회과학자들은 일반화할 때 생길 수 있는 오차의 양을 추정함으로써 확률적으로 어떤 현상이 일어날 가능성을 경험적으로 진술할 수 있다.

3.4 검증 가능성

과학적 방법의 또 다른 특성은 이론이나 가설이 검증될 수 있어야 한다는 것이다. 다시 말해서 어떤 이론이나 가설은 관찰 가능한 사건에 의해 자료화되고, 자료를 검토하여 지지되거나 부정될 수 있어야 한다. 따라서 어떤 연구결과에 대해 연구자 자신을 포함해서 누구든지 의문을 제기할 수 있어야 한다. 그러나 자연현상이나 사회현상에 대한 많은 의문이 모두 검증될 수 있는 것은 아니다. 검증 가능성을 염두에 둔 질문은 경험적 질문(empirical questions)에 속해야 하며, 경험적 질문이란 답이 구체적으로 예측되는 질문이다.

예를 들어, '신에 대한 믿음은 누구에게나 좋은 것인가?' 라는 질문은 구체적 답이 나올 수 없다. 그러나 '신에 대한 믿음은 성인기 이후 연령에 따라 증가하는가?' 라는 질문에 대해서는 구체적인 답이 나올 수 있다. 또 다른 예로 '인간의 신체와 마음은 하나인가? 아니면 두 가지로 분리된 것인가?' 라는 질문은 경험적으로 답이 나오기는 어렵다. 그러나 신체와 마음의 관계에 대한 관심에서 '심리적 스트레스가 사람의 면역체계에 영향을 미치는가?' 라는 질문을 제기한다고 하자. 스트레스의 종류에 따라 답이 다르게 나올지는 모르나, 해답이 제시될 수는 있을 것이다. 이처럼 과학적으로 접근할 수 있는 질문과 문제는 구체적인 답이 예측될 수 있어야 한다.

일반적으로 경험적 자료에 기초한 진술은 객관적 관찰을 통해 평가될 수 있으므로 연구자가 자신의 결론을 제시할 때 그 결론이 도출된 과정과 자료의 한계를 분명히 서술해 주어야 한다. 그렇게 함으로써 다른 연구자들도 그와 같은 연구문제에 대해 지지 또는 부정하는 증거를 가지고 논의할 수 있다. 이처럼 과학적 지식은 검증 가능성이 있기 때문에 항상 다시 수정될 수 있고, 누구나 자신의 결과에 대해 개방적일 수 있다. 이를 지식의 자기수정적(self-corrective) 기능이라 한다. 이처럼 과학의 자기수정적 기능은 과학적 지식을 타당한 지식으로 간주하게 하는 중요한 측면이며, 나아가 과학적 지식이 더욱 발전할 수 있는 토대가 된다.

4. 과학적 연구의 과정

연구는 어떤 문제 또는 의문에 해답을 찾기 위한 과정이라고 앞에서 서술한 바 있다. 즉 과학자들이 연구를 하기 위해 공통적으로 사용해 오던 탐구의 방법이 있는 것이다. 이는 과학적 방법으로 알려져 왔으며, 체계적이고 단계적인 과정을 거쳐서 문제를 해결하는 방안이다. 연구자들이 연구를 수행하기 위해서는 이를 하나의 탐구 모델로 삼고 활용할 수 있어야 한다.

과학적 연구의 과정을 몇 단계로 나누는가에서는 연구자마다 차이가 있으나, 전반적인 과정을 이끄는 논리에는 공통점이 있다. Kerlinger와 Lee(2000)는 Dewey의 반성적 사고에 기초하여 (1) 연구문제의 착상, (2) 가설 설정, (3) 가설에 대한 연역적 추리 그리고 (4) 검증의 4단계로 연구단계를 구분한 바 있다. Creswell(2002)은 연구자가 해야 하는 과제를 중심으로 (1) 연구문제의 발견, (2) 문헌 고찰, (3) 연구목적의 구체화, (4) 자료 수집, (5) 자료분석과 해석 그리고 (6) 보고서 작성으로 세분화하였다. Salkind(2003)는 연구과정을 이론 및 가설과의 논리적 관계에 초점을 두고 좀 더 세분화하여 7단계로 나누었

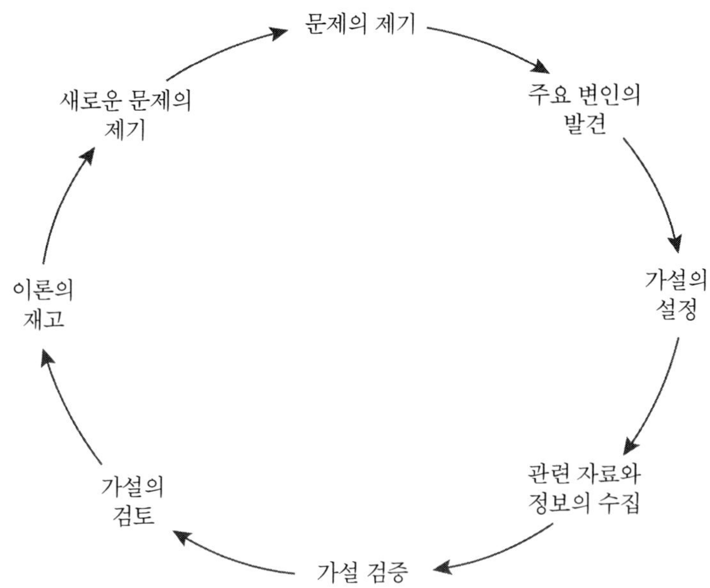

[그림 1-1] 연구 과정의 단계 (Salkind, 2003: 6, Figure 1.1)

다. 즉 (1) 문제의 제기, (2) 주요 변인의 발견, (3) 가설 설정, (4) 적절한 정보의 수집, (5) 가설의 검증 및 검토, (6) 이론의 재고 그리고 (7) 새로운 문제의 제기를 제시하였다. 연구 과정의 각 단계는 전 단계에 의존하고 상호 연결되어 있으며 전체 과정이 순환적이라는 점이 부각된 Salkind(2003: 6)의 모형을 [그림 1-1]에 제시하였다. 이를 기초로 각 단계를 다음에 간략히 설명하고자 한다.

4.1 문제의 제기

연구진행에서 가장 중요한 첫 번째 과제는 연구할 문제를 찾는 것이다. 연구문제란 호기심에서 시작되는 어떤 의문(만약 ~라면, 어떻게 될까?)이나 필요성의 감지(~이 될 수 있는 방법을 찾아내야 하는데……)이며, 이들은 어떤 해답을 기다리는 과제다. 예를 들어, 보육시설의 질적 수준은 아동발달에 영향을 미칠 것인가에 관심이 생길 수 있다. 또는 아동의 또래 유능성을 향상시킬 수 있는 보육시설의 질적 요소 중에서 가장 크게 기여하는 요인이 무엇인지 발견해야 할 필요를 느낄 수도 있다. 이러한 의문이나 문제의식, 호기심은 연구자의 경험과 교육배경에 기초하지만 다양한 생활영역에서 사물을 보는 관점이 관습적이기보다 새로운 시각에서 볼 수 있고 상상력을 동원할 때 생겨날 수 있다.

연구자에게 떠오르는 문제들이 너무 포괄적일 수도 있고, 때로는 지나치게 구체적이어서 제한적일 수도 있다. 연구하고 싶은 다양한 의문 중에서 연구할 수 있는 문제가 되려면 제3장에 제시된 지침을 참고할 필요가 있을 것이다. 연구문제가 무엇이든 이 단계에서 의문이 생기는 것이 연구의 첫걸음이다.

4.2 주요 변인의 발견

연구문제가 생기면 이 주제와 관련하여 최소 과거 10년 동안 이루어진 연구들을 찾아보고, 주요 변인들이 무엇인지 발견하는 일이 다음 단계의 과제다. 관심을 가진 주제에 따라 다르겠지만 대체로 상당히 많은 양의 관련 연구들과 함께 주제에 관련된 주요 변인들이 발견될 수 있다. 보육시설의 질이 아동발달에 미치는 영향의 예를 들어 보면, 아동발달 측면에서는 다음의 변인들이 발견될 것이다.

- 연령
- 애착 안정성
- 언어발달
- 사회성 발달
- 인지발달

보육시설의 질적 요소 중에서는 다음의 변인들이 부각될 것이다.

- 교사 대 아동의 비
- 학급 크기
- 교사의 교육 정도
- 보육 프로그램 운영
- 교사와 아동의 상호작용

위에서 언급한 변인 외에도 또 다른 변인들이 얼마든지 발견될 수 있다. 그러면 연구자는 이 모든 변인들 중에서 어떤 것을 선택해서 초점을 두고 탐구하는가의 문제가 생긴다. 일반적으로 연구변인을 선택할 때 고려할 점은 다음과 같다.

- 동일한 주제로는 연구된 적이 없는 것
- 해당 분야의 이해에 공헌할 부분이 분명히 있는 것
- 연구로 수행될 만큼 구체적이고 가능한 것
- 연구자에게 개인적으로 흥미 있고 잘 할 수 있는 것
- 후속 연구문제가 생길 가능성이 있는 것

하나의 주제영역에서 계속해서 연구를 할 수 있다면 연구자로서는 그 영역에 기여할 가능성이 높아진다. 한 번의 연구로 그 많은 의문과 문제가 결코 해결되지 않기 때문이다. 대체로 한 주제에 관심을 가진 연구자들은 상당수 있기 마련이고, 선행연구자들이 밝혀 낸 것을 인정하면서 없던 정보를 그 위에 하나씩 추가하는 것이 새로운 연구자가 할 일이다.

4.3 가설 설정

연구문제가 구체화되고 답을 예측할 수 있을 때 가설을 세울 수 있다. 즉 가설은 변인 간의 관계를 잠정적으로 예측해서 진술한 것으로서 '만일 이러한 일이 있다면, ~ 결과가 생길 것이다.' (if~, then)의 형태로 진술한다. 예를 들어, 연구문제가 '보육시설의 교사는 아동의 또래관계 발달에 어떤 효과를 미치는가?' 라고 할 때, 가설의 하나로 '보육시설에서 교사의 긍정적 상호작용 행동은 아동의 또래관계 발달과 관련이 있을 것이다.' 라고 설정해 볼 수 있을 것이다.

이 단계의 가설은 연구문제에서 확장된 형태로 간주할 수 있다. 모든 연구과제가 가설을 진술할 수 있는 것은 아니다. 새로이 연구가 시작된 분야, 선행연구가 별로 없어서 질문만이 가능한 경우 그리고 질적 연구 분야에서는 방법의 특성상 가설이 없어도 연구문제만으로 연구는 진행될 수 있다. 가설은 선행연구가 충분히 된 영역에서 어느 정도 예측이 가능할 때 세울 수 있다. 또한 가설은 검증 가능성을 전제로 한다는 점에서 연구문제보다는 구체적이며 연구의 방향을 결정짓는 특성이 있다.

4.4 적절한 정보의 수집

가설은 앞의 예에서 보듯이 변인 간의 관계를 명료하게 설정한다. 즉 보육시설 교사의 긍정적 상호작용 행동과 아동의 사회성 발달이 관련되어 있음을 상정한 것이다. 이러한 가설을 검증하기 위해서는 경험적 증거를 수집해야 한다. 앞의 가설의 경우 두 가지 자료가 수집되어야 한다. 첫째는 보육시설 교사의 상호작용 행동을 관찰하는 것이며, 둘째는 보육시설 아동의 또래관계를 평가하는 것이다. 아동의 또래관계 발달에 대한 평가는 아동의 면접, 관찰 또는 교사에 의한 평정을 사용할 수 있다. 이때 유의할 점은 해당 변인에 관련된 정보나 자료는 여러 가지 방법으로 수집될 수 있겠지만 가장 적절한 측정도구를 통해 수집하는 것이다. 즉 그 변인을 측정할 수 있는 가장 타당한 내용의 도구를 선별할 뿐 아니라 편파되지 않고 신뢰도가 높은 것이어야 한다.

실제로 가설은 지지될 수도 있고 거부될 수도 있어서 검증(test)이 가능해야 한다. 그러나 어떤 주장을 반드시 증명(prove)하는 것은 아니다. 연구자가 가설을 증명하고자 지나치게 노력하는 것은 연구자료를 자칫하면 편파되게 수집할 수 있다. 만일 연구자의 편파성이 개입된 방법으로 자료가 수집된다면 가설검증의 의의는 없어진다.

4.5 가설의 검증 및 검토

가설에 관련된 적절한 정보나 자료가 수집되면, 가설검증은 자동적으로 이루어진다고 생각할지 모른다. 그러나 가설의 검증은 통계적 분석이라는 또 다른 종류의 지식을 적용해서 오류 없이 체계적으로 이루어져야 한다.

앞의 예에서 관찰한 결과 교사의 긍정적 상호작용, 즉 아동에게 따뜻하게 대하고, 칭찬해주고 지원하는 언어를 사용하며, 아동의 요구에 민감하게 반응하는 행동을 많이 보이는 교사가 속한 학급에서 아동의 또래관계가 그렇지 않은 교사가 속한 학급의 아동보다 더 친사회적인 경향이 발견되었다고 하자. 교사의 긍정적 상호작용과 아동의 또래 간 친사회적 행동, 두 변인 간의 관련성을 분석하는 몇 가지 방법이 적용될 수 있다. 예를 들어, 두 변인의 점수 간의 상관계수를 산출할 수 있다. 이때 상관계수는 어떤 방향(정적, 부적)이며, 상관계수의 크기는 의미 있는 상관인가를 살펴볼 수 있다. 또는 교사의 상호작용 유형에 따라 긍정적인 집단과 그렇지 않은 집단으로 나누어 두 집단의 또래 간 친사회성을 비교해 볼 수 있다. '두 집단 간에 차이가 있는가?' '의미 있는 차이인가?'와 같이 일반적으로 이러한 질문에 대해 통계적 분석은 결과의 유의미성 여부를 판단할 수 있도록 근거를 제공해 준다. 통계적 분석과 검증방법에 대해서는 제13장에서 보다 구체적으로 설명하게 된다.

가설에 대한 통계분석이 끝나면 연구자는 결과를 검토하여 가설을 지지하거나 또는 부정하게 된다. 만일, 가설이 지지되면 가설이 파생된 이론적 체계에 경험적 증거를 추가하는 것이 된다. 그러나 가설이 지지되지 못하고 거부되면, 이는 전에 알지 못했던 새로운 사실을 배우는 기회가 될 것이다. 사실 초보 연구자들은 가설이 지지되었을 때보다 거부되었을 때 더 많은 것을 배울 수 있다. 앞의 예에서 두 변인의 관계가 의미 있게 나타나지 않았다면, 아동의 또래관계에 교사 상호작용 외의 다른 변인이 작용할 가능성을 시사할지도 모른다. 예컨대, 아동의 부모-자녀 관계라든가 아동의 기질이 사회성에 영향을 미칠 수 있다. 또는 교사의 상호작용 행동에 거의 변산이 없어 효과가 구별되지 못했을 수도 있다. 이런 자료의 내부적 의미는 실제 연구를 수행한 연구자만이 알 수 있으며, 이를 학습의 기회로 삼아 다음 연구를 고안할 때 고려할 수 있을 것이다.

4.6 이론의 재고

가설검증이 끝나면 연구결과를 기존의 지식체계에 관련시켜 보아야 하며, 이때 단순히 문헌별로 비교하는 것에 그치지 않고 연구의 방향을 이끈 이론적 체계 내에서 현 연구결과가 어떤 의미를 갖는지 음미해 볼 수 있다. 이론은 현상을 설명하고 예측하는 일련의 진술문이다. 연역적 체계 내에서 이론은 경험적 증거에 의해 더욱 공고해지기도 하고 확장되기도 하며 수정될 수도 있다.

앞에서 제시된 보육시설 연구의 예는 이론적 근거를 대인관계에 초점을 두어 애착이론에 둘 수도 있고, 환경변인의 체계적 관점에서 생태학적 이론에 둘 수도 있다. 만일 연구에서 가설이 지지되었다면 아동은 교사와의 긍정적 상호작용을 통해 애착을 형성하고, 정서적으로 신뢰와 안정감을 얻어 또래와의 관계에서도 유능성을 발휘할 수 있었을 것이라고 해석할 수 있다. 또한 아동은 초기 양육자만이 아니라 교사와도 애착을 형성할 수 있으며, 또래관계로 확장되어 대인관계에 관한 내적 실행모델이 지속적으로 작용한다는 근거가 될 수 있다. 이와 같이 새로운 경험적 증거를 이론의 체계에 추가하고 확장시킬 수 있다. 반면 가설이 지지되지 못하였다면, 교사의 긍정적 상호작용이 아동과 애착형성을 이룰 만큼 충분하지 않았을 가능성 또는 아동의 부모와의 관계가 미칠 효과 등 다른 여러 가지 대안적 해석이 논의될 수 있을 것이다. 이러한 대안들은 연구과제와 관련하여 새로운 의문을 제기하는 것이다.

4.7 새로운 문제의 제기

과학적 탐구 모델의 마지막 단계는 항상 새로운 의문과 과제를 제시한다. 이때의 문제는 원래 주제를 약간 변형시킨 유형일 수도 있고(예: 교사의 상호작용 유형에 따라 아동의 또래관계에 미치는 영향은 다른가?) 또는 주제를 한 걸음 더 깊이 있게 논의하는 것일 수도 있다(예: 교사의 상호작용과 아동의 또래관계는 아동이 경험한 부모와의 애착유형에 따라 다른가?). 가설이 지지되거나 지지되지 않거나, 좋은 연구는 본래의 연구문제가 궁극적으로 추구하는 주제의 주변에서 더 많은 의문과 함께 증거를 하나씩 추가해 갈 수 있다. 이러한 과정을 통해 누적된 과학적 지식은 그 분야의 이론으로서 정립되어 가며, 이를 통해 또 새로운 연구과제들의 원천을 제공한다.

연습문제

1. 최근의 학술지 한 권에 실린 논문들을 개략적으로 살펴본 후 연구의 네 가지 목적(기술, 예측, 통제 또는 향상, 설명)에 따라 분류해 보라. 연구목적이 한 가지로 명료하게 분류되지 않는 논문이 있는가? 있다면 왜 그렇다고 생각되는가?
2. 여러분이 연구방법을 배우는 주요 이유는 무엇인가? 그 이유가 연구방법의 어떤 측면에서 가장 도움이 될 것이라고 생각하는가?
3. 일상적인 행동이나 견해에서 과학적 사고의 특성이 나타나는 예를 찾아보자.

02 Chapter

연구의 윤리

1. 연구 윤리의 의미

연구자들은 대체로 학문에 대한 열정과 좋은 의도 그리고 결과에 대한 긍정적인 기대를 가지고 연구를 시작한다. 그러나 연구를 수행하다 보면 어떤 가치에 더 비중을 두어야 할지 갈등에 처할 때가 있으며, 상반된 가치를 조화롭게 풀어내어 어려운 의사결정을 해야 할 때가 있다. 연구 윤리(research ethics)란 이처럼 연구와 관련하여 갈등의 소지가 있는 가치들을 조화시킬 수 있게 돕는 일련의 지침 또는 원리를 의미한다(Christensen, 2001).

최근 우리나라도 사회 전반적으로 인권 보호에 대한 주장이 어느 때보다 강해지고 있으며, 과거에 침해된 인권에 대한 재평가작업이 일부에서 이루어지고 있다. 그런가 하면 연구자들이 다른 연구자의 저서나 제자의 논문을 거의 그대로 옮겨 자신의 것으로 발표했다가 표절로 밝혀져 그 논문을 삭제한 후 다시 인쇄하여 배포하는 예도 경험하고 있다. 외국 학회의 경우 이럴 때 연구자를 제명하는 곳도 있다(SRCD, 2000). 따라서 연구자들은 지식을 추구하는 데 그치지 않고 과학적 방법을 바르게 적용하고, 전문가로서 지켜야 할 윤리적 원칙에 대해서도 민감하게 대처할 필요가 있다. 연구자 자신의 연구뿐만 아니라 연구자 집단의 거짓과 비윤리적인 행위에 대해서도 공동의 책임을 느끼는 태도 그리고 필요하다면 윤리적 기준을 준수할 수 있는 제도적 장치의 마련을 추진하는 데에도 관심을 기울여야 할 것이다.

아동학, 유아교육, 심리학 등 행동과학 분야에서 대두되는 윤리적 문제는 대체로 두 가지 영역에서 논의될 수 있다. 첫째는 전문가로서의 윤리고, 둘째는 연구 참여자에 대한 배려와 보호다.

1.1 전문가로서의 윤리

과학적 연구에 참여하는 전문가들은 때로 딜레마에 봉착한다. 한편으로는 과학적 방법이 제안하는 절차에 따라 훈련받은 대로 연구를 수행해야 한다고 느끼지만, 다른 한편으로 연구 과정의 참여자들에게 불가피하게 스트레스, 실패 경험, 심리적 피로 또는 거짓에 빠지게 할 때가 있다. 따라서 연구에서 얻어지는 잠재적 이익, 즉 새로운 지식과 이를 적용할 때의 현장에서 얻는 이로움 또는 편리함 등을 충분히 고려하고, 또 다른 한편으로 연구 참여자 측면에서 경험해야 할 어려움, 불편, 부담을 비교할 수 있어야 한다. 이 두 가지를 하나의 잣대에 놓고 정확히 계산할 수는 없으므로 항상 어느 정도는 딜레마일 수밖에 없다. 그러나 연구에서 얻어지는 잠재적 이익이 분명히 연구 참여자가 겪을 부담을 능가한다고 판단되는 경우에 한해서 연구가 실행되어야 윤리적으로 합당하다고 하겠다. 연구자 자신은 연구에 몰입되어 있으므로 객관적으로 판단하기 어려울 수 있다. 이때에는 그 분야의 동료 연구자, 학생, 기타 관련자들에게 의견과 자문을 구할 수 있다. 외국에는 연구 윤리의 준수를 도울 수 있는 몇 가지 제도적 장치가 마련되어 있으며, 이것을 이 절의 후반에서 소개하고자 한다.

전문가로서의 윤리적 쟁점 중에서 가장 심각한 문제는 연구자의 정직하지 않은 행위다. 연구자들이 거짓이나 허위의 결과를 발표하는 것은 윤리적 문제만이 아니라 법적 문제를 야기한다. 그러나 불행하게도 어떤 이론을 지지하기 위해 자료를 조작하고, 거짓으로 구성하거나 부분적으로 누락시킨 결과를 보고하는 경우가 증가하고 있다. 다른 사람의 출판물을 옮겨 적어 자기 것으로 발표하는 표절 역시 심각한 부정행위다. 특히 최근 인터넷을 통해 자료나 문서를 제공받을 수 있는 길이 생기면서 보다 손쉽게 남의 글을 편집하여 자신의 문서로 작성하는 예가 발견된다. 미국심리학회의 출판 지침서 최근판(APA, 2001)에서는 과학적 지식의 정확성과 지적 재산권 보호를 위해 연구물 출간에 관한 윤리를 보다 상세히 서술하고 있다. 특히 다른 사람의 글만이 아니라 아이디어까지도 자신의 것이 아닐 때는 이를 처음 제시한 저자에게 그 공로(credit)를 돌리도록 강력히 제안하고 있다.

연구자의 부정적 행위와 함께 업적 출간에서 최근 떠오르는 또 다른 문제는 중복 출간과 부분 출간이다. 이런 문제들이 최근 더욱 주목받고 있는 것은 연구자들의 업적 출간에 대한 대학교와 연구기관의 압력, 연구비 경쟁 그리고 연구 보조원의 감독 부족과 대형 공동 연구에서 책임 한계의 모호성 등에 기인한다. 이러한 사회환경적 촉진요인이 있더라도 결과는 궁극적으로 연구자 개인의 책임으로 귀결된다는 점에 유의해야 한다.

이상의 예 외에도 학생의 논문이나 보고서에 기초한 출간, 상처받기 쉬운 집단(예: 미혼모)의 연구, 연구결과의 상업화에 따른 이익 취득 등에서 전문가로서의 윤리적 판단이 주요 쟁점이 될 수 있다.

1.2 연구 참여자에 대한 배려와 보호

연구자가 연구의 실제에서 당면하는 가장 중요하고 기본적인 과제는 연구 참여자의 선발과 보호에 관한 것이다. 많은 사회과학 연구들은 '사람'을 대상으로 하여 연구가 이루어지고 있다. 전통적으로 연구에 참여하는 사람들을 '피험자'(subjects)라고 불러왔으나, 최근 '연구 참여자'(participants)로의 용어 전환이 제안되고 있다(APA, 2001: 65). 이렇게 바꾸어 부르도록 하는 이유는 연구 참여자들이 갖는 개인적 권리와 자의적인 참여라는 의미를 강조하기 위해서다. 또한 피험자라는 용어는 연구에 수동적으로 반응하거나 연구자의 의도에 따르는 소극적 의미를 내포한다고 본다. 연구 참여자의 보호에 관련된 문헌에서는 일반적으로 인간 대상(human subjects)이라고도 하며, 또 다른 연구대상인 동물 대상(animal subjects)과 구별하도록 한다.

연구 참여자에 대한 보호 및 배려가 활발히 논의되기 시작한 것은 1960년대 중반부터라고 할 수 있다(Gall, Gall, & Borg, 2003). 특히 의학 분야에서 연구 참여자의 권리가 외면당한 연구들이 빈번히 발견되었으며, 이러한 예들이 Pappworth(1967)에 의해 열거된 바 있다. 예를 들어, 신약을 개발하는 과정에서 실험용 약품을 복역 중인 수감자에게 처치할 때 자발적 참여의 원칙이나 피해에 대한 보상 등이 문제로 제기되었다. 원칙적으로는 연구를 위해 참여하는 사람들이 어떤 신체적, 정신적 피해도 입지 않아야 하나, 피해 정도가 심각하지 않은 분야에서는 이에 대해 덜 민감하게 대처하여 참여자에게 피해를 입힐 수도 있다. 예를 들어, AIDS 예방에 관련된 청소년의 태도와 행동조사(Phillips, 1994)

에서 질문지 내용(예: 약물복용) 때문에 학급이나 학교의 명예가 실추되어 피해를 보는 사례가 생기고, 조사에서 요구하지 않은 개인적으로 민감한 정보(예: 동성애, 성학대 등)를 제공하는 등 윤리적 쟁점들이 부각되었다고 한다(Johnson & Christensen, 2000, 재인용). 뿐만 아니라 질적 연구를 하는 연구자들이 흔히 사용하는 심층면접에서는 연구 참여자들이 보고하는 과정에서 자신들의 문제에 몰입하여 연구목적과 관련 없는 사적인 내용을 언급하는 경우가 생길 수 있다. 예를 들어, 학교 상황에서 어떤 교사와의 어려운 관계라든지, 가족관계에서 시부모의 심리적 학대 등에 관한 정보를 참여자들은 연구자를 전문가라고 간주하여 제공할 수 있다. 이때 연구자는 연구목적과 관련 없는 정보라고 접어두거나 무시하기보다는 어떻게 이런 상황을 윤리적으로 바르게 다룰 수 있을지에 대해 준비되어 있어야 한다.

연구 참여자에 대한 배려에서 가장 기본적인 것은 무엇보다도 참여자들을 연구자와 동등한 권리를 가진 사람으로 인격적으로 대우하는 것이다. 이는 참여자들의 연령에 관계없이 지켜져야 할 기본 덕목이다. 연구 참여자들은 연구목적을 위해 비록 일정한 기간 동안만 참여하지만 연구 참여가 그들에게도 유익한 경험이 되도록 배려할 필요가 있다. 참여자들을 개인적으로 존중하고, 연구자는 그들에게 예의를 지켜야 한다. 연구 참여자 배려에 관한 몇 가지 규칙을 살펴보면 다음과 같다(Martin, 2004: 73-74).

- 연구자가 약속한 실험이나 조사장면에 반드시 참석한다.
- 시간을 정확히 지킨다.
- 참여자에게 제공할 자료(질문지, 실험도구 등)와 지시 등을 사전에 철저히 준비한다.
- 참여자에게 친절하고 정중히 대한다.
- 참여자가 제공하는 사적 정보 및 수행결과에 대해 비밀을 유지한다.
- 전문가로서 행동한다.

이상의 규칙은 연구책임자는 물론 공동연구자, 연구 진행에 참여하는 연구보조자, 대학원생에 이르기까지 모두가 준수해야 할 사항이다. 따라서 연구책임자는 이상의 규칙을 이들에게 알릴 의무와 함께 잘 지켜지는지 감독할 책임이 있다.

연구 참여자를 공정하게 대하고 잠재적 피해로부터 보호해야 한다는 주장은 학계를 중심으로 서서히 관심을 모으게 되었다. 1969년도에는 학술지 *Daedalus*에서 인간 실험의 윤리에 초점을 둔 특집호를 출간한 바 있으며, 심리학계와 교육학 관련 전문 학술단체들은 윤리강령을 일찍이 만들고 윤리적 기준을 지키도록 제도적 장치를 마련해 놓고 있다. 또한 미국 정부는 1960년대부터 연방정부의 보조금을 받는 모든 연구 프로젝트에 대해 참여자의 대우에 대한 별도의 평가를 요구했으며, 대학과 연구소가 이를 위해 기관별 연구심의위원회를 설치하도록 강화하고 있다. 이러한 과정이 연구시행에서 추가적 일정을 확보해야 하고 불필요한 절차로 보일 수도 있으나, 비윤리적 연구 행동으로부터 연구 참여자를 보호하고 흔히 간과했던 부분을 표면화시키게 한다. 우리나라에서는 아직 이러한 절차가 공식화되어 있지 않으나, 외국 연구자와 공동연구를 한다거나 외국 학술지에 논문을 게재할 경우 이에 관련된 서류의 제출을 요구받을 수도 있으므로 연구자들은 이에 마땅히 관심을 갖고 대비해야 할 것이다.

1.3 연구 윤리의 준수를 위한 노력

연구 과정에서 발생하는 여러 가지 윤리적, 도덕적 이슈는 연구자 개인의 책임에 속하나 판단하기 어려운 경우도 있고, 연구자가 진지하게 대처하지 않을 수도 있다. 때로는 문제가 확장되어 연구 참여자들이 불평을 하거나 심한 경우 법적 소송에 이를 수도 있다. 따라서 이러한 문제를 사전에 예방하고 연구환경을 보다 건전하게 유지하기 위해 외국에서는 국가, 전문가 학술단체 또는 대학교와 연구소 등이 다양한 제도적 장치를 마련하여 시행하고 있다.

국가의 규제로는 미국 연방정부가 1970년대 초 정부기금으로 집행되는 연구에 대해 기본 규칙을 제정하였고, 1991년에는 '인간 연구 대상의 보호를 위한 연방정부 정책'을 펴내었다. 이 정책은 미국의 교육부, 건강복지부, 과학재단을 포함한 정부기관들이 기금을 운용할 때 영향을 주게 되었다. 특히 이 정책은 정부기금을 받는 모든 대학과 연구소가 자체적으로 연구 참여자 보호를 위한 기관별 연구심의위원회(Institutional Review Board: IRB)를 구성하도록 요구하고 있다. IRB는 그 기관에 속한 연구자들이 수행하는 모든 연구의 윤리적 측면을 심의하고 검토할 책임을 지는 전문위원들로 구성된다. 초기에는 IRB의 심의가 연방정부의 지원금을 받는 연구에만 적용되었으나, 최근에는 연구비 지원에 관계없이 모든 연구의 계획을 일단 검토하도록 하는 추세다. 따라서 연구결과를 학술지나 학회 등에 공적으로 발표할 예정인 연구의 경우, 즉 행동과학 분야의 거의 모든 연구가 IRB의 심의 과정을 거쳐야 한다고 볼 수 있다.

1.3.1 기관별 연구심의위원회의 검토

연구의 윤리적 측면을 심의하는 위원회는 기관 단위별로 구성되고, 동물을 대상으로 하는 연구와 구별하여 명칭을 '연구 참여자(인간)를 보호하기 위한 심의위원회' 등 구체적으로 명명하기도 한다. 위원회의 위원은 기관마다 차이가 있으나 법률가, 의사 그리고 특수 집단별 전문성을 갖춘 연구자들로 최소 5명으로 구성된다. 각 기관에 소속된 교수, 학생, 연구원 등은 계획하는 연구의 제안서(protocol)를 이 위원회에 제출하며, 제안서에는 연구절차에 대한 상세한 설명과 함께 서면동의서, 측정도구 등 필요한 문서를 첨부한다. IRB의 심의는 대체로 계획하는 연구를 대상으로 하나, 특별한 상황이 발생할 때에는 진행 중인 연구에 대해서도 심의가 이루어질 수 있다. 또한 자체적으로 외국에서 수집되는 자료나 이미 수집된 자료의 재사용에 이르기까지 정부 규칙에 따르는지를 심의할 수 있다. 심의 과정은 크게 세 종류로 구분하여 이루어지며, 심의 면제, 간편 심의, 전체 심의가 있다. 심의 면제는 연구대상에게 거의 영향을 미치지 않는 연구로서 제출한 문서에 의해서 면제 결정이 이루어진다. 간편 심의는 윤리적 문제가 적은 연구로서 한두 명의 위원이 신속한 절차로 심의한다. 전체 심의는 위원회에서 충분한 심의 과정을 거친다. 연구의 허가를 심의할 때 적용되는 준거를 살펴보면 다음과 같다(Gall, Gall, & Borg, 2003).

- 연구 참여자에 대한 위험요소의 최소화
- 연구에서 기대하는 이익에 비해 대상에게 미칠 위험의 비중
- 대상 선정의 공정성
- 대상 또는 보호자로부터 서면동의의 취득
- 서면동의 문서의 적절성
- 대상의 안전을 보장하는 절차의 계획
- 개인의 사적 권리 보호와 비밀유지 방법의 적절성
- 강요나 외압에 취약한 집단(예: 아동, 정신장애아, 범죄자 등)을 대상으로 할 때의 추가적 안전장치 포함 여부

1.3.2 전문 학술단체의 윤리적 기준 제정

연구에서 발생하는 윤리적 의문과 딜레마에 지침을 제공하기 위해 전문가 집단인 학술단체가 제정한 윤리강령(ethical codes) 또는 윤리적 기준(standards)이 있다. 행동과학의

대표적인 학회인 미국심리학회(American Psychological Association: APA)는 15년간의 논의와 작업을 통해 1953년 첫 번째 윤리강령을 171쪽의 문서로 발표하였고, 그 후 몇 번에 걸쳐 개정이 이루어졌으며, 2002년에 개정판이 이루어졌다. 미국 교육연구학회(American Educational Research Association: AERA)도 6개 주제별 45개의 기준을 제시하고 있다(AERA, 1992). 이를 통해 교육 분야 연구자들이 공통적으로 관심을 가져야 할 윤리적 기준을 명시하고 있으며, 특히 초보 연구자들을 위한 윤리적 문제가 다루어지고 있다. 또한 아동연구학회(Society for Research in Child Development: SRCD)는 아동연구를 위한 윤리적 기준을 별도로 제정해 스스로 권리행사를 할 수 없는 아동대상의 연구에서 유의해야 할 점을 구체적으로 상술하고 있다(SRCD, 2000). 다음에서 APA와 SRCD의 기준을 살펴보기로 하자.

APA의 최근 개정된 윤리강령은 두 부분으로 구성되었는데, 하나는 전문가로서 윤리적인 이상을 높게 갖도록 안내하기 위한 일반적 원리 다섯 가지이며, 다른 부분은 10개 범주별 89개의 기준으로서 행동의 구체적 규칙을 제시하여 비윤리적 행위를 판단할 수 있도록 돕기 위한 것이다. 특히 10개 범주 중에서 '범주 8'에 속한 기준은 연구와 업적 출간에 관한 구체적 지침을 제시해 준다. 이 기준의 요점은 다음과 같다(APA, 2002).

- 연구에서 얻어질 이익이 연구대상에게 부과할 어려움에 비해 충분히 커야 한다.
- 연구 참여자로부터 서면동의를 받아야 한다.
- 연구 참여자를 연구의 전 과정은 물론 종료 후에까지 적절히 대우해야 한다.

SRCD(2000)의 아동연구를 위한 윤리적 기준은 모두 16가지 기준으로 되어 있으며, 몇 가지 점에서 성인대상의 연구보다 상세화되어 있다. 첫째는 연구 참여자의 동의절차가 아동 자신, 부모 또는 법적 대리인 그리고 교사 등 아동과 관련된 사람의 동의까지 다양하게 포함되어 있다. 둘째, 연구 참여에 대한 보상은 아동이 일반적으로 경험하는 수준의 보상이어야 하며, 과다하게 제공되지 않아야 한다. SRCD의 이 기준과 관련하여 보상은 동의를 얻기 위한 수단으로 제시되지 않아야 하고, 부모의 서면동의 절차가 끝날 때까지 언급되지 말아야 한다는 주장도 있다(Scott-Jones, 2000). 셋째, 성인을 대상으로 한 연구에서도 중요하나 더 세심한 주의를 기울일 부분으로 아동에게 피해를 주지 않도록 연구진행 중에 민감하게 대처해야 하며, 연구자와 보호자 간에 상호 책임 한계를 연구의 시작부터 분명히 한다. 넷째, 결과의 보고에서 연구결과가 갖는 함의를 충분히 이해하고 결과를 제시할 뿐 아니라 아동이나 부모에게 부담을 줄 수 있는 평가적 서술과 제언 등을 제시할 때 특히 유의해야 한다. 끝으로, 1991년 이후 추가된 마지막 두 개 기준(기준 15, 16)에서는 연구자의 의도적인 위법 사례에 대한 학회의 방침이 분명히 제시되어 있다. 즉 연구 수행 과정에서 의도적 오류나 표절 등에 의해 위법으로 판명될 때는 제명 처분한다고 되어 있다. SRCD의 윤리적 기준의 전문을 〈부록〉에 제시하였다.

한편 최근 연구에 인터넷 사용이 빈번해지면서 이와 관련된 윤리적 쟁점에도 관심이 모아지고 있다. 특히 인터넷을 통해 자료수집(online survey)이 이루어지는 경우와 인터넷 사용자의 행동에 관한 연구 분야에서 특수한 윤리적 문제를 야기한다. 따라서 인터넷 연구학회(Association of Internet Research)까지 조직되어 그들 나름대로의 윤리강령을 만들었다고 한다(Goodwin, 2005). 이 분야 연구의 윤리적 문제로는 서면동의를 인터넷상에서 할 때 과연 동의내용을 충분히 이해했는지 알 수 없으며, 흔히 질의와 응답이 없이 진행하므로 문제가 파생될 수 있다. 또한 인터넷 카페 등의 공유 공간이 사적 공간인지 아닌지에 관한 구분이 불명료하여 그곳에 참여하는 대상을 연구할 때 사적 권리를 침해하는 사례도 생길 수 있다. 아직은 인터넷을 통한 연구가 초보 상태이므로 윤리적 문제영역이 충분히 알려지지 않고 있다. 연구자들의 지속적인 관심과 대처방안이 요구된다.

2. 연구 참여자를 보호하기 위한 윤리적 지침

연구 참여자의 보호에 관련된 윤리적 지침에 대해 보다 구체적으로 살펴보기 위해 연구대상의 선발, 잠재적 피해로부터의 보호, 서면동의 그리고 사적 권리와 비밀보장으로 나누어 서술하고자 한다.

2.1 대상 선발과 자발적 참여

연구 참여자의 선발은 자발적 참여를 원칙으로 한다. 다시 말해서 어떤 이유에서든지 사람들에게 연구 참여를 강요해서는 안 된다. 만일 대학생을 대상으로 한 연구에서 연구자가 가르치는 과목이나 관련 있는 교양과목을 수강하는 학생들을 대상으로 수업과제의 일부로 연구에 참여하도록 한다면, 이는 엄밀한 의미에서 자발적 참여라 할 수 없다. 또한 교사 재교육 참가자를 대상으로 교사 교육에 관한 자료가 수집되기도 한다. 이때 재교육 참가자에게 설문지나 다른 정보를 요구하는 것은 교육의 일부가 아니어야 한다. 만일 참여를 원치 않는 수강생이 있을 때, 연구 참여를 대신 할 수 있는 대안이 수업과제로 제공되어야 한다.

대상의 표집방법에서는 표본에 선택될 가능성이 누구에게나 동등한 것을 이상적인 조건으로 삼는다. 예를 들어, 연구자가 대상 학급의 담임교사에게 한 집단의 실험대상을 학급에서 뽑아내 달라고 요구하는 것은 윤리 지침에 금지되어 있다. 이러한 절차는 실험이 유익한 것일 때 일부 학생들에게 특전을 제공하는 것으로 간주될 수 있으며, 어떤 이유에서든지 교사가 상을 주고 싶은 학생들을 선발할 수도 있다. 또한 실험연구에 선발되지 않은 학생들은 불만을 갖거나 자존감에 상처를 입을 수 있다. 물론 실험연구의 성격에 따라 선발의 의미는 달라질 수도 있다. 어떤 경우든지 학생들에게 미치는 피해를 감소시키기 위해서 누구나 동등하게 선발될 가능성이 있는 무선 선정이 추천되고 있다.

한편 대상 선발의 어려움은 무선 선정된 대상에게도 자발적 참여의 원칙이 적용되어야 한다는 것이다. 누구에게도 참여를 강요하지 말아야 하는 원칙이 이론적으로는 쉽게 수용되는 반면, 연구의 실제에는 어려움이 따른다. 왜냐하면 순수하게 자발적인 참여자만으로 이루어진 표본은 연구결과의 일반화 가능성에서 제한을 받기 때문이다. 따라서 연구 참여를 강요하지는 않되 참여를 격려하여 원하는 대상과 함께 덜 원하는 대상도 표본에 어느 정도 포함될 수 있도록 하는 것이 최상일 것이다. 예를 들어, 연구자의 수강생들에게 설문지 응답을 요청할 때, 설문지를 나누어 주고 강의실을 나가든가, 자발적으로 일정한 장소에 반송하도록 하는 등 응답자가 강요당했다는 느낌을 덜 받도록 하는 절차가 사용될 수 있다.

연구표본이 미성년자이거나 장애아, 저소득층 대상 등 상처받기 쉬운 집단일 경우 연구자는 더욱 세심한 주의를 필요로 한다. 이들은 연구자 요구에 쉽게 순응하려 할 수 있고, 연구 참여의 의미를 판단할 능력이 없을 수 있다. 부모나 보호자의 참여동의를 구함은 물론, 연구 참여에 따른 피해 가능성에도 더욱 세심하게 대처해야 한다.

2.2 잠재적 위험과 피해로부터의 보호

연구 참여자들은 무엇보다도 신체적 또는 심리적 위험과 피해로부터 보호되어야 한다. 약물처치나 신체적 상해와 달리 심리적 피해는 정의하기 어렵고 사전에 예측하기도 어렵다. 심리적 피해란 개인에게 스트레스, 피로감, 불유쾌한 경험 등을 줄 수 있는 연구절차로서 개인적 위상을 낮게 하는 질문, 도덕성에 관한 도전적 과제, 동료관계나 가정생활에서 당황하게 만드는 질문 등을 예로 들 수 있다. 이러한 경우 불편해지거나 자존감에 상처를 입을 수 있다. 아동의 경우에는 과제 참여 도중 그만두고 싶다는 의사를 표시할 때 지속하도록 강요하는 것은 스트레스로 작용할 수 있다.

만일 연구절차가 해로울지 모른다는 의문이 생기면 연구자는 동료 연구자들에게 자문을 구해 볼 수 있다. 피해가 불가피하게 생길 것으로 판단되면 정보수집의 다른 대안적 수단을 찾아보든가 연구를 포기해야 할지도 모른다. 연구자가 취할 대안으로서 만일 처치가 부정적 영향을 미칠 것 같으면 일단 소수의 표본에 조심스럽게 적용해 보고, 다시 점검한 후에 표본을 확장할 수 있다. 또는 어떤 처치에 위험요소가 포함되어 있을 때 이를 포기하기보다는 이미 위험요소에 노출된 집단을 찾아 연구할 수도 있다. 예를 들어, 비만 아동 집단을 대상으로 비만의 영향을 연구하는 것이다.

연구대상의 자발적 참여 원칙과 참여자를 피해로부터 보호한다는 원리는 중요한 윤리적 기준이지만 연구자에게는 딜레마를 제공한다. 연구자가 이에 대처하는 공식적인 절차는 다음에 서술할 서면동의로 집약될 수 있다.

2.3 서면동의

사람을 대상으로 하는 모든 연구과제는 서면동의(informed consent) 양식을 작성해서 읽어 주고 허락을 의미하는 서명을 받도록 되어 있다. 서면동의란 연구의 모든 절차에 대해 충분한 정보를 제공하고, 때로는 연구 참여로 인해 생길 수 있는 가능한 부정적 효과에 대해서도 설명이 주어진 후, 연구 참여에 대한 동의를 받는 것이다. 즉 서면동의는 연구자의 윤리적 행위를 확인할 수 있는 가장 중요한 요건이다.

이 양식은 단순히 연구 참여를 요청하기 위한 것이 아니라 연구에 참여할 동안 어떤 활동이나 과정을 거치게 되는지에 대해 참여자가 알 수 있도록 설명하는 것이 중요하다. 만일 연구 참여에 대해 보상을 약속한다면, 반드시 약속을 지키고 참여 도중에 그만둔 경우일지라도 보상을 주어야 한다. 보상을 안 주면 참여 거부에 대해 벌칙을 가한다는 인상을 주기 때문이다. 서면동의 양식에 포함될 주요 내용은 다음과 같다(Salkind, 2003).

- 연구목적
- 연구자의 이름과 직위
- 연구에서 참여자는 무엇을 할 것인지의 활동내용
- 연구 참여의 소요시간
- 연구 참여를 언제든지 거부할 수 있다는 사실
- 연구가 사회적으로나 개인적으로 도움이 되는 측면
- 참여자가 불편해하거나 잠재적으로 해를 끼칠 수 있는 가능성
- 결과에 대한 비밀유지
- 연구결과물을 얻을 수 있는 방법
- 질문이 생길 때의 연락처

서면동의 양식은 기관의 공식적인 서한용지에 인쇄되어야 하며, 가급적 전문적 용어를 피하고 연구대상이 이해하기 쉽게 서술한다. 연구 참여에 동의하는 경우 복사본을 만들어 서명을 한 후 한 부는 연구자가, 다른 한 부는 참여자가 보관한다. 서면동의 양식의 예는 〈Box 2.1〉에 제시되어 있다.

<Box 2.1> 서면동의 양식의 예

_______________ 귀하

본 연구의 목적은 장애아동과 일반아동 간의 상호작용을 연구하는 것입니다. 이 연구의 결과는 일반 교실에 장애아동의 통합을 효과적으로 이루는 방법을 개발하는 데 도움이 되므로 매우 중요합니다.

만일 귀댁의 자녀 ○○가 연구에 참여한다면, 책과 놀잇감이 있는 별도의 교실에서 장애를 가진 한 아동과 함께 게임을 하게 될 것입니다. 놀이행동은 비디오로 녹화될 것이고 활동시간은 약 25분 정도 소요됩니다.

귀댁의 자녀 ○○가 연구에 참여할 수 있기를 바랍니다. 그러나 참여 여부는 전적으로 귀하의 결정에 따른다는 것과 ○○가 연구에 참여하더라도 언제나 그만둘 수 있다는 것을 알려드립니다. 또한 연구결과에서 자녀의 이름이 밝혀지는 일은 없을 것입니다.

연구가 끝나기 전이나 후에 이 연구에 대해 추가로 궁금한 것이 생기면 전화 또는 e-mail로 언제든지 연락주시기 바랍니다. 감사합니다.

○○학과 교수 ○○○

전화: E-mail:

위에 설명한 연구에 ○○의 참여를 허가합니다.

부모서명: _______________ 날짜: _______________

한편 서면동의가 필요 없는 경우는 인구조사, 자연 관찰, 익명으로 실시되는 설문지, 그리고 미성년자가 대상일 때다. 어린 아동에 대한 동의절차는 부모가 판단하여 아동의 참여를 허락할 수 있다. 부모는 아동의 연구 참여가 신체적으로나 심리적으로 위험에 노출되지 않을 것이라는 확인을 할 필요가 있다. 아동이 성장함에 따라 동의 절차는 복잡해질 수 있다. 예를 들어, 12세 정도면 연구목적을 이해하고 스스로 판단할 수 있다고 보아 아동과 부모 모두에게서 동의를 받아야 하는 경우가 생길 수 있다. 또한 학생들에게 설문지 실시나 실험을 할 때 학교장이나 교사의 허락이 요구될 수도 있다. 여기서 중요한 것은 부모나 교사 등 보호자가 허락한 연구일지라도 아동이 거부의사를 표현하면 이를 수용해야 한다는 것이다. 궁극적으로 연구대상의 의사와 복리가 우선하기 때문이다.

2.4 사적 권리와 비밀유지

비밀유지(confidentiality)는 연구 참여자 정보를 연구상황 밖으로 유출하지 않는 것이다. 왜냐하면 이는 참여자의 사적 권리에 대한 침해이기 때문이다. 연구자는 연구 참여자들이 제공한 인구학적 자료와 함께 연구 진행 중에 나타난 행동특성이나 수행결과들에 대해서도 비밀을 유지해야 한다. 예를 들어, 아동의 학력 증진에 효과적인 교사의 행동을 연구하고자 학력 증진이 높았던 학급과 그렇지 않았던 학급을 선정하여 교사의 행동을 관찰했다고 하자. 이때 교장이 우연히 연구자로부터 한 교사가 학력 증진이 낮은 집단의 교사로 분류된 것을 알게 되었고, 이 정보가 그 교사의 승봉평가를 낮게 하는 데 작용했다고 하자. 이 예는 심각한 개인의 사적 권리 침해의 경우라 할 수 있다. 이처럼 영향이 크지는 않더라도 연구자 또는 연구보조자들의 비형식적인 대화에서 참여자들에 대한 정보의 언급은 어떤 형태로든지 전달되어 영향을 미칠 수 있으며, 개인의 사적 권리 보호라는 측면에서 문제가 된다.

개인의 사적 권리 보호에 직접 관련되는 사항은 자료의 익명성(anonymity)이다. 즉 연구 참여자의 이름을 밝히지 않고 자료가 수집되거나 이름을 기입했더라도 이를 곧 사례번호로 대치하여 자료의 익명성이 보장되는 것이다. 예를 들어, 개인의 성행동같이 민감한 자료는 응답자의 이름을 쓰지 않고 익명으로 하여 한 번에 설문지로 수집할 수 있다. 만일 연구 참여자의 이름을 포함해서 개인정보를 수집하는 경우에는 이를 알 수 있는 사람의 수가 연구자 외에 최소한으로 제한될수록 익명성과 그에 따른 비밀보장이 쉬워질 것이다. 즉 설문지로 자료를 수집한다면, 대상의 인적사항에서 이름별로 사례번호를 부여한 후, 이 명단은 연구자가 따로 안전한 곳에 보관해야 한다. 그리고 설문내용 자료에는 사례번호만 기입한 후 코딩과 분석이 이루어진다면 연구진의 다른 사람들은 응답자 이름을 알 수 없게 된다.

연구내용이 민감한 주제를 다룰 때, 예를 들어 가정불화, 동성애, 청소년 비행 등에서의 비밀유지는 더욱 중요해진다. 이럴 경우 개인의 이름은 물론 어떤 기관, 집단 또는 지역의 이름을 사용하는 것도 사적 권리의 침해를 유발할 수 있다. 연구결과의 보고에서도 참여자 모두의 허락을 받지 않는 한 대상집단을 알 수 있는 정보는 비밀이 유지되어야 한다. 또한 민감한 자료는 연구가 완료되고 일정 기간이 경과한 다음 확실하게 폐기하도록 한다.

연구 참여자의 신원을 익명으로 하기 어려운 연구는 자료를 한 번에 수집하지 않고 장기간에 걸쳐 이루어지는 종단적 연구나 자료의 수집 원천이 가정, 학교, 직장 등으로 다양해서 대상별로 자료의 세트를 짝지어야 할 때다. 이때에는 대상을 확인하기까지 이름을 보존할 수밖에 없다. 이런 상황에서도 대상을 짝지어 확인할 수 있는 다른 숫자(예: 주민등록번호, 학생번호 등)를 사용할 수 있도록 대안을 찾아보아야 한다. 무엇보다도 연구 참여자에 대한 사적 정보를 연구 상황 밖으로 유출하지 않기 위해 가장 좋은 대안을 선택해야 한다.

3. 연구 과정과 결과 보고에서의 윤리적 지침

연구에서 윤리적 쟁점은 주로 참여자인 인간의 보호에 있으나 연구를 진행하는 과정이나 결과 보고 등에서도 문제가 생길 수 있다. 어떤 절차는 연구 참여자의 보호와 연관되고, 또 다른 쟁점들은 이와 관계없이 연구자의 전문적 훈련 부족이나 정직하지 못한 것에 기인할 수 있다. 이 절에서는 연구방법 또는 연구 과정에서의 대표적 쟁점인 거짓요소의 사용과 통제집단에 대한 배려 그리고 결과 보고에서의 윤리적 지침에 대해 살펴보려 한다.

3.1 연구 과정에서의 윤리적 과제

연구절차에서 윤리적 쟁점의 하나는 거짓 또는 허위 요소를 사용하는 것이다. 거짓(deception) 요소의 사용이란 연구의 목적을 위해 연구 참여자들에게 의도적으로 정보를 속이거나 정보의 일부를 누락하고 제공하는 것이다. 거짓 요소의 사용은 사회심리학 분야의 실험연구에서 빈번히 사용되어 온 방법으로서 다른 방법으로는 연구가 불가능하기 때문에 적용되어 왔다. 일반적으로 연구 팀의 일원인 협조자(confederate)가 어떤 상황을 거짓으로 만들고, 참여자들이 이러한 상황에 반응하도록 하는 것이다. 예를 들어, 동정심에 대한 인종 차이를 연구하기 위해 실험실 밖에 다른 인종으로 거지 역할을 하는 사람을 배치하고 실험실에서 받은 현금보상을 어떻게 사용하는지 관찰하는 것이다(Dutton & Lake, 1973). 다른 예로 성격을 평가하는 대표적인 투사적 검사의 하나인 주제통각검사(TAT)에서는 검사자가 지시를 할 때 '상상력 검사'라고 하면서 그림카드를 보고 이야기를 마음대로 구성하도록 한다.

이렇게 거짓 내용을 사용하는 것에 대해 전문가들 중에는 비도덕적 행위라고 믿어 강하게 반대하는 목소리도 높다(Lincoln & Guba, 1989). 그러나 실제 연구 상황에서는 꾸준히 사용되고 있으며, 학술지의 종류에 따라 차이가 있지만 성격, 사회심리, 실험 사회심리 분야 학술지에서 1980~1990년대에도 대략 10%에서 60%로 사용되고 있음을 보여준다(Christensen, 2001). 연구조작의 다른 대안이 적당치 않은 상황에서 어느 정도 거짓을 사용하는 것은 불가피해 보인다.

그러면 허위 요소를 사용하는 것이 연구 참여자에게 미치는 영향은 어떤 것인지에 대해 알아보자. 조사결과 참여자들은 연구절차에 잠재적 상해가 포함되거나 부정적 행동에 관련된 것이 아니면 크게 개의치는 않는 것으로 나타났다고 한다(Christensen, 2001). 거짓 요소가 포함된 실험을 참여자들이 한편 즐겼다고 하는 보고도 있었다(Smith & Richardson, 1983). 이처럼 일반적으로 우려하는 것보다 허위 요소는 반드시 해롭지는 않은 것으로 밝혀지고 있다. 그러나 이를 간과해도 된다는 의미는 아니다. 거짓을 사용한 연구는 가능한 한 빠른 시간 내에 사후 설명(debriefing)을 하도록 요구되고 있다. 거짓내용을 사용한 대부분의 연구는 사후 설명절차를 활용하고 있으며, 연구들에 의하면 사후 설명은 실험조건에서 생긴 스트레스를 감소시키는 데 효과적이라 한다.

사후 설명은 두 가지 유형으로 나눌 수 있다. 하나는 연구에 포함된 거짓 요소 부분을 그대로 설명해 주고 사실이 아님을 밝히는 것이다. 예를 들어, TAT를 실시하고 난 후 이 검사는 개인의 상상력이 동원되지만 실은 개인의 성격 특성을 알아보기 위한 것이라고 말한다. 또 다른 유형은 참여자의 행동에 대한 설명을 추가하는 것이다. 즉 그런 행동이 나타난 것은 실험조건 때문이지 개인적 특성은 아닐 수 있다는 것과 나타난 행동은 비정상적 수준이 아니었다고 설명한다. 예를 들어, 대학 강의실에서 동조성을 연구하기 위해 연구 협조자를 배치해 강의 중 신문을 읽는 등 부적절한 행동을 하면, 동조성이 높은 학생들은 강의에 집중을 못하고 다른 행동을 할 수 있다. 참여자들의 이러한 부적절한 행동이 연구 협조자의 의도적 행동 탓이었음을 설명해 줌으로써 자신의 행동을 합리화하고 죄책감이 있었다면 이를 감소시킬 수 있게 하는 것이다.

실제로 사후 설명을 했을 때 연구 참여자들은 화를 내거나 당황할 수도 있다고 한다. 따라서 보통 수준의 거짓일 때는 사후 설명을 하지 말라고 하는 제안도 있다. 그러나 사후 설명이 없을 때의 윤리적 문제도 있으므로 거짓 요소가 불가피한 연구인지에 대해 계획 단계에서 거짓 사용의 방법과 사후 설명에 대한 충분한 검토가 있어야 하며, 동료 연구자들에게 자문을 구해 진행시켜야 한다.

그 다음 연구 과정에서 제기되는 윤리적 문제는 통제집단에 대한 배려다. 일반적으로 실험연구에서는 집단별로 처치를 다르게 하여 비교한다. 실험집단에게는 새로운 교수방법, 특별한 훈련 프로그램, 치료적 처치 등을 제시하고, 다른 집단에게는 전통적 방법이나 처치를 제시하지 않는 것이다. 이때 연구자의 딜레마는 통제집단에 대한 대우가 실험집단과 달라서 불공평하게 취급되지 않을까 하는 것이다. 특히 처치가 참여대상들에게 바람직한 것이고 일종의 혜택이라고 간주될 때 그렇다. 따라서 연구기간이 끝난 후 통제집단에게도 유익한 처치나 중재 프로그램을 실시함으로써 공평하게 대우할 필요가 있다.

3.2 결과 보고에서의 윤리적 과제

결과 보고와 출간에서 윤리적으로 바람직하지 못한 행동은 연구자가 속한 학계의 풍토와 동료 전문가들에게 해를 미치게 되므로 특별히 관심을 갖고 유의해야 한다. 결과 보고와 출간에서의 문제는 미국심리학회(2002)의 윤리강령 및 출판요람(APA, 2001) 그리고 미국교육연구학회의 윤리적 기준 등에서 상당히 구체적이고 강력하게 규칙에 어긋나는 행위를 상술하고 있다. 가장 많이 문제로 대두되는 중복 출간과 부분 출간, 표절, 저자와 공동저자 그리고 논문심사에 대해 살펴보기로 하자.

중복 출간이란 이미 보고된 자료와 결과를 가지고 마치 새로운 원자료(original data)인 것처럼 다른 학술지 논문으로 제출하는 것이다. 미국심리학회, 미국교육연구학회 같은 학회는 중복 출간을 분명하게 금지하고 있다(APA, 2001). 사전에 보고된 적이 있는 자료임을 연구자가 밝힐 경우는 예외로 한다. 예를 들어, 학술대회에서 구두로 발표된 논문인 경우, 추후 학술지에 이를 명시하게 된다. 또한 읽는 독자가 다르고, 쓰는 목적에서 다르며 논문, 저서의 일부, 신문 칼럼 등으로 각각 다른 양식으로 보고된다면 예외로 인정될 수도 있다. 다만 이때에도 윤리적 문제가 없는지 신중히 고려해야 한다.

부분 출간이란 하나의 연구를 위해 자료를 수집한 후 모든 자료로 하나의 논문을 작성하기보다 이 자료에 기초해 여러 개의 논문으로 분리하여 출간하는 것이다. 이때 변인별로 또는 대상 집단을 나누어 최소한의 자료로 각기 다른 논문을 작성하는 것이다. 이는 연구를 충분히 조망하기 어렵게 만들고 논문의 질을 떨어뜨리기 쉽다. 이 같은 부분 출간은 그 내용이 지나치게 방대하지 않는 한 일반적으로 바람직하지 않은 것으로 간주된다(APA, 2001). 이때에도 대규모의 다학제적 과제, 종단적 연구, 기존 자료의 재분석 등은 예외가 될 수 있다.

중복 출간과 관련하여 더욱 심각한 문제는 거의 동일한 논문을 하나 이상의 학술지에 동시에 중복 제출하는 것이다. 학술지별로 심사위원들의 게재 결정이 다르게 나면 모를까, 두 곳에서 동시에 게재 결정이 나는 경우 편집위원회가 상당한 어려움에 처한다. 편집위원회는 이런 사실을 발견하면 심사에서 게재 가능한 논문일지라도 출간할 수 없다고 결정할 수밖에 없다. 연구자는 항상 전에 사용하지 않은 자료로 된 논문을 하나의 학술지에 제출하고, 심사 과정을 기다린 후 게재 여부에 따라 다른 학술지에 제출해야 한다. 만일 제출한 논문의 심사가 지연되어 다른 곳에 제출하고자 한다면, 이를 처음 제출한 학술지 측에 알리고 논문을 되돌려 받아야 한다.

표절(plagiarism)은 다른 사람의 글이나 자료의 일부를 베껴 마치 자신의 것처럼 작성하는 것이다. 미국심리학회(APA, 2002)에 따르면, 이러한 관행은 참고로 한 사람의 문헌 출처를 글의 몇 곳에 밝히는 경우일지라도 금지한다고 되어 있다. 또한 표절에 버금가는 것은 바꾸어 표현하기(paraphragiarism)라고 할 수 있다. 이는 다른 저자의 글과 아이디어를 유사하게 복사하는 것으로서 생각이나 구조가 유사하고 말만 바꾸어 표현하는 것이다. 표절에 따른 문제가 과거보다 심각하고 빈번히 나타나는 것은 최근 업적 출간에 대한 압력이 많아지고 연구자들이 기술적인 측면에 치중하여 윤리적 이슈에 대해 충분히 훈련되지 않기 때문이라 할 수 있다.

그 다음 연구 보고의 저자를 밝히는 과제(authorship)는 연구보고서의 책임저자와 공동저자는 누구여야 하는가이다. 공동으로 연구에 기여한 사람들과 저자가 같은가? 또는 다를 수도 있는가? 등에 관련된다. 대체로 공동연구자들이 모두 함께 연구보고서의 저자에 대해 논의한 후 결정하는 것이 바람직하다. 그리고 연구과제에서 기여도가 높은 순서에 따라 공동연구자를 나열해야 할 것이다. 일반적으로 석 · 박사 논문에 상당부분을 기초하여 학술지 논문으로 작성할 때에는 석 · 박사생의 이름을 첫 번째 저자로 제시하는 것이 추천되고 있다.

연구결과를 학술지 논문으로 제출하는 경우 편집위원회를 통해 동료 전문가들의 심사과정을 거친다. 이때에는 심사내용이나 심사대상에 대해 비밀이 지켜져야 한다. 심사할 때 논문 저자를 익명으로 하여 비밀이 지켜져야 함에도 불구하고 이를 외부에 알린다거나 또는 논문을 제출한 사람이 편집위원회를 통해 심사자 이름을 알아내서 직접 문의하는 행동 등은 윤리적으로 합당하지 못하다.

연구결과를 학계에 보고하는 것과 함께 연구자는 연구 참여자들에게 핵심결과를 보고하거나 최종보고서의 요약, 논문 등을 보내줄 수 있다. 이는 연구 참여자들의 기여를 보상하는 한 가지 방법이고, 연구 참여자들과 연구결과를 공유함으로써 그들의 참여가 학문적으로 유용하게 활용되고 있음을 알리는 기회가 될 것이다.

연습문제

1. 〈부록〉의 '아동 연구를 위한 윤리적 기준'을 읽고 16가지 원칙이 우리나라 문화에서도 마찬가지로 중요한 원칙인지 논의해 보자.
   1) 각 원칙을 중요도에 따라 3(매우 중요함), 2(중요함), 1(별로 중요 안 함)로 평정하여라. 평정점수 1에 해당하는 원칙은 왜 그렇다고 생각되는지 논의하여라.
   2) 추가해 넣고 싶은 윤리적 기준이 있는가? 있다면 어떤 것인지 서술해 보라.
2. 하나의 연구과제(예: 자신의 연구, 참여하는 연구 또는 관심 있는 연구)를 선택해 잠재적인 대상들로부터 허가를 받기 위한 '서면동의' 양식을 하나 작성해 보자. 그리고 작성된 양식이 필요한 정보를 모두 포함하고 있는지 검토해 보라.

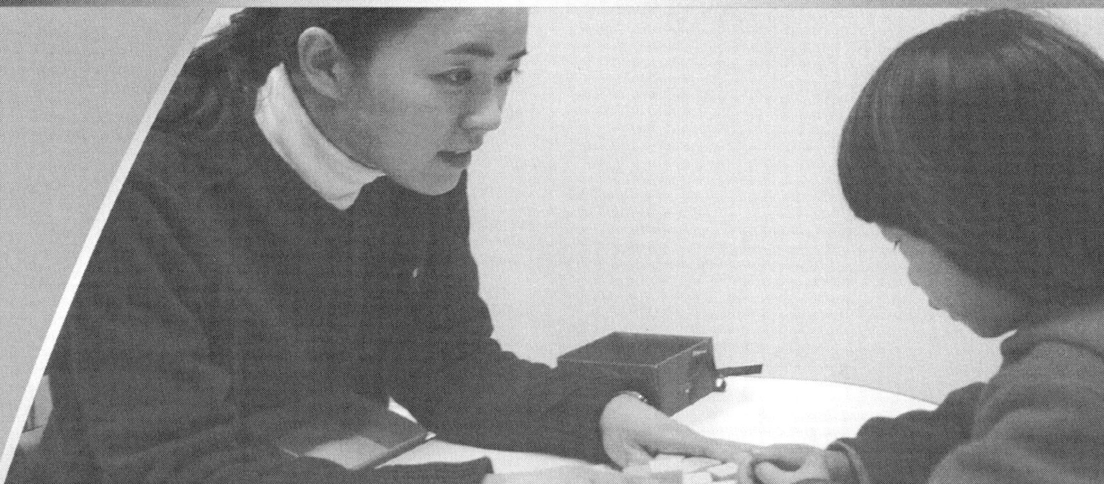

제II부 연구과제의 개념화

03 Chapter 연구주제의 발견과 연구문제

연구자가 연구할 주제를 발견하고 연구문제를 구체적으로 결정하게 되면, 비로소 연구가 시작된다. 연구자에 따라서는 주제발견과 연구문제 선정에 오랜 탐색기간을 갖는 경우가 있다. 연구 시작단계에서 이처럼 어려움을 겪는 것은 '연구하고 싶은' 주제는 여러 개 있지만, 이 중에서 '연구할 수 있는' 문제로 구체화하는 일이 그리 단순하지 않기 때문이다. 연구문제가 확정되기까지는 연구를 착수할 수 없으며, 연구자의 문제선정은 연구의 성패를 좌우할 수도 있으므로 연구의 전 과정에서 가장 중요한 과제라 할 수 있다.

이 장에서는 연구주제를 어떻게 찾아내며, 연구주제에서 범위를 축소시켜 연구문제로 구체화해 가는 단계는 어떠한지 그리고 연구문제를 선정할 때의 기준에 대해 살펴보려 한다. 또한 연구문제와 연구가설은 어떻게 다르며, 어떤 형태로 진술되어야 하는지에 대해서도 서술하고자 한다.

1. 연구주제의 발견

연구주제(topic) 또는 아이디어를 어디서부터 찾을 수 있는지 그리고 왜 연구자들이 어려움을 겪게 되는지에 대해 먼저 살펴보기로 하자.

1.1 연구주제의 원천

연구주제의 원천은 다양하나 무엇보다도 개인의 경험과 흥미, 의도적인 관찰, 실제적 문제 그리고 선행연구나 이론 등에서 주제를 발견할 수 있다.

개인의 경험과 흥미는 연구주제의 원천으로서 일차적으로 고려해 볼 수 있다. 연구자가 개인적으로 경험한 환경과 특별한 흥미는 다른 어떤 연구자와 다르다는 의미에서 독특하며, 때로는 통찰력을 발휘할 수 있다. 예를 들어, 저소득층 지역의 보육시설에서 경험을 가진 연구자는 그곳 아동의 언어발달에 흥미를 느끼고, 일반 아동과 다른 점이 어떤 특성과 관련되어 있는지 연구해 볼 수 있다. 몬테소리 유아교육기관에서 교사 경험을 한 연구자는 그곳 아동의 수학 논리적 개념이 어떻게 발달하고, 몬테소리 기관을 수료한 후에까지 지속되는지에 관심을 가져 볼 수 있다. 그 밖에도 일상적으로 경험하는 주변의 영유아, 아동 그리고 부모들은 연구 아이디어의 풍부한 원천이다. 왜 어떤 아이들은 우수한 능력을 갖고 있음에도 자신감이 없으며, 어떤 아이들은 우수한 능력의 소유자가 아닌데도 자신감이 넘칠까? 종교재단 학교에 다니는 아이들이 도덕개념에서 더 높은 발달단계를 보여 줄까? 등 일상적 경험에서 의문과 흥미가 생겨날 수 있다.

연구 아이디어의 또 다른 원천은 의도적인 관찰이다. 연구자가 흥미 있는 현장이나 아동의 행동을 일주일 정도만 열심히 관찰해 보면 적어도 몇 가지 주제는 발견할 수 있다. 동네의 실외 놀이터, 아동이 자주 찾는 PC방, 학부모 모임, 독서실, 대안학교, 놀이방, 학원, 동네 문구점 등 어느 곳에서나 아동과 부모들을 관찰할 수 있다. 물론 자신의 친구나 다른 가족, 그들의 자녀를 집중적으로 관찰할 수도 있다. 이들의 관찰은 생생한 현장의 자료를 제공하면서 동시에 연구자에게 의문과 호기심 또는 막연한 불만, 즉 교과서적 서술과는 다른 모습들을 발견하게 한다.

실제적인 문제는 연구주제의 또 다른 원천이다. 어느 시대, 어느 사회든지 실제적인 문제는 존재하기 마련이다. 특히 아동학 관련 분야에서 보면 사회변화에 의해 가족이 영향을 받으며, 가족은 자라나는 아동과 청소년에게 영향을 미치므로 실제적인 문제들이 산재해 있다. 예를 들어, 이혼의 증가와 저출산으로 가족과 아동의 적응문제, 교육열의 증대로 인한 사교육의 증가, 기러기 가족의 부자녀관계, 외국인 노동자 고용에 따른 국제결혼과 아동의 이중언어 사용 문제 등 우리 주변에서 실제적 문제들을 다양하게 발견할 수 있다. 또한 유아교육 및 보육 분야에서는 새로운 교육방법과 기술의 효과, 집단구성에 따른 차이, 교사교육의 효율성, 보육시설의 질 관리 등 실제적으로 해결을 필요로 하는 과제들이 있다. 연구는 이러한 과제들의 실천적 요구에 대해 해답을 줄 수 있어야 한다.

그 다음 연구주제의 주요 원천은 과거에서부터 현재까지 이루어진 연구논문들이다. 연구자는 자신의 흥미영역을 개략적으로 정하고, 그에 관련된 학술지의 논문들을 읽음으로써 연구의 동향을 파악하고 쟁점을 발견하며, 연구의 제언을 통해 아이디어를 찾을 수 있다. 연구자가 생각해 본 주제가 학술지에 논문으로 발표되어 나온다는 것은 그 주제가 중요하다는 증거다. 같은 연구주제에 대해 새로운 이론적 관점에서 접근해 볼 수 있다. 또한 선행연구자들이 연구문제를 해결할 수 있도록 그 나름대로의 방안을 고안하고 결과를 제시해 놓은 것을 볼 수 있다. 동일한 연구문제에 대해 해결방안을 다르게 고안하거나 수정 또는 확대하는 방안으로 연구해 볼 수도 있다. 어떤 연구문제의 해답을 찾는 길은 여러 가지가 있을 것이고, 각각의 장단점이 있을 것이다. 따라서 선행연구에서 간과된 변인이나 새롭게 중요성이 부각되는 변인을 추가해 넣어 확장시킬 수도 있고, 연구방법의 일부를 더 좋은 방안으로 수정할 수도 있다. 또한 조사 시기 측면에서 다시 조사할 만한 가치가 있다면 선행연구의 반복 연구도 가능하며, 연구대상을 보완하여 확장시킬 수도 있다. 이처럼 선행연구의 고찰은 연구 아이디어를 찾기 위해서나 더 발전된 해결방안을 고안하는 데 있어서 필수적인 절차다.

끝으로 연구주제는 이론에 대한 학문적 관심에서부터 시작될 수 있다. 아동발달, 유아교육 분야에는 영유아 및 아동의 발달과 유아교육에 관련된 이론들이 있다. 일반적으로 이론은 너무 추상적이고 복잡하며 천재들이나 이해할 만큼 난해하다거나 실제와는 거리가 멀다는 생각을 갖기 쉽다. 그러나 이론이 있는 연구주제는 관련 개념들 간의 관계가 하나의 구조적인 틀에 의해 정리되어 있음을 알 수 있다. 반면 이론적 틀 없이, 많은 양의 선행연구를 읽는 것은 산만하고 정리가 잘 되지 않을 수 있다. 따라서 이론적 관심에서 연구가 출발한다면 막연하게 많은 연구를 읽을 필요는 없다. 이론에 관련된 주제는 이론 자체의 일관성 부족, 하나의 현상에 대한 이론 간의 차이 또는 이론과 관찰의 차이 등에 초점을 두고 연구로 발전될 수 있다. 예를 들어, 아동의 인지발달에 관한 신 피아제 학파의 주장이 피아제 이론과 상치되는 것은 어떤 점인가에 관심을 가지고 이와 관련된 실증적 연구를 찾아볼 수 있다. 오늘의 우리나라 아동은 누구의 주장과 더 부합되는 발달양상을 보이는지에 관심을 가질 수 있다. 또는 아동의 성역할 학습과 자아개념의 관계를 설명하는 모델로서 자신의 성과 일치하는 성에 대한 선호가 긍정적 자아개념과 더 관련이 있는지 또는 양성성 개념에 대한 선호가 더 관련이 있는지 탐구해 볼 수도 있다.

이상에서 연구주제를 찾아낼 수 있는 다양한 원천에 대해 살펴보았다. 일반적으로 연구 아이디어가 전혀 없는 경우보다 연구 아이디어는 많으나 아이디어의 진전을 방해하는 요소들이 있다. 예를 들어, 연구에 대한 두려움 때문에 연구문제로 발전시키는 데 어려움을 겪거나 연구방법에 치중하여 연구문제에 집중하지 못하는 경우가 있다.

연구에 대한 두려움이나 공포에 대해 Martin(2004)은 다음의 몇 가지를 지적하고 있다.

첫째, 천재공포(fear of geniuses)로서 우수한 연구를 하는 사람은 누구나 천재일 것이라는 생각이다. 보통 사람인 우리들은 연구를 하기에 불가능해 보일 수 있다. 더구나 처음으로 저명 학술지 논문을 접하거나 저명 학자의 연구보고서를 읽으면 도저히 자신은 그런 수준과 거리가 멀다고 느끼기 쉽다. 그러나 이러한 예외적인 인물을 제외하고 대부분은 처음에 어렵게 시작하여 실수도 하면서 쌓아 올린 업적임을 알 수 있다.

둘째, 모방의 공포(fear of imitating)로서 전혀 새로운 아이디어가 아니면 추진을 못하는 경우다. 연구에서 전혀 새롭고 독창적인 아이디어는 극히 드물다. 대체로 연구는 다른 연구의 이론과 방법, 결과에 기초하여 조금씩 새로운 아이디어로 바꾸고 확장시키는 것이다. 어떤 연구주제를 가지고 문헌을 찾아보면 이미 누군가 비슷한 시도를 해 놓은 것을 발견하게 되는 것은 이 때문이다. 어떤 연구주제에 대해 관련 문헌이 거의 없다는 것은 아주 독창적일 수도 있지만, 때로는 그 주제를 시도할 수 없는 명백한 이유들이 있어서 시도되지 않았는지도 모른다.

셋째, 지나치게 단순한 것에 대한 공포인데, 연구는 조금 거창해야 한다고 믿는 것이다. 특히 박사논문 주제를 찾는 연구자들 중에는 연구주제가 너무 단순하면 안 될 것 같은 두려움을 갖는 예를 가끔 발견한다. 오히려 단순하면서 깊이가 있어야 해석이 명료하고 설득력이 있을 수 있다. 지나치게 복합적인 주제는 해석에 어려움을 갖기 쉽고, 초점이 분명하지 않은 연구결과를 낳기 쉽다.

넷째, 통계분석에 대한 공포다. 통계가 중요하지 않은 것은 아니나 연구 자체는 아니다. 통계분석은 하나의 수단이며 연구의 보조적 기술일 뿐이다. 오히려 연구의 설계나 논리적 비약이 통계분석보다 더 문제가 될 경우가 있다. 또한 새로이 개발되는 통계분석 기법을 연구자들이 모두 습득하고 있어야만 연구를 할 수 있는 것은 아니다. 연구설계에 적합한 통계분석이라면 생소한 기법일지라도 추가로 배워 가면서 진행할 수 있다.

다섯째, 불완전한 것에 대한 공포인데, 세부적인 절차까지 완전하게 계획되지 않으면 연구를 추진하지 못하는 경우다. 물론 연구과제의 전 과정을 사전에 충분히 검토해야 하지만, 발표된 좋은 연구논문들이 서술하고 있는 만큼 모든 세부가 초기에 완성되기는 어렵다. 그런 논문들도 연구를 진행하는 과정에 오류를 범했을 수 있고, 다 끝난 후 다듬어 낸 결과임을 이해해야 한다.

이상에서 제시한 공포 외에도 연구주제를 찾기 어려운 것은 연구 문제와 방법을 혼합하여 생각하는 경향 때문이다. 연구문제는 연구주제 영역 내에서 특별히 어떤 해답을 찾고자 하는 질문, 즉 무엇(what)에 해당한다. 이에 비해 연구방법은 문제를 해결하는 데 사용되는 절차, 즉 어떻게(how)에 해당한다. 연구 주제나 문제를 선정하는 단계에서 연구방법에 지나치게 치중하는 것은 문제를 명확히 개념화하는 데 방해가 될 수 있고 연구문제를 단순화시킬 수 있다. 즉 연구문제를 충분히 검토하고 개념화해야 할 노력이 방법에 비중을 둠으로써 미성숙한 상태에서 연구문제가 설정되는 것이다. 예를 들어, 한 연구자가 '보육시설의 환경평가점수와 유아의 사회적 놀이 빈도 간 관계'를 연구문제로 한다면, 이미 보육시설의 환경평가를 위한 도구가 마련되어 있는 듯하고, 유아놀이는 사회적 놀이 빈도로 제한적임을 볼 수 있다. 보육시설의 환경은 물리적 환경만이 아니라 인적 환경인 교사의 역할도 포함될 수 있으며, 환경의 평가도 다양한 방법으로 이루어질 수 있을 것이다. 또 다른 예로, '아동의 학업성취도는 주 5일제 수업 이후 감소하였는가?'를 연구문제로 삼는다면, 문제에 대한 해답을 이미 갖고 연구를 하는 것과 같다. 따라서 연구주제에 의미 있게 접근하지 못하는 결과를 가져온다.

1.2 연구문제의 개념화

연구주제를 발견하고 이를 구체화하여 연구할 수 있는 문제로 진술하려면 적어도 몇 단계의 사고 과정을 거치게 된다. 이때 필수적으로 요구되는 작업은 관계문헌의 고찰이다. 즉 연구주제에 관련된 문헌에서 펼쳐지는 다양한 정보를 통해 관심변인에 관련된 복합적인 양상을 파악하고, 여기서 자신의 연구목적을 가려내며 더 축소시켜 연구문제에 도달하기까지 끊임없이 관계문헌과 개념화 단계 간의 교환작용이 있어야 한다.

연구문제를 개념화하는 과정은 연구자마다 다양하겠으나 일반적으로 제안되는 4단계를 살펴볼 수 있다(이은해, 1985). 첫 번째 단계는 문제의 전 단계로서 문제가 막연히 감지되는 단계다. 이 단계에서는 어떤 상황에 대한 문제의식이나 장애 요소가 느껴지기도 하며, 강한 호기심과 관심이 동반되기도 한다. 또는 연구자가 하려는 시도에서 시행착오를 경험하기도 하며, 정서적으로 좌절감을 느낄 수도 있다. 이같이 문제가 처음으로 감지되는 단계에서는 감정과 느낌이 동반되므로 합리적인 사고의 틀 속에서 문제가 잘 정리되지 않는 특성이 있다. 예를 들어, 한 연구자가 아동의 문제행동에 관심을 갖게 되었다고 하자. 문제행동이 흔히 열악한 가정환경이나 가족문제에 기인할 것이라고 생각하였으나, 중산층 가정의 정상적인 가족의 아동도 상당수 문제행동을 보이는 것을 발견하게 될 때 연구자는 무엇인가 잘 맞지 않는 것 같은 느낌을 가질 수 있다.

연구문제를 개념화하는 두 번째 단계는 연구주제에 관련된 변인들을 모두 나열하여 몇 개의 범주로 묶어 봄으로써 문제의 복합성을 인식하는 것이다. 앞의 예를 가지고 아동의 문제행동에 관련되어 있을 변인들을 열거해 보자. 무엇보다도 아동의 문제행동은 가정환경변인 중 낮은 소득수준, 결손가정, 부모의 양육태도, 가정폭력 등의 요인이 관련이 있을 것이다. 문제행동의 학교 관련 변인으로는 낮은 학업성취, 교사와의 관계 소원 그리고 제한되거나 유사한 특성의 친구관계망 등이 있을 것이다. 아동 자신의 특성으로는 학업능력, 자아개념, 성격특성, 도덕성 발달 등도 관련이 있을 것이다.

세 번째 단계는 이상에서 열거한 변인 간의 관계를 검토하고 문제의 핵심을 파악하는 것이다. 전 단계에서도 어느 정도 필요하지만 이 단계에서는 관련 문헌에서 제시한 연구결과들을 활용하고 주요 쟁점(issue)이 무엇인지 알 수 있어야 한다. 예로 든 아동의 문제행동에 관련된 변인들의 상대적 영향력이 가정환경, 또래관계 또는 아동 자신의 특성 중에서 어느 것이 더 큰 변인군인지 연구자에 따라 상치되고 있음을 발견하였다고 가정하자. 연구자는 이러한 쟁점을 아동의 문제행동에 영향을 미치는 일차적 변인과 이차적 또는 간접적 변인으로 구분함으로써 더 명확해질 수 있다고 생각하였다. 그리고 일차적 변인 중에는 아동의 특성인 정서 조절능력, 도덕성 발달, 인지처리 과정 등이 핵심인데도 상대적으로 이에 관한 연구들이 부족한 것을 발견하게 되었다고 하자. 또한 발달단계에 따라 주요 변인들이 달라질 수 있다는 점도 추가로 밝혀졌다. 따라서 이 단계는 전 단계에서 열거한 많은 변인들 간의 관계를 정리하고 쟁점을 파악함으로써 보다 핵심적인 변인들이 부각될 수 있다.

마지막 단계는 문제의 영역을 연구할 수 있는 한계 내로 축소시켜 연구문제를 선택하고 연구의 초점이 분명해지는 단계다. 앞의 연구 예에서 연구자는 문제행동의 연령이 낮아지는 추세와 발달적으로 또래관계의 영향력이 커지는 아동기 후기를 선택하여 전 단계의 작업에서 부각된 핵심적이고 일차적 변인들로 연구문제를 축소시킬 수 있다.

이상에서 살펴본 바와 같이 연구문제를 개념화한다는 것은 연구의 일반적인 또는 어느 정도 포괄적인 주제에서 구체적인 연구문제로의 축소 과정이라 볼 수 있다. 이를 다시 한 번 정리하면 [그림 3-1]과 같다.

일반적

연구주제 → • 아동의 문제행동
• 관련 변인의 열거와 범주화

연구쟁점 → • 발달단계에 따라 영향력 있는 변인의 차이
• 가정, 또래, 개인변인 간 상대적 영향력

연구목적 → • 후기 아동기의 문제행동에 관련된 또래와 개인변인의 영향에 대해 알아보려 함

연구문제 → • 아동의 문제행동은 친구관계와 관련이 있는가?
• 아동의 문제행동은 정서 조절능력과 관련이 있는가?

구체적

[그림 3-1] 연구주제에서 연구문제의 선정에 이르는 과정

[그림 3-1]에서 연구주제는 연구에서 다루어질 폭넓은 주제(subject matter)를 의미한다. 연구쟁점이란 그 분야 연구에서 논쟁을 일으키는 문제들을 말한다. 주제에 관한 연구가 얼마나 발전되어 왔느냐에 따라 과거의 쟁점이 지속될 수도 있으나 변화할 수도 있다. 따라서 최근까지 또는 최근에 쟁점이 되고 있는 문제를 파악할 필요가 있다. 그 다음 단계는 연구자의 의도와 선택에 따라 연구목적이 설정된다. 어떤 연구자도 한 연구에서 여러 개의 주요 쟁점이나 문제를 다룰 수는 없다. 연구자의 선택에 따라 주제 영역이 축소되고 경계를 명확히 하게 된다. 끝으로 연구에서 해답을 얻고자 하는 질문이 무엇인지 구체적으로 연구문제를 제기함으로써 연구의 방향과 목표가 분명해진다.

2. 연구문제의 선정

앞에서 서술한 바와 같이 한 주제와 관련하여 다양한 쟁점들이 발견될 수 있으며, 연구하고 싶은 과제들이 하나 이상으로 생길 수 있다. 이런 경우 어떤 기준에 의해서 하나의 연구문제를 선정하는 것이 좋은가에 대해 알아보도록 하자.

2.1 연구문제의 선정기준

연구문제를 선정할 때 가장 우선적인 조건은 첫째, 연구자의 흥미와 지속적인 관심이라 할 수 있다. 아무리 학문적으로 중요한 연구문제일지라도 연구자의 흥미와 동기를 유발하지 못한다면 적어도 그 연구자에게는 적합하지 않은 것이다. 따라서 연구자가 하나의 문제를 택할 때는 과연 이 문제를 가지고 오랜 기간 작업을 하면서 충분히 만족감을 얻을 만한 것인지, 스스로에게 중요한 의미를 줄 수 있는 것인지 고려할 필요가 있다.

둘째, 그 문제가 지식세계 또는 현장의 실제에 얼마나 기여할 수 있는 것인가에 관한 것이다. 지식세계에 대한 기여도는 얻어질 연구결과가 지식의 결여 부분을 채워 줄 수 있는지, 기존의 연구를 확장시킬 수 있는지 또는 그와 같은 연구문제가 전에 연구된 적이 없거나 충분히 연구되지 않은 것인지에 따라 판단할 수 있다. 한편 연구가 현장의 실제에 도움을 줄 수 있느냐 하는 것은 연구를 해야 할 필요성 면에서 중요한 선정기준이 된다. 새로운 교육의 접근방법 비교, 보육교사를 위한 사이버교육의 효과 또는 보육시설의 질을 평가할 수 있는 도구 개발 등 다양한 연구과제들이 현장의 실제에서 연구를 필요로 한다. 이러한 연구를 통해 얻어지는 실제적인 지식은 정책 결정자, 교사, 아동들에게 이익을 줄 수 있다.

셋째, 연구대상이나 연구장면에 접근이 가능한가다. 연구주제가 아무리 지식세계에 큰 기여를 할 수 있는 것일지라도 이를 추진할 때 대상들로부터 참여동의를 얻기가 어렵다든지, 그들의 지역 또는 연구장면에 접근할 수 없다면 연구는 할 수 없을 것이다. 이러한 현실적 가능성은 사회적으로 고립되거나 소외된 대상 또는 특수한 시설 등에 거주하는 대상들을 연구주제로 삼을 때 특히 검토해 보아야 한다.

넷째, 연구자가 사용할 수 있는 시간, 자원, 훈련 등을 고려한다. 연구자가 시간의 제약이 크다면 자료 수집과 분석에 많은 시간을 투입하여 질적 접근방법을 필요로 하는 주제는 선택하기 어려울지 모른다. 어떤 연구자는 자신에게 익숙한 주제를 진부하게 느끼고, 잘 모르는 영역에 흥미를 느껴 생소한 영역의 주제를 선택하는 경우가 가끔 있다. 이때 주제에 대해 연구자가 관련된 지식이나 훈련 배경이 부족하여 연구문제를 제대로 다룰 수 있는 능력이 없을지도 모르며, 주제를 선정한 후에 지식이나 훈련을 더 쌓아야 할지도 모른다. 이럴 경우 연구기간이 예정보다 더 길어질 수 있다. 또한 연구주제가 특별한 기기나 프로그램 구입, 참여자 보상 등 비용 면에서 연구자가 감당할 만한 범위인가 또는 연구비의 지원 가능성은 있는가를 고려하여 연구범위를 제한해야 할 때도 있다. 연구주제를 선택할 때 자신이 가진 시간과 자원의 한계를 현실적으로 검토하고 최대한 가능한 범위 내에서 연구문제를 결정해야 한다.

다섯째, 연구문제의 선정에서 고려해야 할 요인은 독창성이다. 대부분의 연구가 과거 연구의 연장선에서 지식을 추가하고, 방법을 수정하며 확장시키는 것이지만, 때로는 연구자만이 가진 독창적인 착상에 기초하여 창의적인 형태로 새로운 문제나 방법을 시도할 수 있어야 한다. 이미 여러 번 같은 방식으로 연구되어 온 문제, 비슷한 결과가 충분히 누적된 연구문제는 진부해지기 쉽고, 연구할 가치도 떨어질 수 있다. 연구문제의 독창성이야말로 기존의 지식세계에 대한 도전이며, 한 영역의 연구를 새로운 단계로 발전시키는 계기가 된다.

이상의 기준들은 연구문제를 최종적으로 선정할 때 점검목록으로 생각하고, 각 기준에 비추어 자신이 가진 몇 개의 문제를 비교해 볼 수 있다. 어떤 기준이 더 우선하느냐는 연구자와 연구주제에 따라 다를 것이다. 연구주제의 중요성, 독창성, 기여도 등을 연구자의 현실적 여건과 비교하여 적절한 절충안을 찾는 선에서 연구문제가 결정될 수 있다.

2.2 연구문제의 제기

연구문제를 제기하는 부분은 전문 학술지 논문에서 대체로 서론에 포함되며, 석 · 박사 논문에서는 '연구의 필요성 및 목적' 또는 유사한 제목하에 별도로 서술되고 있다. 이 부분은 관계문헌을 정리하는 '이론적 배경'의 서술과는 구별되어야 한다. 무엇보다도 연구자가 가진 생각의 틀을 기초로 하여 연구에 대한 학문적 호기심과 동기가 엿보이는 서술이어야 한다. 그러면 이 부분은 어떤 요소로 구성되고 어떻게 서술하는 것이 연구문제를 설득력 있게 제시할 수 있는지 알아보기로 하자. 일반적으로 연구문제의 제기 부분에는 최소한 다음의 다섯 가지 요소들이 포함될 수 있다(Creswell, 2002).

- 연구주제의 소개
- 연구쟁점이나 연구문제의 지적
- 연구문제의 당위성 제시
- 연구결과 또는 실제적 지식에서의 증거부족 지적
- 다양한 독자에게 연구의 기여를 시사

첫째 요소 연구주제의 소개는 연구주제 영역을 이해하는 최초의 틀을 제공하고, 독자로 하여금 연구에 대한 흥미를 일으키는 데 결정적인 역할을 한다. 연구주제는 서론의 처음 몇 문장에서 소개된다. 이때 유의할 점은, 주제를 어느 정도 일반적인 수준에서 소개함으로써 독자들이 쉽게 접근할 수 있어야 하며, 관심을 모으기 위해서는 정서적으로나 태도 면에서 독자의 반응을 일으킬 수 있어야 한다. 예를 들어, "지난 10년간 연구자들은 자아개념에서의 개인차를 설명하려고 꾸준히 노력해 왔으며, 특히 성역할 지향에 근거하여 자아개념을 설명하고자 하였다." 또는 "최근 일간신문에 의하면 초등학생들이 중 · 고교생보다 학교폭력과 집단따돌림에 더 많이 시달리고 있으며, 폭력 발생장소의 47.9%가 학교 교실이었다고 한다(조선일보, 2004. 1. 13)." 이러한 서술에서 볼 수 있는 바와 같이 주제 영역을 분명히 제시하고, 최근의 주요 통계치나 연구경향 등을 개관함으로써 주제에 관심을 모을 수 있다.

둘째 요소는 연구의 쟁점이나 문제를 지적하는 것으로서 이를 통해 주제 영역의 범위를 축소시키고 검토할 필요가 있는 문제에 접근하게 한다. 위의 첫 번째 예에서 '많은 연구들이 긍정적 자아개념은 양성적 특성이나 자신의 성과 일치된 성의 특성보다 남성적 특성을 얼마나 갖고 있는가에 따른다는 결과를 지지하고 있다. 그러나 이러한 결과는 대부분 성인이나 아동기 후기 아동을 대상으로 하고 있으며, 유아를 대상으로 한 연구는 거의 드물게 발견되고 있다.' 라고 서술되었다 하자. 여기서 자아개념과 성역할 지향의 관계에 대한 설명이 하나의 쟁점임을 파악할 수 있다. 또한 유아대상 연구가 부족하다는 점에서 앞으로 검토할 필요가 있음이 지적되고 있다.

그 다음 요소는 연구문제나 쟁점의 중요성에 대한 이유를 제시하는 것이다. 중요성에 대한 이유를 정당화하는 방식은 일반적으로 이론 또는 다른 연구자들의 제안을 통해서 하는 것과 개인적 경험을 토대로 해서 제시하게 된다. 앞에서 소개한 예를 계속 사용해 보면, '유아를 대상으로 한 연구는 발달적 관점에서 중요하며, 특히 유아기는 자아개념과 성에 대한 개념이 형성되는 시기다. 그리고 성인이나 아동기의 결과와는 다를 수 있다.' 라고 서술함으로써 이론과 연구에 근거해 당위성을 제시할 수 있다.

넷째 요소는 연구결과 또는 실제적 지식에서 증거의 부족을 발견하고 지적하는 것이다. 연구결과에서 증거의 부족이란 결과가 서로 상치되고 있어서 일반화하기 어렵거나 충분히 확장되지 못해서 반복 연구해야 할 경우 또는 결정적으로 필요한 연구가 없는 것 등이다. 실제적 지식에서의 결여는 아동행동, 가족상황, 교육현장에서 사용할 만한 좋은 해결책이 아직은 발견되지 않은 것을 의미한다.

이 부분의 서술은 연구문제에 직접 관련된 선행연구를 보다 상세하게 절차와 결과를 설명하면서 어떤 점이 상치되는지, 상치되는 이유는 무엇인지 그리고 어디까지 연구결과가 제시되어 있는지를 알 수 있도록 한다. 특히 유사한 연구가 이루어졌다면, 그 연구와 차별화해서 새로운 연구가 시행되어야 하는 이유가 밝혀져야 하며, 반복연구를 할 때에는 반복할 만한 근거가 논의되어야 한다.

끝으로 다양한 독자에게 연구의 기여와 문제해결이 가져올 실제적 도움에 대해 피력할 수 있다. 연구논문의 독자는 그 분야의 연구자뿐만 아니라 현장 실무자, 부모, 때로는 정책 결정자 등 다양할 것이다. 응용연구의 경우에는 현장에 실제적 도움을 줄 수 있으나, 기초연구에서도 영유아, 아동, 가족 분야에 필요한 지식을 제공함으로써 궁극적으로는 그들의 발달과 행동을 이해하고 도움이 될 수 있음을 제안할 수 있다.

3. 연구문제와 가설의 진술

연구문제가 선정되고 나면 연구문제를 구체적으로 서술해야 하는데, 연구문제와 연구가설을 모두 서술해야 하는지 또는 연구문제와 가설 중에서 어느 한 가지만 서술하는 것이 더 적합한지 의문이 생길 수 있다. 일반적으로 연구문제는 연구를 시작하기 전에 어떤 유형의 연구에서든지 모두 서술할 수 있어야 한다. 질적 연구 또는 탐색적 연구에서의 연구문제는 양적 연구에 비해 덜 구체화되고 약간 포괄적인 성격일지 모른다. 그러나 연구문제는 그 연구가 궁극적으로 무엇을 발견하고자 하는지를 알게 하므로 연구자 자신을 위해서나 다른 연구자들과의 의사소통을 위해서 설정하는 것이 바람직하다.

한편 연구가설은 변인 간 관계에 대한 예측을 포함한 진술이므로 예측이 불가능한 경우 설정되기 어렵다. 따라서 실험연구에서는 보편적으로 연구가설을 세우고 실험을 한다. 실험연구 외에 이론적으로나 선행연구에 기초하여 가설이 세워질 수 있으면 상관연구나 인과비교 연구에서도 가설은 설정될 수 있다. 한 연구과제에서 연구문제와 연구가설을 나란히 진술형식만 바꾸어 서술할 필요는 없다. 다만 연구문제에서 제기된 일부 변인에서 보다 구체적인 가설을 세울 수 있을 때는 두 가지 모두가 포함될 수 있다. 다음에서 연구문제와 연구가설의 진술조건을 살펴보자.

3.1 연구문제

연구문제(research problem)는 연구를 통해 해답을 얻고자 하는 질문이다. 일반적으로 연구문제를 진술할 때 다음의 네 가지 준거를 고려하여 서술해야 한다(Kerlinger & Lee, 2000; Tuckman, 1999).

- 변인 간의 관계로 표현하고
- 질문형식으로 서술하며
- 검증 가능성을 내포하고
- 도덕적, 윤리적 과제가 아니어야 한다.

첫째, 문제는 연구에서 핵심을 이루는 두 변인 또는 그 이상의 변인 간 관계에 대한 표현이어야 한다. 가장 단순한 의미에서 연구란 변인 간의 관계를 탐색하는 과정이다. 즉 'A라는 변인과 B라는 변인이 관련되어 있는가?' 에서 비롯하여 'A변인이 B변인에 영향을 미치는가?' 또는 'A와 B가 어떻게 C와 관련되어 있는가?' 등으로 관계가 다양하게 제기될 수 있다. 순수하게 기술적인 연구의 경우에는 한 변인만을 다루게 될 수도 있다. 예를 들어, '학교 폭력의 발생비율은 어떠한가?' 라는 연구문제가 있을 수 있다. 그러나 이와 같은 연구문제에서도, '학년, 성, 지역에 따라 학교폭력의 발생비율이 다른가?' 로 관심이 확장된다면, 연구문제는 두 개 이상의 변인 간 관계를 알아보려는 것이 된다. 한편 변인 간의 관계는 반드시 연구문제 서술에 '~ 간에 관계가 있는가?' 로 표현될 필요는 없다. 예를 들어, '보육시설의 질적 수준에 따라 아동의 놀이유형에 차이가 있는가?'

라는 문제에는 보육시설의 질적 수준과 놀이유형 간의 관계성이 내포되어 있다.

둘째, 연구문제는 명료하게 질문형식으로 서술되어야 한다. 연구문제의 진술은 '~에 대해 알아보기 위한 목적이다.' 또는 '연구문제는 ~이다.' 는 형식보다는 질문형식을 취하도록 권장된다. 이는 질문형식이 연구문제를 보다 직접적으로 표현하고 구체적으로 답을 추구한다는 점에서 명료하기 때문이다. 예를 들어 보면 다음과 같다.

- 교사의 놀이참여 수준은 아동의 놀이유형과 관계가 있는가?
- 어린이집의 질적 수준과 아동의 놀이유형 간의 관계는 교사의 놀이참여 수준에 따라 달라지는가?

연구목적은 대체로 연구자의 주제에 대한 연구의도를 밝히는 것이므로 보다 포괄적으로 서술되며, 연구문제와는 구분될 수 있다. 예를 들어, '놀이실 상황에서 강화의 효과를 알아보려 한다.' 는 연구목적을 세우고, '칭찬, 꾸중 그리고 강화 없는 무시조건 간 행동에 차이가 있는가?' 를 알아보는 것은 보다 구체적인 문제가 될 수 있다. 그러나 때로는 연구목적이 구체적인 질문을 내포하고 있는 경우도 있다. 예를 들어, '연구의 목적은 교사의 놀이참여 수준과 아동의 놀이유형 간의 관계를 밝혀 보고자 하는 것이다.' 라고 서술되었다고 하자. 이는 서술내용의 구체성 면에서만 볼 때 연구문제와 크게 다르지 않다.

이상에서 설명한 바와 같이 질문형식으로 서술되어야 한다는 조건은 변인 간의 관계가 모호하지 않게 구체적으로 진술되기 위한 바람직한 형식이기에 강조되는 것이다. 따라서 형식 자체보다는 연구문제의 서술이 구체적이고 명료한가에 더 비중을 둘 필요가 있다. 전문 학술지의 종류와 전통에 따라 연구문제가 질문형식으로 제기된 것을 선호하는 경우도 있고, 반면 질문형식보다는 서술형식을 더 선호하는 경우도 있다.

셋째, 연구문제는 실증적 검증 가능성(testability)이 있어야 한다. 양적 접근에서 특별히 이 기준은 중요하다. 즉 연구문제는 관련된 자료를 실제로 수집해서 경험적으로 검증할 수 있는 것이어야 한다. 연구문제의 서술에 포함된 변인의 성격은 검증 가능성을 엿볼 수 있는 좋은 단서를 제공한다. 예를 들어, '장기간 격리된 생활의 경험은 개인의 삶에 대한 조망을 증진시킬 수 있는가?' 라는 문제에서 '장기간 격리된 생활의 경험' 이나 '삶에 대한 조망' 은 변인으로서 상당히 모호하고, 정의하기 어렵다. 따라서 경험적으로 검증할 수 있는지 알 수 없다. 또 다른 예로, '지식이란 무엇인가?' 또는 '5세 아동은 선별적으로 초등학교에 입학되어야 하는가?' 등이다. 이러한 주제는 실증적으로 해답이 나오기 어려운 문제다.

넷째, 연구문제는 도덕적 의문이나 윤리적 과제를 다루지 않아야 한다. 가치판단적 진술이나 도덕적으로 옳고 그름을 다루는 문제는 과학적 연구의 문제로는 적합하지 않다. 예를 들어, '결혼은 누구나 해야 하는가?' '학생들은 어떤 경우에도 시험에서 거짓 행위를 하지 말아야 하는가?' '체벌은 자녀훈육에 바람직한가?' 등은 과학적으로 검증될 수 없다. 이런 의문들이 논의의 주제로는 훌륭한 것이지만, 윤리나 도덕 영역에서 다루어질 수 있는 것이다. 같은 주제로 과학적 연구의 문제가 되려면, '결혼에 대한 태도는 연령에 따라 다른가?' '시험에서 거짓 행위를 하는 학생의 비율은 어떠한가?' '자녀 훈육 방식과 체벌은 관계가 있는가?' 등이 될 수 있다.

3.2 연구가설

연구가설(research hypothesis)은 변인 간의 관계에 대한 예측을 진술한 것이다. 이때 예측은 거의 확실한 것일 수도 있고 그렇지 않은 잠정적인 추측일 수도 있다. 연구에서 문제를 선정하는 것이 무엇보다도 중요하다는 것은 앞에서 서술하였다. 연구가설은 연구문제의 연장선에서 답을 예측해 보는 것이다.

연구가설은 연구문제와 마찬가지로 내용 면에서 변인 간의 관계를 중심으로 표현하고, 실증적 검증 가능성이 있어야 하며, 도덕적 또는 윤리적 과제를 다루지 않는 것이다. 연구문제와 명백하게 다른 점은 질문형식이 아니라 서술형식을 취한다는 것과 연구문제보다 더 구체화되는 특성이 있다. 연구가설의 진술기준에 대해 살펴보도록 하자(Kerlinger & Lee, 2000; Salkind, 2003).

첫째, 연구가설은 현재형 또는 미래형의 서술문으로 작성한다. 이때 가설은 명료하고 구체적이며, 어떤 의미에서 단언적으로 서술되어야 한다. 연구가설의 예를 들어 보면 다음과 같다.

- 어린이집의 프로그램 질에 따라 아동의 놀이유형에 차이가 있을 것이다.
- 피해 아동의 친구관계는 가해 아동이나 일반 아동에 비해 사회정서적 지원에서 낮은 경향을 보일 것이다.

- 칭찬받은 아동이 꾸중받은 아동보다 더 높은 산수 수행능력을 보일 것이다.

예로 든 위의 세 가지 가설은 모두 가설로서 바람직하지만, 첫 번째 가설은 조금 더 구체화될 수도 있다. 예를 들어, '어린이집의 프로그램 질이 높을수록 아동은 사회 인지적으로 발전된 놀이 유형을 나타낼 것이다.' 라고 가설이 서술되었을 때 단지 아동의 놀이 유형에 차이가 있다는 것에서 한 걸음 더 나아가 어떤 유형을 나타낼 것인지 분명해질 수 있다.

둘째, 연구가설은 변인 간에 기대되는 관계를 제시한다. 변인으로 서술된다는 것은 무엇보다 개념적으로 명확해야 한다는 것이다. 앞에서 예로 든 첫 번째 가설의 변인은 '어린이집의 프로그램 질' 과 '아동의 놀이유형' 이다. 두 변인 간의 관계는 연구문제의 진술에서와 마찬가지로 관계성이 내포되어 있으면 된다. 앞에서 제시된 두 번째 가설에서 변인은 무엇이라고 생각되는가? 피해 아동과 가해 아동은 또래괴롭힘에 관여되는 아동의 집단을 말한다. 따라서 '또래괴롭힘' 이라는 변인과 그들의 친구관계에서의 '사회정서적 지원' 이 연구변인이며, 가설은 이 두 변인 간의 관계를 예측한다. 이처럼 가설을 진술할 때에는 변인 자체가 진술문에 포함될 수도 있으나, 구체화되는 과정에서 변인의 수준으로 언급될 수도 있다. 변인의 수준(level)이란 변인에 따른 속성을 몇 개의 범주로 나눌 때 부르는 명칭이다. 세 번째 가설에서 변인은 '강화' 와 '산수 수행능력' 이며, 강화의 조건으로 두 가지 수준, 즉 '칭찬' 과 '꾸중' 이 포함되어 있음을 알 수 있다.

셋째, 연구가설은 연구주제의 배경이 되는 이론이나 관련 문헌의 결과를 반영한다. 가설은 연구자의 개인적 경험이나 직관(intuition)만으로 설정되지는 않는다. 가설은 연구주제의 배경이 되는 이론에 근거하여 이론의 주요 주장을 지지하기 위해서, 이론적 주장을 반박하거나 서로 상반되는 주장에 관련된 증거를 제시하기 위해서 또는 이론의 확장을 시도하기 위해서 설정된다. 즉 가설은 이론과 관련 문헌의 기초 위에서 이들에 연결되어 세워진다. 앞의 예로 든 첫 번째 가설은 아동의 놀이에 관련된 Piaget의 인지이론과 Parten의 사회적 놀이 이론의 기초 위에서, 두 번째 가설은 사회적 관계 내에서의 사회정서적 지원 기능에 관련된 이론과 또래괴롭힘에 관한 문헌에 기초하여, 세 번째 가설은 강화이론을 배경으로 설정될 수 있었을 것이다.

이와 같이 연구가설이 연구문제보다 더 구체화될 수 있는 것은 관련 이론과 문헌 고찰에 기초하여 예측의 방향을 어느 정도 가정할 수 있기 때문이다. 가설은 흔히 이론에서 유도되지만, 가설을 통해 이론을 현장에서 검증할 수 있다. 연구가설이 중요시되는 것은 현실을 검증할 수 있는 유용한 도구이기 때문이다.

넷째, 연구가설은 검증 가능해야 한다. 검증 가능성이 있으려면 우선 가설에 포함된 변인의 개념적 명료성과 측정 가능성이 있어야 한다. 또한 가설의 진술은 결과를 지지하거나 부정할 수 있어야 한다. 검증 가능성이 약한 가설의 예는 '방과 후 프로그램에 관심을 보인 부모들이 자신의 직업에 더 좋은 느낌을 가지고 있다.' 라는 것에서 발견할 수 있다. 이 가설에서 '방과 후 프로그램에 관심 보임' 과 '직업에 대한 좋은 느낌' 이란 개념은 모호하고 변인이라고 보기에는 어려움이 있다. 또한 '더 좋은 느낌을 갖는다.' 는 것은 누구와 비교하는 것인지가 분명하지 않아 검증하기가 불가능하다. 이 가설을 바꾸어서 '방과 후 프로그램에 자녀를 참여시키는 부모들이 비참여 부모들보다 직업만족도에서 더 높다.' 라고 한다면 검증 가능성이 있을 것이다.

이상에서 서술한 바와 같이 잘 구성된 연구가설은 다음의 특성으로 요약된다.

- 서술문으로 작성되고
- 변인 간의 관계를 예측하며
- 이론과 관련 문헌을 반영하고
- 검증 가능해야 한다.

한편 연구가설과 관련된 개념으로 영가설(null hypothesis)이 있다. 영가설은 통계적 검증을 할 때 적용되는 가설로서 '~ 간에 차이가 없다.' 또는 '~ 간에 관계가 없다.' 는 의미의 가설이다. 연구가설은 실제로 통계분석에서의 영가설을 통해 검증된다. 이에 관해서는 제13장에서 통계적 검증과 함께 다룰 것이다.

연구가설이나 연구문제는 연구의 방향을 지시해 주는 기본 틀로서 연구의 초기단계에서 이루어져야 할 중요한 과제다. 특히 연구가 효과적으로 진행되기 위해서는 누구에게나 명료하게 서술되어야 할 필요가 있다. 그리고 최근의 연구문헌과 이론에 대한 고찰을 병행함으로써 연구가설이나 연구문제는 보다 구체화될 수 있음에 유의해야 한다.

연습문제

1. 여러분이 연구하고 싶은 주제를 3~5개 정도 열거해 보라. 각 주제를 연구문제의 선정기준에 기초하여 평가해 보자.
2. 최근 학술지에 실린 논문 한 개를 찾아 서론 또는 문제의 제기 부분을 읽고 다음에 답하여라.
   1) Creswell이 제안한 다섯 가지 요소(연구주제, 쟁점, 문제의 당위성, 증거 부족, 연구의 기여)를 지적하여라.
   2) 연구문제 또는 연구가설을 찾아 진술조건에 적합한지 알아보라.

04 Chapter

문헌조사

연구를 수행하기 위해서는 연구주제와 관련된 분야에서 과거에 어떤 연구들이 얼마나 이루어졌으며, 어떤 과정을 거쳐 일부의 주장은 뒤에 남고, 새로운 주장들이 대세를 이루며 진행되고 있는지 알아야 한다. 문헌조사는 한 주제에 관한 과거와 현재의 지식을 담고 있는 연구논문, 서적, 기타 문헌들에 관한 조사다. 문헌조사가 충분히 되어 있지 않은 상태에서 연구문제를 결정짓게 되면, 새로운 문헌을 읽을 때마다 연구문제가 바뀌고 연구문제의 필요성을 정당화하기 어렵다. 또한 이미 연구가 수없이 이루어진 문제를 진부한 방법으로 다시 다루는 과오를 범할 수 있다. 따라서 앞의 제3장에서도 서술한 바와 같이 문헌조사는 연구문제나 연구가설의 설정과 밀접하게 연결되어 진행된다.

문헌조사는 모든 연구보고서에서 중요한 부분을 차지하지만, 특히 연구계획서(research proposal) 또는 이론적 고찰 위주의 연구논문에서는 그 비중이 더 커진다. 연구유형 중에서 이론적 고찰 중심의 연구는 관계문헌의 조사에 기초하여 문헌 분석 자체를 연구목적으로 한다. 연구계획안을 작성하는 연구계획서는 연구가 이루어지기 전 연구과제의 중요성을 설득해야 하므로 문헌조사의 비중이 또한 커진다. 문헌조사를 하는 방식이 과거에는 주로 도서관에 가서 이루어졌으나, 최근에는 컴퓨터를 이용해 접근할 수 있는 학술정보 데이터베이스와 전자저널이 급속히 보급됨에 따라 정보제공 체계가 계속 변화하고 있음을 연구자들은 유념해야 한다.

이 장에서는 문헌조사의 목적과 일반적 단계를 살펴보고, 관계문헌을 발견하는 주요 방법과 원천에 대해 서술하고자 한다. 그리고 발견된 관계문헌을 정리하고 조직화해서 문헌의 개요를 작성하는 데 도움이 되는 지침에 대해 알아보려 한다.

1. 문헌조사의 의의와 단계

1.1 문헌조사의 의의

연구는 서로 관련 있는 개념과 아이디어에서 출발한다. 연구자가 관심 있어 하는 주제가 기존의 지식세계에는 어떤 개념으로 어떤 관계를 갖고 이루어져 있는지 참조할 필요가 있다. 관련 연구와 문헌을 찾아보는 이유와 그 의의를 구체적으로 살펴보면 다음과 같다(Tuckman, 1999).

- 연구가 이루어진 부분과 연구를 필요로 하는 영역을 구분한다.
- 연구에서 중요한 변인을 발견한다.
- 연구문제의 중요성에 대한 근거를 제시한다.
- 연구방법에 대한 새로운 착상을 제공하고 연구계획에서의 오류를 방지한다.
- 더 많은 중요한 문헌을 알려 준다.

연구논문을 발표하기 위한 요건으로 참신성(originality)이 강조되고 있으며, 중복 연구를 피하기 위해 과거 연구를 모두 조사할 필요가 있다. 때로는 극히 최근에 출간된 논문을 조사해 보지 못하고 동일한 주제를 연구하게 되는 경우 상당히 당황하게 된다. 더욱 중요한 것은 과거의 연구들이 앞으로 할 연구들의 기초가 된다는 점이다. 관심 분야의 연구문헌을 고찰함으로써 지금까지 누적된 지식의 현황을 파악하여 정리하고, 연구가 진행될 방향에 대해 몇 가지 대안이 생길 수 있다. 따라서 이미 연구가 이루어진 영역과 앞으로 연구를 필요로 하는 영역을 구분하는 것은 문헌조사의 대표적인 목적이 된다.

문헌조사를 하는 또 다른 의의는 연구에서 중요한 변인을 발견하기 위한 것이다. 연구자가 흥미 있어 하는 주제 영역을 찾는 것은 비교적 쉽지만, 그 안에서 중요한 변인을 선택하여 연구문제를 결정하는 일은 쉽지 않다. 관계문헌을 읽어 봄으로써 개념적으로나 실제적으로 중요한 변인들이 부각될 수 있으며, 주요 변인을 조작적으로 정의하는 데 대한 좋은 아이디어도 얻을 수 있다. 또한 연구자가 흥미를 가진 주제 영역에 제한시키지 않고 해당 분야의 최근 주요 학술지들의 목차를 훑어보는 것만으로도 연구와 실제에서 최근 관심을 모으는 영역에 대한 개관을 할 수 있다.

문헌조사의 또 다른 의의는 연구문제의 중요성에 대한 근거를 제시하기 위한 것이다. 연구문제는 이론적 관점에서뿐만 아니라 실제적인 적용 면에서도 당위성을 지지하는 증거를 제시할 수 있어야 한다. 관련 있는 주요 문헌의 인용과 참조를 통해 당위성을 제시하게 된다. 때로는 주요 연구로부터 앞으로 이루어져야 할 연구나 시사점, 제언 등으로 언급된 것도 연구의 중요성을 지지하는 증거가 된다.

문헌조사가 연구 절차와 방법에 도움이 되는 것은 새로운 착상을 제공하고 연구계획에서의 오류를 방지하는 것이다. 다른 연구자들의 연구논문을 읽는 것은 연구에 대한 간접 경험을 가능하게 한다. 실제 연구를 수행하지 않더라도 이러한 문제를 어떻게 해결했을지에 대해 연구자에 따라 다른 새로운 방법과 착상을 제공할 수 있다. 동일한 연구문제에 대해 각기 다른 해결방안이 생길 수 있다는 것을 배울 수 있다. 그리고 각 해결방안이 어떤 결과를 가져왔는지 장단점을 비교하여 자신의 연구를 효과적으로 고안할 수 있다. 이러한 간접 경험은 연구계획의 미숙이나 오류를 사전에 방지할 수 있게 한다.

마지막으로 문헌조사를 통해 더 많은 문헌의 원천에 접근할 수 있고, 여러 문헌을 통해 계속해서 언급되는 주요 핵심 문헌들에 대해 알 수 있게 된다. 모든 연구보고서의 끝부분에는 참고문헌 목록이 있다. 최근 문헌에 잘 정리된 참고문헌 목록은 연구자가 이미 알고 있는 문헌과 함께 발견 못한 문헌에 대한 정보를 제공해 준다. 어떤 연구주제나 영역에는 대표적인 연구논문, 이론적 학술서 등이 있으며, 때로는 시기적으로 이미 고전이라고 생각될 수도 있다. 이러한 고전을 모두 독파할 수는 없을지라도 연구주제 영역에서 중요한 기초지식을 제공하는 경우 직접 읽어 보는 것이 도움이 될 때가 있다. 많은 연구자들은 각기 자신의 관점에서 그 문헌을 소개하고 비평할 수 있으며, 때로는 오류를 포함하는 경우도 있기 때문이다.

1.2 문헌조사의 단계

문헌조사는 시간과 노력이 많이 필요한 과제다. 이를 효과적으로 수행하기 위한 단계는 세분화하는 정도에 따라 3단계에서 5단계 정도로 구분할 수 있다(Creswell, 2002; Tuckman, 1999). 그러나 이러한 단계는 일반 연구자를 위한 안내이며, 훈련된 연구자들은 어떤 단계를 뛰어넘을 수도 있고 각 단계 간의 관련성 때문에 보다 융통성 있게 진행될 수도 있다. 여기서는 문헌 조사의 단계를 다음의 4단계로 나누어 서술하고자 한다.

1. 연구주제어(key word) 결정
2. 관련 가능성 있는 문헌 찾기
3. 관련성 높은 문헌 발견과 읽기
4. 관계문헌의 개요 서술

연구주제어는 문헌을 찾기 위해 가장 먼저 결정되어야 한다. 연구자의 관심 영역에서 주제를 어느 정도 축소시켜 구체적으로 정의하는 것을 말한다. 주제어가 지나치게 광범위하면 수많은 문헌이 검색되어 관련성이 없는 문헌들을 찾게 되고, 반면 지나치게 협소하게 제한하면 하나도 찾지 못하는 경우가 생길 수 있다. 도서관이나 인터넷을 통한 검색에서 이 주제어를 적절히 선택해서 찾는 데는 몇 가지 책략이 필요하다. 첫째, 연구자가 생각하는 연구제목(가제)에서 핵심이 되는 두 개 또는 세 개의 단어를 선택한다. 예를 들어, 연구자의 관심이 '놀이'와 '언어발달'이라고 하자. 이 두 용어 각각에 관련된 문헌은 수없이 많을 것이다. 만일 '놀이와 언어발달'처럼 두 가지를 함께 정의한다면, 관련 문헌들은 어느 정도 제한된다. 만약 연구자가 유아보다 영아의 놀이에 관심이 더 있다면 '영아의 놀이와 언어발달'로 더 구체화될 수 있을 것이다. 이처럼 연구자가 관심을 가진 대상과 변인에 따라 주제어를 바꾸어 가면서 검색을 할 수 있다. 또 다른 책략으로 국외 문헌을 찾을 때 적절한 주제어를 결정하기 위해서 학술적 용어사전을 참조할 수 있다. 교육학 분야에서는 ERIC(Educational Resources Information Center)의 데이터베이스에 *A Thesaurus of ERIC Descriptors*라는 용어사전을 포함하고 있다. ERIC 웹사이트인 http://www.searcheric.org에서 이 용어사전에 접근할 수 있다. 심리학 분야는 미국심리학회(APA)의 데이터베이스인 PsycINFO 안에 *Thesaurus of Psychological Index Terms*라는 심리학 용어들의 색인이 포함되어 있어 활용할 수 있다.

문헌조사의 둘째 단계는 주제에 관련성이 있을 만한 문헌들의 목록과 초록(abstracts)을 찾아내는 것이다. 연구에 가장 도움이 되는 문헌 종류는 전문 학술지의 논문과 석·박사 논문이며, 그 외에 학술지에 발표되지 않은 연구보고서와 저서 등이 있다. 발표된 논문을 찾는 방법은 도서관을 찾아 직접 관련 분야의 색인(index)과 초록을 통해 문헌에 관한 정보를 찾아내는 방법이 있고, 컴퓨터와 인터넷을 통한 검색방법이 있다. 최근에는 대학

도서관이 컴퓨터를 통한 전자 도서관을 구축하고 온라인으로 문헌에 접근할 수 있도록 빠른 속도로 변화하고 있으므로 이를 활용하는 방법에 대해 익숙해질 필요가 있다. 구체적 방법에 대해서는 다음 절에서 서술하고자 한다. 이 단계의 목표는 관련 가능한 논문들의 목록을 작성하는 것이며, 논문의 초록만을 읽어서 연구자의 주제에 얼마나 도움이 될 수 있는지 그리고 관련성이 있는지를 판단하여 구분해 놓는 것이다.

셋째 단계는 관련성이 높은 문헌을 발견하고 이를 읽은 다음 자신의 글로 간략하게 정리하는 과정이 된다. 관련 논문의 초록은 개략적인 정보만을 제공하므로 주제와의 관련성이 높은 논문은 원문을 입수해야 한다. 과거에는 전문 학술지를 입수해야 그곳에 실린 논문을 복사할 수 있었으나, 최근에는 컴퓨터 서비스를 통해 전자저널 또는 학술 데이터베이스에 수록된 원문을 볼 수 있다. 때로는 비용을 지불해야 되는 경우도 있다. 논문을 읽는 것은 한두 개일 경우 따로 정리할 필요가 없을지 모르나, 많은 문헌을 읽어야 할 때 기억하는 데 한계가 있고 매번 원문을 참조하기 어렵다. 따라서 각각의 문헌을 요약하고 정리해 두는 것이 좋다.

마지막 단계는 관계문헌의 개요를 정리하여 서술하는 것이다. 연구자가 참조한 문헌을 모두 나열하기보다 주제의 전개방향에 맞게 선택하고 조직화해서 서술할 필요가 있다. 이때 문헌 개요에 대한 윤곽(outline)을 만들고 앞 단계에서 정리된 자신의 요약을 기초로 하여 글을 서술하게 된다. 관계문헌의 개요에 선택된 문헌들은 연구보고서의 끝부분인 참고문헌 목록에 제시된다.

이상의 네 단계 중에서 뒤의 세 단계는 다음 2, 3, 4절에서 보다 상세하게 서술하고자 한다.

2. 관계문헌의 발견

연구에서 핵심이 되는 주제어가 결정되면, 이제 관계문헌을 찾기 시작할 수 있다. 정보의 컴퓨터 검색에 익숙한 학생들은 컴퓨터에서 친숙한 검색 엔진이나 웹사이트를 찾아보면 된다. 때로는 동료, 선배 연구자 또는 교수에게 주제와 관련된 좋은 문헌을 추천해 달라고 할 수 있다. 그러나 이러한 비공식적 출처에 의존하는 것이 도움이 될 수도 있지만 그렇지 않을 수도 있다. 연구자들은 공식적인 문헌의 원천을 알고, 체계적으로 단계를 밟아 관계문헌을 찾을 수 있도록 배워 익숙해질 필요가 있다. 이 절에서 학술적 연구에 도움이 되는 관계문헌의 주요 원천에 대해 먼저 살펴보고, 이러한 문헌을 찾는 방법에 대해 구체적으로 알아보기로 하자.

2.1 관계문헌의 원천

관계문헌의 원천은 대체로 세 가지 종류가 있는데, 일반적 원천, 이차적 원천 그리고 일차적 원천이다(Salkind, 2003).

첫째, 일반적 원천(general sources)은 주제에 관한 일반적 성격의 정보를 제공하는 것으로 일간신문, 주간지, 보편적으로 많이 읽히는 잡지 등이다. 이러한 종류의 정보가 갖는 제한점이 있지만 시사성이 높거나 일상적 생활양식과 관련이 깊은 주제 등에 대해 우선 개관할 수 있게 하고, 어디서 더 좋은 정보를 찾아야 할지 알려 줄 수 있다. 예를 들어, 여가활동에 관심을 가진 연구자가 관련 문헌을 어떤 곳에서부터 찾아야 할지 모른다고 하자. 일간신문의 기사를 검색하던 중 여가활동에 대한 학술 심포지엄을 소개하는 기사를 접하게 되었다. 이를 통해 여가활동의 심리학적, 신체적, 사회적 요구와 의의에 대한 논문의 제목과 전문가들을 알게 되고, 더 중요한 문헌을 찾을 수 있었다.

일반적 정보를 사용할 때 찾아볼 수 있는 좋은 원천의 하나는 정기간행물 기사색인(국회도서관 편찬)이다. 이 색인은 우리나라에서 발행되는 모든 정기간행물에 실린 기사의 색인이 포함되어 있고, 국회 전자도서관을 통해 검색할 수 있다. 외국 문헌으로는 *The Reader's Guide to Periodical Literature*가 있는데, 일반 잡지, 정기간행물의 내용을 주제별 색인으로 제공하며 월간이다. 세계 각국의 50여 개 신문기사를 요약한 *Facts on File*(FOF)은 주별로 출간되고 온라인(http://www.facts.com)으로 정보를 입수할 수 있다. 인터넷을 통한 다양한 정보가 급격히 증가하고 있는데, 웹 주소를 갖고 공신력 있는 정보를 제공하는 곳도 있으나 그렇지 못한 경우도 많이 있다. 특히 전자출판물(electronic publishing)의 경우 출판물의 질을 판단하기가 쉽지 않다. 따라서 미국심리학회는 인터넷에 게재된 원고들을 아직은 공식 출판물로 인정하지 않고 있다(Martin, 2004). 따라서 인터넷에서 찾은 정보를 인용할 때는 반드시 누가 저자인지 확인하고, 그 분야의 경험 있는 사람에게 의견을 구해 보는 것이 좋다.

둘째, 이차적 원천(secondary sources)은 연구논문에 대한 정리와 비평, 특정 주제에 대한 지식의 개요와 소개를 위한 문헌들을 말한다. 이러한 문헌은 실제 연구를 한 연구자의 글이 아니라 문헌을 집필한 저자에 의해 연구물이 걸러진 글이라는 의미에서 이차적이다. 개략적으로 어떤 주제에 대해 배경이 되는 이론과 연구의 경향을 안내받고 싶은 경우 도움이 된다. 또한 많은 연구논문을 직접 읽어야 할 때 필요한 시간과 노력이 어느 정도 절약될 수도 있다. 그러나 이차적 원천에서 연구물의 선택과 소개는 연구자에 의해서가 아니라 저자의 관점에서 이루어지므로 저자의 주관과 편파성이 개입될 여지가 있다. 또한 연구논문이 발표된 시기보다 훨씬 후에야 이차적 원천의 문헌에 소개될 수 있어서 적시성(timeliness)이 떨어진다는 점에 유의해야 한다. 이차적 원천의 대표적인 유형은 각종 저서와 연구비평서 그리고 백과사전 등이 있다.

저서는 교과서적인 개론서와 전문 학술서 등을 포함한다. 개론서는 연구자의 관심 분야 외에 폭넓은 이론과 누적된 지식을 섭렵할 수 있는 좋은 원천이다. 전문 학술서는 특정 주제에 초점을 두고 집필되는 저서로서 연구자의 관심 영역에서 전문 학술서를 발견하는 것은 크게 도움이 될 수 있다. 전문 학술서는 관련 이론과 연구들에 기초하여 정리된 내용을 서술하거나 기존의 연구들을 중심으로 논의할 수 있다. 최근에 출간된 저서를 통해 일차적 원천에 접근할 수 있다.

연구비평서(reviews)는 저서와 달리 연구논문에 대한 개관과 비평을 정리한 것으로서 연구자의 논문 읽는 시간을 절약해 주고 일정 기간 내에 축적된 지식을 제공해 준다. 비평서는 대학도서관 참고도서실에 가면 분야마다 또는 주제별로 발견할 수 있다. 예를 들어, 심리학과 교육학 분야의 비평서로 *Annual Review of Psychology*, *Psychological Bulletin*, *Review of Educational Research*, *Encyclopedia of Educational Research* 등이 있다. 아동학 분야에서는 5권으로 편찬된 *Handbook of Child Psychology*(Damon, 1998)가 있으며 6개 영역으로 나누어 집필되어 있다. 우리나라에서도 관련 분야에 『교육학 대백과 사전』, 『아동발달백서』 등이 출간되고 있으나, 연구논문을 정기적으로 요약하고 개관하는 비평서는 아직 발견되지 않고 있다.

셋째, 일차적 원천(primary sources)은 문헌조사의 핵심부분이다. 일차적이라는 용어가 의미하는 바대로 연구자가 새로운 아이디어를 가지고 직접 수행한 연구결과의 보고서다. 공식적인 문헌의 원천으로서 가장 최신의 정보라 할 수 있고, 연구자가 곧 집필자이므로 연구 내용과 결과가 다른 사람에 의해 각색되지 않았다는 점에서 직접적인 원천이다. 일차적 원천의 조사에 얼마나 많은 노력을 기울이는가에 따라 문헌개요의 질이 결정된다. 여기에는 각종 전문 학술지에 실린 연구논문, 학위논문, 연구보고서 그리고 초록(abstracts) 등이 포함된다.

전문 학술지에 실린 연구논문들은 문헌조사의 가장 중요한 부분을 차지한다. 학술지의 논문은 흔히 연구가 완료된 후 빠르면 1년 또는 3년 정도 내에 출간된다. 전문 학술단체인 학회가 주최하는 학술대회에서 발표되는 구두발표나 전시(poster)발표 논문도 새로운 연구라는 점에서는 학술지 논문과 유사하나, 출간된 논문에 비해 완성도가 떨어질 수 있다. 연구결과가 어느 정도 정리되면 학술대회에서 간략히 발표하고, 그 후에 논문으로 완성하여 학술지에 제출하는 경우들이 흔히 있다.

아동학, 유아교육 분야의 국내 전문 학술지로는 아동학회지, 유아교육연구, 한국심리학회지: 발달, 아동권리연구, 한국영유아보육학, 교육학연구, 대한가정학회지 등이 있다. 국외 학술지는 *Child Development, Journal of Applied Developmental Psychology, Early Childhood Research Quarterly, American Educational Research Journal* 외에 무수히 많다. 학술지에 게재된 논문을 통해 그리고 이메일 주소를 통해 관심 분야의 연구자들과 직접 연결될 수 있다는 점은 무엇보다도 중요한 측면이다. 또한 학술지의 논문은 저서와 달리 항상 그 분야 전문가들에 의해 심사 과정을 거쳐서 게재 여부가 결정되며, 게재할 경우에도 보완 또는 수정을 요청하는 일이 빈번하다. 따라서 연구논문의 질적 수준이 어느 정도 유지되고 있다는 점이 학술지 논문에 대한 공신력을 높여 준다. 외국의 저명한 학술지의 경우 제출된 논문의 80%가 탈락될 수도 있다고 한다(Salkind, 2003: 54). 국내 학술지의 질적 관리를 위해서는 한국 학술진흥재단에서 학술지의 등재 여부를 결정하고 있다.

각 대학의 대학원 과정에서 배출되는 석사, 박사들의 학위논문도 일차적인 문헌 원천에 속한다. 특히 국내 학위논문의 경우 국회도서관의 편찬으로 국내 석 · 박사 학위논문 목록이 1년에 한 번씩 출간된다. 학위논문은 연구자가 수료 과정에 작성했다는 점에서 학술지 논문의 저자보다 연구경험이 짧을 수 있으나 대학 교수들의 심사 과정을 거친다. 그리고 학위논문은 학술지 논문보다 상세하게 서술하며, 연구에서 사용된 측정도구, 긴 통계분석결과 등을 부록에 제시하고 있어서 도움이 될 때도 있다. 대학원 학위논문의 질은 대학과 과정에 따라 다양하므로 석사 논문보다는 박사 논문에 그리고 재교육 목적의 특수대학원보다는 본 대학원의 논문에 더 비중을 두어 문헌을 조사할 필요가 있다.

정부의 국책 연구기관 및 기타 연구소의 연구보고서나 개인의 미출간 연구보고서 등도 연구자들이 찾아볼 수 있는 문헌의 원천이다. 대형 연구소나 연구기관의 연구과제는 소속연구원에 의해서뿐만 아니라 외부에 연구비를 지급해서도 이루어지므로 항상 연구보고서가 제작된다. 예를 들어, 교육개발원, 여성개발원, 보건사회연구원 등의 연구보고서에는 아동학 전공자가 관심을 가질 만한 연구결과들이 실려 있다. 이러한 보고서도 학술지 논문보다는 상세하게 연구절차, 연구도구, 분석자료 등을 제시하고 있다. 개인 연구자들이 연구비 지원을 받을 때 지원기관에 제출하는 연구보고서 역시 비교적 상세히 서술하지만, 누구나 손쉽게 입수할 수 있는 것은 아니다. 용역 연구인 경우 그 결과를 연구비 지원기관이 소유하므로 때로는 학술지 논문으로 제출하지 못하는 예도 있다.

초록은 연구논문의 전체가 아니라 1, 2개 구문으로 간략하게 요약한 것을 모아 목록으로 만든 것이다. 초록을 일차적 원천에 포함시키는 이유는 대체로 연구자 자신이 요약문을 작성하여 논문에 첨부한 것으로 만들어지기 때문이다. 초록은 간략하지만 필요한 주요 정보를 모두 포함하고 있어서 독자가 이를 읽고 논문 전체를 입수할 필요가 있는지를 결정하는 데 유용하다. 아동학 관련 분야의 대표적인 초록으로는 *Child Development Abstracts & Bibliography*, *Psychological Abstracts*, *Resources in Education*, *Current Index to Journals in Education*(CIJE) 등이 있다. CIJE는 실제로 색인(index)이 아닌 교육분야의 750개 학술지 논문의 초록 목록이다. *Child Development Abstracts & Bibliography*는 각종 학술지에 발표된 아동발달에 관련된 논문의 초록과 관련 저서의 서평이 게재되어 있으며, 1년에 3회 출간된다. 온라인으로는 http://www.srcd.org/cdab/html를 통해 접근할 수 있다.

2.2 관계문헌 찾기

관계문헌을 찾는 방식은 하나의 지름길이 없다고 해도 과언이 아니다. 첫 번째 과제는 대학교 도서관을 비롯하여 국가 전자도서관, 국회 전자도서관 등 학술정보를 다량 보유하고 있거나 정보를 공유할 수 있는 곳에 컴퓨터를 통해 접속함으로써 시작될 수 있다. 최근 대부분의 대학교 도서관들은 다른 도서관과 연계되어 있고, 분야별 학술정보에 대한 전자 데이터베이스를 소장하고 있다.

다음은 해당 연구 분야의 학술 데이터베이스(DB) 종류를 찾아보는 것이다. 예를 들어, 아동가족 분야의 학술 DB를 연세대학교 중앙도서관에서 검색하면 [그림 4-1]과 같은 화

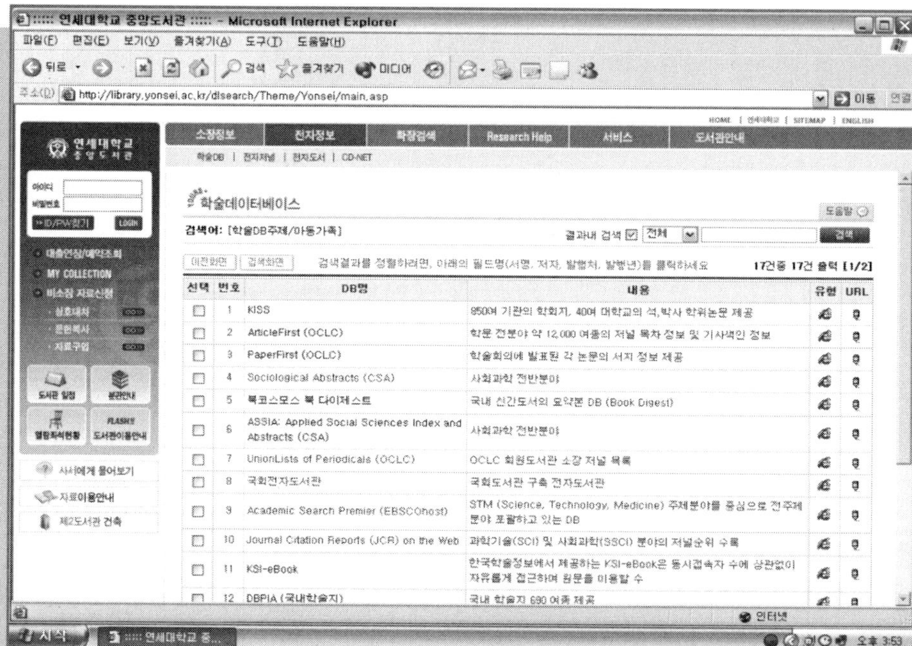

[그림 4-1] 연세대학교 중앙도서관의 아동가족 관련 학술 데이터베이스

면이 나타난다. 여기 나열된 학술 DB 중에서 몇 곳을 찾아 들어가면 원하는 연구논문의 목록, 초록, 때로는 논문의 원문(full text)을 받아 볼 수 있다.

국내외 많은 자료를 제공하는 한국교육학술정보원(KERIS)의 학술연구 정보서비스를 한 예로 들어가 보면 [그림 4-2]와 같다. 즉 KERIS는 (1) 전국 대학이 소장하고 있는 국내 학술지 논문과 해외 학술지 논문, (2) 전국 대학 소장 국내 학위논문, 해외 박사 학위논문(DDOD), 해외 석 · 박사 학위논문(PQDD), (3) 전국 대학 소장 단행본 저서 그리고 (4) 국내 학술지와 해외 학술지 평가정보(JCR)를 찾아볼 수 있다. 이곳에서 주제별 서비스를 통해 주제어 '또래괴롭힘' 을 국내 학술지 논문 중에서 검색하면, 최대 300건 중에서 찾아낸 11건의 일부 화면을 [그림 4-3]에서 볼 수 있다. KERIS 외에도 국회 전자도서관은 국회 도서관이 소장하고 있는 많은 자료, 즉 국내 학술지 2,100여 종과 인문사회과학 석 · 박사 논문 21만여 책을 데이터베이스에 구축하고, 소장 자료뿐만 아니라 국내외 도서관과 통합검색 서비스를 제공하고 있다. 주로 국내 학술지와 석 · 박사 학위논문을 찾아보려 할 경우에는 [그림 4-1]에서 KISS와 DEPIA가 편리하며 원문 서비스를 제공한다. 문헌정보로서 적시성이 높은 학술회의 발표 논문은 Proceeding First(OCLC)나

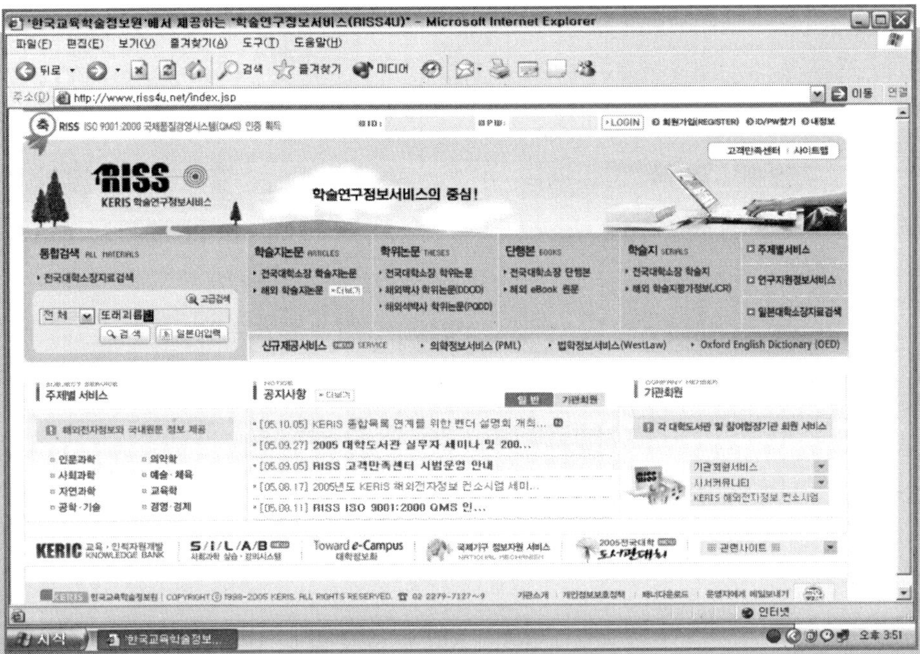

[그림 4-2] KERIS의 학술연구 정보서비스

[그림 4-3] KERIS에서 '또래괴롭힘' 검색결과

PaperFirst(OCLC)에서 검색할 수 있다.

컴퓨터를 통해서 국외 학술지 연구논문과 기타의 문헌검색을 위해 중요한 데이터베이스로는 ERIC, PsycINFO, *Sociological Abstracts*, SSCI 그리고 DDOT와 PQDD 등이 있다. 이에 관해 다음에서 간략하게 소개하려 한다.

ERIC(Education Resources Information Center)은 미국 교육성의 지원을 받는 기관으로 세계 3,000여 곳의 대학 도서관과 연구소의 데이터베이스와 연계하여 교육에 관한 모든 출처로부터의 자료를 수집하고, 요약하고, 분류하여 정보를 제공하는 네트워크다. ERIC의 데이터베이스는 인쇄판, CD-ROM 그리고 웹사이트(http://www.eric.ed.gov) 혹은 앞에서 소개된 KERIS 학술정보서비스를 통해 접근할 수 있다. ERIC의 데이터베이스는 두 부분으로 구성되어 있는데, 하나는 *Current Index to Journals in Education*(CIJE)에 저장된 학술지고, 또 하나는 *Resources in Education*(RIE)에 소장된 문서들이다. CIJE는 약 980개에 이르는 교육 관련 학술지의 논문에 대해 월간으로 주제별, 저자별 색인과 함께 요약을 제공한다. RIE는 연구프로젝트결과보고서, 연구보고, 강연, 미출간 원고, 저서에 대한 색인을 월간으로 제공한다. ERIC에서 포함하는 주제는 언어, 수학 등 교과 영역뿐

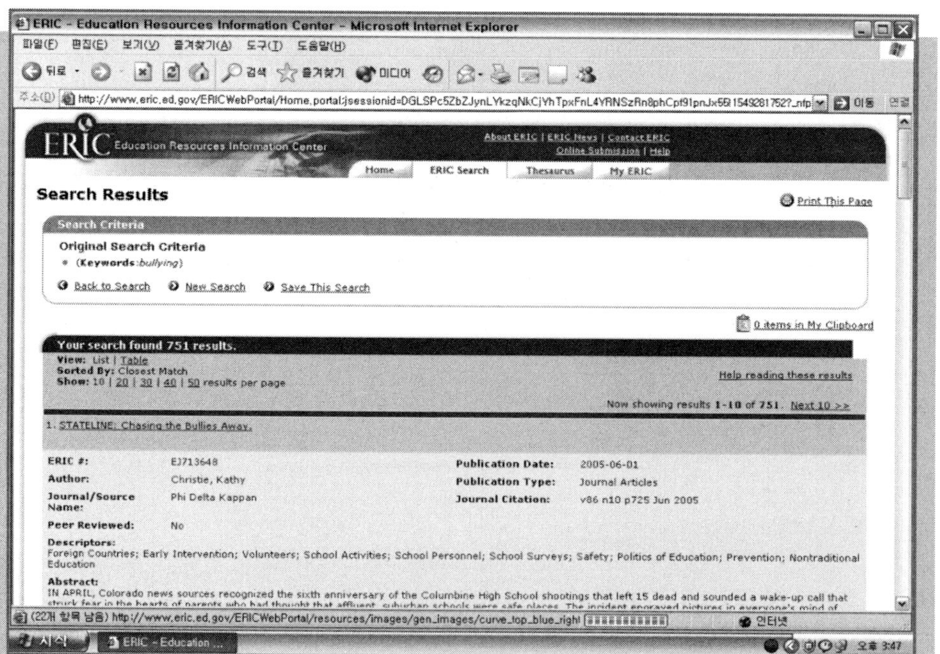

[그림 4-4] ERIC에서 '또래괴롭힘' 검색결과

아니라 유아교육, 특수교육, 운영관리, 교사교육, 부모교육, 도시교육, 지방교육 등 광범위하다. ERIC을 통해 주제어를 또래괴롭힘(bullying)으로 하여 검색한 결과의 일부를 [그림 4-4]에서 볼 수 있다.

심리학의 다양한 주제와 논문을 찾을 수 있는 곳은 미국심리학회의 *Psychological Abstracts* 인쇄판과 CD-ROM, PsycLIT와 PsycINFO(http://www.apa.org)다. PsycLIT와 PsycINFO는 2000년에 하나의 데이터베이스로 통합되었고, 1887년부터 현재까지 광범위한 심리학 문헌의 출처로 활용된다. 이 데이터베이스의 웹 버전은 주로 대학교 도서관과 계약을 맺고, 캠퍼스 내 컴퓨터에서 접속할 수 있다. 데이터베이스는 20개 영역으로 나누어 세계의 1,600여 개 국제 학술지의 논문을 정리하여 관련 문헌 목록, 논문초록, 박사 학위논문, 전문보고서, 저서의 일부인 장(chapter)에 관한 검색을 가능하게 한다.

사회학 관련 분야의 주제와 논문을 찾기 위해서는 *Sociological Abstracts*의 인쇄판, CD-ROM 그리고 도서관에 연결된 웹 버전이 유용하다. 이곳 데이터베이스에 관한 정보는 http://md3.csa.com/factsheets/socioabs-set-c.php을 통해 찾을 수 있으며, 2,500여 개의 학술지 논문, 사회학 관련 학술대회 발표 논문의 초록, 저서, 비평서 등을 포함하고 있다.

The Social Science Citation Index(SSCI) 인쇄판과 CD-ROM은 사회과학 분야의 학술지 논문에 대한 참조 또는 인용문헌(cited references)의 데이터베이스를 제공한다. 인용에 대한 색인(cited index)은 어떤 연구를 인용한 논문을 그 이전 또는 이후로 학문 분야에 관계없이 모두 찾아내기 위한 색인이다. SSCI는 사회과학 분야의 거의 모든 영역을 대표하는 5,700여 개 학술지를 포함하여 검색한 정보를 제공하고 있다. 인터넷을 통한 온라인 버전은 주기적(매주)으로 최신판을 만들고 이를 제공한다.

해외 학위논문을 검색하기 위한 데이터베이스는 DDOD(Digital Dissertations On Demand) 또는 PQDD(ProQuest Digital Dissertations)를 활용할 수 있다. DDOD는 북미와 유럽 일부 지역의 상위권 대학에서 1999년 이후 수여된 분야별 박사 학위논문의 원문 데이터베이스로서 약 3만 5천 권 이상이 소장되어 있다. 한국교육학술정보원(KERIS)을 통해 등록된 RISS 회원에게 무료로 원문을 제공한다. 직접 접속하려면 http://www.ddod.net을 이용한다. PQDD는 북미와 유럽 등 전 세계 주요 1,440여 개 대학 석·박사 학위논문의 문헌목록 및 초록을 제공하며, 비용을 내고 원문 서비스를 받을 수 있다. 직접 접속하려면 http://wwwlib.umi.com/dissertations/gateway를 방문한다.

이상의 주요 데이터베이스는 관계문헌의 일차적 원천과 이차적 원천을 모두 포함하고 있어서 두 가지 원천 간의 경계가 거의 없어지고 있다. 따라서 문헌정보학의 변화와 정보 네트워크 기술 향상에 의해 관계문헌을 찾는 방법은 계속해서 변모하고 발전할 것으로 생각된다. 그리고 변화의 속도가 빠르기 때문에 데이터베이스의 통합, 주요 웹 주소의 변경 그리고 효과적인 검색 엔진의 부상을 계속해서 독자들은 경험하게 될 것이다.

3. 관계문헌의 읽기와 정리

관계문헌을 찾아내는 일이 어느 정도 진행되면, 관계문헌의 초록을 통해 연구과제의 관련성을 파악해야 하고, 관련성이 많은 논문은 원문을 입수하여 읽어야 한다. 그리고 원문을 읽은 논문은 연구자가 활용할 수 있도록 요약하고 정리해 두어야 한다. 아마도 이 단계의 작업이 문헌조사에서는 가장 많은 시간이 소요되는 과정일 것이며, 체계적으로 정리하려는 노력이 필요할 것이다.

3.1 문헌 읽기와 관련성 점검

연구자는 찾아낸 문헌이나 논문이 원문을 가져야 할 만큼 중요한가를 점검하기 위해 논문의 제목과 초록에 제시된 정보를 읽으면서 문헌의 관련성과 적합성을 신속하게 검토해야 한다. 이때 연구자들이 고려해야 할 준거는 다음과 같다(Creswell, 2002).

◆ 연구주제의 관련성

연구자가 잠정적으로 생각하고 있는 자신의 연구제목을 놓고, 각 문헌의 주제 관련성을 점검한다. 제목이 같거나 동일한 종속변인을 다루고 있는 문헌이 관련성 면에서 높은 것으로 판단할 수 있다. 또는 종속변인 명칭은 다르지만 유사한 범주이면서(예: 아동의 또래관계, 또래 유능성) 독립변인을 다르게 설정한 연구도 관련 문헌이 많지 않을 경우에는 포함시킨다.

◆ 연구대상과 연구장면의 관련성

연구자가 연구하려는 대상 및 연구장면과 문헌에서 다루고 있는 연구대상 및 장면이 유사한지를 판단한다. 연구대상이나 연구장면이 특수할 경우, 예를 들어 대상이 '저소득층 유아' 라든가 '보육시설' 을 연구장면으로 설정했을 때, 이러한 유사성에 더욱 비중을 둔다.

◆ **문헌의 중요성**

이상에서 관련성이 있다고 판단되는 문헌이 여러 개 발견될 수 있다. 이때 어느 것이 더 중요한가를 평가하기 위해서는 연구논문의 제목 외에도 저자, 출판된 연도 그리고 논문이 발표된 학술지나 학위논문의 소속 대학원도 때로는 살펴볼 필요가 있다. 저자의 경우 해당 주제에 대해 지속적으로 연구논문을 발표하는 연구자인지를 알아볼 수 있으며, 출간 연도는 최근일수록 중요하다.

◆ **연구방법의 적합성**

연구에 적용된 방법은 대체로 결과를 도출하기에 적합한가, 즉 내적 타당성이 있어 보이는가를 판단한다. 연구방법이나 자료에 편파성이 개입될 가능성이 낮아야 한다.

◆ **연구결과의 유의미성**

연구가 제시하고 있는 결과가 의미 있는가, 즉 가설이 지지되었는가 또는 연구주제에 중요한 결과를 보여 주는가를 점검한다.

이상의 준거 중에서 앞의 세 가지 준거, 즉 주제, 대상, 장면의 관련성과 문헌의 중요성을 우선적으로 고려하여 문헌이 긍정적인 편이라고 생각되면, 그 문헌을 보다 상세하게 읽기 위해 원문을 입수해야 한다. 준거 중에서 연구방법의 적합성과 결과의 유의미성은 논문의 초록만으로 판단하기 어려울 수 있으므로 원문을 읽을 때까지 판단을 유보할 수도 있다. 관계문헌이 아무리 관련성이 높은 것일지라도 내용 면에서 충실하지 않으면 참고하는 데 제한이 되기 때문이다.

3.2 문헌 요약과 정리

관련성이 높은 문헌들을 일단 선별한 후 가장 최근의 문헌부터 읽도록 한다. 그리고 읽은 문헌은 연구자의 글로 요약해서 정리해 둘 것을 권장한다. 최근 발표된 논문들을 관찰해 보면, 원문을 그대로 가지고 그때그때 필요한 부분을 복사하면서 관계문헌의 개요를 작성한 것 같은 인상을 받을 때가 가끔 있다. 특히 간접 인용을 너무 많이 함으로써 거의 비슷한 내용의 글이 비슷한 주제에 그대로 옮겨 다니는 것을 발견한다. 이는 윤리적으로도 문제가 된다. 연구방법을 배우는 학생들은 이러한 바람직하지 않은 습관을 배우지 말고 스스로 원문을 읽어서 자신의 글로 서술해야 할 것이다. 문헌에 대한 요약이 필요한 또 다른 이유는 대부분의 연구자들이 논문 하나로 연구를 끝내지 않는다는 것이다. 계속해서 한 분야에서 연구를 계속하려면 참고문헌들의 요약을 누적시켜 감으로써 또 다른 연구문제에 맞추어 재조직하고 활용할 수 있어야 한다. 잘 정리된 문헌 요약은 문헌 원문을 다시 찾아 읽을 시간을 절약해 준다.

문헌 요약이란 연구의 전문을 간략하게, 그러나 주요 부분을 구체적이고 정확하게 정리하여 기술한 것이다. 연구자의 필요에 의해 정리되므로 연구논문의 앞부분이나 뒤에 간략히 첨부된 초록보다는 상세한 내용으로 정리된다. 문헌 종류에 따라 주요 부분에 차이가 있지만, 예를 들어 연구논문의 요약에서 연구대상이나 연구방법이 생략된 요약은 쓸모가 없다. 문헌이 저서이거나 저서의 한 장인 경우 전체적으로 목차에 의해 요점을 정리하거나 연구자의 주제와 관련된 내용만으로 개요를 간략히 기술할 수 있다. 경험적인 연구논문에서 요약은 다음의 내용이 포함되어야 한다.

◆ 참고문헌

요약문 상단에 참고문헌(bibliographical notation)을 완전하고 양식에 맞게 표기한다. 문헌 표기양식은 제14장에 소개된 대로 문헌의 원천을 완전하게 기록해 두어야 한다. 특히 저서나 보고서 등일 때에도 마찬가지다.

◆ 연구목적과 문제

연구의 목적을 한두 문장으로 간략히 서술한다. 연구문제 또는 연구가설이 연구목적보다 더 구체적으로 서술되어 있으면 이를 포함시킨다. 연구문제나 가설이 너무 길지 않을 때는 저자의 글을 그대로 옮긴다(변인명칭에는 밑줄을 해 놓으면 도움이 된다.).

◆ 연구방법

연구의 기본 형식에 따라 연구대상 표본과 표본크기, 측정도구(도구명이 있으면 명칭을 기록)와 연구설계 그리고 결과의 분석에 적용된 통계분석방법 등을 서술한다.

◆ 연구결과와 결론

연구문제와 가설에 관한 의미 있는 결과를 서술하고, 연구 저자의 결과에 대한 해석 및 결론을 포함한다.

◆ **요약자의 비평**

요약을 하는 과정에 요약자가 보기에 잘된 점, 새롭게 추가할 수 있는 해석이나 견해 또는 연구의 제한점 등이 생각날 때에는 이를 그때 바로 기록해 두는 것이 도움이 된다. 다만 연구 저자의 아이디어와 요약자의 생각은 분명하게 구분되도록 한다.

요약을 할 때 서술 형식 면에서 유의할 점에 대해 살펴보면 다음과 같다.

- 간결하고 명료하게 그러나 주요 정보를 빼놓지 않는다.
- 가능한 한 짧은 문장을 사용한다.
- 요약자의 비평란 외에는 요약자가 자신의 수식어를 내용에 추가해 넣지 않는다. (예: '흥미 있는' 결과는~)
- 반복된 서술 및 불필요한 말을 피한다(예: '저자의 결론은' ~).
- 연구 저자의 글을 그대로 직접 인용할 때에는 인용부호(" ")를 넣고, 해당 면(page)을 기입한다.
- 요약의 전체 길이는 연구주제와 문헌과의 관련성, 기억해야 할 주요 정보에 따라 다르나 문헌별로 A4용지에 정리한다.

연구논문 요약의 예를 〈Box 4.1〉에 제시하였다.

<Box 4.1> 연구논문 요약의 예

송혜린 · 이은해(2004). 어린이집의 질적 수준 및 교사의 놀이참여와 아동의 놀이행동 간의 관계. 한국아동학회지, 25(6), 225-240.

1. 연구목적과 문제

어린이집의 질적 수준과 아동의 놀이행동 간의 관계에서 교사의 놀이참여가 어떤 역할을 하는지 알아봄으로써 교사교육의 방향을 제시하고자 한다. 연구문제는 (1) 어린이집의 프로그램 질에 따라 아동의 놀이행동에 차이가 있는가? (2) 어린이집의 프로그램 질에 따라 교사의 놀이참여 수준에 차이가 있는가? (3) 교사의 놀이참여 수준은 아동의 놀이행동과 관계가 있는가? (4) 어린이집의 프로그램 질과 아동의 놀이행동 간의 관계는 교사의 놀이참여 수준에 의해 달라지는가?

2. 연구방법

1) 대상: 서울특별시에 속하고 질적 수준에서 다른 15개 어린이집의 만 4세 아동 143명과 담당교사 15명이었다. 어린이집의 선정은 선행연구(이은해 등, 2003)의 대상 89개 어린이집 중에서 관찰척도 총점에 의해 상·중·하로 나눈 후 서울지역 어린이집을 수준별로 5개씩 택해 이루어졌다. 아동은 15개 어린이집에서 만 4세 1개 학급을 무선 선정한 후 해당 학급의 담임과 남녀 아동 10명을 선정하였다.
2) 연구도구: 어린이집의 프로그램 질은 이은해 등(2003)의 「어린이집 프로그램 관찰척도」로 훈련된 관찰자에 의해 평가되었다. 아동의 놀이행동은 사회인지적 놀이척도(Rubin 등, 1978)를 적용하여 관찰을 통해 수집되었다. 아동의 관찰은 자유선택활동 시간대에 30초 단위의 시간표집법으로 아동당 20회씩 이루어졌다. 교사의 놀이참여 수준은 아동 관찰과 동일한 시간대에 별도의 관찰자에 의해 5분 단위로 3단계 평정을 20회 반복하여 수집되었다.
3) 연구절차와 분석: 예비조사를 거쳐서 본 조사를 실시하였는데, 관찰자를 2명씩(아동관찰자, 교사관찰자) 짝지어 방문하고 2, 3일 소요되었다. 자료분석방법으로 연구문제 1과 2는 일원변량분석, 연구문제 3은 적률상관계수, 연구문제 4는 부분상관계수를 산출하여 검증하였다.

3. 연구결과 및 결론

1) 어린이집의 프로그램 질이 '상' 인 집단에서 집단기능, 집단구성, 집단극화 놀이를 다른 두 집단에 비해 많이 하였다. 프로그램 질이 '중' 인 집단은 병행기능 놀이와 병행게임 놀이를 많이 하고, '하' 집단은 비놀이 행동이 많았다.
2) 교사의 놀이참여 수준은 어린이집의 프로그램 질에 따라 유의한 차이가 있었다. 상집단이 가장 우수하였고, 다음은 중집단, 하집단의 순이었다.
3) 교사의 놀이참여 수준은 집단기능, 집단구성, 집단극화 놀이와 유의한 정적 상관이, 비놀이 행동과는 유의한 부적 상관이 있었다.
4) 집단구성 놀이와 집단극화 놀이에서 교사 개입의 매개효과가 있었다.

결론적으로 어린이집의 질적 수준이 높을수록 교사의 놀이참여 수준이 우수하고, 아동은 사회 인지적으로 수준 높은 놀이행동을 나타내며, 아동의 놀이를 촉진하기 위해서는 교사의 적절한 개입과 반응이 매개역할을 한다.

4. 요약자 비평

프로그램의 전반적 질에서 교사 요인의 중요성을 지적한 연구로 의미 있음. 놀이행동을 측정하는 사회인지적 놀이 척도는 사회적 차원(3범주)과 인지적 차원(4범주)을 교차시킴으로써 두 개 차원을 동시에 측정할 수는 있으나 12개 범주 중에는 의미가 모호한 범주(예: 혼자게임, 집단기능)가 포함되어 있음. 의미 있는 범주만으로 재구성될 필요가 있음.

4. 관계문헌의 개요

문헌조사의 마지막 과제는 관계문헌의 개요를 작성하는 것이다. 관계문헌의 개요는 '이론적 배경' 또는 '선행연구' 등의 제목하에 논문에서 제시되며, 때로는 서론의 일부로 포함될 수도 있다. 관계문헌의 개요는 연구문제에 관련된 과거의 선행연구들을 정리함으로써 일목요연하게 그 분야의 지식이 얼마나 축적되어 있는지를 서술하는 데 있으며, 나아가 연구자의 연구주제가 어떻게 관련되고 그 분야에 기여할 수 있는지를 알리는 데 목적이 있다. 따라서 지나치게 광범위한 일반적 서술이나 관련성이 거의 없는 문헌에 대한 긴 소개 등은 적합하지 않다. 연구자가 그 주제에 관한 모든 문헌을 조사한다는 것은 때로는 불가능하며, 또한 이 목적을 위해 불필요한 작업일 수도 있다. 문헌개요는 가능한 한 연구문제에 대한 이론적 배경을 제공하거나 직접 관련된 문헌을 중심으로 초점이 분명한 서술이어야 한다.

4.1 관계문헌의 선택

관계문헌의 개요를 서술할 때 특별히 고려할 점으로 첫째는 관계문헌의 선택이고, 둘째는 내용의 조직화이다. 먼저 관계문헌을 선택할 때 유의해야 할 점에 대해 살펴보도록 하자.

첫째, 전문 학술지의 논문과 석 · 박사 학위논문 간에 차이가 있다. 학위논문에서 관계문헌의 개요는 대체로 한 장에 별도로 제시되며, 내용이 학술지 논문에서보다 포괄적이다. 반면 전문 학술지에 실리는 논문에는 직접 관련된 문헌을 간추려서 핵심적인 내용 중심으로 서술하는 것이 일반적이다. 따라서 학술지 논문의 경우 관계문헌이 더 선택적이라 할 수 있다.

둘째, 관계문헌은 보다 최근에 발표된 논문을 선택한다. 최근의 문헌을 강조하는 이유는 최근의 새로운 기술과 추세를 알고 이를 연구에 적용하기 위해서다. 물론 오래된 연구 중에서 연구방향을 변화시키는 데 기여한 주요 논문 또는 연구결과의 중요성 때문에 자주 인용되는 문헌은 선택될 수 있다.

셋째, 각 문헌을 개요에 포함시킨 이유가 분명해야 한다. 연구자가 읽은 문헌을 모두 포함시키기보다는 연구에서 다루어지는 주제에 관련되거나 초점에 맞추어 문헌이 선택되어야 한다. 예를 들어, 이론적 주장을 비교하고 뒷받침하기 위해 또는 결과의 상이함을 제시하기 위해 등으로 뚜렷한 이유를 갖고 문헌이 선택될 수 있다.

끝으로, 문헌의 선택은 그 분야의 대표적인 이론과 타당한 방법을 적용한 연구를 중심으로 하여 선택한다. 때로는 문헌개요의 서술에 첨부되는 관련 문헌의 목록이 2행 또는 3행씩 길게 괄호 속에 나열되는 경우가 있다. 물론 모두가 필요한 문헌목록일 수도 있으나, 그 문맥에 가장 대표적인 연구를 선택해서 포함시켜야 한다. 그리고 가능하면 연구방법의 적용에 오류가 적은 문헌을 선택해서 포함시키면 좋다. 또한 연구자가 직접 읽은 문헌에 기초해야 한다.

4.2 관계문헌의 조직과 개요 작성

다음으로 관계문헌의 개요는 핵심적인 주제를 중심으로 어떻게 조직하느냐가 중요하다. 이때 핵심 주제는 곧 연구문제의 설정에 기초가 되는 이슈를 의미한다. 이를 근간으로 하여 문헌을 조직함으로써 논리적 사고의 틀 속에서 글이 전개되어야 한다. 다시 말해서 연구문제 또는 연구가설을 논리적 귀결로 이끌 수 있도록 생각을 전개해 나가되, 연구자의 생각을 축으로 삼고 관련 문헌을 그때그때 필요한 곳에 삽입하듯이 서술되어야 한다.

서술내용을 조직화하기 위해 보편적으로 추천되는 방식은 문헌개요의 전반적 틀 또는 체계를 작성하라는 것이다. 즉 서술내용에 대한 주요 제목(주로 변인)과 하위 제목을 나열한 다음, 각 제목에 관련되는 문헌을 제목 옆에 기입해 두고, 앞의 단계에서 정리된 문헌 요약을 참고해 가면서 서술하는 것이다. 예를 들어, '아동의 행동문제와 또래관계' 를 연구주제로 한다면, 다음의 〈Box 4.2〉와 같이 관계문헌의 개요를 조직할 수 있다.

위에서 예로 든 관계문헌 개요의 체계는 석 · 박사 학위논문 등 이론적 배경을 포괄적으로 서술하는 경우에 더 적합하다. 학술지 논문의 서론에 포함될 문헌 개요는 보다 함축적이며, 연구문제의 제기에 초점을 두고 서술한다. 즉 하나의 일관된 주제(예: 아동기 행동문제의 위험요인 또는 보호요인으로서의 또래관계)를 향해 폭넓은 연구 분야를 축소시켜 가면서 연구의 필요성을 부각시키도록 조직해야 한다. 이 부분은 제3장 '연구문제의 제기' 를 참조하도록 한다.

<Box 4.2> 관계문헌 개요의 틀 예시

- **행동문제**
  - 정의와 분류체계
  - 행동문제의 성차
  - 행동문제의 원인
- **또래관계**
  - 또래관계 연구의 두 가지 접근
  - 또래지위
  - 친구관계
- **또래지위(위험요인)와 행동문제**
- **친구관계(보호요인)와 행동문제**

문헌 개요를 조직화하는 또 하나의 대안은 연구의 핵심 개념을 중심으로 문헌의 관계도(literature map)를 그림으로 그려 보는 것이다(Creswell, 2002). 이때 핵심 개념은 네모 또는 타원으로 그리고 하위 개념들을 포함시키며, 개념들이 어떻게 관련되는지를 선으로 연결시켜 그린다. 네모 또는 타원 내에는 개념을 상단에 적고 그 아래 관련 문헌을 포함시켜 놓는 것이다. 이는 마치 구조방정식 모델을 분석하기 위해 이론적 모형을 그림으로 그려 보는 것과 유사하다. 다만 개념 또는 변인에 관련된 문헌을 포함시켜 놓음으로써 서술할 때 이를 참고할 수 있다는 점이 다르다.

이처럼 관계문헌을 조직화하는 방식은 연구자에 따라 나름대로의 방식을 개발하여 적용할 수 있다. 여기서 다시 강조할 것은, 관계문헌의 개요는 한 논문에서 다른 논문으로 각각의 논문을 소개하는 글이어서는 안 된다는 점이다. 연구자가 가진 생각의 틀에 의해 주제를 논리적으로 펴 나가되, 관계문헌으로부터의 증거를 적절한 곳에 넣어 가면서 서술하는 것이다. 또한 관계문헌의 개요는 일단 집중해서 생각을 정리한 후 초고를 쓰고 그 다음 다시 읽어 보면서 수정하고 추가하는 과정을 반복해야 한다. 이는 비단 초보 연구자에게만 해당되는 것이 아니다. 훈련된 연구자들도 수정 과정이 쉽고 수정횟수가 감소할 뿐 한 번에 완성되는 경우는 드물다. 잘 다듬어진 글은 전체적인 체계에서 산만하거나 논리적 오류가 없어야 한다. 이는 연구자 자신의 생각을 정리하기 위해서뿐만 아니라 독자들에게 그 분야의 연구결과를 효과적으로 전달하고 이해시키는 데도 크게 도움을 준다.

연습문제

1. 자신의 관심 주제를 하나 선택하고, 세 가지 다른 데이터베이스를 통해 관련 문헌을 검색해 보자. 각각 어떻게 결과가 다른지? 가장 유용하고 검색이 편리한 것은 어느 것인지? 주제어를 어떻게 만들어 검색했을 때 검색이 잘 되었는지 논의해 보라.
2. 최근의 학술지에서 관심 있는 주제의 논문 두 편을 선택해 요약해 보라.

05 Chapter 변인의 선정과 조작적 정의

연구문제가 잠정적으로 결정되고, 문헌조사가 진행되면서 어떤 방향으로 연구를 해야겠다는 개략적인 구도가 만들어진다. 그러나 연구문제와 관련된 다양한 생각들이 서로 경쟁적으로 떠오르면서 다소 혼란을 겪는 경우가 있다. 이때 경험하는 어려움 중의 하나는 중요한 변인이 여러 개 떠오르는데 그 변인들을 하나의 연구에서 모두 동등하게 다룰 수 없다는 것이다. 따라서 연구변인에 대한 구분과 정리가 필요하다. 또 다른 어려움은 개념이나 변인을 어떻게 구체적으로 정의하는 것이 좋은가에 대해 분명한 아이디어가 없는 것이다.

이 장에서는 개념, 구인 그리고 변인의 의미를 살펴보고, 연구하고자 하는 변인들을 종류별로 정리하여 구분할 수 있게 하려 한다. 또한 연구의 개념화와 구체적, 현실적인 작업 간의 연결다리 역할을 하는 조작적 정의에 대해 살펴보고자 한다. 이를 통해 연구과제가 이론적, 개념적 수준에서 실제적 관찰 수준으로 구체화될 수 있을 것이다.

1. 개념과 변인

아동의 행동 또는 관련 현상을 의미 있게 설명하고 체계적으로 연구하기 위해서는 다양한 개념, 구인 또는 변인들이 사용된다. 개념이나 구인은 서로 바꾸어 사용될 만큼 유사하지만 차이점도 있다. 개념, 구인 그리고 변인이란 어떤 의미인지 그리고 서로 어떻게 다른지 알아보기로 하자.

개념(concept)이란 '특수하고 구체적인 사상들로부터 일반화를 통해 형성된 추상적인 생각' (Kerlinger & Lee, 2000: 40)의 표현이다. 아동의 '신체발달' 을 예로 들어 보면, 발달을 나타내는 구체적인 행동들을 관찰할 수 있다. 손과 발의 움직임, 앉기, 서기, 걷기 등 운동기능이 변화하고 성장하는 형태를 묶어서 신체발달이라는 개념으로 표현한다. 또 다른 예로 '학업성취' 라는 개념은 학교 학습과 관련하여 국어나 산수 등 과제에서 보여주는 아동의 행동이 어떤 수준에 도달하는 것을 의미한다. 이처럼 어떤 개념들은 일상생활에 너무 익숙해져서 학술적 용어라고 느끼지 못할 때도 있다.

한편 구인(construct)은 개념의 하나인데 개념과의 차이를 구별해 보면 '과학적 목적을 위해 의도적으로 만들어 낸 것' 이라고 Kerlinger와 Lee(2000: 40)는 지적하고 있다. 따라서 연구자들이 어떤 현상을 설명하기 위해서 전에 없던 개념을 만들어 내거나 특별한 목적으로 구성한 개념은 구인이라고 할 수 있다. 예를 들어, 탄력성(resilience)이란 개념은 적응능력이란 개념과 유사하지만 특별히 구분할 필요가 있어서 고안된 개념이다. 즉 상당한 위험 요인 또는 환경적 결핍이 있었음에도 이를 극복하고 환경에 효과적으로 대처하는 능력을 의미할 때 탄력성이라 한다. 이러한 의미에서 탄력성은 구인이다. '지능' 이란 개념도 인간의 지적 능력과 행동을 나타내는 보편화된 용어다. 그러나 지능을 다루는 이론적 입장과 측정방법에 따라 지능을 어떤 구인으로 정의하는가에는 차이가 있을 수 있다. 예를 들어, 정보처리적 관점에서 지능은 입력된 정보를 어떻게 저장하고 처리해서 결과물을 산출하는가에 초점을 두며, 순차적 처리와 동시적 처리 능력으로 구분하여 측정할 수 있다.

연구자들이 실제로 연구를 할 때는 이러한 구인이나 개념을 변인(variable)이라고 부른다. 아동학 연구에서 다루어지는 변인들을 예로 들어 보면, 성, 연령, 사회경제적 수준, 지능, 학업성취, 애착, 정서표현, 또래관계, 문제행동, 의사소통 기술, 유아교수방법 등 다양하다. 변인이란 서로 다른 값(value)이 부여되는 개인(또는 집단)의 어떤 속성(attribute)이라 할 수 있다. 즉 개인 또는 집단의 특성이나 속성이 서로 다를 때, 그 특성이나 속성에 부여하는 명칭이다. 따라서 변인의 의미 안에는 특성이나 속성을 연구자가 측정할 수 있다는 것과 개인(또는 집단)이 그 특성이나 속성 면에서 서로 다르다는 두 가지 조건이 포함된다(Creswell, 2002: 129). 예를 들어, 사회화는 아동학에서 중요시되는 개념이지만 변인으로 취급하기는 어렵다. 너무 추상적이어서 측정할 수 없기 때문이다.

이처럼 변인이 개념이나 구인과 분명하게 구별되는 점은 변인에 어떤 값(수치)을 부여할 수 있다는 것, 즉 측정할 수 있다는 것인데, 이때 측정방법은 두 가지로 대별된다(Kerlinger & Lee, 2000). 첫째는 범주로 나누어지는 명명척도에 의한 측정이다. 즉 한 범주에 속하거나 속하지 않는 것에 의해 다른 값이 부여된다. 그리고 한 범주 내에서는 모두 동일한 값을 갖는다고 가정한다. 예를 들어, 성(gender)이라는 변인은 남 또는 여라는 범주로 구별하며 각각 1과 2로 값을 부여할 수 있다. 둘째는 연속적 수치로 측정되는 것이다. 최소한 서열척도를 이루거나 또는 동간척도를 이루도록 값이 부여될 수 있는 경우다. 따라서 일정한 범위 내의 점수로 표현되며, 범위 내의 값은 무한한 수치를 가정한다. 예를 들어, 지능이라는 변인은 지능지수(IQ)라는 측정치로 표현될 수 있다. 변인이 범주화된 측정치인가 또는 연속적 측정치인가의 구분은 연구설계와 자료분석을 위해 반드시 알아야 하는 정보다.

2. 변인의 종류

연구변인은 내용 면에서 연구자가 관심을 가진 주제의 어떤 개념에 대한 표현이다. 연구를 진행하는 과정에서 연구변인을 일관성 있게 사용함으로써 연구자 자신뿐 아니라 연구보고서를 읽는 독자들에게 혼동을 주지 않도록 해야 한다. 한편 연구변인은 연구의 방향 또는 설계와 관련지어 볼 때 다양한 역할을 한다. 따라서 변인이 연구 내에서 어떤 역할을 하는가에 따라 변인의 종류를 구분할 수 있다. 연구에 포함되거나 관련된 변인을 정확하게 분류하는 작업이 때로는 단순하지 않다. 연구에 포함될 수 있는 변인의 종류는 최소 여섯 가지로서 독립변인, 종속변인, 중재변인, 통제변인, 매개변인 그리고 오염변인이다.

2.1 독립변인과 종속변인

독립변인(independent variable)은 연구자가 관심을 가진 현상에 '영향을 미치는' 또는 '원인'이 되는 변인이다. 즉 종속변인에 영향을 줄 수 있는 환경 내의 자극 또는 개체 내의 속성으로서 연구자가 선택하여 측정하거나 조작하는 변인이다. 연구에서 독립변인의 또 다른 명칭으로는 예언변인(predictor), 선행조건(antecedent), 처치(treatment), 가능성 있는 원인(probable cause) 등으로 다양하다.

실험연구에서 독립변인은 실험의 결과를 다르게 만드는 조건, 즉 실험자의 의도적인 조작 또는 처치를 의미한다. 예를 들어, 한 연구자가 학급당 원아 수(X)와 유아의 공격성(Y)에 대해서 연구한다고 가정해 보자. 연구자는 Y가 증가하거나 감소하는 데 X가 하나의 원인으로 작용할 것이라는 생각을 하고 있으며, X의 변화에 따라 Y가 달라질 것이라는 예상을 하고 있다. 실험자는 Y가 X의 변화에 따라 어떻게 달라지는지 측정하기 위해서, X를 다양한 조건으로 변화시켜 가면서 Y의 변화를 관찰할 수 있다. 즉 학급당 원아의 수를 10명, 20명, 30명으로 늘려 가면서, 유아의 공격성이 어떻게 달라지는지 관찰한 다음, 원아의 수가 공격성에 어떠한 영향을 미치는지 조사할 수 있다. 이 연구에서 학급당 원아의 수는 독립변인이 된다.

한편 조사연구, 특히 상관연구에서는 독립변인을 조작하지 않은 상황에서 독립변인의 상이한 상태를 조사하고, 종속변인과 관련성이 있는가를 연구한다. 앞의 예를 계속 적용해 보면, 유아교육현장에서 학급당 원아 수(X)를 연구자 마음대로 변화시켜 보는 것이 현실적으로 불가능한 경우가 많다. 이런 경우 대안으로 연구자는 원아 수가 다양한 학급을 찾아 조사하고, 이에 따른 공격성(Y)을 관찰함으로써 X와 Y의 관계를 연구할 수 있다. 여기서 독립변인(X)은 조작에 의해 달라지는 것이 아니라 다양한 원아 수를 학급별로 측정함으로써 이루어진다. 이런 경우 X와 Y의 관계는 밝혀질지 모르나, X가 Y의 원인이라고 주장하기에는 어려움이 있을 것이다. 그럼에도 불구하고 X는 Y를 설명할 수 있는 여러 독립변인 중의 하나임에 틀림이 없다.

그 다음 종속변인(dependent variable)은 연구자가 궁극적으로 관심을 가진 현상 또는 행동의 '결과' 가 되는 변인이다. 독립변인의 효과에 따라 또는 의존하여 변화한다는 의미에서 종속변인으로 불린다. 일반적으로 종속변인은 개인 또는 집단의 행동특성과 속성을 의미한다. 앞의 예인 학급당 원아 수(X)와 유아의 공격성(Y)의 연구에서 X에 따라 변화할 것으로 예측되는 Y가 종속변인이 된다. 연구자는 공격성에 관심을 가지고, 공격성이 유발되는 다양한 요인 중 유아교실에서 학급당 원아 수를 독립변인으로 선택한 것이다. 연구자들은 대체로 종속변인에 대한 관심이 독립변인의 선택보다 우선한다. 연구자는 유아의 공격성에 관련되는 다른 독립변인을 선택할 수도 있다. 예를 들어, 유아교육기관에 관련된 다른 변인으로 공간 면적에 대비한 유아 밀도 또는 프로그램의 구조화 정도가 공격성에 영향을 줄 것으로 예측해 선택할 수도 있다.

한편 연구에 따라서는 독립변인과 종속변인의 관계가 앞의 예에서처럼 분명하지 않을 경우도 있다. 즉 어떤 변인이 원인에 해당되고 어떤 변인이 결과인지 잘 구분되지 않을 수 있다. 예를 들어, 아동의 키와 몸무게, 아동의 정서 조절능력과 사회적 유능성의 관계에서는 독립변인과 종속변인의 구분이 거의 임의적이다. 또한 부모의 양육행동과 아동의 기질관계에서처럼 변인 간의 관계 방향이 이론적 관점에 따라 달라지기도 한다. 전통적으로 부모의 양육(X)이 아동의 특성(Y)에 영향을 준다는 주장이 우세하였으나, 최근 이론은 아동의 기질(X)이 부모의 양육행동(Y)을 다르게 할 수도 있다고 한다. 전자의 경우 부모의 양육행동은 독립변인이나, 후자에서는 종속변인이 된다.

2.2 중재변인과 통제변인

중재변인(moderator variable)은 연구자에 의해 독립변인으로 선정되지는 않았으나, 독립변인과 종속변인 간의 관계를 변화시킬 것으로 예상되어 연구에 포함시키는 변인이다. 즉 특별한 종류의 독립변인으로 연구자의 주요 독립변인 외에 부차적으로 포함되어 마치 독립변인처럼 간주되는 변인이다. 독립변인 외에 종속변인에 영향을 줄지 모르는 변인은 통제하는 것이 원칙이지만 통제함으로써 그 변인의 영향을 미지의 부분으로 남겨 두기보다는 연구에 포함시켜 그 변인의 기능을 밝혀내고자 할 때 그 변인은 중재변인으로 연구에 포함된다.

Tuckman(1999)은 종속변인에 미치는 독립변인의 영향이 제3의 변인(M)에 의해 강화되거나 완화되는 경우, M을 중재변인이라고 하였다. 따라서 M에 의해서 Y에 대한 X의 영향이 달라진다면, M을 연구변인으로 포함시켜 Y에 미치는 X의 영향력을 검토해 보아야 한다.

앞의 연구 예에서 유아의 기질은 중재변인(M_1)으로 작용할 수 있다. 학급당 원아 수가 증가할 때 기질이 순한 유아들의 공격성은 크게 증가하지 않을 수 있으나, 까다로운 기질의 유아들은 급속하게 공격적이 될 수 있다. 유아의 성별도 또한 중재변인(M_2)이 될 수 있다. 학급당 원아 수가 증가할 때 일반적으로 활동량이 적은 여아들의 공격성은 남아들의 공격성에 비해 크게 증가하지 않을 수 있다.

연구자는 한 연구에서 취급할 수 있는 변인의 수에 한계가 있다. 관심 있는 현상이 복합적일수록 중재변인의 가능성이 있는 변인들도 다양하다. 따라서 일부의 변인들은 그 영향을 제거하거나 조건을 균일하게 함으로써 연구자의 주요 관심인 X와 Y의 관계에 초점을 모아야 한다. 즉 일부 변인들에 대한 통제를 시도하게 된다.

통제변인(control variable)이란 이처럼 종속변인에 영향을 미치지 못하도록 그 효과를 상쇄시키거나 제거하기 위해 영향력을 통제하는 변인을 말한다. 연구에서 중재변인의 효과는 검증을 통해 밝혀지지만 통제변인의 효과는 그 변인의 영향을 잠재우는 데 있다. 특히 실험연구에서는 변인통제에 상당한 비중을 두어 실험이 고안된다. 왜냐하면 연구자가 조작하는 독립변인 외의 모든 다른 변인들을 얼마나 효과적으로 통제하느냐에 따라 독립변인과 종속변인 간의 인과관계가 확고해지기 때문이다. 이에 관해서는 제10장에서 보다 상세히 다룰 것이다.

일반적으로 성, 나이, 사회경제적 배경 등이 통제변인이 되는 경우가 많다(Creswell, 2002; Tuckman, 1999). 예를 들어, 학급당 원아 수가 증가할 때 사회경제적 배경에 따라 유아의 공격성이 변화하는 정도가 달라질 것으로 예상되어 이 변인을 통제하기로 결정했다고 가정해 보자. 그렇다면 연구는 사회경제적 배경의 상류, 중류, 하류 중 어떤 한 계층의 유아만을 대상으로 실험을 진행하게 될 것이다. 일반적으로 중류층 아동을 대상으로 연구가 많이 이루어지는데, 이러한 연구들은 연구대상을 한 계층으로만 한정함으로써 연구에서 사회경제적 계층을 통제변인으로 사용하고 있는 것이다. 또한 많은 연구에서 연구대상의 연령을 제한하고 있다. 예를 들어, 영아, 유아, 초등학교 아동으로 연구대상을 제한해서 연구를 실시했다면, 이런 경우 역시 연구대상의 연령이 통제변인으로 간주되었음을 알 수 있다.

2.3 매개변인과 오염변인

앞에서 서술한 독립변인, 종속변인, 중재변인, 통제변인은 연구 과정에서 구체적으로 조작되거나 측정되고, 때로는 배제되어 실제로 다루어진다. 그러나 매개변인은 실제로 다루어지는 것이 아니라 이론적으로 관찰현상에 영향을 미칠 것으로 추측되는 변인이다. 이러한 추측은 선행연구 결과나 이론적 해석에 의해 가능해진다. 즉 매개변인(intervening 또는 mediating variable)은 독립변인이 종속변인에 영향을 미치는 과정을 개념적, 이론적으로 설명해 주는 변인이다. 다시 말해서 왜 독립변인이 종속변인에 영향을 미치는지를 이해할 수 있도록 해 주는 개인 내적 작용이나 속성을 말한다. 일반적으로 연구보고서에서는 매개변인을 언급하거나 그 존재를 항상 밝히지는 않는다. 그러나 매개변인은 연구결과를 의미 있게 해석하고 논의하기 위해서 필요한 변인이다.

앞의 예에서 학급당 원아의 수가 증가하면 유아의 공격성이 증가할 것이라고 추측하게 되는 이유를 다음과 같이 구체적으로 해석해 볼 수 있다. 학급의 원아 수가 증가하면 (1) 한 유아에게 할당되는 '교사의 감독시간' 이 감소하여 공격적 행동이 더 허용될 수 있을 것이다. 또는 (2) 유아들 간의 '신체적 접촉' 이 증가하여 신체적 공격성이 증가할 수 있을 것이다. 또는 (3) 한 유아가 점유할 수 있는 놀이 환경이 제한됨으로써 발생할 수 있는 유아의 좌절감이 증가하여 공격성을 증가시킬 수 있다. 학급당 원아의 수와 유아의 공격성은 이러한 다양한 현상을 매개로 인과관계를 맺고 있을 것이다. 즉 연구에서 구체적으로 확인되지는 않지만, 공격적 행동에 대한 교사의 감독, 신체적 접촉량, 유아의 좌절감 등이 매개변인으로 간주될 수 있다.

한편 오염변인(confounding variable)은 독립변인과 종속변인 간의 관계에 영향을 행사할지 모르지만 그 영향력을 독립변인으로부터 분리해 내기 어렵기 때문에 직접 측정할 수 없는 변인을 의미한다(Creswell, 2002). 이러한 변인은 연구결과의 검증을 순수하게 독립변인의 영향으로 간주하지 못하게 한다. 인간을 대상으로 하는 연구에서 연구자는 독립변인을 선정하고, 불필요한 변인의 영향을 모두 통제하려고 노력하지만 완벽하게 통제를 할 수 있는 경우는 드물다. 특히 상관연구나 인과비교 연구 등 조사연구에서는 연구자가 선정한 독립변인 외에 이와 함께 혼합된 다른 변인의 개입이 불가피한 경우가 흔히 있다. 예를 들어, 서로 다른 두 가지 교수방법의 효과를 검증하기 위한 실험에서 두 명의 교사를 실험자로 사용할 때, 교수방법에 따른 차이가 의미 있게 발견되었다면 이를 순수하게 교수방법의 효과라고 결론지을 수 있는지 의문이 제기될 수 있다. 이 실험에서 교사변인이 교수방법에 혼합되어 나타난 결과일 수 있기 때문이다.

앞에서 사용한 예에서, 학급당 원아 수(X)가 증가해 갈 때, 유아의 공격성(Y)이 증가하는 정도는 유아가 사전에 공격적인 경험을 어느 정도나 했는가에 따라 달라질 수 있음을 추측할 수 있다. 그리고 공격적인 경험은 일반적으로 여아보다는 남아가 더 많이 한다고 할 수 있다. 이런 경우 오염변인이 연구에 어떤 영향을 미칠지 상상해 보자. 우선 연구결과에 대해서 다음과 같은 가정을 해 보자. 연구에서 학급당 원아 수가 증가할수록 공격성이 증가하였는데 남아가 더 증가하는 결과를 얻었다고 하자. 연구자들은 이 결과를 가지고 학급당 원아 수가 많아지면 여아보다 남아들의 공격성이 더 높아진다고 주장할 수 있을까? 잠정적으로는 그렇게 주장할 수 있을 것이다. 그러나 남아가 사전에 이미 공격적인 행동을 학습하고 있었기 때문에 그러한 결과를 얻었을 수 있다는 비판에 직면하게 된다. 만일 이와 같은 비판이 다른 연구에서 증명된다면 '학급당 원아 수'와 '유아의 공격성'의 관계에 오염된 변인은 아동의 '성'이 아니라 '공격적인 경험의 양'이 될 것이다.

이와 같이 공격적인 경험과 아동의 성이 함께 아동의 공격성 증가에 영향을 미칠 것으로 예상할 수는 있으나, 아동의 성과 공격적 경험을 따로 분리해서 측정하거나 제거해내기는 어려운 경우 연구자들은 오염변인의 존재를 알면서도 연구를 진행할 수밖에 없다. 따라서 오염변인은 대부분 연구의 제한점으로 남게 된다.

앞에서 설명한 다양한 변인들의 관계를 그림으로 제시하면 [그림 5-1]과 같다. 참고로 앞에서 예로 든 '학급당 원아 수에 따른 유아의 공격성' 연구변인을 각각의 변인 종류 예로 제시하였다. 이 그림에서 네모 속의 변인은 연구에서 측정되거나 제거하는 등 직접 다루어지는 변인이며, 타원형 속의 변인은 실제로 다루어지지 못하나 이론적, 가설적으

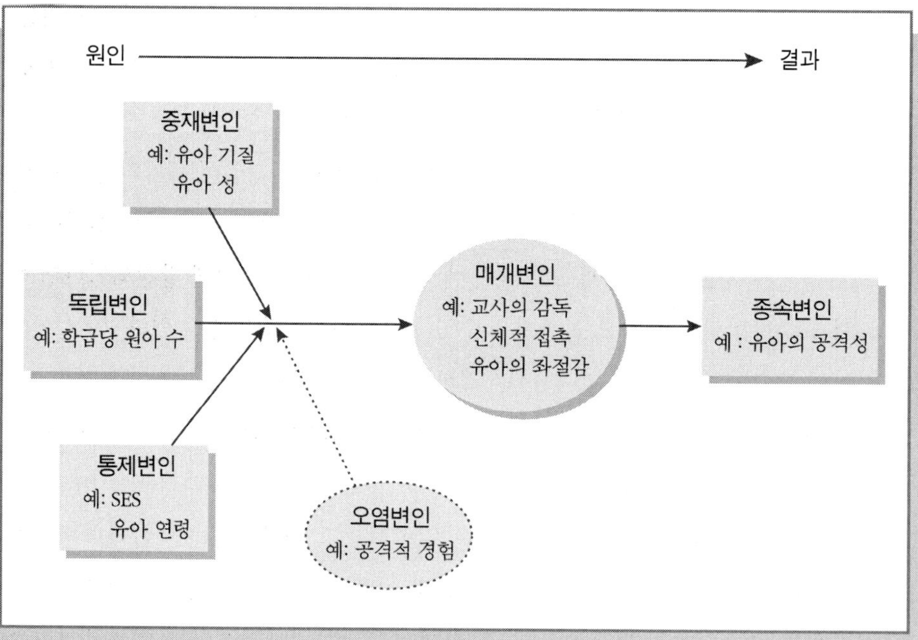

[그림 5-1] 다양한 연구변인들 간의 관계

로 해석되거나 추측되는 변인을 표현한다.

연구를 계획할 때 자신의 연구에 포함시키게 될 변인들의 역할을 정확하게 분류할 수 있다면, 연구설계를 개념적으로 거의 완성했다고 볼 수 있다. 또한 선행연구를 읽으면서 변인들을 정확하게 분류할 수 있다면, 그 연구를 정확하게 이해했다고 해도 과언이 아니다. 아동을 대상으로 한 고전적인 연구 중의 하나인 Bandura의 보보 인형 실험의 변인들을 분류하여 〈Box 5.1〉에 제시하였다.

〈Box 5.1〉 연구변인의 분류

Bandura의 보보 인형 실험

보보 인형 실험은 모방학습의 중요성을 실증적으로 규명한 사회학습 이론의 대표적인 학자 반두라의 초기 연구다. 먼저 아래의 실험 내용을 읽고 나서 연구변인(독립변인, 종속변인, 중재변인, 통제변인, 매개변인)을 분류해 보기로 하자.

실험의 내용

실험에 참여한 아동들은 학령 전 남녀 아동들이었고, 실험은 세 가지 조건으로 실시되었다. 각 아동은 실험실 안에서 여자 실험조교가 보보 인형을 다양한 형태로 구타하는 영상을 같은 실험실에서 시청하였다. 첫 번째 조건은 '보상조건' 으로 실험조교가 보보 인형을 구타하고 나자 다른 성인이 들어와 '잘했다' 고 칭찬하며 사탕을 준다. 두 번째 조건은 '처벌조건' 으로 같은 상황에서 칭찬 대신 혼이 나고 엉덩이를 맞는다. 세 번째 조건은 '비처치조건' 으로 같은 상황에서 칭찬이나 처벌 없이 영상이 끝난다. 시청이 끝난 후 아동들이 같은 환경에서 어떠한 행동을 하는지 관찰하였다. 아동들은 자신이 본 것과 같은 방식으로 보보 인형을 구타하였는데, '처벌조건' 에서는 다소 모방이 적었지만, '보상조건' 과 '비처치조건' 에서는 차이가 없이 실험조교의 행동을 모방하였다. 즉 남녀 아동 모두 보상이 없이 관찰만을 통해서도 학습을 하였다(Bandura, 1965).

변인의 분류

독립변인: 공격적 행동의 관찰
종속변인: 아동의 공격적 행동
중재변인: 보상 또는 처벌, 아동의 성
통제변인: 아동의 나이
매개변인: 공격적 행동의 학습

3. 변인의 선정

연구를 계획할 때, 독립변인과 종속변인은 연구자의 가장 중요한 관심사이므로 맨 처음에 결정되는 연구변인일 것이다. 그러나 그 외의 변인들을 어떻게 처리할 것인지는 여러 가지 요인을 고려해서 결정해야 한다. 매개변인은 측정해야 하는 변인이 아니므로 고민의 대상이 아니지만, 독립변인이 아니면서 종속변인에 영향을 미칠 가능성이 있는 변인을 중재변인으로 활용할 것인지 또는 통제변인으로 제거할 것인지는 연구설계를 위해 결정해야 한다. Tuckman(1999)은 세 가지 측면, 즉 이론적 관점, 연구설계 그리고 실제적인 면을 고려하여 결정하도록 제안하고 있다.

첫째, 이론적 측면에서 볼 때 독립변인이 아니면서 종속변인에 영향을 미칠 것으로 추측되는 제3의 변인이 자신의 연구주제와 관련된 변인인지 아닌지 판단할 필요가 있다. 먼저 종속변인에 영향을 줄 것으로 추측된다고 하더라도 연구주제가 기초하고 있는 이론과 관련되어 있지 않다면, 중재변인으로 활용하기보다는 통제변인으로 연구에서 제거하는 편이 더 나을 것이다. 그러나 이론적으로 그 변인이 독립변인과 상호작용하여 종속변인에 비치는 녹립변인의 영향을 좌우할 가능성이 있다면, 중재변인으로 포함시켜 독립변인의 영향을 좀 더 자세하게 규명하는 데 활용할 필요가 있다. 이와 함께 그 변인을 포함시킴으로써 얻어지는 정보가 결과에 대한 이론적 해석과 적용에 얼마나 도움을 줄 수 있는지에 따라 판단해야 한다.

둘째, 연구설계 측면에서 변인들을 고려해 본다. 즉 연구설계에 적합하게 그리고 연구설계의 한계점들을 잘 보완하는 방향으로 연구변인이 선정되었는지 확인하여야 한다. 실험연구의 경우에는 독립변인과 종속변인이 아닌 다른 여러 변인들의 통제가 어느 정도까지 가능하다. 그러나 상관연구와 같이 사전에 통제가 불가능한 연구의 경우에는 연구에 반드시 포함되어야 하는 중재변인과 통제변인들을 신중하게 탐색하여야 한다. 또한 상관연구의 경우에는 측정되지 못하는 매개변인이나 오염변인들도 결과의 해석 및 논의에서 적극적으로 활용할 필요가 있다.

셋째, 실제적 측면을 고려하여 변인들을 선택한다. 한 연구에서 종속변인과 관련이 있을 것으로 예상되는 많은 변인들을 포함시키거나 변인을 완벽하게 통제하기는 어렵다. 연구를 계획할 때는 이론에 기초를 둔 이상적인 연구설계가 무엇인지에 대한 고려뿐 아니라, 실제로 연구자에게 무엇이 가능한지를 잘 판단하여야 한다. 인적 그리고 물적 자원의 한계, 시간의 제약 그리고 연구자의 윤리적 문제 등을 모두 고려하여야 연구의 진행이 가능하게 된다. 따라서 다루어야 하는 변인이 중재변인 또는 통제변인으로 연구에 포함되었을 때 예상되는 어려움, 특히 측정이 가능한지 혹은 측정하지 않고 연구의 설계단계에서 통제할 필요가 있는지 사전에 결정하는 일은 매우 중요하다. 또한 연구 현장의 여러 가지 제약들도 실험연구나 조사연구를 제한할 수 있다. 따라서 이러한 현실적 여건이 어떤 변인을 통제하고 어떤 변인을 중재변인으로 할 것인지의 결정에 영향을 준다.

4. 변인의 조작적 정의

우리가 연구에서 다루고자 하는 변인이 항상 명료하고 의미하는 바가 누구에게나 동일한 것은 아니다. 변인에 대한 의미를 효과적으로 의사소통하기 위해서는 무엇보다도 개념적으로 정의가 분명해야 한다. 변인에 대한 개념적 정의는 이론적 관점을 반영하는 것으로서 선행연구를 통해서 파악할 수 있다. 그뿐만 아니라 변인이 연구에서 실제적으로 관찰되기 위해서는 조작적 정의라는 변형 과정을 거친다. 연구 활동이 개념수준과 관찰 사이를 반복적으로 오가며 이루어지는 작업이라고 볼 때, 조작적 정의는 연구에서 중요한 과제다. 개념적 정의와 조작적 정의에 대해 먼저 살펴보기로 하자.

4.1 개념적 정의와 조작적 정의

개념적 정의는 어떤 개념을 관련된 개념으로 이해하기 쉽게 정의하는 것이다. 즉 사전의 낱말풀이와 유사하다고 볼 수 있다. 예를 들어, '효과적인 가르침' 이란 '학습을 촉진시키는 교수활동' 이라고 정의할 수 있다. 다만 대부분의 학술적 개념은 어떤 이론적 배경에서 설명하느냐에 따라 다르게 정의될 수 있다는 점에 유의해야 한다. 앞에서 언급된 연구 예에서 종속변인은 공격성이다. 공격성에 대한 개념적 정의를 찾아보면 이론적 시각에 따라 다음과 같이 다양하게 정의될 수 있다.

◆ **동물생태학**

① 환경으로부터의 어떤 유인 자극에 의해 촉발되는 싸움의 본능(Lorenz, 1966)

◆ **행동주의**

② 다른 개체에게 해로운 자극을 주는 행동(Buss, 1961)

③ 다른 개체에게 의도적으로 해를 끼치거나 상처를 입히려고 하는 행동(Baron & Byrnė, 1991)

연구자가 어떤 개념에 기초해서 공격성을 연구할 것인지에 따라 조작적 정의도 달라진다. 그러면 조작적 정의란 무엇인가? 조작적 정의는 '한 변인의 측정에 필요한 조작 및 활동을 구체적으로 명시하여 변인에 의미를 부여하는 것' 이라고 Kerlinger와 Lee(2000: 42)는 서술하고 있다. 따라서 조작적 정의는 개념수준의 변인을 관찰 가능하게 하고 나아가 검증할 수 있게 한다. 변인의 관찰 가능성과 검증 가능성을 기초로 하여 과학적, 실증적 연구가 이루어지며, 동시에 다른 연구자들도 같은 방식으로 관찰하고 결과를 검증하여 반복 연구도 할 수 있게 된다.

4.2 조작적 정의의 방법

선정된 연구변인을 개념적 수준에서 관찰 가능한 수준으로 바꾸는 조작적 정의의 방법을 Keringer와 Lee(2000)는 '실험적 조작' 과 '측정' 에 의한 정의로 나누었다. 한편 Tuckman(1999)은 '실험적 조작' '행동적 속성' 그리고 '내적 속성' 의 세 가지로 분류함으로써 측정에 의한 정의를 보다 세분화하였다. 이들의 조작적 정의 방법을 중심으로 살펴보도록 하자.

4.2.1 실험적 조작에 기초한 정의

실험적 조작에 의한 정의란 어떤 현상이 발생하도록 연구자가 의도적으로 실행하는 처치 또는 조작을 기초로 변인을 정의하는 것이다. 예를 들어, 유아의 놀이실 내 과제 참여행동에 대한 보상의 효과를 연구한다고 가정해 보자. 이때 유아에게 제공할 보상이 독립변인이다. 어떻게 보상을 구체화하여 처치를 할 것인지 결정하여 조작적으로 정의해야 한다. 만일 교사가 한 집단의 유아에게는 언어적 칭찬을, 다른 집단의 유아에게는 상표(스티커)를 주어 보상하고, 또 다른 집단의 유아에게는 통제조건으로 아무 보상도 주지 않기로 결정했다고 하자. 여기서 보상의 조작적 정의는 '언어적 칭찬' 과 '상표 주기' 가 될 것이다. 이러한 정의는 조금 더 구체화될 수 있다. 예를 들어, '언어적 칭찬' 은 자유놀이시간에 유아가 어떤 흥미영역에서 최소 5분 이상 활동에 직접 참여하는 경우에 "열심히 만들고 있네." "○○가 블록으로 탑을 보기 좋게 쌓았네." 등 언어적 피드백이나 칭찬을 주는 것이다. 한편 '상표 주기' 는 같은 조건의 과제 참여행동에 대해 유아에게 스티커를 주고, 이를 놀이실 벽에 게시한 큰 차트에 유아별로 스티커를 붙이도록 하는 것이다. 이처럼 보상은 실험적 조작에 의해 두 가지 형태로 구체화될 수 있다.

또 다른 예로서, 배고픔이 아동의 집중력에 미치는 영향을 실험하고자 한다면, 배고픈 상태에서 집중력이 어떻게 달라지는지 관찰하는 연구가 될 것이다. 이때 독립변인은 배고픔이 된다. 아동을 배고픈 상황으로 만들기 위해서는 어떠한 처치를 해야 하는지 정하고, 그 처치방법을 기초로 배고픔을 정의해야 한다. 실험 조작에 의한 예로 '배고픔' 은 '아침식사 후 7시간 이상 물 이외의 음식을 섭취하지 않은 상태' 라고 정의할 수 있다.

이상의 예에서 보듯이 실험적 조작에 기초한 조작적 정의는 대체로 실험연구를 할 때 필요하며 독립변인의 처치를 어떻게 구상하는가에 따라 결정된다. 변인 중에는 실험적 조작이 불가능한 변인들도 있다. 예를 들어, 대상의 성, 사회경제적 배경, 연령을 비롯하여 지능, 흥미, 성격, 태도 등 개인이 갖고 있는 속성은 연구자가 실험적으로 변형시킬 수가 없다. 이러한 변인들의 경우 변인의 속성을 측정함으로써 조작적으로 정의하게 된다.

4.2.2 측정에 기초한 정의

연구에서 다루어지는 대부분의 종속변인 그리고 일부의 독립변인들은 측정에 의해 조작적으로 정의한다. 예를 들어, '지능' 이란 변인은 '웩슬러 지능검사에 의해 측정된 IQ 점수' 라고 조작적으로 정의할 수 있다. 실제로 지능을 측정하는 어떤 검사를 사용해도 무방하나 지능을 구성하는 요인을 참고하여 자신의 연구과제에 가장 적합한 지능검사를 선택하게 된다. 또 다른 예로, '사회경제적 계층' 이라는 변인을 정의해 본다면 '부모의 학력, 직업, 월수입을 근거로 지표화한 점수' 라 할 수도 있고, '부모의 학력과 아버지의 직업 수준에 따라 1~7단계로 구분한 평정점수의 합' 으로 정의할 수도 있다. 첫 번째 정의에서는 세 가지 변인을 통해 지표(index)로 만들어 사용하는 것으로 정의하였고, 두 번째 정의에서는 월수입을 제외하고 학력과 직업을 7단계로 각각 구분해서 평정한 점수의 합으로 정의하고 있다.

측정에 의한 조작적 정의에서 측정대상이 사물이나 현상이 아니고 인간의 특성일 때에는 Tuckman(1999)의 두 가지 정의 방식을 적용해 보다 구체적으로 정의할 수 있다. 즉 행동적 속성에 기초해서 정의하든가 또는 인간의 내적 속성에 기초해서 정의하는 것이다.

행동적 속성은 관찰 가능한 인간의 행동특성을 의미한다. 앞에서 예로 든 '지능' 이란 변인의 정의는 '웩슬러 지능검사 문항에 반응한 아동의 IQ 점수' 라고 할 수 있으며, 앞에서 정의한 것과 동일한 의미다. 또한 아동의 '집중력' 을 예로 들어 보면, '교사의 지시를 경청하거나 과제를 완수하는 행동' 또는 '집중력 진단검사에 반응한 아동의 점수' 라고 정의될 수 있다. 집중력에 관한 두 가지 정의에서 전자는 관찰에 의해 행동을 측정할 때 적용될 수 있고, 검사에 의해 측정한다면 후자의 정의를 적용할 수 있다.

내적 속성은 쉽게 관찰할 수 없는 인간의 개인 내적 속성을 의미한다. 이러한 속성은 외부에 나타나지 않으므로 일반적으로 질문지를 활용한 자기 보고의 방식으로 조사되는 경우가 많다. 앞의 예에서, 집중력은 아동의 행동을 관찰하거나 검사에 대한 수행 정도를 통해서 측정하기도 하지만, 집중력에 관련된 질문에 자신의 상태를 스스로 보고하게 할 수도 있다. 그리고 '배고픔' 의 조작적 정의도 아동이 스스로 '배고프다' 는 표현을 보고하는 정도로 측정될 수 있다. 또한 '사회경제적 계층' 이란 변인은 부모의 배경자료를 통해서 객관적으로 척도화하여 측정하기도 하지만, 연구대상이 스스로 지각하는 자신의 사회경제적 계층을 보고하게 할 수도 있다.

이와 같이 측정에 기초한 조작적 정의는 행동적 속성 또는 내적 속성으로 한 단계 더 세분화하여 구체적으로 정의될 수 있다. 다시 말해서 조작적 정의는 개념적 정의와 달리 연구자의 연구목적에 따라 다양하게 만들어질 수 있으며, 한 개의 개념적 정의를 기초로 여러 개의 조작적 정의가 도출될 수 있다. 그러나 개념적 정의와는 달리 특정 목적의 연구 상황 또는 그와 유사한 상황에서 주로 활용되며, 모든 상황에 일반화하여 사용되기 어려운 경우도 있다.

4.2.3 조작적 정의의 일반화 가능성

과학적 연구는 신뢰도와 검증 가능성이 높은 연구다. 따라서 연구변인을 가능한 한 정확하게 관찰하고, 반복하여 연구하기 쉽게 조작적으로 정의한다면 신뢰도와 검증 가능성이 높은 연구를 진행할 수 있을 것이다. 조작적 정의가 구체적이고, 적용범위가 협소할수록 이러한 가능성은 더 증가할 것이다. 배고픔과 집중력 연구의 예에서, 실험 처치에 기초한 첫 번째 조작적 정의보다는 실험 처치와 아동의 보고를 함께 고려한 조작적 정의가 아동의 배고픔을 더 확실하게 확인해 준다. 또한 집중력에 관한 조작적 정의도 두 가지 또는 세 가지 정의를 모두 활용한다면, 즉 연구자의 관찰, 검사를 통한 집중력의 측정 그리고 아동 스스로의 보고까지 추가하여 집중력을 정의한다면, 집중력을 세 가지 측면에서 포괄적으로 측정할 수 있다.

그러나 다른 입장에서 볼 때 이렇게 여러 조건을 만족시키는 다양한 측면에서의 조작적 정의는 그중 한두 가지에만 초점을 둔 정의에 비해 제한적이 되기 쉽다. 예를 들어, 실제로 지능이 우수하거나 기질이 순한 아동들은 집중력이 다소 떨어지더라도 검사에서 잘 드러나지 않거나 쉽게 관찰되지 않을 수 있다. 이런 경우에는 아동이 스스로 느끼는 집중력 저하만 측정될 수도 있다. 또한 산만한 아동들은 배고픔과 무관하게 항상 집중력이 낮은 것으로 관찰되거나 자신 스스로 집중력이 떨어지는 것을 자각하지 못할 수 있다. 따라서 집중력의 변화가 세 가지 측면 모두에서 확인되어야만 한다면 오히려 연구의 결과가 명확하지 않게 나타날 수 있으며, 연구변인의 적용범위가 협소하여 연구의 일반화 가능성이 축소될 수 있다.

따라서 연구변인을 조작적으로 정의할 때, 어느 정도로 '협소하게' 또는 '포괄적으로' 정의할 것인가라는 딜레마에 빠지기 쉽다. 대상의 특성, 측정의 신뢰도와 타당도 그리고 결과를 일반화할 수 있는 범위 등을 모두 고려하여 조작적으로 정의되는 연구변인이 지나치게 배타적이 되거나 협소하지 않아야 한다. 즉 조작적 정의를 포괄성과 특수성 간의 적절한 수준에서 조절하여야 한다.

4.3 개념적 정의에서 조작적 정의로

지금까지 조작적 정의의 몇 가지 방법에 대해 서술하였다. 이제는 앞에서 제시한 공격성에 관한 세 개의 개념적 정의가 연구에 적용되는 과정에서 어떠한 조작적 정의로 바뀌게 되는지 살펴보기로 하자. 아래의 예에서 보는 바와 같이, 하나의 개념적 정의는 연구의 목적, 연구자의 주요 관심사, 연구방법에 따라 다양한 형태의 조작적 정의로 변화된다.

- 개념적 정의: 환경으로부터의 어떤 유인자극에 의해서 촉발되는 싸움의 본능
  조작적 정의: (실험 조작) 교사에게 부정적 피드백을 받은 상황
  (행동적 속성의 측정) 다른 원아에게 자극을 받아 일으킨 싸움의 빈도
  (내적 속성의 측정) 자신을 놀리는 친구에게 느끼는 적대적 감정
- 개념적 정의: 다른 개체에게 해로운 자극을 주는 행동
  조작적 정의: (행동적 속성의 측정) 다른 원아들에게 행한 해로운 언어적, 신체적 폭력 행동
- 개념적 정의: 다른 개체에게 의도적으로 해를 끼치거나 상처 입히려고 하는 행동
  조작적 정의: (행동적 속성의 측정) 다른 원아를 해치려고 하는 고의적인 행동으로 언어적, 신체적 폭력 행동
  (내적 속성의 측정) 행동목록표에서 아동이 고의적으로 했다고 보고한 다른 원아에 대한 해로운 행동

이상에서 살펴본 것처럼, 공격성에 관한 개념적 정의가 다양할 뿐만 아니라 이를 조작적으로 정의한 형태도 달라질 수 있음을 볼 수 있다. 연구자는 자신의 연구과제에서 기초로 하는 이론적 관점에 부합되는 개념적 정의를 채택해야 하며, 연구방법에 적합하게 조작적으로 정의해야 한다. 이렇게 변화된 조작적 정의는 연구의 진행 과정에서 관심을

연습문제

1. 학술지에 출판된 논문을 한 개 선정하여 읽고 다음에 답하여라.
   1) 연구에서 독립변인, 종속변인, 중재변인, 통제변인을 찾아보자.
   2) 연구에 포함되지 않았지만, 이 연구에서 고려해 볼 수 있는 중재변인, 통제변인, 매개변인, 오염변인이 있는지 점검해 보라.
2. 다음의 개념적 정의를 조작적 정의로 바꾸어 보라.
   1) 애착: 상호적 애정과 같이 있으려는 욕구로 특징지어지는 두 사람 간의 강한 정서적 관계
   2) 공감 수용능력: 다른 사람이 경험한 감정을 함께 느낄 수 있는 능력
   3) 사회성: 타인과 관계를 맺고 관심과 동의를 얻으려는 자발적인 성향

제Ⅲ부 연구설계의 고안

06
Chapter

연구의 접근방법과 유형

연구를 수행한다는 것은 크게 두 가지 측면의 과제를 다루는 것이다. 하나는 연구의 내용, 즉 주제에 관련된 지식체계로서 기존의 지식과 새로 추가하려는 지식에 대한 이해와 섭렵이다. 또 다른 과제는 연구주제를 어떤 방식으로 접근해서 해결하는가의 방법 측면이다. 초보 연구자는 연구방법을 단순히 자료수집과 분석이라고 생각할 수도 있다. 그러나 연구문제에 충분한 답을 얻기 위해서는 다양한 방법으로 접근할 수 있음을 알아야 한다. 다시 말해서 연구방법은 단순히 자료수집과 분석에 그치지 않는다. 자료수집 이전에 연구자는 문제해결의 대안을 보다 큰 틀에서 접근해 볼 필요가 있다.

이 장에서는 연구주제를 다루기 위한 주요 연구 접근방법을 알아보고, 연구설계의 의미와 원리를 다루며, 연구설계의 대표적 유형들에 대해 개관하고자 한다. 따라서 연구자는 연구의 접근방법과 설계의 관점에서 자신의 연구주제를 조망할 수 있어야 하며, 이를 통해 보다 효율적이고 적합한 방법을 선택하여 자료를 수집하는 방안을 고안할 수 있을 것이다.

1. 연구의 접근방법

연구의 접근방법이라 함은 연구에 접근해 가는 연구자의 기본적인 방식이라고 볼 수 있다. 아동 연구 또는 유아교육 연구에서 주요 접근방법으로는 다음의 세 가지를 들 수 있다. 첫째, 논리적 형태에 따라 귀납적 접근과 연역적 접근, 둘째, 시간 차원에 따라 횡단적 접근과 종단적 접근 그리고 자료의 분석과 해석 측면에서 양적 접근과 질적 접근으로 구분할 수 있다.

1.1 귀납적 접근과 연역적 접근

지식을 추구하는 방법으로서 귀납적 접근과 연역적 접근은 각기 다른 형태의 논리가 적용된다. 특히 이론과 관찰 간의 추론에서 출발점이 다르다. 귀납적 접근(inductive approach)은 구체적인 관찰과 경험으로부터 시작하여 관찰한 결과를 묶어 주는 일반 원리 또는 이론의 발견을 목적으로 한다. 예를 들어, 아동의 놀이행동을 주의 깊게 관찰한 교사는 아동의 놀이에서 어떤 일관성 있는 패턴을 발견할 수 있다. 즉 어떤 아동은 주로 혼자 놀잇감을 가지고 놀이를 하고, 다른 아동은 옆의 아동과 나란히 앉아 비슷한 놀이를 하며, 또 다른 아동들은 몇 명이 그룹을 지어 함께 놀이하는 것이 관찰된다. 이처럼 일련의 특정 관찰로부터 주어진 행동이나 사건에 관련된 어느 정도 일관성 있는 패턴의 발견이 귀납적 추론에서는 중요시된다. 관찰이 조금 더 체계적으로 진행되어 이상과 같은 세 가지 유형의 놀이가 아동의 연령에 따라 다르게 나타나는 것에 주목하게 되고, 놀이유형에서 발달적 경향성을 발견했다고 하자. 연구자는 '아동의 연령이 증가함에 따라 혼자 놀이보다 병행놀이, 집단놀이를 더 많이 한다.' 라는 일반 원리를 이끌어 낼 수 있다.

귀납적 접근은 질적 연구영역에서는 주류를 이룬다. 그러나 사회과학 분야의 양적 연구에서도 귀납적 논리는 보편적으로 적용된다. 양적 연구에서 귀납적으로 이끌어 낸 일반 원리가 얼마나 타당한가 하는 것은 관찰의 대표성과 귀납적 논리의 정확성에 따라 달라진다. 대표적 표집에 의해 그리고 충분히 큰 사례 수에 의해서 관찰이 이루어져야 하며, 일반화에서 예외가 되는 관찰결과가 없어야 할 것이다. 귀납적 논리의 정확성은 논리적 결함 여부에 의한다. 예를 들어, 아동의 놀이를 주제로 한다면, 자발적 놀이인지 교사가 계획한 활동인지 우선 구분해야 하며, 자발적 놀이를 나타내는 유형으로서 놀이집단 구성에 의해 정확하게 위의 세 가지 놀이유형이 관찰되어야 한다.

반면 연역적 접근(deductive approach)은 일반 원리 또는 이론으로부터 시작하며, 이론적 기대에 맞게 특수한 상황이 발생하는가를 관찰함으로써 이론의 타당성을 검증하게 된다. 예를 들어, 아동의 놀이를 설명하기 위해 성역할 학습 이론을 기초로 접근할 수 있

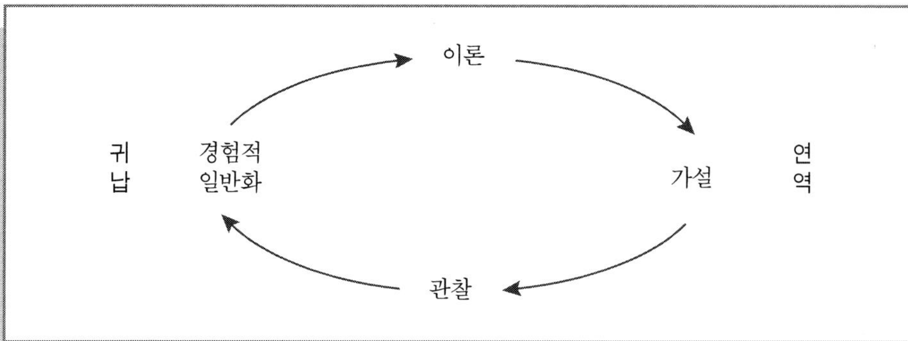

[그림 6-1] 과학의 순환모델 (Babbie, 2004: 26, Figure 1.6)

으며, 이 이론에 따라 남아와 여아의 놀이 유형이 다를 것이라는 가설을 세울 수 있다. 그리고 이론에서 예측한 바대로 놀이 유형이 성별에 따라 구별되는지 관찰을 통해 가설을 검증해 볼 수 있다. 그 결과, 남아는 목공이나 블록영역에서, 여아는 소꿉놀이에서 더 자주 관찰될 수 있다. 이처럼 연역적 접근에서는 이론적으로 기대되는 패턴을 상정하고, 기대한 패턴이 실제로 나타나는지를 검증하기 위한 관찰로 진행된다. 즉 연역적 접근에서는 '이론적 설명' 에서 시작하여 '실제로 나타나는가' 로 이행된다.

Babbie(2004)에 의하면, 귀납적 추론과 연역적 추론은 모두 타당한 과학적 방식이며, 현상에 대해 보다 완전한 이해를 위해 [그림 6-1]처럼 함께 사용될 수 있다고 하였다. 이 그림에서 저자는 이론과 연구 과정을 릴레이 경기에 비유하면서, 연구자들이 모두 한 지점에서 출발하거나 동일한 지점에 끝나는 것은 아니지만 연구를 실행하는 과정에서 연역과 귀납이 번갈아 가면서 이루어질 수 있다고 하였다.

1.2 횡단적 접근과 종단적 접근

연구를 설계할 때 시간 차원에 따라 횡단적 접근과 종단적 접근으로 대별할 수 있다. 특히 발달 연구에서는 행동 발달의 변화 또는 연속성을 시간 경과와 관련하여 연구할 때 구분되는 개념이다.

횡단적 접근방법(cross-sectional approach)은 시간상 한 시점에 여러 집단의 대상을 표집하여 자료가 수집되는 것을 말한다. Baltes(1968)의 고전적 정의에 의하면, 횡단적 방법이란 '서로 연령이 다른 표본을 선정하고 종속변인에 대해 동시에 관찰하는 것' (pp. 146

~147)으로 서술된 바 있다. 따라서 횡단적 접근은 거의 동시에 다양한 연령층을 조사하는 대부분의 연구에 적용되는 보편적인 접근방식이다. 횡단적 접근의 예를 [그림 6-2]에서 보면, 대각선으로 표시되어 있다. 즉 출생연도가 1989년, 1990년, 1991년, 1992년인 4개 집단을 그들이 8세, 7세, 6세, 5세가 되는 1997년도에 자료를 수집하는 것이다.

이때 수집된 자료를 통해 5세에서 8세에 이르는 연령별 차이를 기술할 수 있다. 여기서 '연령별 차이'를 '발달에 따른 변화'로 해석하기 위해서는 최소 두 가지 가정이 필요하다. 첫째, 연령이 낮은 집단(5세)의 행동은 시간이 지남에 따라 궁극적으로 높은 연령(8세)집단의 행동으로 변화할 것이라고 가정한다. 그런데 이러한 가정이 항상 받아들여지지 못하는 것은 집단 간 연령의 차이뿐만 아니라 동시대 출생집단에 따른 효과(cohort effect)와 그들이 성장한 시기의 역사·문화적 요인이 함께 혼합되어 나타날 수 있기 때문이다. 둘째, 연령별로 표집된 대상은 하나의 전집에서 추출된 것이라고 가정한다. 일반적으로 여러 연령층, 다양한 집단을 표집할 때, 대상이 속한 기관이나 지역 등의 차이가 하나의 전집이라는 가정을 위배할 수 있다. 따라서 집단 간의 등질성이 있는가에 대해 인구론적 자료를 통해 점검해야 한다.

횡단적 접근의 가장 큰 장점은 연구 수행의 효율성과 실제적 이점이다. 즉 비교적 짧은 기간 내에 연구를 수행할 수 있다. 그러나 집단 간 비교에 어려움이 따르고 개체의 발달적 연속성에 대해서는 정보가 제한적이라는 점을 유의해야 한다.

종단적 접근(longitudinal approach)은 여러 시점에서 자료를 수집함으로써 시간의 흐름에 따른 연구대상의 변화를 알아보고자 할 때 적용되는 방법이다. 이를 Baltes(1968)는

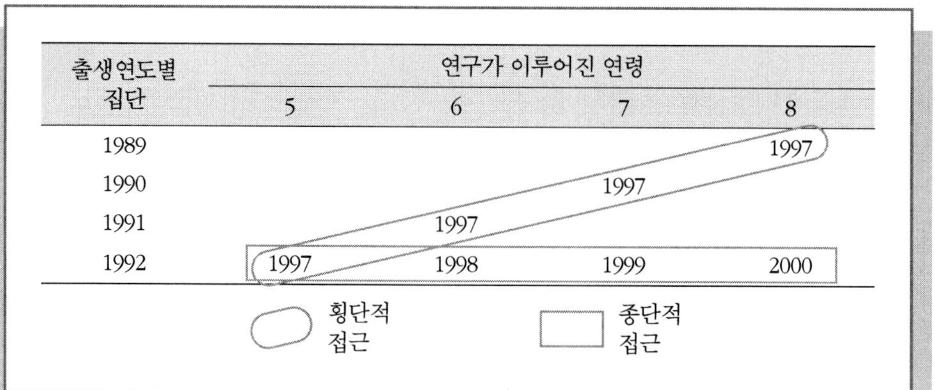

[그림 6-2] 횡단적, 종단적 접근에서의 집단별 연구시기

'한 표본의 대상들이 동일한 종속변인에 대해 여러 연령 수준에서 반복적으로 관찰되는 것' (pp. 146~147)이라고 정의하였다. 즉 종단적 접근을 횡단적 접근과 구분하는 가장 중요한 특성은 반복적인 관찰 또는 측정 그리고 자연스럽게 일어나는 변화에 대한 연구라는 점이다. [그림 6-2]에서 보듯이 종단적 접근에서 연구자는 1992년에 출생한 집단에 대해 5세가 된 1997년부터 시작하여 2000년까지 계속 자료를 수집하는 것이다. 즉 이 집단의 5세부터 8세에 이르는 변화를 발달 과정에 따라 추적하여 관찰할 수 있으며, 개체 내 변화까지도 상세히 발견할 수 있다.

종단적 접근을 적용할 때 연구결과에 영향을 미치는 요인으로는, 반복측정에 따르는 효과, 연구시기에 관련된 역사 · 문화적 요인, 표집선정의 요인 그리고 동시대 출생집단에 따르는 영향 등이 있다. 먼저 반복측정의 효과는 반복되는 검사나 측정으로 연구대상에게서 생기는 반응성(reactivity)과 측정 도구에 미치는 영향을 의미한다. 자료가 수집될 때 대부분의 경우 검사, 질문지, 면접 등이 사용되며 연구대상의 언어 또는 행동적 반응을 요구한다. 따라서 이러한 측정이 반복되면 과제를 기억하고 학습이 일어날 수 있으며, 같은 것을 반복하는 데 따르는 지루함이나 피로가 영향을 미칠 수 있다. 또한 측정시기에 따라 동일한 검사나 측정도구가 사용될 수 있는지 그리고 동일한 조건에서 관찰이 이루어지는지의 여부가 측정변인에 영향을 줄 수 있다.

연구시기에 관련된 역사 · 문화적 요인이나 표집선정의 요인, 동시대 출생집단에 따르는 효과는 횡단적 접근에서와 유사하다. 다만 표집의 편파성 문제는 종단적 접근에서 약간 다른 측면이 있다. 종단적 접근에서는 한 집단을 장기적으로 추적하여 조사하는 조건 때문에 대상 탈락의 문제가 생긴다. 이때 최초의 표본이 대표성 있는 집단이라 할지라도 연구 과정에서 대상 탈락이 많이 생기면, 초기의 표본과 다른 표본이 되기 때문에 편파된 표본이 되기 쉽다. 즉 탈락된 대상에 비해 연구 참여 동기가 높고 인구이동이 적은 집단이 계속 남아 있을 가능성이 있다.

이상에서 살펴본 바와 같이 종단적 접근은 발달을 그 변화 과정에 따라 연구할 수 있어서 발달 현상을 연구하는 데 적합하며, 특히 개인 내 변화까지도 발견할 수 있는 장점이 있다. 그리고 실험 조작 없이 변인 간 인과관계를 규명할 수 있어서 실험에 대한 대안적 방법을 제공한다. 그러나 연구기간이 길어지므로 비용과 노력이 많이 들고, 대상의 탈락 가능성을 감수해야 하는 어려움이 있다.

한편 최근에는 종단적 접근방법을 다시 몇 가지 연구유형으로 나누고 있는데, 경향성 연구, 동시대집단 연구 그리고 패널 연구를 포함한다(Babbie, 2004; Gall et al., 2003). 경향성 연구(trend study)는 시간에 따라 각기 다른 표본을 선정하여 변화를 알고자 할 때 적용하는 설계다. 예를 들어, 초등학교 6학년의 전국 표본에 학력검사를 매년 정기적으로 실시하여 초등학교 교육의 성취를 평가해 볼 수 있다. 또는 대학생의 가치관이 시대변화에 따라 어떻게 다른지 살펴보기 위해 1980년, 1990년, 2000년에 대학생 표본집단을 조사하여 30년간의 변화된 가치관을 비교해 볼 수 있다.

동시대집단 연구(cohort study)는 공통된 시대적 배경을 가지고 있는 어떤 전집에서 자료수집 시기마다 다른 표본을 선정하여 시간에 따른 변화를 조사하는 연구다. 일반적으로 동시대집단(cohort)은 어떤 해에 출생한 집단같이 동일한 연령집단을 의미하지만, 6.25 전쟁기간 중 출생한 사람, 2000년에 결혼한 부부 등 공통된 시대적 배경에 의해 구분되기도 한다. 예를 들어, 대학생들의 학교 입학 후 졸업 및 취업에 이르는 경로에 대해 알아보기 위해 2000년도 대학 입학생을 전국적으로 표집해 2002년, 2004년, 2006년까지 조사를 한다고 가정해 볼 수 있다. 2002년 조사 시기에 학교에 그대로 다니고 있는 학생과 휴학 및 자퇴생의 비율, 2004년에 졸업하는 학생, 취업한 학생, 졸업 못한 비율 그리고 2006년에 졸업, 취업, 졸업 못한 비율 등을 비교해 볼 수 있다. 이때 조사 시기마다 대상 표집은 다르게 선발될 수 있으나 모두 2000년도 대학 입학생이라는 공통의 전집에서 추출된다는 점이 특징적이다. 이들은 2000년도 우리나라 대학입시 및 고등교육 체제와 경제상황을 공통적으로 경험하는 집단이라는 시대적 배경을 갖기 때문이다.

앞에서 설명한 경향성 연구와 동시대집단 연구는 시간차원에서 연구가 종단적으로 이루어지는 특성을 모두 갖고 있다. 그러나 대상 집단은 시기마다 일정한 표본을 선발하여 조사한다는 점이 고전적 의미의 종단적 접근과는 다르다고 할 수 있다.

패널 연구(panel study)는 앞의 두 가지 유형과 달리 동일한 집단을 시간의 흐름에 따라 계속 추적하여 연구하는 것이다. 따라서 본래의 종단적 접근에서와 같이 연구대상들이 시간 경과에 따라 어떻게 변화하는지를 알 수 있게 한다. 예를 들어, 선거 유권자 표본에 대해 선거기간 중 매달 전화면접을 하여 그들의 투표 성향이 어떻게 변화하는지, 선호도의 일관성, 변화 유형 등에 대해 상세히 분석할 수 있다. 패널 연구는 시간에 따른 대상의 변화를 연구하기에 적합한 방법이지만, 단점은 연구기간이 길면 연구대상의 탈락이 불가피하다는 것과 패널에 속한다는 것 자체가 대상들에게 어떤 기대를 갖게 할 수도 있어 반응에 편파성이 생길 수도 있다는 것이다.

1.3 양적 접근과 질적 접근

질적 접근(qualitative approach)에 대한 관심과 연구보고가 20세기 초에 출현하기 시작하여 최근에는 사회과학 전반에 걸쳐 급격히 성장하고 있다. 유아교육, 가족학, 사회복지학, 간호학 등에 걸쳐 질적 접근은 전통적인 양적 접근(quantitative approach)과 함께 이미 중요한 탐구방법의 하나로 간주되고 있다(Creswell, 2002). 이 두 가지 접근방식의 차이는 단순히 자료수집과 분석에 그치지 않으므로 두 가지 접근 방식의 특성과 차이에 대해 개략적으로라도 아는 것이 연구자들에게는 도움이 될 것이다.

양적 접근과 질적 접근은 무엇보다도 연구에서 다루어지는 현상에 대한 가정, 연구자 역할 그리고 연구절차 및 이론과의 관계에서 차이가 크다. 양적 접근은 인간현상이나 자연현상이 객관적으로 존재한다고 믿으며, 객관적 현상이 어느 정도 항구적일 것을 가정한다. 따라서 양적 접근에서는 절차의 객관성만 있다면, 동일한 현상은 연구자가 다를지라도 동일한 결과로 기술될 수 있다. 그러나 질적 접근에서는 연구자를 포함해 연구 현장의 참여자들이 해석하는 의미에 따라 현상은 다른 모습으로 구성될 수 있다고 생각한다. 따라서 질적 접근에서는 사람의 눈과 마음이 다를 수 있다(조용환, 1998)고 보며, 표면 아래로의(getting below the surface) 탐구라고 할 수 있다(Walsh, 1998).

연구자의 역할과 참여 측면에서 질적 접근은 양적 접근과 상당히 다르다. 양적 접근에서 연구자는 연구 과정을 관리하는 객관적 입장에서 환경적 조건을 통제하고 가능한 한 연구대상에게 영향을 미치지 않도록 노력하며 주로 외부자(outsider) 관점을 취한다. 반면 질적 접근에서 연구자는 환경에 개방적이며, 자신이 주요 연구도구로서 적극적인 역할을 한다. 또한 연구대상과의 교류가 활발하게 이루어지고 협동적 탐구가 가능하다. 따라서 연구자의 영향은 어느 정도 필수적이며, 연구자는 외부자 또는 내부자(insider)로서 활동한다는 점에서 연구자의 자아 관여도가 높다고 할 수 있다. 양적 접근에서 연구자가 갖게 되는 보상은 주로 연구물에 있으나, 질적 접근에서는 진행 과정에서 내적 보상이 이루어질 수 있다.

연구와 이론 형성과의 관계 측면에서도 두 가지 접근 방식에는 차이가 있다. 양적 접근에서는 대체로 선행연구와 이론에 근거하여 연구의 방향이 세워지고 연구가설과 설계가 생긴다. 연구가 기존의 이론을 수정하기 위한 연구일지라도 이는 마찬가지다. 그러나 질적 접근에서는 기존의 이론과 문헌에 지나치게 의존하기보다 현장의 원자료(raw data)

와 접하는 과정에서 해당 과제 특유의 이론과 가설을 생성하게 된다. 즉 귀납적 방식이 주류를 이룬다. 따라서 현장에서 생성된 이론과 가설에 의해 연구의 과정이 어느 정도 수정될 수도 있다.

이상의 주요 차이에 추가하여 연구의 주요 과정과 단계에 따라 두 가지 접근방법을 비교해 보면 다음과 같다(Creswell, 2002). 첫째, 연구의 목적을 설정하는 단계에서 양적 접근은 주로 현상을 기술하고, 변인 간 관계를 설명하는 데 목적을 둔다. 반면 질적 접근은 어떤 현상에 대한 탐색과 깊이 있는 이해에 연구의 목적이 있다.

둘째, 문헌조사는 양적 접근에서 필수적인 단계로 연구문제의 필요성을 구체화하고 정당화하며 연구의 방향을 결정하는 데 중요한 역할을 한다. 질적 접근에서 문헌조사는 양적 접근만큼 중요한 역할을 하지는 않으며, 연구의 영역과 배경 설정을 통해 연구문제의 필요성을 제안할 수 있게 한다.

셋째, 연구문제를 구체화하는 단계에서 양적 접근은 연구문제나 가설에 대해 구체적이고 명료하게 그리고 측정 가능한 변인을 중심으로 서술한다. 반면 질적 접근에서는 연구문제가 폭넓고 일반적인 용어로서 흔히는 참여자의 경험과 이해를 추구하는 방향으로 서술된다.

넷째, 자료수집단계에서 양적 접근은 연구를 계획할 때 선정된 측정도구에 의해 비교적 많은 수의 연구대상으로부터 자료를 수집하며, 자료의 형태는 주로 수량화될 수 있는 자료다. 질적 접근에서 자료수집은 연구 과정에서 개발된 계획안(protocol)에 의해 비교적 적은 수의 연구대상으로부터 이루어지며, 자료의 형태는 언어(문서) 또는 영상(사진)으로 이루어진다.

다섯째, 자료의 분석과 해석에서 양적 접근은 통계적 분석방법을 적용하여 전반적 경향을 기술하거나 집단 간 차이를 비교하고, 변인 간 관계를 추론한다. 그리고 이러한 결과를 사전에 예측했던 기대나 선행연구와 비교하여 해석한다. 반면 질적 접근에서 자료는 언어나 영상의 내용 면에서 분석되며, 정보를 기술하고 현상에 관한 주제를 발전시킨다. 결과는 보다 추상적인 의미와 깊이 있는 서술 그리고 주제 중심으로 해석된다.

마지막으로 연구보고서 작성 측면에서 비교하면, 양적 접근에서 연구보고서는 논문작성의 표준화되고 고정된 양식에 의해 서술되며, 연구자는 객관적이고 편파되지 않은 시각에서 연구의 절차와 결과를 서술하게 된다. 그러나 질적 접근에서 연구보고서는 융통성 있고 연구 주제에 따라 생성된 구조를 가지고 서술되기 때문에 다양한 양식으로 서술될 수 있다. 그리고 연구자는 자신의 편파된 시각, 가치, 가정 등을 포함하여 설득력 있게 결과를 서술하게 된다.

이상에서 설명한 양적 접근과 질적 접근의 차이를 비교하여 〈표 6-1〉에 제시하였다.

표 6-1 양적 접근과 질적 접근의 비교

	양적 접근	질적 접근
• 현상에 대한 가정	– 객관적으로 존재하고 항상성이 있음.	– 참여자들에 의해 구성되고 변화될 수 있음.
• 이론의 역할	– 이론은 연구를 방향짓고 연구설계를 결정함.	– 연구의 수행 과정 중에 이론이 발견되고 가설이 생김.
• 연구자 역할		
1) 환경과의 관계	– 환경을 통제하고 변인을 분리시킴.	– 환경에 개방적이며 환경에 의해 변화될 수 있음.
2) 연구대상과의 관계	– 대화에 포함시키지 않고 역할이 구분됨.	– 대화에 포함시키고 협동적 탐구가 가능함.
3) 연구자 영향 및 관점	– 영향이 통제되고 배제됨. 주로 외부자 관점.	– 영향이 기대되고 기록, 보고됨. 외부자 관점 및 내부자 관점.
• 연구의 과정		
1) 연구의 목적 설정	– 현상의 기술, 변인 간 관계의 설명.	– 현상에 대한 탐색, 깊이 있는 이해.
2) 문헌조사	– 필수적 역할, 연구문제의 필요성을 구체화함.	– 부수적 역할, 연구문제의 배경 설정.
3) 연구문제	– 구체적, 명료하게 측정가능한 변인 중심.	– 일반적, 폭넓은 용어로 참여자 경험 중심.
4) 자료수집	– 사전에 선정된 측정도구로 다수에게 수량화할 수 있는 자료 수집.	– 연구 과정에서 생긴 계획안에 따라 소수에게 언어, 영상자료 수집.
5) 자료 분석과 해석	– 사전에 결정된 통계적 분석 방법을 적용함. 선행연구와 비교함.	– 자료수집 과정에서 의미 있는 주제, 패턴 등을 발견해 분석함.
6) 결과보고서	– 가설이나 연구문제에 따른 결과를 양적 자료로 객관적으로 기술함. 고정된 양식에 따라 서술함.	– 언어와 도식적 자료로 현상을 상세히 서술함. 특히 발견 과정과 생성된 개념에 주의를 기울임. 다양한 양식으로 서술함.

2. 연구설계

연구과제(research project)를 성공적으로 수행하기 위해서는 연구문제를 '어떻게' 해결할 것인지에 대한 방안을 고안해야 한다. 앞에서 설명한 연구의 접근방법도 '어떻게' 를 보다 넓은 맥락에서 결정하는 주요 측면이다. 특히 종단적 접근과 횡단적 접근은 시간 차원에서 설계의 형태가 달라지므로 연구자는 이를 우선적으로 고려해야 한다. 한편 연구설계는 양적 접근을 선택하는 연구자들에게는 필수적으로 요구되지만, 질적 접근을 취하는 경우에는 양적 연구에서만큼 비중이 크지 않을 수 있다. 이 절에서는 연구설계의 의미에 대해 알아보고, 연구설계의 목적과 원리 그리고 설계의 한 부분인 분석단위에 대해 살펴보고자 한다.

2.1 연구설계의 의미

연구문제가 어느 정도 구체화되면, 이 문제에 해답을 찾는 데 가장 적합한 방안은 어떤 것이며, 어떤 단계와 과정을 거쳐서 해답을 찾을 것인지를 계획해야 한다. 이러한 연구 계획은 연구자 머릿속에 혼자 그려 놓는 것으로는 부족하다. 이 내용을 어떤 형태로든지 문서화함으로써 연구자 자신도 계획안대로 진행되고 있는지, 연구문제와 설계 간의 연결에 무리는 없는지 그리고 기대하는 해답을 찾을 수 있는지 등을 점검할 수 있다. 또한 연구과제가 여러 연구자들이 참여하는 공동의 과제이거나 대학원 학위논문인 경우에는 연구계획안을 가지고 다른 사람들과 의사소통하는 데 사용하고 연구과제의 의의를 설득할 수 있다.

연구설계란 Kerlinger와 Lee(2000)의 정의에 의하면, '연구문제의 해답을 찾기 위해 고안된 연구의 계획(plan)과 구조(structure)' (p. 449)라고 하였다. 여기서 '연구계획' 이란 앞에서 설명한 바와 같이 연구활동의 전체 과정을 사전에 단계별로 정리한 것으로서 연구문제의 설정에서부터 자료의 분석에 이르기까지 연구자가 해야 할 작업의 개요를 말한다. 연구의 전반적 과정에 대한 구체적인 예로 Babbie(2004)가 제안한 그림에 기초하여 수정된 [그림 6-3]은 연구 진행의 전체 과정을 잘 보여 주고 있다. 특히 조사연구의 경우에는 이러한 과정이 연구설계에 적절하게 적용될 수 있을 것이다. [그림 6-3]에서 첫 줄의 세 개 네모는 연구과제를 선정하는 데 관련된 내용이다. 즉 어떤 현상에 대한 흥미가 종속변인(Y) 또는 독립변인(X)에 관련된 의문으로 시작되고, 나름대로의 아이디어를 복합적인 이론적 관계 속에서 생각해 보는 것이다. 그 다음 줄의 네 개 네모는 연구과제를 구체화하고 설계하는 단계다. 그 다음 세로로 배열된 네모는 연구 자료의 수집과 분석 그리고 결과 활용을 보여 준다.

그 다음 연구설계의 정의에서 '구조'란 연구의 주요 요소 간의 관계를 보여 주는 틀(framework) 또는 구성방식(configuration)을 말한다(Kerlinger & Lee, 2000). 연구설계의 구조를 변인 간의 관계 측면에서 그림으로 보여 주는 예로 경로모형(path model)을 들 수 있으며, 실험설계 유형에 대한 그림은 집단의 구성과 시간에 따른 변인 측정을 구조적으로 제시해 준다(제10장 4절 참조). 또한 중다변인 연구에서 회귀방정식은 종속변인과 독립변인들의 관계를 수학공식에 의해 보여 주는 예로서 구조를 수리적인 형태로 제시하는 것이다. 이처럼 연구설계의 구조는 단순히 연구절차를 기술하는 것뿐 아니라 그림이나 공식 등 다양한 형태를 포함하여 표현될 수 있다.

정리해 보면, 연구설계는 연구를 이끄는 일종의 안내도 또는 계획안으로서 어떻게 연구문제에 대한 해답을 찾을 것인지에 대한 방안을 고안한 것이라 할 수 있다. 이때 연구의 주요 변인 또는 요소 간의 구조를 고려하여 연구절차를 계획하여야 한다.

2.2 연구설계의 목적과 원리

연구설계의 가장 중요한 목적은 연구문제에 대한 해답을 제공하는 것이다. 연구문제에 대한 해답이 나올 수 있도록 연구를 설계한다는 것은 당연한 것이라고 생각되지만, 때로는 연구문제와 연구설계 간의 일관성이 부족한 경우도 있어서 연구문제에 대한 답이 분석결과에서 제공되지 않을 수도 있다. 예를 들어, 교수방법의 효과가 아동의 성취동기 수준에 따라 다른지를 문제로 제기한 연구에서 교수방법에 따른 차이를 비교하고, 그 다음 아동의 성취동기 수준에 따른 차이를 따로 비교하였다고 하자. 이 과제는 두 변인이 함께 연구될 수 있도록, 즉 상호작용 효과를 검증할 수 있는 설계를 고안했어야 한다. 두 변인을 각각 비교해서는 두 변인이 함께 작용하는 효과를 알 수 없다. 다른 예로 아동의 학업성취를 종속변인으로 한 연구에서 아동을 성에 따라 배합하여 비교하는 것이다. 그런데 성에 의한 배합은 적절하지 않을 수 있다. 왜냐하면 성은 학업성취와 관계

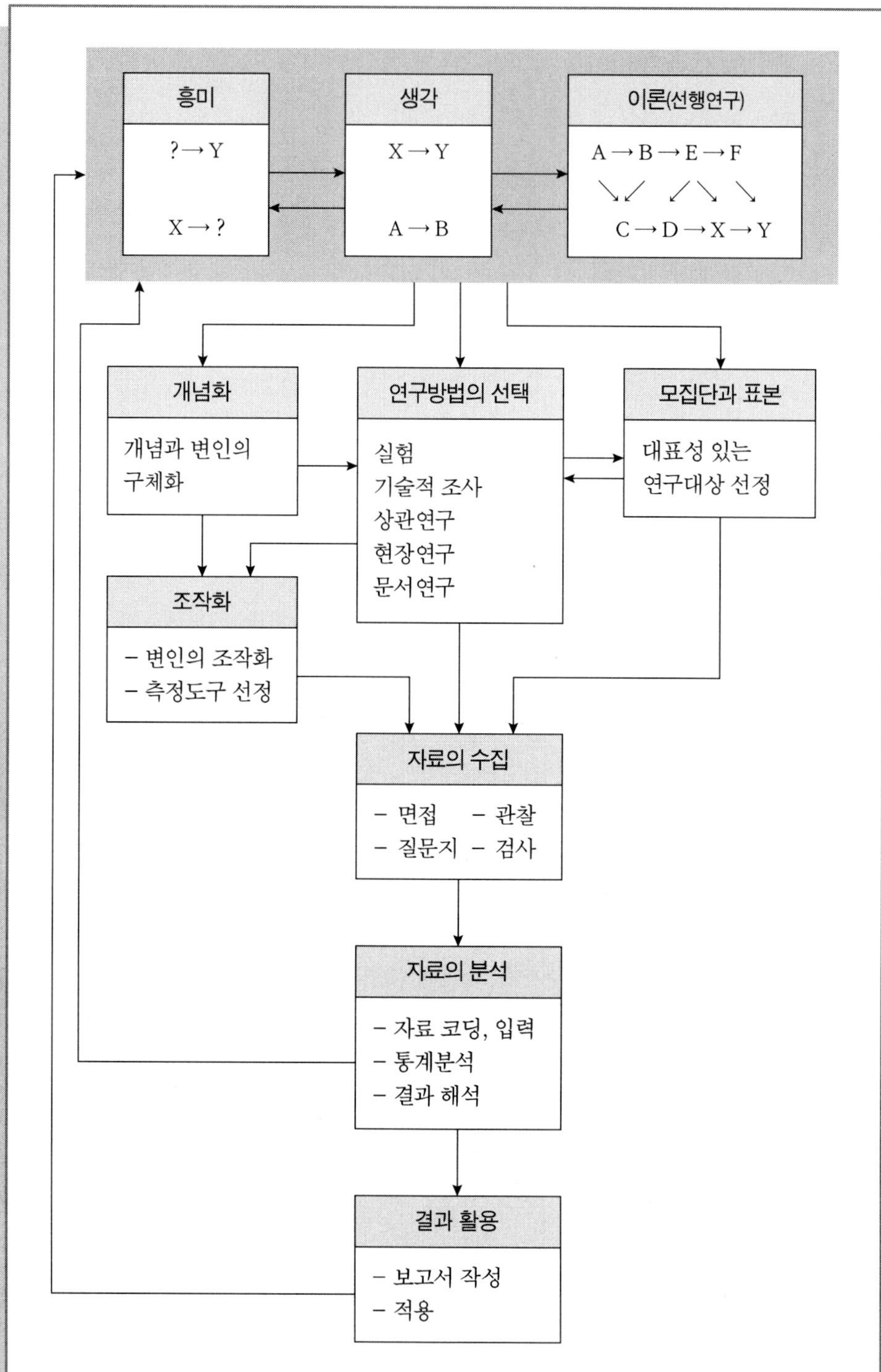

[그림 6-3] 연구 과정 (Babbie, 2004: 108, Figure 4.5)

가 거의 없기 때문이다. 오히려 지능 또는 어린 아동의 경우 연령에 따라 배합하는 것이 적합할 것이다.

연구설계의 두 번째 목적은 변량의 통제다. 변량은 연구변인의 측정치에서 생기는 변산을 의미한다. 이를 적절히 통제함으로써 연구설계가 효과적으로 연구문제에 답할 수 있기 위해서다. 변량통제와 관련하여 Kerlinger와 Lee(2000: 456-463)는 세 가지 설계 원리를 제시하고 있다. 첫째는 체계적 변량의 극대화(maximize systematic variance)이고, 둘째는 오차변량을 최소화(minimize error variance)하는 것이며, 셋째는 가외적인 체계적 변량을 통제(control extraneous systematic variance)하는 것이다. 이 세 원리의 첫 글자를 따서 '극대최소통제(maxmincon)' 의 원리라고 명명한 바 있다. 세 가지 설계 원리를 구체적으로 살펴보면 다음과 같다.

첫 번째 원리는 체계적 변량의 극대화다. 이는 연구문제에 관련된 독립변인 또는 실험변량의 극대화를 의미한다. 실험에서 연구자는 독립변인을 조작하여 실험조건 간에 뚜렷이 구별되는 처치를 함으로써 처치에 따른 효과가 발생할 것을 기대한다. 예를 들어, 유아를 대상으로 사회성 증진 프로그램의 효과를 보기 위해서 실험집단에게는 사회성 증진 프로그램을 계획하여 실시하고, 통제집단에게는 처치를 하지 않는다. 실험조건이 분명히 다르게 연구를 설계하고 처치가 이루어져야 한다. 만일 통제집단 교사가 사회성 증진 프로그램의 활동내용에 대한 정보를 접하여 흥미롭다고 생각해서 우연히 동일한 내용을 실시했다면 실험변량의 차이는 극대화될 수 없다. 따라서 실험조건을 가능한 한 다르게 계획하고 실시한다는 원칙이 실질적으로 적용되어야 한다.

한편 독립변인의 차이는 실험 조작을 통해서만이 아니라 대상의 속성을 다르게 구분함으로써 이루어질 수도 있다. 연구대상의 속성변인은 성 외에도 연령, 사회경제적 계층, 가족형태 등 인구학적 변인과 지능수준, 적성, 흥미, 태도 같은 심리적 특성들이 모두 포함된다. 이러한 변인을 독립변인으로 하는 설계에서는 독립변인의 수준 간에 서로 차이가 분명히 있게, 즉 서로 구별이 되게 범주화함으로써 체계적 변량이 극대화될 수 있다.

설계의 두 번째 원리는 오차변량을 최소화하는 것이다. 오차는 측정치에서 우연적으로 생기는 변산을 의미한다. 오차가 생기는 근원은 대체로 두 가지로서, 개인차에 기인한 것과 측정에서 생기는 오차가 있다. 개인차는 어떤 집단에서든지 개인 간 변산이므로 항상 존재하기 마련이나, 이를 체계적 변량으로 통제함으로써 불필요한 오차를 감소시킬 수 있다. 예를 들어, 이질적이고 다양한 집단을 어떤 인구학적 변인에 따라 구분함으로써 개인차에 따른 오차가 감소될 수 있다. 한편 측정에서 생기는 오차는 연구절차에서 발생하는 오류나 비일관성 그리고 측정도구의 비신뢰성으로 구분할 수 있다. 이러한 오차를 줄이기 위해서는 실험 또는 조사에서 지시나 상황이 균등한 조건하에 이루어져야 한다. 그리고 종속변인 측정도구의 신뢰도를 높이는 노력이 필수적이다. 연구설계에서 독립변인에 의한 체계적 변량(V_b)은 극대화하고 오차변량(V_e)은 최소화함으로써 연구결과를 의미 있게 발견할 가능성이 높아진다.

설계의 세 번째 원리인 가외변인의 통제는 연구목적 이외의 가외적인 독립변인의 영향이 개입되지 않게 하는 것이다. 가외변인의 변량을 통제하는 대표적인 방법에는 세 가지가 있다. 첫째는 독립변인의 변산을 물리적으로 제거하는 것이다. 예를 들어, 성의 효과가 분명히 있다고 알려진 영역에서는 남아 또는 여아 중 한 성을 제거하고, 나머지 한 성만을 대상으로 연구를 할 수 있다. 또한 지능수준에 따라 차이가 있는 변인을 다룬다면 지능수준을 일정한 범위로, 예를 들어 90~110 사이로 제한함으로써 이 변인의 체계적 영향을 통제할 수 있다. 물론 이처럼 변인의 다양한 수준을 제거하고 일정한 수준으로만 고정시키는 것이 가외변인의 통제라는 측면에서 효과적이지만, 연구결과를 일반화하는 데는 제한점이 된다. 가외변인 통제의 두 번째 방법은 무선화다. 연구 참여자를 전집에서 무선적으로 선정함으로써 대상에 관련된 속성이 우연에 의해 분포되도록 하는 것이다. 또한 실험에서는 실험집단에 대상을 무선적으로 배정함으로써 가능한 모든 가외변인을 통제하고 집단을 동등하게 만드는 것이다. 셋째 가외변인을 설계에 독립변인으로 포함시킴으로써 그 변인의 효과를 배제시키기보다는 연구에 포함시켜 통제하는 방법이다. 통계적 방법 중에서 공변량분석, 부분상관계수, 다원적인 설계 등이 대표적인 예가 될 수 있다.

2.3 분석단위

분석단위(unit of analysis)는 자료분석이 이루어지는 최소 단위를 의미한다. 개인의 관찰에 기초해 자료를 통계적으로 분석하고 기술하는 양적 연구에서 분석단위는 대체로 분명하다. 예를 들어, 유아를 대상으로 하여 영아기 탁아 경험과 정서적 안정성을 조사한다고 하자. 개별 유아들로부터 탁아 경험과 정서적 안정성에 관한 자료를 수집하고 개별 유아를 단위로 하여 분석한다. 그러나 연구에 따라서는 분석단위가 연구대상 또는 관찰단위와 다르고 구분이 모호할 경우도 있다. 예를 들어, 부부와 자녀를 대상으로 한 연구에서 부모 양육방식의 일관성과 아동의 성격을 조사한다고 하자. 이때 자료는 아버지와 어머니 각각에 대해 수집되고, 두 사람의 양육방식에서 일관성을 자녀의 성격과 관련시켜 분석한다면, 아버지와 어머니의 집합이 분석단위가 될 수 있다. 즉 자료수집의 관찰 단위는 부모 각각이지만 분석단위는 하나다. 이처럼 연구대상, 관찰단위, 분석단위는 모두 동일할 수도 있으나 연구에 따라서는 그렇지 않을 때도 생기므로 이를 구분할 필요가 있다. 특히 분석단위에 대해 명료하게 해야 할 이유는 연구설계의 마지막 단계인 결과에 대한 분석이 분석단위 수준에서 이루어지기 때문이다. 사회과학 연구에서 대표적 분석단위로는 개인, 집단, 사회조직이나 기관 그리고 사회적 산물(artifacts) 등이 있다(Babbie, 2004).

2.3.1 개인

아동 연구의 가장 보편적인 분석단위는 개인이다. 즉 영유아, 아동, 양육자, 유아교사 등 개개인의 특성을 조사하고 분석함으로써 개인들의 집합에 대해 기술하고 비교할 수 있다. 개인의 특성 중에서는 사회인구학적 변인을 중심으로 개인들을 범주화하고 이에 따라 비교하여 그들이 속한 모집단에 대해 일반화를 한다. 대표적인 인구학적 변인으로는 연령, 성, 사회경제적 계층, 지역, 인종 등이 있다. 그러나 일반적인 개인보다 특정 범주에 속한 사람들을 선택하여 그들의 행동과 문제를 연구하는 경우도 있다. 예를 들어, 편부모, 저소득층 아동, 영재아, 또래괴롭힘의 가해 또는 피해아동, 비행 청소년 등이다. 이러한 범주의 개인들은 관련된 영역에서 변인들 간의 관계를 보다 집중적으로 조명할 수 있기 때문이다.

2.3.2 집단

사회적 집단은 또 다른 분석단위다. 집단을 분석단위로 한다는 것은 개인별 행동이나 자료보다 집단적 행동과 자료에 더 관심이 있는 경우다. 집단의 예로서 부모, 형제, 단짝친구, 양육자-영아, 교사-학생 등 2인으로 구성될 수도 있고 '부모 그리고 자녀' 같이 3인 체계일 수도 있다. 또는 학급처럼 일정한 수의 학생들로 구성된 집단이 있을 수 있고, 놀이집단같이 흥미를 중심으로 구성되는 집단이 있을 수 있다. 그 밖에도 가족은 몇 명으로 구성되어 있든지 집단의 하나다. 가족의 수입과 자녀 수, 가족의 응집성과 새로운 문화에 적응 등은 가족을 단위로 하여 자료가 분석될 수 있다. 집단을 대상으로 한 연구의 예로서, 청소년 자녀와 부모 간의 갈등상황을 관찰한다고 하자. 부모와 청소년 자녀 세 명 간 대화내용을 연속적으로 분석하면, 어떤 상황과 주제에 대해 갈등이 고조되는지, 갈등은 자녀의 성에 따라 다른 패턴을 보이는지, 갈등은 대체로 얼마나 지속되고 어떻게 해결에 이르는지 등에 대해 알 수 있다. 이렇게 3인 집단에 대한 분석은 부모, 자녀 각 개인을 분석단위로 한 것보다 가족 간 갈등에 대해 풍부한 자료를 제공할 수 있을 것이다.

2.3.3 사회조직 및 기관

아동 연구에서 사회조직 및 기관이 분석단위가 되는 예로는 보육시설, 유아교육기관, 학교, 학원 등이 있다. 또는 기업체, 교회 등도 사회조직을 단위로 하는 예다. 아동이나 가족이 이런 기관이나 조직에 속하고 관계를 가질 수 있다. 이들은 사회적 목적을 가지고 설립되며, 어느 정도 정해진 사회적 규칙과 제도 내에 운영된다는 점에서 앞의 분석단위인 집단과 구별된다. 이러한 단위는 그에 속한 개인이나 집단에 특수한 환경을 제공하고 영향을 준다는 측면에서 연구자들이 관심을 갖게 된다.

2.3.4 사회적 산물

사회적 산물은 사회적 행동이나 사회적 존재가 만들어 낸 다양한 산물을 포함한다. 예를 들어, 책, 시, 그림, 건물, 노래, 영상물 등 구체적 결과물과 함께 관혼상제, 결혼예식, 이혼, 일상적 경험 등의 사건을 분석단위로 할 수 있다. 연구의 예로는, 아동의 교과서 내용을 분석하여 성역할 고정관념이 반영된 정도에 대해 탐구하는 것을 들 수 있다.

이상에서 분석단위를 네 가지 범주로 구분해 보았다. 그러나 더 많은 범주도 가능하며, 한 연구에서 하나 이상의 분석단위를 사용할 수도 있다. 중요한 것은 연구설계에서 다루어질 분석단위가 무엇인지 명료히 할 필요가 있다는 점이다. 구체적으로 연구자는 결혼을 다룰 것인지, 아니면 결혼한 부부를 다룰 것인지 또는 또래괴롭힘인지 아니면 또래괴롭힘에 연루된 아동인지 등을 분명히 할 필요가 있다. 그렇지 않으면 어느 한 분석단위에 기초해서 나온 결과가 실제로는 다른 분석단위에 대한 결론으로 부적절하게 내려질 수 있다.

분석단위에 대한 잘못된 추론을 Babbie(2004)는 두 가지 유형으로 나누어 서술한 바 있다. 즉 생태학적 오류와 축소주의다. 생태학적 오류(ecological fallacy)는 생태학적 체계 중 어느 한 체계에 대한 관찰에 기초하여 다른 체계에 관해 결론을 짓는 오류다. 예를 들어, 사람들의 보수주의적 성향에서 지역 간 차이가 발견되었다고 하자. 그러나 이 결과를 특정 지역 사람들이 다른 지역보다 더 보수주의적이라고 단순히 결론지을 수 있는지, '지역' 차이가 '개인' 차이를 설명할 만큼 강력한 요인인지에 대해 의문을 제기할 수 있다. 또 다른 예로 저소득층 가족이 많은 도시에서 중산층이 많은 도시보다 아동학대 비율이 높은 것을 발견했다고 하자. 이를 통해 저소득층 가족 부모들이 중산층 가족 부모보다 더 아동에게 학대를 하는지는 알 수 없다. 연구자는 여기에 논리적 오류가 생길 수 있음을 유의하고, 실제로 일반화할 대상을 분석단위로 삼아야 한다.

그 다음 축소주의(reductionism)는 복합적인 현상을 단순화하고 협소하게 축약시켜 개념화하는 경향을 말한다. 여러 분야의 연구자들이 공동으로 진행하는 다학제적 과제에서 더 문제가 될 수 있다. 연구자들은 흔히 자기 분야의 개념으로 어떤 현상을 축소시킬 수 있다. 예를 들어, 저소득층 가족과 아동을 위한 프로그램에서 사회복지 분야 연구자는 복지 개념으로, 가족분야 연구자는 가족 개념 그리고 유아교육학 분야 연구자는 유아교육의 개념으로만 하나의 현상에 접근할 수 있다. 이러한 현상은 분석단위나 변인을 설정할 때 연구자가 가장 적절하고 타당한 결론에 이르기 위해서 한 번쯤은 오류가 없는지 점검해 보아야 함을 시사한다.

3. 연구의 유형

연구의 유형(type)은 어떤 기준에서 분류하는가에 따라 다양하게 나누어질 수 있다. 연구의 유형을 분류하는 기준으로는 연구의 목적, 연구설계 그리고 연구에 접근하는 방식 등을 들 수 있다. 이 기준에 따라 대표적인 연구의 유형을 소개하고자 한다.

3.1 연구목적에 의한 분류

연구의 개념을 포괄적으로 정의하고 연구의 목적에 의해 분류하면, 기초연구와 응용연구로 대별할 수 있다. 기초연구(basic research)는 지식의 탐구를 주요 목적으로 하며, 궁극적으로는 이론을 발전시키는 데 목표를 둔다. 이에 비해 응용연구(applied research)는 실제적 문제에 대한 해결방안을 찾기 위한 연구로서 지식의 현장 활용이 일차적 목적이라 할 수 있다. 그러나 최근 이 두 유형 간의 구분이 모호할 만큼 상호 밀접하게 관련되어 있음을 발견할 수 있다. 예를 들어, 기초연구로서 시작된 Piaget의 인지발달 연구는 Piaget 자신의 의도와는 상관없이 유아교육 프로그램 개발에 활용되고 유아교육 현장에서 실제적 문제의 해결에 적용되고 있다. 또한 발달적으로 지체된 아동을 선별하기 위해, 실제적 필요에 의해 연구 개발된 검사가 아동발달에 관련된 기초연구에 활용될 수도 있다. 즉 건전하고 충분한 기초연구 없이 아동이나 유아교육 현장에 관련된 문제에 해답을 주기 어려우며, 다양한 실제적 문제에 대한 해결방안을 찾다 보면 이론적 탐구와 기초연구가 활성화될 수 있기 때문이다.

한편 연구의 목적을 보다 세분화해 보면, 현상을 기술하기 위한 목적의 연구, 현상을 예측하기 위한 연구, 현상의 원인과 결과를 설명하기 위한 연구 그리고 개인 또는 현장 여건을 향상시키기 위한 목적의 연구로 나누어 볼 수 있다. 이러한 연구의 목적에 대해서는 제1장 2절에서 설명한 바 있다. 연구의 목적은 일종의 방향 설정이며 연구과제에서 강조하는 측면이므로 연구에 따라서는 어느 한 가지 목적만으로 설명되지 않을 수도 있다. 또한 연구과제의 포괄적 성격에 의해 하나 이상의 목적을 가지고 수행될 수도 있다. 예를 들어, 저소득층 대상의 Head Start 프로그램 관련 연구의 경우 향상을 주 목적으로 한 연구이나 예측과 설명을 위한 목적도 함께 추구할 수 있다.

3.2 연구설계에 의한 분류

앞에서 연구설계는 연구문제의 해답을 찾기 위해 고안된 연구의 계획과 구조라고 언급하였다. 연구를 구조화하는 가장 강력한 방법은 실험적 조작(experimental manipulation)이라 할 수 있다. 조작이란 연구변인이나 현상을 연구자가 의도적으로 변화시키는 것이다. 따라서 연구설계에 따라 연구유형을 분류한다면 실험연구(experimental research)와 비실험 연구(nonexperimental research)로 대별할 수 있다. 실험연구는 연구자가 독립변인을 의도적으로 조작하고 그 영향을 관찰하는 연구로서 인과관계의 추론을 목적으로 한다. 반면 비실험 연구는 연구변인이나 현상을 연구자가 의도적으로 변화시키지 않고 자연 그대로의 상황에서 현상을 기술하거나 변인 간의 관계를 설명하는 연구다. 따라서 조사연구(survey research) 또는 기술적 연구로 명명된 다양한 유형들이 비실험연구에 포함된다. 실험연구와 비실험 연구를 다시 몇 가지 유형으로 세분화해 보기로 하자.

실험연구는 연구상황이 실험실인지 또는 현장인지에 따라 실험실 실험(laboratory experiment)과 현장 실험(field experiment)으로 구분할 수 있다(Kerlinger & Lee, 2000). 실험실 실험은 엄격하게 통제된 상황에서 하나 또는 그 이상의 독립변인을 조작하고, 이 조작의 결과가 종속변인에 미치는 영향을 연구한다. 한편 현장 실험은 학급이나 놀이실 등 자연스런 상황에서 가능한 변인들이 통제되면서 연구자에 의해 독립변인이 조작되는 연구유형이다. 두 가지 유형의 차이는 연구장면에 있지만 실제는 통제가 얼마나 엄격하게 이루어지는가의 정도에서 구분된다.

실험연구를 분류하는 보다 적합한 기준은 인과추론을 하기에 실험요건이 얼마나 충족되어 있는가에 관한 것이다. 실험연구로서 적합한 유형을 진형 실험(true experiment)이라 하고, 현장의 여건상 충족되지는 않으나 실험에 가까운 유형을 준 실험(quasi-experiment)으로 구분한다(Cook & Campbell, 1979). 진형 실험은 조작에 따른 효과를 비교할 수 있도록 최소 2개의 집단으로 구성되고, 각 집단에 연구대상을 무선적으로 배정하여 집단 간 등질성을 가정하는 실험연구다. 준 실험은 조작에 따른 효과를 비교할 집단은 구성되나, 흔히 실험집단에 대상의 무선 배정이 불가능한 경우의 실험이다. 이 책의 제10장에서는 진형 실험과 준 실험의 대표적인 설계 유형들을 소개하고 있다.

비실험 연구를 분류하는 방식은 실험연구에서보다 기준이 모호하고 다양하다. 연구설계에 초점을 두어 최근의 연구자들이 주로 구분하는 유형을 중심으로 분류해 보면, 기술적 연구, 상관연구, 인과비교 연구로 나누어 볼 수 있다(Gall, et al., 2003; Johnson & Christensen, 2000; Salkind, 2003). 때로는 비실험 연구에 질적 연구를 포함시키기도 하는데, 앞에서 서술한 바와 같이 질적 연구는 연구 접근방식에 따른 큰 분류이므로 여기서는 제외하기로 하고, 양적 비실험 연구에 제한하고자 한다. 비실험 연구의 세 가지 유형을 다음에서 구체적으로 서술하고자 한다. 그리고 연구설계에 따라 분류된 연구유형의 특징을 간략히 정리하여 〈표 6-2〉에 제시하였다.

표 6-2 연구설계에 의한 유형 분류

	비실험 연구			실험연구	
	기술적 연구	상관연구	인과비교 연구	진형 실험	준 실험
연구목적	현상의 특징을 기술하기 위함	변인 간 관계를 알아내기 위함	변인 간 관계에 기초해 인과관계를 탐색하기 위함	인과관계를 검증하기 위함	인과관계를 검증하기 위함
변인의 구성과 유형	• 하나 또는 그 이상의 변인(범주 또는 연속적)	• 두 개의 짝지어진(연속적) 변인 • 하나의(연속적) 종속변인과 몇 개의 독립변인(연속적)	• 하나 또는 그 이상의(범주화된) 독립변인과 하나의 종속변인(연속적)	• 하나 또는 그 이상의(범주화된) 독립변인과 하나의 종속변인(연속적)	• 하나 또는 그 이상의(범주화된) 독립변인과 하나의 종속변인(연속적)
변인의 조작	없음	없음	없음	있음	있음
변인 통제의 정도	없거나 낮음	낮거나 보통	낮거나 보통	높음	보통 또는 높음
대표적 통계분석	기술적 통계 (M, SD, f)	상관계수(r) 중다회귀분석	집단 간 평균 비교 (t검증, F검증)	변량분석 (F검증)	변량분석 (F검증)
연구 예	아동의 일상적 스트레스 조사	유아의 지능과 창의성의 관계	유아교육 프로그램 유형에 따른 아동의 사회성발달	글의 표제유형이 교재학습에 미치는 영향	반편견 교육이 장애인에 대한 태도에 미치는 영향

◆ 기술적 연구

기술적 연구(descriptive research)는 어떤 현상의 특징과 상태를 있는 그대로 기술하기 위한 연구의 유형이다. 아동학이나 유아교육의 연구자들은 사람들이 갖고 있는 태도, 의견, 신념, 행동 등에 대해 알고자 한다. 예를 들어, 얼마나 많은 교사들이 유치원에서 학습지를 사용하는 것에 대해 찬성하는가? 얼마나 자주 사용하는가? 어떤 종류가 많이 사용되는가? 이러한 문제는 기술적 연구를 통해서 해결된다. 아동발달에 관련된 많은 연구들도 기술적인 목적으로 수행되어 왔다. 정상 아동의 신체발달 또는 언어발달이 언제, 어떤 단계를 거쳐서 어떤 모습으로 변화를 보이는지 상세하게 기술할 수 있다. 이러한 기술적 자료에 근거하여 아동의 발달에 관련된 예외적인 경향에 대해서도 알 수 있게 된다. 기술적 연구의 예로 『아동발달백서, 2001』(한국아동학회, 2001)을 들 수 있다. 이 연구는 태내기부터 청소년기까지 발달의 광범위한 영역에서 전국의 1만 5,000여 명을 대상으로 수집한 방대한 기술적인 연구의 시도라고 할 수 있다. 그 밖에도 전국적인 인구조사, 경제활동인구동향 등 기초적인 통계자료들은 우리나라 인구의 구성과 특징, 가족의 구성, 출생률, 경제지표 등에 대해 다양한 기술적인 정보를 제공한다.

이러한 기술적인 연구들은 몇 가지 변인들에 대해 별다른 통제 없이 시간적으로 흔히 한 시점에서 조사가 이루어진다. 물론 시간에 따른 변화를 기술하기 위해서는 두 시점에서 조사가 이루어질 수도 있다. 기술적 연구는 그 자체로서 충분히 의의가 있으나, 다른 연구 유형에 기초를 제공한다는 점에서도 유용하다. 어떤 한 가지 현상에 대해 한 집단의 특징을 충분히 서술한 후에야 다른 집단과의 차이에 대해 의미가 부여될 수 있기 때문이다.

◆ **상관연구**

상관연구(correlational research)는 변인 또는 사건 간의 관련성을 발견하기 위한 연구다. 가장 단순한 형태는 두 개의 짝지어진 변인 간의 관계인데, 독립변인과 종속변인이 반드시 구분될 필요는 없다. 예를 들어, 아동의 동기수준과 학업성취 간의 관련성을 살펴보자. 한 집단의 아동들에게 동기수준을 측정하고 그들의 동기수준 점수와 학업성취를 아동별로 짝지어 놓을 수 있다. 짝지어진 두 변인 점수를 살펴본 결과 동기점수가 높으면 학업성취도 높아지고, 동기점수가 낮으면 학업성취도 낮은 현상이 발견되었다고 하자. 이는 두 변인 간에 관계가 있다는 증거다. 변인 간 관계 또는 관련성을 분석하는 대표적인 통계치는 적률상관계수(r)다.

상관연구는 두 개 변인에만 제한되지는 않는다. 변인의 수가 세 개 또는 그 이상으로 확대될 수 있고, 독립변인과 종속변인이 구별될 수도 있다. 앞의 예에서 학업성취를 종속변인으로 간주한다면, 이에 관련된 독립변인으로 아동의 동기수준 외에, 부모참여 또는 또래친구의 영향이 추가될 수 있다. 이들 네 개 변인 간의 상호 상관관계를 살펴볼 수 있으며, 학업성취를 종속변인으로 놓고 세 개 독립변인에 의해 예측해 볼 수도 있다. 후자의 경우 중다회귀분석이라는 통계적 방법이 적용된다.

상관연구에서 가장 중요한 점은 변인 간 관련성의 발견이 변인 간 관계가 있다는 것을 나타낼 뿐 인과관계를 의미하는 것은 아니라는 점이다. 그 이유는 두 변인의 공변(covary)관계는 두 변인 외의 제3변인에 의해 생길 수 있으며, 두 변인 중 어떤 변인이 원인이 되는지 알 수 없기 때문이다. 예컨대, 아동의 동기가 높기 때문에 학업성취가 높아진 것인지 또는 높은 학업성취로 인해 동기수준이 향상된 것인지 알 수 없다. 그리고 이 두 변인 외에 어떤 다른 변인의 개입으로 두 변인 간 관계가 있는 것처럼 나타난 것인지도 확실히 결론지을 수 없다. 예를 들어, 가정의 사회경제적 계층이 아동의 동기와 학업성취에 각 각 영향을 주어 생긴 상관일 수도 있다. 극단적인 예로, 아들의 키와 딸의 키 간에 상관을 산출하면 비교적 높다. 이때 두 변인 중 어느 변인이 다른 변인에 영향을 미친다고 할 수는 없다. 이는 유전적 특성이라는 제3변인의 개입 때문이다. 이와 같이 제3변인의 개입으로 두 변인 간 상관이 실제보다 높게 나타나는 경우를 허위적 관계(spurious relationship)라고 한다.

이상에서 설명한 바와 같이 상관연구는 단순히 변인 간의 공변관계를 제시해 준다. 그러나 관계성 자체는 인과관계를 추론할 수 있는 첫 번째 조건으로서 일단 변인 간 관계가 성립되어야 인과관계로 확장될 가능성을 갖는다. 인과관계는 변인 간 관계 외에 시간적으로 원인이 되는 변인이 먼저 발생해야 하며, 제3변인의 개입이 없어야 한다. 따라서 실험적 방법을 사용하지 않고 인과관계를 추구하는 것은 언제든지 또 다른 해석 가능성이 있음을 유의해야 한다.

◆ 인과비교 연구

인과비교 연구(causal-comparative research)는 변인 간의 관계에 기초하여 인과관계를 탐색하고자 하는 연구다. 변인의 조작이 실제적으로나 윤리적으로 불가능하기 때문에 실험을 할 수 없는 경우일지라도 연구자들의 궁극적인 관심은 원인과 결과를 연결시켜 설명하고자 하는 것이다. 이 유형은 상관연구와 비슷하지만 설계와 분석방법에서 약간 차이가 있다. 따라서 어떤 연구자는 상관연구와 인과비교 연구의 차이는 인위적일 뿐이라고 지적하기도 한다(Johnson & Christensen, 2000). 인과비교 연구의 가장 단순한 형태는 하나의 범주화된 독립변인과 연속적 측정치인 하나의 종속변인을 갖는 경우다. 예를 들어, 어머니의 취업에 따른 영아의 애착 안정성을 연구한다고 하자. 어머니의 취업변인을 취업과 미취업으로 구분하고 두 집단 간 영아의 애착 안정성을 비교할 수 있다. 이때 독립변인은 가능한 한 차이가 뚜렷하게 구별되도록 집단을 구성해야 한다. 예를 들어, 학대경험을 한 집단과 그렇지 않은 집단의 정서적 적응, 전학을 자주 다닌 아동과 전학을 다니지 않은 아동의 학업성취에서처럼 독립변인에서 차이가 분명한 집단을 선택하고 종속변인에서 차이를 검증한다. 반면 종속변인에서 차이가 구별되는 집단을 발견하고, 관련 있는 독립변인을 추론하여 비교할 수도 있다. 예를 들어, 문제행동 집단과 문제행동에 관여되지 않은 아동의 가족특성, 경제적 수준, 또래관계 등을 비교해 볼 수 있다.

이상에서 보듯이 인과비교 연구에서 연구의 목적은 인과관계를 탐색하는 것이지만, 독립변인의 조작이 없다는 점에서 비실험 연구에 속한다. 그리고 조작할 수 없는 독립변인에 대해 가능한 한 차이가 구별되는 집단을 선정함으로써 독립변인에 따른 변량을 극대화하는 것이다. 비실험 연구에서 독립변인은 범주변인(categorical variable) 또는 연속적 변인(continuous variable)이다. 성, 인종, 학대 유무, 취업 유무 등은 범주변인이며, 학업성취, 적성, 자존감 등은 연속적 변인이다. 연구에 따라서는 연속적 변인을 범주변인으로 바꾸어 적용하는 경우가 있다. 예를 들어, 적성수준을 점수에 따라 상, 중, 하의 3개 범주 또는 상, 하의 2개 범주로 만들 수 있다. 그러나 이처럼 연속적 측정치를 범주화하는 것은 정보의 손실을 초래하므로 일반적으로 사용하지 않도록 권장되고 있다(Kerlinger & Lee, 2000). 또한 범주화할 때의 대상 특성과 점수의 범위에 의해 각 수준이 구분되므로 연구에 따라 일관성이 적고 임의적이 되기 쉽다.

인과비교 연구의 결과로 인과관계를 추론할 때 가장 큰 문제는 통제의 결여다. 즉 독립변인 외에 다른 변인들이 개입될 여지가 있다는 것이다. 이는 연구대상의 선정과 비교집단들에 대한 배정이 무선적이 아니기 때문에 생기는 결과다. 예를 들어, 어머니의 취업 유무에 따른 영아 애착을 연구한다고 하자. 어머니의 취업을 독립변인으로 하여 취업 유무에 따라 집단을 구성할 때, 두 집단은 단순히 취업 유무에 따른 차이만을 갖지 않는다. 어머니의 교육수준, 가계수입 또는 남편의 여성취업에 대한 태도 등 여러 가지 통제하지 못한 가외변인들이 개입될 수 있다. 그러므로 영아 애착에 미친 결과를 취업 유무에 의한 효과로 결론짓는 데 어려움이 있다. 따라서 인과비교 연구를 통해 인과관계를 탐색할 수는 있어도 검증하기는 어렵다는 점을 유의해야 할 것이다.

3.3 연구 접근방식에 의한 분류

연구에 접근하는 방식은 이 장의 처음 절에서 서술한 바와 같이 연구의 맥락과 큰 틀을 제공함으로써 유형을 달리 할 수 있다. 논리적 형태에 따른 구분인 연역적 접근과 귀납적 접근은 흔히 연구의 유형으로 분류되지는 않는다. 그러나 시간 차원에 따른 구분인 횡단적 접근과 종단적 접근은 발달 연구의 유형을 나누는 주요 기준이 된다. 그리고 양적 접근과 질적 접근은 최근 대부분의 연구자들이 연구에 접근하는 주요 방식으로서 두 가지 큰 흐름으로 인식하고 있다. 전통적으로 양적 연구가 과학적 접근의 주류를 이루었으나 20세기 후반 이후 질적 연구에 대한 관심과 흥미가 고조됨에 따라 이 두 가지 접근은 대표적 유형으로 간주된다(Creswell, 2002).

연습문제

1. 질적 연구에 속하는 연구논문 한 개를 찾아보자. 〈표 6-1〉에 제시된 질적 접근의 특징 중 어떤 항목이 그 논문에 나타나 있는지 지적하고 설명하여라.
2. 최근 학술지에서 논문 한 개를 찾아 읽고 다음에 답하여라.
   1) 연구설계의 원리 중 '오차변량의 최소화'가 어떻게 연구방법에 반영되었는지 찾아보라.
   2) 논문의 연구설계 유형은 어떤 것인지, 왜 그렇게 분류할 수 있는지 이유를 설명하여라.

07 Chapter

표본선정

연구를 계획하는 과정에서 연구의 대상이 누구이며 어떻게 대상이 선정되는가의 결정은 연구의 결과를 얼마나 일반화시킬 수 있는가 하는 문제와 직접 관련된다. 소수의 아동을 대상으로 연구할 때 연구자의 궁극적인 관심은 이 소수 아동의 행동에만 국한되는 것이 아니라 소수의 아동으로부터 그와 유사한 연령층의 대다수 아동의 일반적인 행동유형에 대한 해석과 설명을 시도하는 것이다. 이와 같이 선정된 소수의 대상을 조사하여 연구결과를 일반화시키기 위해서는 전집을 대표하는 표본을 추출하는 일이 매우 중요하다. 이 장에서는 표본선정과 관련된 주요 개념과 표본을 선정하는 방법에 대해서 살펴보기로 하자.

1. 전집과 표본

연구자가 관심을 가지고 연구의 결과를 일반화하려는 집단의 모든 대상을 전집(population) 또는 모집단이라고 한다. 대상이란 사람, 사건, 반응, 사물, 지역 등 여러 가지 요소를 포함할 수 있다. 아동에 관한 연구를 한다고 가정할 때, 전집의 다양한 대상을 예로 들어 보면 '우리나라의 아동' '우리나라 아동의 일상생활경험' '아동을 위한 인터넷 게임 프로그램' 등과 같은 것이 있다.

전집이란 연구자가 설명하고자 하는 대상 전체를 말하는데, 전집을 어떻게 정의하는

가는 연구목적에 따라서 연구자가 규정하기에 달려 있다. 연구자가 우리나라 모든 아동의 어떤 행동에 대한 설명과 해석을 목표로 한다면 전집은 앞에서 예로 든 것처럼 '우리나라의 아동' 이라고 정의할 수 있다. 그러나 연구자의 관심이 우리나라 모든 아동에게 있는 것이 아니라 초등학교 1학년으로만 국한된다면 전집은 '우리나라 초등학교 1학년 아동' 으로 정의된다. 한편 연구자의 관심이 A초등학교의 교육 과정 평가를 주목적으로 한다면 'A초등학교의 학생' 이 전집으로 정의될 것이다. 이와 같이 전집은 정의하기에 따라서 그 범위가 확대될 수도 있고 어느 정도 제한될 수도 있다. 전집에 대한 정의가 어느 정도 명확해야만 그 집단의 일부를 고르게 선정할 가능성, 즉 대표적인 표본선정의 가능성이 높아진다.

그러나 일반적으로 연구자들은 연구보고서를 쓸 때 전집에 대한 정의나 표집방법을 구체적으로 서술하지 않는 경향을 보인다. 예를 들어, '우리나라 만 5세 유아의 보존개념에 대해 연구하고자 한다.' 라는 서술에는 많은 정보가 결여되어 있다. 즉 표집이 이루어진 시기와 함께 보다 구체적으로 정의된 전집과 표집방법에 대한 기술이 필요하다. 만 5세 유아라고 하면 유치원에 다니는 유아인지, 보육시설의 유아인지 그리고 언제, 어떻게 표집을 했는지 등을 구체적으로 서술함으로써 연구결과를 일반화하는 데 문제가 없도록 해야 한다.

표본(sample)이란 연구대상 전체의 특성을 반영하는 전집의 대표적인 일부분을 말한다. 표본이 갖는 전집의 대표성(representativeness)이란 그 집단 전체의 속성을 고르게 반영하는 정도를 의미한다. 표본이 전집의 특성을 골고루 반영함으로써 전집을 그대로 축소해 놓은 것과 같이 유사하다면 대표성이 있는 것이다. 예를 들어, 한 전집의 구성원들이 성별, 연령, 직업, 교육 정도, 거주지 등 모든 인구학적 특징 면에서 다양하다고 하자. 이러한 전집에서 추출된 표본이 다양한 인구학적인 특징을 전집에서와 같은 비율로 반영하고 있다면 전집에 대한 대표성을 갖는 것이다.

때로는 표본을 추출하기 힘든 이유 때문에 표본선정 과정에서 전집이 재정의되는 경우도 생긴다. 예를 들어, 우리나라 초등학생의 도덕성에 대한 연구를 수행하기 위한 표본을 주로 서울지역에서 선정하고, 초등학교 저학년의 경우 자기보고식 질문지에 응답하지 못하는 경우가 많으므로 고학년만을 대상으로 자료를 수집하였다고 하자. 그렇다면 이 연구의 전집은 우리나라 초등학생이 아니라 서울지역에 살고 있는 초등학교 4, 5, 6학년생들이다. 그러나 연구자가 이러한 표본에서 수집된 자료로 우리나라 초등학생이라는 전집의 특성에 대해 설명을 한다면, 이는 추론의 우를 범하는 것이다. 그러므로 표본에서 얻어진 자료로 전집의 특성을 추론하고자 할 때에는 전집에 대한 대표성이 있는 표본을 추출하는 것이 매우 중요하다.

표본의 대표성을 고려하기 위해서는 표본을 선정하는 과정이 논리적이어야 하며, 통계적으로도 일정한 선정방법에 의해서 정확성이 보장되어야 한다. 그러나 아무리 대표성이 있는 표본을 선정하였다 해도 표본은 전집의 일부분이지 전체가 아니므로 일부분의 자료로부터 전집을 추리하는 과정에 오차가 개입되기 마련이다. 이러한 오차를 표집오차(sampling error)라고 한다. 사회과학 연구는 전집을 모두 관찰하는 데 소모되는 시간과 경비를 줄이면서 연구의 효율성을 높이고자 표집오차를 최소화하는 데 방법론적 노력을 기울이고 있다. 표집오차의 개념에 대해서는 다음 절에서 구체적으로 살펴보기로 하겠다.

2. 표 집

전집에서 표본을 추출하는 과정을 표집(sampling)이라고 한다. 표집의 방법에는 확률표집과 비확률표집이 있다. 확률표집(probability sampling)은 전집의 각 요소가 표집될 확률을 산출할 수 있는 표집방법을 말한다. 확률표집의 기본 논리는 전집을 구성하는 모든 요소들은 표본으로 선정될 동등한 확률을 가지고 있다는 것이다. 이 확률은 일종의 무선적 과정(random procedure)을 거쳐서 산출되는 것으로서 표집으로 인해 생기는 오차가 산출될 수 있으며, 표집오차의 개념에 기초하여 통계적 추론이 이루어진다. 따라서 표본의 대표성은 확률적 표집에 의해서만 거론될 수 있다. 한편 비확률표집(nonprobability sampling)은 전집의 요소들이 추출될 확률을 모르는 경우의 표본추출방법이다. 따라서 표집으로 인해 생기는 오차를 계산할 수 없으며, 결과적으로 표본의 통계치로 전집에 대한 일반화를 하는 데 어려움이 있다.

2.1 표집오차와 표준오차

표집오차(sampling error)는 표본의 특성과 전집의 특성 간의 차이를 의미한다. 연구자가 아무리 최선을 다해도 표본은 전집의 일부이기 때문에 전집을 완벽하게 닮은 표본을 추출하는 것은 거의 불가능하다. 이와 같이 표집에서 생기는 오차를 표집오차라고 한다. 물론 전집이 제한되어 있는 경우 전체를 하나의 표본으로 선택할 수도 있다. 그러나 이 경우는 표본에서 전집의 특성을 추론할 필요가 없으며 따라서 추리통계를 적용하지 않고 기술통계만 적용할 수 있다.

예를 들어, 10,000명의 초등학교 5학년생 전집의 평균 키가 150cm라고 하자. 이 전집에서 100명의 학생들로 이루어진 표본을 20개 추출하고, 추출된 20개의 표본에서 평균 키가 각각 한 개씩 산출되면 20개의 평균 키가 산출될 것이다. 각 표본에서 산출된 평균 키는 149 혹은 151 혹은 150.4 등으로 전집의 평균과 유사한 값들로 이루어질 것이다. 이러한 평균키들은 하나의 분포를 이루게 되며 이러한 분포를 표집분포라고 한다. 전집에서 추출하는 표본의 개수가 많아질수록 표집분포의 모양은 정상분포에 가까워진다. 표본의 개수가 무한대로 많아지면 표집분포는 정상분포의 모양을 이루게 되며, 이러한 표집분포의 평균값은 전집의 평균값과 일치하게 된다.

표준오차(standard error: SE)란 표집분포의 표준편차를 말하는 것으로서 표집오차를 나타내는 통계치다. 표준오차는 표본에서 얻은 한 통계치가 얼마나 신뢰할 수 있는 것이냐의 정도를 알려 준다. 표준오차가 크면 그 통계치는 표집에 따른 변동의 범위가 크고 안정되지 못한 통계치임을 말하고, 표준오차가 작으면 표본과 전집이 유사하여 표본에서 얻은 통계치가 표집에 따라 변동하는 범위가 크지 않음을 말해 준다. 다시 말해 표준오차가 적을수록 전집과 유사한 표본이며 따라서 대표성이 있는 표본이다. 이러한 대표성이 있는 표본으로부터 전집의 특성을 추론한 결과는 신뢰할 수 있다.

그렇다면 표준오차를 어떻게 감소시킬 수 있을까? 이 문제에 답하기 위해서 표준오차를 산출하는 방법에 대해서 먼저 살펴보자. 위의 예에서 제시된 초등학교 5학년생의 평균치들의 표집분포에서 표준오차를 산출하기 위한 공식은 아래와 같다. 아래 공식에서 SE는 표준오차, N은 표본의 크기, σ(시그마)는 전집의 표준편차다.

$$SE = \frac{\sigma}{\sqrt{N}}$$

이 공식을 통해서 표준오차를 줄이기 위한 방법 두 가지를 알 수 있다. 하나는 N을 크게 하는 것이고, 다른 하나는 σ를 적게 하는 것이다. 즉 표준오차를 줄이기 위해서는 첫째, 표본의 수를 가능한 한 크게 하는 것이 도움이 된다. 둘째, 전집의 특성이 동질적일

수록 표준오차가 작아진다. 즉 동질적인 전집에서 표본을 추출할수록 표준오차는 작아진다.

2.2 표집과 관련된 주요 용어

표집의 과정을 이해하기 위해서 알아야 할 주요 개념인 요소, 표집단위 그리고 표집틀에 대해 살펴보기로 하자. 요소(element)는 전집을 이루는 단위를 말한다. 즉 연구대상 집단을 이루고 있는 기본 단위를 말한다. 일반적으로 사회과학 연구에서는 개인이 전집의 요소가 된다. 그러나 경우에 따라서는 가족, 부부 등 한 집단이나 짝이 요소가 되기도 한다. 대부분의 경우 요소는 통계적 분석을 위한 분석단위(unit of analysis)가 된다.

표집단위(sampling unit)는 표집 과정에서 고려하는 단위를 말한다. 한 번의 표집단계를 통해 표본이 선정되는 경우에는 표집단위와 요소가 같다. 그러나 두 번 이상의 표집단계를 거쳐서 표본이 선정되는 경우에는 최종적인 표본을 얻게 되기까지 여러 종류의 표집단위를 사용할 수 있다. 예를 들어, 초등학생들의 집단괴롭힘에 대한 연구를 위해 초등학생을 표집하고자 할 때 전국에서 몇 개의 시를 선정하고, 각 시에서 한 개씩 구를 선정한 다음, 구에서 한 개씩 학교를 선택하여 그 학교에 속한 학생을 표본으로 한다고 가정하자. 이 연구대상 집단의 요소는 개인이지만 표집단위는 표집의 첫 단계에서는 시, 둘째 단계에서는 구, 셋째 단계에서는 학교 그리고 마지막 단계에서는 개인으로 4개의 표집단위가 있다.

특히 확률표집을 할 경우에는 전집을 구성하는 요소가 표집될 확률을 산출할 수 있어야 하고, 이렇게 확률을 산출하려면 전집의 요소들에 대한 목록이 있어야 한다. 전집의 요소들에 대한 목록을 표집틀(sampling frame)이라고 한다. 예를 들어, 우리나라 광역시 소재 초등학생들을 전집으로 연구한다면, 광역시에 소재하는 모든 초등학교의 출석부가 표집틀이 된다. 즉 표집틀이란 전집을 구성하는 요소들의 목록을 말한다.

일반적으로 연구자들은 전집을 먼저 머리에 떠올리고 그 전집의 요소들을 포함하고 있는 표집틀을 확보하려 하지만 이러한 표집틀에는 전집의 구성요소가 전부 포함되어 있지 않은 경우도 있다. 예를 들어, 가출청소년을 연구하기 위해서 가출청소년을 위한 보호단체에 등록된 청소년 명단을 표집틀로 하여 연구대상을 선정한다면 이 연구의 전집은 우리나라 가출청소년이 아니라 보호단체에 등록된 가출청소년이다. 따라서 전집을 먼저 정의하고 표집틀을 확보하여 연구대상을 선정하는 것이 원칙이지만 어떤 표집틀을 확보했느냐에 따라서 그 연구의 전집이 정의되는 경우도 흔히 있다.

3. 확률표집

확률표집의 기본 원칙은 전집의 모든 요소가 표집될 확률이 동등한 조건에서 표집되었을 때 그 표본은 대표성을 가진다는 것이다. 이러한 기본 원칙을 가지고 있으므로 확률표집은 전집으로부터 표본이 추출된 확률을 산출할 수 있으며, 전집의 특성을 추론할 수 있다. 그러나 대표성을 갖는 표본을 추출하는 일은 쉽지 않다. 확률표집의 종류에는 단순무선표집, 체계적 표집, 층화표집, 집락표집이 있다. 각 종류에 대해 살펴보기로 하자.

3.1 단순무선표집

확률표집의 가장 대표적인 방법이 단순무선표집(simple random sampling)이다. 이 방법이 적용될 때의 조건은 다음과 같다(이은해, 1985). 첫째, 전집의 모든 요소가 추출될 가능성이 동등해야 한다. 둘째, 한 요소의 표집이 다른 요소의 표집확률에 영향을 미치지 말아야 한다. 셋째, 표집 도중 전집에 변화가 없어야 한다. 넷째, 전집의 요소가 표집단위가 되므로 전집으로부터 최종 표본이 직접 추출되어야 한다. 즉 1단계 표집이다.

단순무선표집을 적용하기 위한 절차는 먼저 전집을 정의하고 전집에 관한 표집틀을 확보한다. 이때 표집틀의 확보 여부는 단순무선표집을 할 수 있느냐 없느냐를 결정한다. 그 다음, 표집틀의 모든 요소에 일련번호를 매기고, 난수표나 컴퓨터 프로그램을 사용해서 원하는 수의 요소들을 무선으로 표집한다. 난수표를 사용하여 무선으로 표집틀의 요소들을 추출하는 방법에 대한 설명은 여기서는 생략하기로 하고, SPSS 프로그램과 인터넷 홈페이지를 활용하는 방법에 대해서 살펴보기로 하겠다.

먼저, 데이터 파일에 표집틀이 들어 있을 때 SPSS 프로그램을 사용하여 무선으로 요소들을 추출하는 절차는 다음과 같다. 첫째, 데이터 파일을 열고 메뉴에서 Data를 선택한 후 Data의 Select Cases를 선택한다. 둘째, Radom sample of cases를 선택한다. 셋째, Sample을 선택한 후 [그림 7-1]에 제시한 창이 열리면 원하는 비율이나 수를 적어 넣고

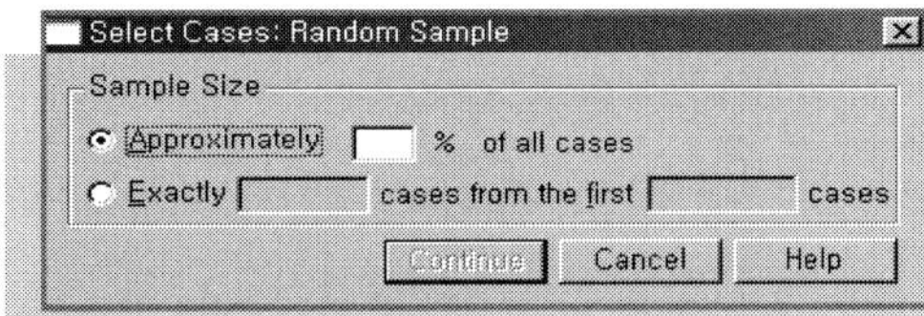

[그림 7-1] 단순무선표집을 위한 SPSSWIN 대화창

Continue를 선택한다.

다음으로는 손쉽게 단순무선표집을 할 수 있도록 무료 프로그램을 제공하는 인터넷 홈페이지를 활용하는 방법이 있다. 대표적인 홈페이지는 The Research Randomizer(http://www.randomizer.org)와 Doug's Random Sampling Applet(http://www.dougshaw.com/sampling)을 들 수 있다. 특히 The Research Randomizer는 단순무선표집뿐 아니라 표본을 실험조건에 무선배정해 주는 프로그램도 제공하고 있다(Salkind, 2003). The Research Randomizer의 예를 가지고 단순무선표집을 위한 프로그램 사용방법을 살펴보기로 하자. 먼저 홈페이지로 들어가서 제시된 메뉴 중에서 Randomizer를 열면 [그림 7-2]와 같은 창이 열린다. 이 창에서 연구자가 가지고 있는 표집틀의 크기와 원하는 표본의 크기를 적으면 표집된 사례의 일련번호가 결과로 제시된다.

단순무선표집이 확률표집의 가장 대표적인 방법이며 사회과학 연구, 특히 조사연구에 사용된 많은 통계분석절차가 단순무선표집의 가정하에 발전되어 왔으나 최근 이 방법이 현장에서 실제로 사용되는 예는 그렇게 많지 않다. 그 이유는 표집틀을 입수하고 정확하게 만드는 데 많은 노력이 들 뿐 아니라, 표집틀의 입수가 불가능한 경우도 있어서 현실적으로 적용하기에 그리 효율적인 표집방법이 아니기 때문이다. 또 다른 이유는 단순무선표집이 다른 표집방법에 비해서 더욱 대표성이 있는 표본을 추출하기 위한 방법이 아닐 수 있다는 견해 때문이다(Babbie, 2004).

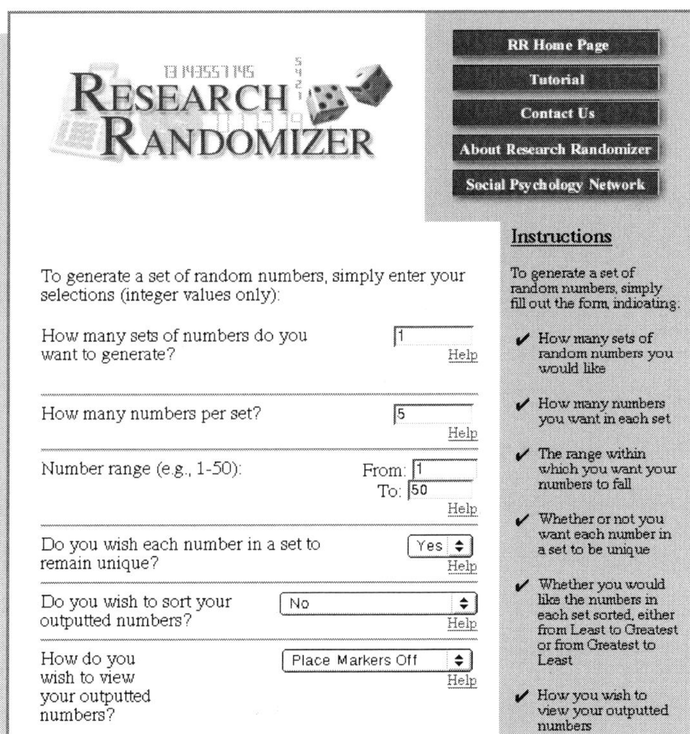

[그림 7-2] 단순무선표집을 위한 www.randomizer.org의 randomizer 창

3.2 체계적 표집

전집의 목록이 있을 때 연구자들이 많이 사용하는 표본추출의 또 한 가지 방법으로 체계적 표집(systematic sampling)이 있다. 체계적 표집은 계통적 표집이라고도 말하는데, 표집의 효율성 면에서 단순무선표집보다 높이 평가되고 있다. 이 방법은 전집의 목록, 즉 표집틀에 있는 요소들로부터 K번째의 요소를 체계적으로 일정 간격을 두고 표집하는 것이다.

예를 들어, 10,000명이 포함되어 있는 표집틀에서 1,000명의 표본을 추출하려고 한다면, 첫 번째 사람을 무선으로 선정한 후 그 사람에서부터 매 10번째에 해당하는 사람을 선택하는 방법이다. 즉 무선으로 선택된 첫 번째 사람이 47번이라면 57, 67, 77, 87 … 등으로 뽑아서 1,000명을 추출하는 것이다. 첫 번째 사람을 무선으로 선택하는 방법으로는 표집틀에서 눈을 감고 한 사람을 선택할 수도 있고, 난수표를 이용해서 선택할 수도 있다. 이때 한 요소와 다음 요소 사이의 간격을 표집간격(sampling interval)이라고 한다. 위의 예에서 표집간격은 10이며 표집틀에 포함되어 있는 요소들의 합을 원하는 표본의 크기로 나누면 산출되는 값이다.

체계적 표집은 넓은 의미에서 단순무선표집의 한 방법이라고 볼 수 있으며, 이 두 가지 방법을 사용했을 때 결과에는 거의 차이가 없다. 따라서 추출방법이 더 간단한 체계적 표집이 단순무선표집보다 유용할 때가 많다. 그러나 체계적 표집을 적용할 때 유의해야 할 점이 있다. 체계적 표집을 하기 위해서는 표집틀의 모든 요소들이 무선적으로 배열되어 있어야 한다는 것이다. 왜냐하면 표집틀의 요소들이 주기적 패턴을 가지고 배열되어 있다면 체계적 표집을 했을 경우 특정 요소들만 표집되어 매우 편파된 표본을 얻게 되기 때문이다.

예를 들어, 초등학생들로 이루어진 표집틀에서 학생들의 배열이 1학년에서 6학년까지 한 사람씩 돌아가면서 정리되어 있고 표집간격이 6이라면, 매 여섯 번째에 해당하는 학생을 표집하게 된다. 이때 매 여섯 번째 학생은 첫 번째 뽑힌 사례의 학년과 동일하게 된다. 즉 6학년 아동이 처음 선택되면 매 여섯 번째 아동은 모두 6학년이므로 표본은 모두 6학년으로만 구성되어 매우 편파된 표집결과를 낳게 된다. 따라서 체계적 표집을 하게 될 경우에는 표집틀의 요소들이 어떻게 배열되어 있는지 먼저 주의 깊게 점검해야 한다.

3.3 층화표집

앞에서 설명한 두 가지 표집방법은 전집의 목록으로부터 한 번에 표본을 추출한다는 점에서 서로 유사한 방법이며 1단계 표집에 속한다. 이에 비해 층화표집(stratified sampling)은 이 두 가지 방법에 대한 대안이 아니라 두 가지 방법을 약간 수정한 형태라 할 수 있다. 층화표집은 표준오차를 줄임으로써 표본의 대표성을 높이기 위한 방법이다.

앞에서 말했듯이 표준오차를 줄이는 방법은 표본의 크기를 크게 하거나, 동질적인 전집에서 표집하는 것이다. 층화표집은 표준오차를 줄이기 위한 이 두 가지 방법 중에서 후자의 방법을 적용하여 표본의 대표성을 높이는 방법이다. 즉 전집을 동질적인 몇 개의 하위집단으로 분류하여 각 하위집단에서 표본을 무선으로 추출하는 방법이다. 이때 동질적인 하위집단을 유층(strata)이라고 하며, 이에 따라 층화표집을 유층표집이라고도 한다. 이와 같이 층화표집은 단순무선표집이나 체계적 표집과 달리 전집으로부터 한 번에 표본을 추출하는 것이 아니라, 먼저 전집을 유층으로 분류하고 각 유층에서 표본을 추출하는 과정을 거치게 된다.

예를 들어, 초등학생을 표집하고자 할 때 학년별로 전집을 분류하여 학년별 하위집단에서 표집하면 1학년에서 6학년까지 모든 학년이 고르게 표집이 됨으로써 적어도 학년이라는 변인에 따른 표준오차는 줄일 수 있다. 그러나 학년별 분류 없이 전체 초등학생 전집에서 무선으로 표집한다면 학년의 분포가 전집과 다르므로 학년변인에 따라 표준오차가 생기게 된다. 층화시키는 변인의 선택은 연구문제에 따라서 다르나 주로 전집을 가장 정확히 대표하는 변인 또는 종속변인과 가장 밀접하게 관련된 변인이어야 한다. 또한 각 유층의 구분이 명확하여 각 요소는 한 유층에만 속해야 한다. 각 유층 내에서의 표집방법은 단순무선표집이나 체계적 표집을 사용한다.

층화표집에는 비율적 층화표집과 비비율적 층화표집의 두 가지 종류가 있다. 비율적 층화표집(proportional stratified sampling)이란 전집을 이룬 각 층의 비율과 동일한 비율로 표본을 추출하는 것을 말한다. 예를 들어, 전집을 이룬 10,000명의 초등학생 가운데 서울에 거주하는 학생이 4,000명, 광역시에 거주하는 학생이 3,000명, 중소도시에 거주하는 학생이 2,000명 그리고 군읍면에 거주하는 학생이 1,000명이라고 하자. 거주지역에 따라 초등학생들의 학교 만족도가 어떠한지를 조사하기 위해서 100명을 비율적 층화표집으로 추출한다면 각 층에서 1%를 뽑게 된다. 즉 서울 거주 학생 40명, 광역시 거주 학생 30명, 중소도시 거주 학생 20명 그리고 군읍면 거주 학생 10명으로 전체 100명의 표본이 구성된다. 이와 같이 비율적 층화표집은 전집을 이룬 구성비율을 표본에 그대로 반영시킴으로써 층간의 변량을 제거하고 대표성 있는 표본을 추출하기 위해서 사용된다.

비비율적 층화표집(disproportional stratified sampling)은 전집에 대한 추정보다 각 층을 비교하고자 하는 목적일 때 각 층으로부터 서로 다른 비율로 표본을 추출하는 방법이다. 또한 이 방법은 각 층 내의 변량이 층에 따라 차이가 크거나 각 층에 따라 자료수집의 경비가 크게 다를 때 사용되기도 한다. 일반적으로 이질적인 층에서 더 많은 사례를 추출하고 동질적인 층에서 더 적은 사례를 추출한다. 앞에서 든 예를 적용해 보기로 하자. 초등학생들의 학교만족도가 거주지에 따라 차이가 나는지를 살펴보기 위해 지역별 비교에 관심이 있다면 비율적 층화표집보다는 비비율적 층화표집이 더 적절하다. 즉 서울, 광역시, 중소도시, 군읍면에 거주하는 초등학생들을 각각 동일하게 25명씩 100명을 표집하여 집단 간 비교를 할 수 있다. 이상에서 설명된 층화표집은 전집의 특수성이 표본에 잘 반영되어 표본의 대표성 정도가 높고, 각 층의 구분에 따른 집단 간 비교를 할 수 있다는 장점이 있다. 그러나 층화표집을 할 때는 층화하는 변인을 종속변인과 관련성이 있는 것으로 선택하고 각 층의 구분을 명확하게 해야 한다.

3.4 집락표집

지금까지 살펴본 표집방법은 모두 전집을 구성하는 요소들의 목록이 있는 경우에 가능한 방법들로서 전집의 목록으로부터 표본을 직접 추출하는 것이었다. 그러나 실제로 표집을 하는 경우 전집의 목록을 구할 수 없는 경우가 더 많다. 예를 들어, 우리나라 유치원 아동 또는 서울 시민 등이 전집일 경우에는 전집의 목록을 구하기가 쉽지 않다. 이에 비해 전국에 있는 유치원 명단은 찾기 쉽다. 이럴 경우 먼저 유치원을 우선적으로 추출한 후 추출된 유치원에서 원아를 뽑는 방법이 있다. 이때의 유치원, 즉 집단을 집락(cluster) 또는 군집이라고 한다. 이와 같이 전집에서 집락을 먼저 표집하고 각 집락 안에서 요소들을 표집하는 방법을 집락표집(cluster sampling)이라고 한다. 집락표집은 전집의 목록이 없이도 연구대상을 표집할 수 있는 확률표집이다.

집락표집을 사용하여 우리나라 유치원 아동을 표집하는 경우를 좀 더 구체적으로 살펴보기로 하자. 먼저 전국에 있는 유치원의 명단을 표집틀로 사용하여 필요한 수만큼의 유치원을 단순무선표집이나 체계적 표집으로 표집한다. 다음 단계로, 표집한 유치원에서 아동들의 명단을 표집틀로 사용하여 원아들을 표집한다. 이때 1단계에서 집락은 유치원이다.

경우에 따라서는 집락표집을 여러 단계를 거쳐 할 수 있다. 유치원 아동을 표집하기 위해서 1단계에서 지역을 표집단위로 하여 표집하고, 2단계에서는 표집된 지역에서 유치원을 표집단위로 하여 선정하며, 3단계에서는 표집된 유치원에서 원아들을 표집단위로 하여 표집한다. 이와 같이 2단계 이상의 표집 단계를 거치는 집락표집을 다단계 집락표집(multistage cluster sampling)이라고 한다.

다단계 집락표집의 과정은 단계별 표집단위의 목록화와 표집의 반복이다. 위의 예를 살펴보면 1단계에서는 지역을 표집단위로 정했다면, 먼저 우리나라 지역을 목록화하는 작업이 되어야 한다. 그런 후에 이 목록을 사용하여 단순무선표집이나 체계적 표집으로 몇 개의 지역을 표집한다. 2단계에서는 유치원을 표집단위로 정했으므로 1단계에서 표집된 지역에 있는 유치원을 목록화하는 작업을 하게 되고, 그 목록에서 1단계에서와 마찬가지의 방법으로 몇 개의 유치원을 표집한다. 3단계에서는 원아를 표집단위로 정했으므로 2단계에서 표집된 유치원 원아들의 목록을 입수해야 하고, 이 목록에서 원하는 수의 표본을 추출하게 된다. 이와 같이 다단계 집락표집은 목록화와 표집 과정이 연속적으로 진행되는 것이다. 이러한 과정을 거치기 때문에 집락표집은 전집의 목록이 없어도 표본을 추출할 수 있다는 장점이 있는 반면에 표집의 오차가 크다는 것이 단점이다. 왜냐하면 단순무선표집의 경우는 표집틀에서 직접적으로 표본을 추출하므로 한 번의 표집으로 표집오차가 생기지만, 다단계 집락표집의 경우는 거치는 단계의 수만큼 표집의 오차가 발생하기 때문이다.

다단계 집락표집에서 표집의 오차, 즉 표준오차를 줄이는 방법은 각 단계에서 목록화하는 집락 내 요소들 간의 동질성을 증가시키는 것이다. 이를 위해서 가장 효과적인 방법은 층화표집의 방법을 동시에 적용하는 것이다. 집락을 표집할 때 집락의 목록을 층으로 분류한 다음 각 층에서 원하는 집락의 수만큼 단순무선표집이나 체계적 표집으로 추출하는 단계를 계속 밟아 나감으로써 표준오차를 줄일 수 있다. 각 집락들이 동질적인 층으로 분류될수록 표집된 집락들 간의 동질성이 증가하므로 표준오차가 줄어들게 된다.

이와 같이 표집은 실제 현장의 여건을 고려하여 한 가지 표집방법에 의존하기보다는 여러 가지 표집방법을 함께 사용하는 예가 빈번하다. 무선표집은 표본추출의 원칙이라 할 수 있으며, 전집의 목록이 있을 때는 언제나 사용되는 것이 바람직하다. 그러나 현실적으로 목록의 입수가 곤란한 경우에는 여러 단계를 거쳐서 연구대상을 표집하게 된다. 그리고 층화표집의 원리는 전집의 특성을 구분하여 표집할 경우에 어느 단계에서나 적용될 수 있다.

4. 비확률표집

전집으로부터 추출된 표본에 대해서는 표집확률을 알 수 있어야 하며 표집확률을 모르는 경우는 추리통계의 적용이 어렵다. 그러므로 전집을 구성하는 요소들의 특성에 관심이 있는 경우에는 확률표집을 하는 것을 원칙으로 한다. 그러나 연구가 확률표집을 할 수 없는 상황에서 진행되는 경우가 종종 있다. 이를테면 전집의 목록을 얻을 수 없거나 만들 수 없는 경우 그리고 전집의 목록을 확보할 수 있다 해도 시간이나 경비가 부족해서 확률표집이 어려울 경우가 있다.

이럴 경우에 비확률표집(nonprobability sampling)을 하게 된다. 확률표집에 비해서 비확률표집은 많은 제한점을 가지는데, 무엇보다 전집에서 표본이 추출된 확률을 산출할 수 없으므로 표본의 대표성을 추정할 수 없다. 그러므로 표본에 대한 측정치로 전집의 특성을 기술하고자 하는 연구에서는 사용할 수 없다. 그러므로 비확률표집은 전집의 특성을 추론하기 위한 목적을 가진 연구보다는 탐색적 연구의 목적으로 적용되는 것이 바람직하다. 또한 연구의 일차적 목적이 전집의 특성을 추론하는 데 있는 것이 아니라 변인들 간의 상관관계를 분석하는 데 있다면 비확률표집을 사용할 수도 있다.

이러한 제한점에도 불구하고 비확률표집은 확률표집에 비해서 시간과 경비가 적게 들고 확률표집이 불가능할 경우에 적용할 수 있는 방법이라서 현실적 여건에 제한이 있을 때 연구자들이 사용하게 된다. 비확률표집의 종류에는 편의표집, 목적표집, 눈덩이표집, 할당표집 등이 있다. 비확률표집의 각 종류에 대해 살펴보기로 하자.

첫째, 편의표집(convenience sampling)은 연구자가 접근 가능한 연구대상들을 편의에 따라 표집하는 방법이다. 편리하기 때문에 자주 사용되고 있으나 연구의 결과를 일반화하기에는 제한점이 많은 방법이다. 예를 들어, TV 프로그램에서 리포터가 길거리에 나가 지나가는 사람을 인터뷰하듯이 연구자의 근처에 있는 사람들을 연구대상으로 택하여 표집하는 경우를 말한다.

또 다른 예로, 대학생들의 도덕성 발달을 조사하기 위해서 교수가 자신의 수업을 수강하고 있는 학생들을 대상으로 강의실에서 질문지를 배분하여 자료수집을 한다고 하자. 이러한 방법으로 추출된 학생들, 즉 해당 수업에 등록한 대학생 표본이 다른 과목에 등록된 대학생 표본과 유사한가 그리고 전체 대학생을 대표하는 표본인가에 대해 의문을 제기할 수 있다. 해당수업을 듣기 때문에 이 교수의 연구대상이 된 대학생들은 이 수업을 듣지 않는 다른 대학생들과 비교해서 독특한 특성을 가질 수 있기 때문에 연구의 결과를 다른 대학생에게까지 일반화하는 데 문제가 있을 수 있다.

편의표집에 의해 선정된 표본의 측정치로 전집을 기술하기는 어렵다. 왜냐하면 이러한 방법으로 추출된 표본이 전집의 특성을 반영하는 대표적인 표본이라고 간주하기 어렵기 때문이다. 따라서 편의표집은 과학적 연구를 위한 통찰을 얻기 위해서 또는 예비조사를 위해서는 유용하나, 연구결과를 전집에 일반화하는 추리통계분석의 적용에서 세심한 주의를 필요로 한다.

둘째, 목적표집(purposive sampling)으로서 유의표집이라고도 한다. 연구자의 주관적인 판단으로 전집을 대표한다고 생각되는 표본을 선택하는 방법으로 전집의 대표성보다는 연구목적을 고려하여 표집하는 방법이다. 예를 들어, 청소년의 일탈행동에 대한 연구를 할 때 모든 청소년들을 대상으로 표집을 하는 것보다는 일탈행동을 하는 청소년들을 표집하는 것이 일탈행동에 대한 자료를 수집하기 쉬울 것이다. 다른 예를 들면 운동을 자주 하는 청소년들과 그렇지 않은 청소년들의 심리적 특성을 비교하고자 하는 경우, 운동을 자주 하는 청소년들은 체육고등학교에서 표집하고 그렇지 않은 청소년들은 인문계 고등학교에서 표집할 수 있다. 물론 이러한 표집은 전집에 대한 대표성은 떨어지지만 두 집단을 비교하고자 하는 연구목적은 충족시킬 수 있다.

셋째, 눈덩이표집(snowball sampling)은 연구대상을 찾기 어려울 경우에 하게 되는 비확률표집법이다. 눈덩이표집의 방법은 한두 명의 연구대상을 찾아서 그들로부터 자료를 수집하고, 그들이 알고 있는 다른 연구대상을 물어보거나 소개를 받아서 연구대상 수를 늘려 가는 방법이다. 이와 같이 작은 눈덩이를 굴려서 큰 눈덩이를 만들 듯이 한두 명의 연구대상들이 다음 연구대상을 찾고, 그들은 또 그 다음의 연구대상을 찾는 방법으로 연구대상 수가 늘어나기 때문에 눈덩이표집이라고 부른다. 예를 들어, 북한 이탈 청소년들이나 재혼가족의 자녀에 대한 연구를 수행하는 경우와 같이 연구대상을 찾기 어려운 경우에 적용할 수 있는 표집방법이다.

넷째, 할당표집(quota sampling)은 특정변인에 대해서 층화되어 있는 표본을 추출하기를 원하나 층화표집이 불가능할 때 할 수 있는 표집방법이다. 전집이 다양한 하위집단으로 구성되어 있을 때 각 하위집단이 모두 포함된 표본을 추출하기 위해 적용할 수 있는 방법이다. 그러므로 층화표집과 마찬가지로 할당표집을 하기 위해서는 연구자가 전집의 특성에 대해 잘 알고 있어야 한다.

예를 들어, 전집의 몇 %가 남자이고 여자인지 그리고 연령대별로는 전집의 몇 %씩 해당되는지 등 연구에서 다루어지는 주요 변인의 하위집단별 구성분할표를 만들 수 있어야 한다. 이렇게 구성된 분할표의 각 칸에 해당하는 특성을 가진 연구대상을 해당되는 비율만큼 선정한다. 그러므로 앞에서 제시한 편의표집, 목적표집, 눈덩이표집에 비해서는 전집을 구성하는 모든 하위집단을 고려하여 각 집단에서 표본을 골고루 전집의 비율과 동등하게 추출한다는 점에서 대표성이 있을 것으로 간주되지만 비확률표집으로 평가받는다. 그 이유는 할당표집으로 각 하위집단별 표본을 추출할 때 무선표집을 하는 것이 아니라 연구자가 접근 가능한 표본을 임의로 추출하기 때문이다.

이상에서 소개한 비확률표집은 연구대상을 확보하기 어려운 경우에 그리고 작은 표본으로 연구를 수행할 경우에 사용되는 방법이다. 따라서 연구자들이 확률표집보다 더 자주 사용하고 있는 방법이기도 하다. 그러나 앞에서 말했듯이 비확률표집에 의한 표본은 전집에 대한 대표성이 떨어지므로 본조사보다는 예비조사를 위해 사용되거나 탐색적 연구를 위해 사용되는 것이 적합하다.

5. 표본의 크기와 적절성

표본의 적절성을 결정하기 위해 고려해야 할 점은 크게 두 가지다. 첫째는 표본의 대표성이며, 둘째는 표본의 크기다. 이 두 가지 조건 가운데 어느 한 가지만으로 표본이 적절하다는 평가를 내리기는 어렵다. 어떤 종류의 표집방법을 사용하는가에 따라서 표본의 크기도 달라지므로 표본의 추출 과정에서 이 두 가지 조건이 동시에 고려되어야 한다.

표본의 크기는 대표성에 영향을 미친다. 표본의 크기가 클수록 대표성이 있을 가능성이 많다. 그러나 연구의 경제적 측면을 고려해 볼 때 필요 이상으로 표본이 클 필요는 없다. 표본의 크기가 필요 이상으로 크면 경제적인 손실이 크고, 지나치게 적으면 연구의 결과를 일반화할 수 없어 연구의 노력이 낭비되는 문제가 있다. 따라서 전집에 대한 대표성이 있으면서 경제성이 있는 표본의 크기를 결정하는 일은 자료수집을 위해 연구자가 우선적으로 결정해야 할 문제다.

표본의 크기를 결정하기 위해서는 다음의 몇 가지 점들을 고려해야 한다(이은해, 1985). 첫째, 집단의 이질성이 클수록 표본의 크기는 커야 한다. 왜냐하면 전집을 대표하는 표본을 추출하기 위해서는 전집이 동질적일 때보다 이질적일 때 더 많은 수의 표본이 필요하기 때문이다. 둘째, 집단 간 차이를 연구하는 경우 비교집단들 간의 차이가 적을수록 표본의 크기는 커야 한다. 왜냐하면 집단 간 차이가 적을 때에는 통계적으로 의미 있는 차이를 발견하기 위해서 충분한 크기의 표본을 필요로 하기 때문이다. 셋째, 독립변인의 수나 자료가 분석되는 범주의 수가 많을 때도 각 범주별 표본의 수가 충분하도록 표본의 크기가 커야 한다. 넷째, 표집방법에 따라서도 표본의 크기가 다른데, 예를 들어 층화표집보다 단순무선표집이나 체계적 표집을 할 경우에 표본의 크기가 더 커야 한다. 다섯째, 연구의 유형에 따라서도 표본의 크기가 다르다. 일반적으로 실험연구보다 조사연구를 할 때 더 큰 표본이 필요하다. 여섯째, 조사연구를 할 때 우편으로 질문지 조사를 하고자 할 경우에는 회수되지 않는 사례들이 생김을 미리 고려하여 처음에 계획했던 연구대상의 수보다 40~50% 더 많은 수를 표집할 필요가 있다.

이러한 점들을 고려해 보면 표본의 크기가 클수록 연구의 결과를 신뢰할 수 있다. 그러나 앞에서도 말한 바와 같이 필요 이상으로 표본이 클 필요는 없다. 여기서는 적절한 표본의 수를 산출하는 방법 두 가지를 살펴보고자 한다. 첫째는 전집의 표준편차를 알고 연구자가 허용하는 표준오차를 정했을 때 표본의 크기를 계산하는 방법이다. 둘째는 전집의 표준편차, 연구자가 허용하는 표준오차 그리고 연구자가 정한 유의도 수준에 해당하는 표준점수를 알 때 표본의 크기를 산출하는 방법이다.

첫 번째 표본의 크기 산출공식은 표준오차의 공식으로부터 유도된다. 앞에서도 제시한 바와 같이 표본평균에 대한 표준오차의 산출공식은 다음과 같다.

$$SE = \frac{\sigma}{\sqrt{N}}$$

이 공식에서 SE는 표본평균에 대한 표준오차이며, σ는 전집의 표준편차 그리고 N은 표본의 크기다. 이 공식에서 표본의 크기를 산출하기 위해서 다음 공식을 유도할 수 있다.

$$N = \frac{\sigma^2}{SE^2}$$

이 공식을 사용해 표본의 크기를 계산하기 위해서는 연구자가 전집의 표준편차에 대해 알고 있어야 하며, 어느 정도의 표준오차를 허용할지 미리 결정해야 한다. 예를 들어, 전집의 표준편차가 0.5이고 0.1의 표준오차를 허용한다고 가정하자. 이 경우에 필요한 표본의 크기를 산출하면 다음에서 보듯이 25가 되므로 최소 25사례가 되는 표본을 추출하면 된다.

$$N = \frac{\sigma^2}{SE^2} = \frac{(0.5)^2}{(0.1)^2} = 25$$

표본의 크기를 결정하기 위한 두 번째 공식은 다음과 같다.

$$N = \frac{Z^2\sigma^2}{d^2}$$

이 공식에서 Z는 연구자가 가설검증을 위해 설정한 유의도 수준에 해당하는 표준점수, σ는 전집의 표준편차, d는 연구자가 허용하는 전집의 평균과 표본평균의 차이 그리고 N은 표본의 크기다. 예를 들어, 대학생을 대상으로 연구하기 위해서 연구자가 두 집단을 선정하고자 한다. 이 연구에서 측정하고자 하는 종속변인은 학점이다. 선행연구에서 대학생 전집의 학점 분포의 표준편차는 0.6이라고 보고되었으며, 연구자가 허용하는 표본평균과 전집평균의 차이는 0.2다. 그리고 이 연구의 가설검증을 위해서는 유의도 수준을 .05로 설정하였다. 그러면 이러한 조건에서 몇 명의 연구대상을 선정하는 것이 좋을지 위의 공식을 사용해서 산출한 결과, 다음에서 보는 바와 같다. 이는 각 집단별로 35명씩으로 두 집단을 선정하고자 하면 필요한 연구대상 총수는 70명이 된다.

$$N = \frac{Z^2\sigma^2}{d^2} = \frac{1.96(0.6^2)}{.2^2} = \frac{3.842(.36)}{.04} = 35$$

위에서 제시된 공식들을 적용하여 적절한 표본의 크기를 결정하려면 전집의 표준편차를 알아야 한다. 그러나 전집의 표준편차를 알 수 있는 경우가 드물기 때문에 표본의 수를 결정하기 위해서 이러한 공식을 사용할 수 없는 경우가 많다. 또한 전집의 표준편차를 알 수 있어서 위에 제시한 공식들에 의해 한 변인에 대한 적절한 표본의 크기를 산출할 수 있다고 해도 사회과학 연구에서는 여러 개의 변인을 다루게 되고, 한 변인에 대해 산출된 표본의 크기가 같은 연구의 다른 변인에 대해 산출된 표본크기와 일치하지 않는 경우가 많다. 그러므로 표본의 크기를 결정하기 위해서는 위에서 말한 전집을 이루는 요소들의 이질성 여부, 연구에서 다루어질 하위집단의 수, 변인의 수 그리고 적용될 통계 분석 기법 등을 고려하여 판단하게 된다. 또한 최근 이루어진 선행연구들에서는 어느 정도의 표본 수가 적용되었는지를 참고하는 것도 도움이 된다.

연습문제

1. 양적 연구에 속하는 논문을 학술지에서 두 개 찾아 연구대상과 결과 및 해석 부분을 읽어 보고 다음 문제에 대해 답하여라.
   1) 어떤 표집방법을 사용하였는가?
   2) 연구대상은 대표성이 있는가?
   3) 연구결과를 일반화시킬 수 있는 전집은 무엇인가?
2. 다음에 제시된 연구문제 중 한 개를 골라 연구대상 선정을 위해서 확률표집과 비확률표집 중 어떤 방법을 사용할 것인지, 확률표집을 사용할 경우에는 표집틀을 어떻게 확보할 것인지에 대해 논하라.
   1) 아동의 공격적 행동 수준은 스트레스 수준과 관계가 있는가?
   2) 우리나라 보육시설에서 저소득층 유아의 비율 및 프로그램의 실태는 어떠한가?
   3) 부모-자녀 관계는 유아기, 아동기, 청소년기에 따라 발달적 변화를 보이는가?

08 Chapter

변인의 측정

연구의 변인을 어떻게 측정하고, 어떤 측정도구를 선택하는가의 문제는 양적 연구에서 매우 중요하다. 연구문제가 의미 있고, 연구설계가 잘 고안되어도 측정도구에 충분히 주의를 기울이지 못하면 기대했던 연구결과를 얻지 못하고 연구는 실패로 끝날 수 있다. 자료수집의 도구는 이미 개발된 측정도구 중에서 적합한 것을 선별하여 사용하는 방법과 연구자 자신이 연구목적에 맞게 개발하는 경우 두 가지가 있다. 연구자가 직접 측정도구를 개발하는 작업은 그 자체만으로도 하나의 독립된 연구가 될 수 있을 만큼 간단한 일이 아니다. 물론 측정도구에 따라서 연구자의 측정에 관한 이론과 실제 경험이 많이 필요한 경우도 있고 그렇지 않은 경우도 있다. 일반적으로 영유아와 아동 연구에서 도구를 직접 개발하게 되는 질문지법, 면접법, 관찰에 기초한 평정척도법 등은 이 책에서 별도로 다루어지므로 여기서는 주로 이미 만들어진 측정도구를 선택하여 사용하는 데 초점을 두고 서술하고자 한다.

연구의 도구를 기존의 측정도구 중에서 선정하려고 할 때, 연구자는 연구목적에 부합되는 도구를 택해야 할 뿐만 아니라 측정도구로서의 양호도를 판단할 수 있어야 한다. 이 장에서는 측정도구에 관한 기본 개념과 도구 선정의 기준, 측정도구의 양호도인 신뢰도와 타당도 그리고 측정의 수준에 대해서 서술하고자 한다.

1. 측정도구와 도구 선정의 기준

영유아와 아동 연구에서 다루어지는 변인은 다양한 행동으로 측정된다. 변인 측정의 구체적 예를 살펴보면, 영아의 '미소'를 주제로 한 연구(홍희영, 2002)에서는 얼굴 근육의 움직임을 비디오로 녹화하고 이를 해부학적으로 부호화하여 진정한 기쁨의 표현인 듀센 미소를 일반적 미소와 구분하여 측정하였다. 또 다른 예로 취학 전 아동의 '또래 유능성'은 사교성, 친사회성, 주도성에 관련된 15문항을 담당 교사의 관찰에 의해 측정하였다(박주희 · 이은해, 2001). '자아지각'을 측정하는 Harter 척도는 발달 수준에 따라 몇 가지 유형이 있는데, 취학 전 아동의 척도에서는 구두지시와 함께 그림자료를 제공함으로써 각 문항에 대한 참조틀을 가지고 아동이 4단계 평정척도에 응답하도록 제작되어 있다.

이상의 예에서 볼 수 있듯이 영유아와 아동의 심리 사회적 특성들은 다양한 행동에 기초하여 여러 가지 방법으로 측정되고 있다. 연구가 누적된 분야에서는 변인에 대해 일반적으로 측정되는 행동과 전형적인 측정방법이 알려져 있다. 그러나 비교적 연구가 덜 이루어진 구인을 다루는 경우 그리고 직접 관찰이 불가능한 경우 연구자에 따라 구인을 정의하는 방식이나 측정방법이 달라질 수 있다. 따라서 어떤 정의와 측정방법이 적합한지 파악할 수 있어야 한다.

1.1 측정도구의 개념

측정도구란 일반적인 의미에서 사람이나 사물, 사건의 특성에 대해 객관적으로 측정할 수 있게 하는 절차 또는 도구라고 말할 수 있다. 사람의 몸무게를 알아보기 위해서는 체중계라는 측정도구가 필요하듯이 인간의 심리 사회적 특성을 측정하기 위해서 사용되는 측정도구를 흔히 검사(test) 또는 척도(scale)라고 한다. 검사나 척도는 개인이 반응할 수 있는 일련의 자극, 즉 문항을 제시하고 그 반응에 기초하여 측정하고자 하는 변인에 대해 추론할 수 있게 만든 절차다(Kerlinger & Lee, 2000).

검사와 척도는 측정도구라는 점에서 공통의 의미를 갖지만 두 용어가 사용되어 온 맥락에는 약간 차이가 있다. 검사는 일반적으로 측정결과에서 성공 또는 실패의 개념과 함께 사용되는 것에 비해, 척도에는 이러한 개념이 사용되지 않는다. 척도는 인간의 특성이나 현상에 어떤 연속성(continuum)이 존재한다는 가정하에 이를 일정한 규칙에 따라 수량화하는 도구다. 따라서 측정내용에서의 연속성 여부는 척도화하는 데 중요한 특성이다. 또한 척도는 측정도구라는 일반적 의미 외에 도구에 체계적으로 부여한 숫자, 즉 척도치(scale value)를 뜻하는 경우도 있다. 이와 같이 대부분의 검사는 척도가 될 수 있지만, 척도를 모두 검사라고 부르기에는 적합하지 않을 경우도 있다. 다음에는 검사와 척도를 사용하여 측정할 때의 몇 가지 기본 가정에 대해서 살펴보기로 하자(Johnson & Christensen, 2000).

첫째, 심리적 상태나 특성은 측정될 수 있고 수량화할 수 있다. 이 가정에 의하면, 심리적 상태나 특성, 예를 들어 동기, 공격성, 기억능력, 스트레스 등에 대해 숫자(점수)를 부여할 수 있고, 이들 숫자는 측정된 특성이나 상태의 속성을 나타내 줄 수 있다. 다시 말해서 검사결과로 우리가 얻게 되는 점수는 특성이나 상태의 강도, 성격을 나타낼 수 있으며, 이때 검사의 문항들은 이러한 특성과 상태를 나타내는 대표적인 행동의 표본일 것으로 가정한다.

둘째, 하나의 변인은 여러 가지 측정도구나 방법에 의해 평가될 수 있다. 동일한 특성, 상태, 능력, 적성 등은 여러 가지 다른 측정기술이나 검사에 의해 측정될 수 있다. 검사는 이론적 배경, 자극이 되는 자료, 결과를 해석하는 방법 등에서 다양하다. 따라서 다양한 측정방법과 도구는 측정하는 변인에 대해 여러 측면에서 정보를 제공하는 것이라고 가정한다.

셋째, 검사를 사용해 얻어진 점수는 항상 오차를 포함하고 있다. 인간행동의 측정에서 오차가 개입되지 않은 완벽한 측정도구란 없다는 가정이다. 오차의 원천은 그 검사가 측정하려는 특성과 무관한 것으로 피검사자의 피로 등 신체적 · 개인적 상태, 검사자의 지시나 실시상의 오류, 환경적 요인 등으로서 검사점수 안에는 이러한 오차 부분이 포함되어 있다. 따라서 오차 부분이 커질수록 측정결과의 정확성이 떨어진다.

넷째, 다양한 원천으로부터 수집된 측정결과는 하나의 변인에 대해 보다 풍부한 자료를 제공한다. 한 개의 검사에서 얻어진 정보는 하나의 원천에 기초한 결과이므로 주요 의사결정에 사용될 경우에는 제한적일 수 있다. 따라서 보다 정확한 정보에 기초하여 의사결정을 할 때에는 여러 원천에서 정보가 수집되어야 한다. 예를 들어, 어린 아동의 문제 행동을 평가하기 위해서는 이에 관한 검사를 교사와 부모의 보고에 기초해 실시할 수 있고, 때로는 또래집단에서 정보가 수집될 수도 있다.

다섯째, 측정도구들은 각 도구마다 강점과 약점이 있다. 동일한 변인을 측정하는 도구일지라도 각 도구마다 그 나름의 강조하는 측면이 다르므로 강점과 약점이 다르며, 사용자가 이를 파악할 수 있어야 한다. 그뿐만 아니라 측정결과를 사용할 때 이를 고려하여 적절히 해석할 수 있어야 한다.

1.2 측정도구의 종류

영유아 및 아동 연구에서 활용될 수 있는 측정도구는 다양한 종류가 개발되어 있으나, 이곳에서는 대표적인 유형으로 주요 영역에 따라 분류하여 서술하고자 한다. 대표적인 유형으로는 지능 또는 적성검사, 학력검사, 성격검사, 태도척도 등이 있다.

◆ 지능검사와 적성검사

지능검사(intelligence test)는 개인의 일반 지적 능력을 포괄적으로 측정하는 도구로서 가장 오랜 전통을 가지고 다양하게 개발되어 있다. 지능의 정의에 대해서는 합의된 견해가 발견되지 않고 있으나, 추상적으로 사고하는 능력, 학습하는 능력 그리고 새로운 상황에 적응하는 능력 등이 지능의 주요 요소라 할 수 있다. 지능검사결과는 지능지수(IQ)로 나타내며, 연구에 따라 독립변인, 종속변인 또는 통제변인으로 사용된다. 일반적으로 집단 지능검사는 개인의 언어능력에 크게 의존하며 학업성취와 상당히 관련되어 있다. Wechsler 지능검사나 K-ABC 같은 개별 지능검사는 훨씬 다양한 능력을 측정하며 개인의 지적 능력에 관련된 정의적 특성을 동시에 진단해 줄 수 있다.

적성검사(aptitude test)는 인간의 잠재된 능력을 측정하는 검사로서, 학업적성검사는 지능검사와 유사한 성격을 갖는다. 적성검사는 일반적성검사와 특수적성검사로 나누는데, 일반적성검사는 여러 영역의 능력을 하나의 검사에서 측정함으로써 진로지도나 상담 등에 활용되며, 특수적성검사는 음악적성, 기계적성, 사무적성 등 특수한 영역별로 개발되고 있다. 적성검사결과는 연구에서 통제변인으로 사용될 수 있다.

◆ 학력검사

학력검사는 특정 수준의 학습경험에서 습득한 일반적인 또는 어느 특정 영역에 대한 지식, 이해와 숙달 정도를 측정하며, 학교 학습과 관련이 깊다. 교육의 효과를 평가할 때 종속변인으로 학력검사결과가 활용된다. 학력검사 중에는 광범위한 영역의 세련된 문항으로 구성되고 신뢰도, 타당도, 규준이 제공되는 표준화된 검사들이 있다. 그러나 제한된 영역으로 심리측정적 자료가 제공되지 않은 비표준화된 검사들도 있어서 연구자가 이를 선별해서 사용해야 한다. 유아용 검사의 경우 학습준비도 검사를 학력검사의 한 종류로 분류하여 사용한다. 이는 유아가 초등학교 정규교육을 시작하는 데 필요한 기본 개념과 행동의 학습 면에서 준비정도를 측정하기 때문이다.

◆ 성격검사

성격검사는 개인의 성격 특질(trait)을 측정하는 도구로서 심리측정에서는 매우 어렵고도 흥미 있는 분야다. 성격은 인간의 성격이 다양한 만큼 다양하게 정의되고 있어서 다면적이고 복합적인 구인이라 할 수 있다. 성격 구인에는 정서, 동기, 대인관계, 태도, 가치 등이 포함된다. 대체로 성격검사의 유형은 측정방식에 따라 자기보고식 검사(self-report inventory)와 투사적 기법(projective technique)으로 나눌 수 있다.

자기보고식 검사는 검사문항에 대해 개인이 스스로 자신과 비교하여 반응함으로써 성격 특성을 알아볼 수 있게 만든 것이다. 자기보고식 검사는 성격을 객관적으로 측정하는 대표적인 유형으로서 유용한 정보를 제공한다. 그러나 스스로 자신에 대해 보고할 때 개인의 반응경향이나 동기가 작용하여 성격을 정확히 파악하기 어려울 수 있음을 고려해야 한다. 예를 들어, 어떤 사람은 '예' 에 주로 반응하는가 하면, 또 다른 사람은 '잘 모르겠다' 에 빈번하게 반응한다. 또한 자신을 잘 보이려는 동기가 작용하여 지나치게 바람직한 방향으로 반응하거나, 반대로 자신을 나쁘게 보여 동정심을 얻고자 하는 방향으로 반응할 수 있다. 대표적인 자기보고식 성격검사로는 Myers-Briggs 성격유형검사(MBTI), 미네소타 다면적 인성검사(MMPI), Cattell 성격검사, 인성검사 등이 있으며, 대체로 아동기 후기 이후부터 적용될 수 있다.

투사적 기법은 구조화 정도가 낮은 모호한 자극상황을 제시하고, 대상이 자신의 욕구나 동기 등 성격 내부의 잠재적 사고를 투사하여 성격을 표출하도록 제작한 것이다. 투사적 기법의 대표적인 검사는 Rorschach 잉크반점검사, 주제통각검사(TAT), 회화통각검사(CAT), 집-나무-사람(HTP)검사 등이 있다. 이러한 검사는 대상이 거짓으로 응답하기는 불가능하지만, 검사를 실시하고 분석하여 결과를 해석하는 데 많은 임상적 훈련이 필요하고, 신뢰도와 타당도에 관한 평가가 어려워서 연구에 사용하기에는 제한점이 있다.

◆ **태도척도**

태도척도(attitude scale)는 어떤 대상, 사람, 사건에 대한 개인의 생각과 느낌을 측정하는 도구다. 성격특질이 여러 다른 상황에서도 같은 행동을 보이는 반복적 특성인 데 비해, 태도는 특정 대상에게만 국한된 생각이나 느낌을 말한다. 태도척도를 제작하는 보편적 형태에는 Likert 척도, Thurstone 척도 그리고 의미변별(semantic differential)척도의 세 가지가 있다.

Likert 척도는 거의 동일한 태도 값을 갖는 문항들을 제시하고, 대상이 각 문항에 동의 또는 동의하지 않는 정도를 몇 단계, 흔히 5단계로 평정하게 함으로써 태도를 측정한다. 이때 문항별 평정점수의 합으로 개인의 태도 점수를 산출하게 되는데, 이러한 특성 때문에 총합 평정척도(summated rating scale)라고도 부른다. 이 척도는 태도척도 중에서 가장 쉽게 제작될 수 있어서 보편적으로 사용되고 있다. Likert 척도의 문항 예를 보면 다음과 같다.

	매우 반대	반대	결정 못함	찬성	매우 찬성
• 취업모의 자녀 보육비는 정부나 지방자치단체에서 지원받아야 한다.	1	2	3	4	5
• 보육의 질을 높이기 위해서는 보육교사 대 영유아 비율을 낮추어야 한다.	1	2	3	4	5

Thurstone 척도는 문항마다 고유한 태도 척도치를 갖는 일련의 문항으로 구성된다. 즉 척도치가 각기 다른 문항의 집합으로서 최종 선정된 문항 간의 척도치는 동간으로 이루어진다. 따라서 Thurstone 척도는 일명 동간척도(equal-appearing interval scale)라고도 한다. 응답자가 제시된 문항 중에서 동의하는 문항에 표시하면, 그 문항들의 척도치 평균이 개인의 태도점수가 된다. Thurstone 척도를 제작하기 위해서는 실증적 자료를 수집해서 문항별 척도치를 산출해야 하므로 구성하는 데 시간과 노력이 든다. Thurstone 척도의 문항 예를 Thurstone과 Chave의 고전적 연구, 교회에 대한 태도에서 보면 다음과 같다(Salkind, 2003, 재인용). 이 예에서 괄호 속의 값이 척도치며, 척도치가 높을수록 교회에 대해 긍정적 태도를 나타내는 문항이다.

• 나는 교회가 오늘날 사회조직 중에서 가장 훌륭한 것이라고 믿는다. (11.0)

- 나는 종교를 믿지만 교회에는 갈 필요를 거의 느끼지 않는다. (9.6)
- 나는 교회 예배에 참여하지 않고도 선과 진실을 믿는다. (6.7)

의미변별척도는 하나의 대상 또는 개념에 대해 2개의 상반된 수식어(형용사) 세트를 제시하되, 그 사이를 몇 개의 단계로 구분하고 어느 쪽에 더 가까운가를 판단하여 응답하게 만든 것이다. 예를 들어, 교사에 대한 태도를 측정하기 위한 의미변별척도 문항의 예는 다음과 같다.

나의 선생님은:

따뜻한	①	②	③	④	⑤	⑥	⑦	냉정한
엄격한	①	②	③	④	⑤	⑥	⑦	너그러운
자신감 있는	①	②	③	④	⑤	⑥	⑦	자신감 없는
비조직적인	①	②	③	④	⑤	⑥	⑦	조직적인

의미변별척도의 구성은 태도를 측정하는 대상의 평가차원을 먼저 결정하고, 각 차원을 나타내는 상반된 수식어를 찾아 제시하는 것이다. 위의 예에서 교사에 대한 태도를 교사의 성격, 교수능력, 학급 운영방식 등 몇 개 주요 차원으로 나누고, 이를 나타내는 양극적인 형용사로 제시할 수 있다. 의미변별척도의 자료는 양극적인 형용사에 표기한 척도치에 기초하여 다양하게 분석될 수 있다.

이상에서 서술한 지능, 적성, 학력, 성격, 태도 검사 외에도 표준화되거나 연구용으로 개발된 영역별 측정도구들이 있다. 예로서 아동과 청소년 대상의 자아개념 또는 자아지각 검사, 창의성 검사, 흥미 검사, 자기행동 평가척도(K-YSR) 등이 있다. 아동의 환경을 측정하는 검사로는 가정환경 검사, 보육시설 평가척도 등이 있으며, 교사의 신념척도, 교사의 직무스트레스 척도 등 인적 자원에 관련된 측정도구들도 있다. 또한 아동의 적응행동이나 문제행동을 측정하기 위해서는 부모나 교사가 보고하도록 만든 사회성숙도 검사, 아동 청소년 행동평가척도(CBCL), 한국아동 인성검사(KPI-C) 등이 있으며, 아동의 친구관계 및 사회성의 측정에는 또래 보고에 의한 사회성 측정법(sociometric method)이 사용된다. 이처럼 측정도구의 종류는 각 분야에서 새로운 이론과 구인이 생성되는 만큼 다양하며, 거의 제한이 없다고 볼 수 있다. 따라서 측정도구가 부족하여 연구에 어려움을 갖기보다는 연구주제에 가장 적합하고 양호한 도구를 선정하는 것이 연구자에게 더 중요한 과제가 될 수 있다.

1.3 측정도구의 선정 기준

연구에서 사용할 측정도구들은 어떠한 기준에 의해 선정되는가를 살펴보기로 하자. 일반적으로 지능, 적성, 학력 등 능력에 관련된 영역에서는 표준화 검사도 다양하고 눈부신 발전을 이룩했으나, 성격이나 태도 등 정의적 영역의 검사들은 표준화 검사의 수가 제한되고 양호도가 충분히 검증되지 않은 도구들도 있다. 따라서 연구의 변인과 영역에 따라 선택의 폭이 클 수도 있고, 거의 선택 가능성이 없을 수도 있다. 또한 표준화된 검사가 있는 영역에서는 표준화 검사가 가진 이점이 분명히 있으므로 이에 대한 사용 가능성을 우선적으로 검토해 볼 수 있다. 이러한 기본적인 정보를 염두에 두고 다음의 선정 기준을 고려해야 한다.

첫째, 측정도구가 연구변인을 잘 반영하는지, 즉 측정내용과 변인의 정의가 부합되는지를 살펴보아야 한다. 이때 측정도구의 명칭보다 측정영역이나 문항내용을 상세히 검토해야 한다. 동일한 명칭의 검사일지라도 측정내용에서 차이가 클 수 있다. 예를 들어, 지능검사는 모두 IQ라는 지능지수를 산출한다는 점에서는 공통이지만, 집단지능검사들은 언어요인에 크게 치중되어 있다. 그러나 개인지능검사인 Wechsler 검사는 언어성 IQ와 동작성 IQ를 산출하며 언어요인 외에 시각적 조직화, 주의집중, 처리속도 등 다른 요인에 대한 정보를 제공한다. 연구변인의 정의와 측정내용이 부합되는가 하는 것은 넓은 의미에서 측정도구의 내용 타당도 그리고 도구가 개발된 이론적 배경과 관련된다. 여기서 초점은 도구 자체의 타당도를 검토하는 것이 아니라 자신의 연구변인을 그 도구가 적절하게 측정할 수 있는가를 검토하는 것이다. 구체적으로는 측정도구가 그 구인을 측정할 때 예민하게 또는 변별력 있게 측정할 수 있는가를 알아보아야 한다.

둘째, 측정도구가 연구대상의 연령과 문화적 배경에 적합한가이다. 아동기 후기 이후 또는 성인을 대상으로 한 도구에서는 크게 문제가 되지 않으나, 영유아용 측정도구는 반응양식이 대상 연령수준에 맞아야 한다. 영유아용 측정도구는 집단검사보다 개별검사가 주로 사용되며, 구두 또는 동작으로 반응하게 한다. 때로는 언어적 지시와 상황을 영유아에게 이해시키기 위해 그림자료나 실물이 동반되는 경우도 있다. 이처럼 어린 연령에서는 적절한 반응양식을 사용한 도구를 필요로 하므로 연령에 맞게 개발된 측정도구여야 한다. 그 다음 문화적 편파성을 검토해야 하는데, 특히 외국의 도구를 번역해 사용하는 경우 그리고 사회 문화적 또는 경제적 배경이 다른 대상에게 적용할 때 문제가 될 수 있다. 측정도구가 개발된 문화적 배경과 연구대상의 배경이 크게 다를 경우, 이 측면에서 문항내용을 검토해 보고 선정 여부를 결정해야 한다.

셋째, 측정도구의 양호도인 신뢰도와 타당도의 증거가 제시되어 있는지 그리고 제시된 신뢰도와 타당도 수준이 적절한지를 검토한다. 먼저 신뢰도의 경우, 전반적으로 낮은 신뢰도는 오차를 크게 하므로 통계적 분석에서 무의미한 결과가 나올 가능성이 높다. 그리고 연구설계 및 자료의 분석방법에 따라 신뢰도의 종류와 의미가 다르게 적용된다는 점에 유의해야 한다. 예를 들어, 가장 빈번히 보고되는 내적합치도 지수 Cronbach α는 문항 간 동질성을 의미한다. 만일 하위 영역으로 나누어 분석이 이루어진다면, 하위 영역별 지수를 검토해야 한다. 또한 사전검사와 사후검사에 사용될 측정도구라면 동형검사 신뢰도나 재검사 신뢰도의 증거가 더 유용하다. 관찰자나 채점자가 여러 명이고 이들 간에 객관성의 증거가 요구되는 경우에는 관찰자 간 신뢰도가 검토되어야 한다. 타당도에 관한 경험적 증거는 표준화 검사 외에 보고되지 않는 경우가 많았으나, 최근 요인분석, 구조방정식 모델(SEM) 등 기술적인 방법의 향상으로 상당히 진전을 이루고 있다. 타당도의 증거는 구인에 대한 이론적 검토에 추가하여 이를 경험적으로 지지하는 정도이므로 도구를 선정할 때 유용한 기준이라 할 수 있다.

넷째, 측정도구에 대한 전문가들의 평가와 이를 사용한 연구보고서들을 통해 측정도구의 유용성을 검토한다. 심리검사 교과서, 검사를 소개하는 책(예: Buros 연구소의 *Mental Measurements Yearbook* 또는 *Tests in Print*), 측정과 평가 관련 학술지 등을 통해 특정 구인에 관한 평판이 높은 측정도구에 대해 알 수 있다. 그리고 유용한 측정도구라면 연구보고서에서 빈번하게 사용되며, 연구보고서에서 나온 결과를 통해 구인에 대한 경험적 증거도 파악할 수 있다. 따라서 연구변인을 선정하는 과정에서 연구자는 변인의 이론적 배경만이 아니라 그 분야에서 변인을 어떻게 조작적으로 접근하고 있는지에 대한 방법론 그리고 대표적인 측정도구들에 대해 섭렵할 필요가 있다.

다섯째, 도구 선정의 실제적인 문제로 측정도구 사용에 특별한 훈련이 필요한가, 실시에 소요되는 시간과 구입비용은 얼마나 되는가 등을 검토해 보아야 한다. 연구기간과 자원이 제한되어 있을 때는 이러한 실제적 문제들이 우선적으로 고려되어야 할지도 모른다. 실제로 연구과제에 적합한 도구지만 실시와 채점이 어렵고 훈련을 받아야만 한다면, 이를 사용해야 할지를 결정하는 것은 중요한 과제다. 훈련을 통해 그 절차에 관한 전문가가 될 수도 있으나, 그보다 간편한 도구가 있고 시간이 제한되어 있다면 우선순위가 바뀔 수도 있다.

2. 측정도구의 양호도

측정도구가 갖추어야 할 바람직한 특성, 즉 양호도의 판단은 신뢰도와 타당도라는 개념으로 대표될 수 있다. 일반적으로 좋은 검사들은 신뢰도와 타당도 면에서 양호하다고 생각되는 경험적 증거를 제시하고 있다. 다음에서 신뢰도와 타당도의 개념 및 추정방법에 대해 알아봄으로써 좋은 측정도구를 선정하는 데 지침이 되었으면 한다. 또한 연구자가 연구에서 사용된 측정도구의 신뢰도나 타당도 증거를 제시해야 할 때, 그 방법을 적용하기 위해서 알아 두어야 한다.

2.1 신뢰도

신뢰도(reliability)란 검사에서 얻어지는 점수가 일관성이 있는가 또는 안정성이 있는가를 의미한다. 즉 한 번 검사를 실시하여 얻은 점수는 그 후에도 같은 결과를 제시할 수 있는가에 대한 것이다. 만일 거의 동일한 결과를 제시한다면 신뢰도가 상당히 높다고 말할 수 있다. 반면 전혀 다른 결과가 나온다면 신뢰도가 낮아 일관성이 없을 뿐 아니라 오차가 상당 부분 개입되어 있다고 볼 수 있다. 이처럼 신뢰도의 개념에는 검사점수가 측정의 오차로부터 벗어난 정도라고 정의할 수도 있다(AERA, APA, & NCME, 1999).

일반적으로 개인이 얻은 관찰점수(observed score)는 측정변인에 대한 진 점수(true score)와 우연적이고 무선적 변산인 오차 점수(error score)의 합으로 이루어졌다고 가정한다. 이를 공식으로 표현하면 다음과 같다.

$$\text{관찰점수}(X) = \text{진 점수}(T) + \text{오차 점수}(E)$$

신뢰도는 전체 점수 변량에 대한 진 점수 변량의 비율 또는 오차부분이 제거된 변량의 비율이라고 개념화할 수 있다. 이는 다음과 같은 공식으로 나타낼 수 있다.

$$신뢰도 = \frac{진\ 점수\ 변량}{진\ 점수\ 변량 + 오차\ 변량}$$

여기서 진 점수는 측정변인에 대한 진정한 값의 반영으로서 안정적인 점수다. 어떤 변인을 여러 번 측정하면, 각기 다른 점수가 나올 수 있다. 그러나 어떤 점수가 진 점수일지는 확인하기 어렵다. 따라서 우리는 획득한 점수 중에 오차 점수에 더 관심을 갖게 된다. 가능하면 오차가 생기는 근원을 알아봄으로써 이로 인한 변산을 감소시켜 신뢰도를 높이도록 해야 한다.

오차가 생기는 근원은 대체로 검사실시와 채점에서 생기는 오차, 검사대상에 의한 오차 그리고 측정도구에 기인한 오차로 나누어 볼 수 있다(이은해, 1995). 이 세 가지 오차의 근원과 이에 따른 예를 〈표 8-1〉에 제시하였다.

검사실시 및 채점 과정의 오차는 검사를 실시할 때 검사자의 지시나 시간 측정에서 실수를 한다든지 검사 도중에 뜻하지 않은 방해요소가 생겨 검사가 표준화된 조건하에 실시되지 않았을 때 생긴다. 개별검사의 경우 검사자가 피검사자와 라포를 형성하지 못하면 자신의 능력을 발휘하지 못할 수 있고, 피검사자의 우발적인 질문이나 행동에 대처하지 못할 수 있다. 또한 채점 과정에서의 오차는 주관성이 개입되는 내용분석이나 응답에 따라 비중을 달리하는 채점에서 채점자에 따른 비일관성이나 오류 때문에 발생한다.

검사대상에 의한 오차는 검사를 받는 대상의 내적 상태나 경험, 상황적인 요인들에 의한 영향을 의미한다. 즉 이러한 요인들이 누구에게나 어느 정도 개입될 수 있지만, 지나

표 8-1 신뢰도에 영향을 주는 오차의 근원

오차의 근원	예
검사실시 및 채점 과정에서 생기는 요인	• 검사실시 조건(지시, 시간)의 균일화 • 검사자와 피검사자 간의 상호작용 • 외부로부터의 방해 • 주관적 채점문항
검사대상에 의한 요인	• 건강, 피로 • 동기 • 정서적 불안, 긴장 • 검사받은 경험, 훈련 정도
측정도구에 기인한 요인	• 대상 수준의 적합성(능력수준, 가정배경) • 명료성 부족, 추측 요인

치게 영향을 준다면 그 대상의 점수는 진 점수를 반영하지 못하기 때문이다. 예를 들어, 검사대상의 건강상태나 검사시기에 느끼는 피로감, 잘하려고 하는 동기 그리고 정서적 불안이나 긴장 등이 영향을 미칠 수 있다. 또한 대상이 과거에 비슷한 검사를 받아 본 경험이나 특정 내용에 대한 훈련 때문에 보다 쉽게 응답할 수 있다. 특히 검사받는 기술(test-taking skill)에서의 지나친 훈련은 개인의 수행능력을 과장시켜 보일 수 있다.

측정도구에 기인한 오차는 검사 개발 과정에서 충분히 검토되지 못했거나 예비조사의 부족으로 생긴다. 예를 들어, 문항 중 명료하지 못하고 모호한 서술내용이 포함되거나 문항내용이 어떤 영역에 편중되어 있는 것 등이다. 또한 검사대상의 능력이나 경험내용과 차이가 크거나 제한시간을 너무 짧게 주는 경우 추측으로 응답할 가능성이 높아진다. 일반적으로 검사가 개발되고 표준화할 때의 대상과 검사 실시 대상에서 능력 수준이나 사회문화적 배경에 차이가 크면 검사 자체는 양호할지라도 오차가 생기기 쉽다.

이상에서 오차의 근원을 살펴보았는데, 오차가 증가할수록 신뢰도는 낮아진다. 따라서 신뢰도 있는 측정도구를 선정함과 동시에 연구자는 실시 및 채점 과정에서도 오차를 감소시킬 수 있도록 노력해야 한다. 신뢰도를 증진시킬 수 있는 방안을 몇 가지 제시하면 다음과 같다(Salkind, 2003).

① 문항 수 또는 관찰 항목을 증가시킨다. 문항은 행동의 표본이므로 양호한 문항표본이 커지면 검사의 대표성 및 신뢰도가 높아질 가능성이 있다.
② 명료하지 않은 문항, 다양하게 해석되는 문항을 제거한다.
③ 검사실시에 사용될 지시와 상황을 표준화한다. 검사자가 한 명 이상일 경우 이를 위해 훈련을 실시한다.
④ 외부의 방해요소나 사건이 영향을 미치지 않도록 검사시기와 장소를 선택한다.
⑤ 일관성 있는 채점 및 분석절차를 유지한다. 주관성이 개입된 분석 및 채점에서는 채점자 간 신뢰도를 확인한 후 실시하고 주기적으로 점검한다.

신뢰도를 추정하는 방법은 대체로 재검사 신뢰도, 동형검사 신뢰도, 내적 합치도 그리고 채점자 간 신뢰도의 네 가지로 구분할 수 있다. 검사의 신뢰도는 상관계수 또는 연구자들이 고안한 특정 계수로 제시된다. 그러나 계수를 산출하는 방법, 신뢰도 계수의 의미 그리고 오차의 근원에서 각각 차이가 있다. 〈표 8-2〉에 네 가지 신뢰도 추정방법을 간략히 정리하였다.

표 8-2 신뢰도 추정방법

종류	의미	산출방법	오차요인
재검사 신뢰도	안정성	동일한 검사를 한 집단에 두 번 실시한 후 상관을 산출함	• 두 번 실시간 간격 • 상황적 요인
동형검사 신뢰도	동형	두 개의 동형검사를 한 집단에 각각 실시한 후 상관을 산출함	• 동형 간의 이질성 • 두 번 실시에 따른 요인
내적 합치도	문항 동질성 또는 일관성	한 검사를 한 집단에 한 번 실시 한 후 • 두 부분으로 문항을 나누고 상관을 산출(반분 신뢰도) • 문항 간 상관을 종합 (Cronbach α, K-R 20)	• 검사 자체 (문항표집) • 표집된 행동영역의 이질성
채점자 간 신뢰도	채점자 간 동의	두 채점자가 독립적으로 채점한 후 두 명 간에 동의하는 정도를 산출 (동의 백분율)	• 채점기준의 주관성 • 두 명 채점자의 정확성

◆ **재검사 신뢰도**

재검사 신뢰도(test-retest reliability)는 동일한 검사를 한 집단에게 시간 간격을 두고 두 번 실시한 후, 이 두 세트의 점수 간 상관계수를 산출함으로써 얻어진다. 이때의 상관계수는 시간에 따른 안정성(stability)을 뜻한다. 재검사 신뢰도 추정에서 가장 큰 영향 요인은 두 번 실시 간의 시간간격이다. 이 기간은 짧게는 며칠 사이에서 길게는 6개월 정도에 이른다. 따라서 이 기간 사이에 대상의 성장효과나 학습효과 등이 개입되어 기간이 길수록 상관계수는 낮게 나온다. 또한 두 번 실시할 때의 여러 가지 상황적 요인, 예컨대 피검사자의 건강이나 동기, 검사자, 장소 등이 동일할 수 없으므로 이에 따라 점수의 변동이 생길 수 있다. 재검사 신뢰도는 동일한 검사를 두 번 실시해야 하므로 검사대상에게 부담을 줄 수 있고, 창의성 검사나 추리력 검사 등은 검사내용 자체가 두 번 실시에 의해 다르게 받아들여질 수 있어서 어려움이 있다. 그러나 시간에 따른 안정성 측면에서 신뢰도를 추정할 수 있는 종류는 재검사 신뢰도가 유일하다는 점을 유의해야 한다.

◆ **동형검사 신뢰도**

동형검사 신뢰도(parallel-form reliability)는 두 개의 동질적인 검사가 개발되어 있는 경우에 산출한다. 예를 들어, 첫 번째는 '가형'으로, 두 번째에는 '나형'으로 한 집단에게 바꾸어 실시하고 이 두 점수들 간의 상관을 산출하여 추정한다. 동형검사란 문항 자체는 다르지만 문항의 측정 영역이나 문항 곤란도 등 문항 특성이 동질적인 검사를 의미한다. 동형검사를 개발하는 이유는 짧은 기간 내에 동일한 검사를 실시할 때 기억효과에 의한 영향을 배제하기 위해서다. 예를 들어, 어휘력 검사를 1일 간격으로 실시해야 할 때 동일한 단어를 사용한다면, 전날의 기억 때문에 둘째 날이나 셋째 날 검사는 어휘력을 제대로 측정하지 못할 것이다. 따라서 동형검사 신뢰도는 두 개의 동형검사가 얼마나 동질적이고 동등성이 있는가를 반영하며, 두 형이 이질적일수록 낮아진다. 또한 두 개의 동형검사를 실시하는 시간간격이 길수록, 실시상황에 차이가 클수록 신뢰도는 낮아진다.

◆ 내적 합치도

내적 합치도(internal consistency)란 검사의 문항들이 하나의 구인을 측정하는 데 얼마나 동질적인가 또는 일관되는가를 의미한다. 내적 합치도는 하나의 검사를 한 집단에 한 번만 실시한 후 산출할 수 있어서 연구대상에게 검사를 두 번 실시해야 하는 번거로움이 없다. 내적 합치도의 산출방법은 크게 두 가지로 나눌 수 있다. 검사 문항을 반으로 나누고 두 부분 간의 신뢰도를 추정하는 반분 신뢰도(split-half reliability)와 전체 문항 간 상관을 종합해서 일정한 공식으로 산출하는 방식이다. 후자의 경우 Kuder-Richardson(K-R) 20 공식이 적용되거나 Cronbach의 α 공식이 적용된다. 문항의 답지가 정답-오답으로 양분되는 경우 K-R 공식이, 답지가 세 개 이상으로 구성된 경우 Cronbach의 α 공식이 적용된다. 내적 합치도는 문항표집에 일관성이 높고 동질적일수록 높게 나타난다. 신뢰도 산출에서 유의할 점으로는 검사를 구성하는 영역이 하나일 경우 전체 문항에 대한 내적 합치도를 산출한다. 그러나 하위 영역별 독립성을 가정하고 하위 영역별 점수 위주로 해석할 때에는 하위 영역별로 내적 합치도를 산출해야 한다.

◆ 채점자 간 신뢰도

채점자 간 신뢰도는 채점의 주관성이 개입된 검사에서 한 검사자와 다른 검사자 간의 일관성의 정도를 나타내 준다. 예를 들어, 창의성 검사, 투사적 검사의 분석에서 또는 관찰에 기초한 평정척도, 내용분석 등에서 채점의 주관성이 개입될 수 있다. 채점자 간 신뢰도는 두 명의 채점자가 각각 독립적으로 채점한 후, 두 명 채점 간의 동의 정도(백분율)에 의해 산출된다. 채점기준이 명료하고 두 명의 다른 채점자 간에 동의하는 정도가 높을수록 채점자 간 신뢰도는 높아진다. 여러 명의 관찰자를 훈련시켜서 채점이나 분석이 이루어지고 채점자가 오차의 근원이 될 수 있을 때는 언제나 채점자 간 신뢰도를 검토해야 하며, 그 결과가 제시되어야 한다. 때로는 바람직한 수준의 신뢰도를 얻기 위해 동의가 이루어지지 못한 부분에 대한 재검토 및 훈련이 반복될 수도 있다.

표준화 검사는 물론 대부분의 연구보고서에는 측정도구의 신뢰도 검증방법과 신뢰도 계수가 제시되어 있다. 신뢰도가 어느 수준이어야 한다는 절대적 기준은 없으나, 일반적으로 양호한 도구라면 .80 이상 .90 수준의 신뢰도를 제시하는 경우가 빈번하며, .90 이상이면 상당히 높은 수준으로 평가된다. 그러나 측정도구에 따라서는 .70 수준에서도 불가피하게 적용되는 경우가 있으며, .70 이하의 신뢰도를 보이는 측정도구의 사용은 결과를 확신하기 어렵다.

2.2 타당도

타당도(validity)는 검사가 측정하고자 하는 특성을 얼마나 적절하게 그리고 충실하게 측정하는가를 뜻한다. 타당도를 논의할 때 유의할 것은, 검사명칭이나 도구 자체보다는 검사결과에 대한 것이라는 점이다. 검사점수를 해석할 때 그 도구가 제안하는 사용 목적이 이론적으로 또는 경험적으로 얼마나 지지되는가의 정도를 타당도라고 정의하고 있다(AERA, APA, & NCME, 1999). 이처럼 타당도는 검사가 의도하는 특수목적과의 관련성 면에서 적절성을 의미하기 때문에 검사 자체에 '타당도가 있다' 또는 '없다' 라고 말하기 어렵다. 검사점수에 부여되는 해석, 즉 추론을 경험적으로나 이론적으로 얼마나 지지할 수 있느냐에 따라 타당도의 정도는 판단된다. 검사의 타당도는 하나의 통합된 의미로서 다양한 증거들이 검사의 타당도를 강화한다고 생각할 수 있다. 검사점수 해석의 타당도를 보여 주는 증거는 다양하게 수집될 수 있으나 다음의 네 가지를 살펴보기로 하자(AERA, APA, & NCME, 1999).

첫째, 검사내용(test content)을 분석하고 검토한다. 검사점수는 측정하는 구인과 검사내용이 부합되는 정도에 따라 해석된다. 구체적으로 검사문항들이 변인에 관련된 문항전집을 얼마나 잘 반영하는가, 즉 대표성이 있는가를 검토하게 된다. 이러한 작업은 대체로 검사개발에 참여한 연구자 또는 그 분야의 전문가들에 의해 이루어지며, 주로 논리적인 검토에 의하지만 경험적 증거도 제시되는 추세다. 내용에 관련된 타당도 증거는 학력검사에서 전통적으로 사용되어 왔으며, 새로운 구인을 이론적 관점에서 그리고 내용

면에서 검토할 때 언제든지 적용될 수 있다.

둘째, 반응 과정(response process)에서 증거를 살펴본다. 개인이 검사를 받을 때 검사 과제는 특별한 인지적 과정에 그들을 참여시키게 된다. 이러한 과정은 측정하려는 구인과 관련이 있을 수도 있고 그렇지 않을 수도 있다. 따라서 검사점수 해석의 타당도는 실제 검사에 참여할 때의 과정과 측정하는 구인이 일치되는지의 증거에 의해 지지되어야 한다. 예를 들어, 고차원적 추론 과정을 통해 문제를 해결하는 능력을 측정하는 검사가 고안되었다고 하자. 실제로 응답자들이 단순한 추론을 통해 해답을 찾는다면 그 추리력 검사의 결과는 본래의 해석을 그대로 적용할 수 없을 것이다. 이러한 증거는 검사받는 사람들에게 과제를 수행하는 동안 어떤 인지 과정을 경험하는지 생각을 소리 내어 말하거나 질문에 응답하게 함으로써 수집될 수 있다.

셋째, 다른 변인과의 상관관계에서 증거를 검토한다. 연구자들은 검사가 측정하는 변인과 다른 변인과의 관계에 대한 가설을 다양하게 세움으로써 타당도를 검증할 수 있다. 다른 변인과의 관계를 통한 검증으로는 예언타당도(predictive validity)와 공인타당도(concurrent validity) 그리고 수렴타당도(convergent validity)와 판별타당도(discriminant validity)로 알려진 방법이 있다. 예언타당도와 공인타당도는 외적 준거(criterion)변인과 검사점수 간의 상관계수를 산출함으로써 검사가 준거 행동을 얼마나 잘 설명하는지를 검토하는 것이다. 이때 예언타당도는 미래의 행동 준거를, 공인타당도는 검사실시와 같은 시기의 준거를 선택한다. 예를 들어, 대학입학 수능시험의 타당도는 입학 후의 대학 성취를 준거로 하여 예측할 수도 있고(예언타당도), 고교 내신이나 모의고사를 준거로(공인타당도) 설명할 수도 있다. 상관분석에 기초한 또 다른 방법은 이론적으로 같은 구인 간에는 정적 상관(수렴타당도)을 보이고, 이론적 구인이 다른 경우에는 부적 상관 또는 무의미한 상관(판별타당도)을 보일 것으로 가정하여 이에 관련된 증거를 수집하는 것이다.

넷째, 내적 구조(internal structure) 측면에서 증거를 검토한다. 검사의 내적 구조를 가설에 비추어 검토함으로써 증거를 제시하는 것이다. 검사가 단일 구인이라면 문항과 검사점수 간 상관분석을 통해 이를 지지하는 증거가 제시될 수 있다. 또한 검사가 몇 개의 독립적인 구인(예: 시각, 공간, 언어, 운동 적성 등)을 측정하고 각 구인별 점수를 산출한다면 요인분석 등의 절차를 통해 이에 관련된 증거가 제시될 수 있다.

이상에서 살펴본 바와 같이 검사의 타당도는 검사점수의 해석을 이론적 측면에서 그리고 실증적 증거 면에서 얼마나 충분하게 뒷받침할 수 있는가에 따라 판단된다. 또한 타당도의 판단에는 신뢰도 수준과의 관련성도 고려되어야 한다. 검사의 타당도에 대한 증거는 신뢰도 수준에 의해 제한되기 때문이다. 즉 신뢰도 면에서 낮은 검사가 타당도 면에서 양호하기는 불가능하다. 그러나 신뢰도가 높은 검사라고 하여 반드시 그 검사의 타당도도 양호하다고 볼 수는 없다.

3. 측정의 수준

측정(measurement)이란 '일정한 규칙에 따라 사물이나 사건에 숫자를 부여하는 것' 이라고 일찍이 Stevens(1951)가 정의한 바 있다. 어떤 현상이나 사물에 숫자를 부여한다는 것은 곧 수량화를 의미하는 것이며, 어떤 현상이나 사물의 특성을 수치로 바꾸는 작업을 말한다. 한편 수량적 의미를 부여하는 것은 일정한 규칙에 의해서 이루어진다. 하나의 변인을 수량화할 때에는 정확성의 정도에 따라 각기 다른 규칙이 적용될 수 있다.

예를 들어, 키를 측정할 때 단순히 '같다' 또는 '다르다' 의 범주로 나눌 수도 있고, A라는 아동이 B라는 아동보다 '더 크다' 또는 '더 작다' 라고 비교하여 측정할 수도 있다. 뿐만 아니라 'A가 B보다 5cm 더 크다.' 라고 척도를 적용할 수도 있고, 'A의 키는 135cm이고 B의 키는 130cm이다.' 라고 정확하게 서술할 수도 있다. 이처럼 측정에 사용되는 규칙과 정확성에 따라 측정의 수준이 달라진다. 일반적으로 측정의 수준은 명명척도, 서열척도, 동간척도, 비율척도의 네 가지로 나누어진다.

3.1 명명척도

명명척도(nominal scale)는 변인을 서로 같거나 다르다는 정보만으로 구분한다. 변인을 양적으로 기술하기보다는 질적으로, 즉 범주에 의해 구분하는 것이다. 예를 들어, 남아를 집단 1로, 여아를 집단 2로 명명하는 것이나 단거리 선수들에게 10에서 20 사이의 등판번호를 붙이는 것 등이다. 이처럼 명명척도의 수치는 대상이나 변인을 어떤 속성에서 분류하는 명칭일 뿐 그 자체에 수량적 의미는 없다. 유의할 점으로서 범주들은 상호 배타적이어야 하며, 각 대상은 반드시 한 범주에만 배정될 수 있어야 한다. 예를 들어, 한 개인의 종교를 범주화할 때 다른 종교와 함께 기독교와 개신교가 둘 다 들어 있다면, 이 두 가지 범주 간의 중복이 문제가 될 수 있다.

명명척도는 측정의 수준에서 가장 단순한 형태지만 교육학이나 아동학에서 이루어지는 여러 가지 관찰결과는 이 수준에서 이루어진다. 예를 들어, 성, 사회경제적 계층, 과잉행동의 유무 등이다. 범주를 구분하기 위해 부여된 숫자는 수치가 아니므로 그 자체를 합산하거나 평균을 계산할 수 없다. 그러나 범주별 빈도를 산출하거나 백분율을 낼 수 있으며, 빈도에 의한 통계적 방법이 적용될 수 있다.

3.2 서열척도

서열척도(ordinal scale)는 어떤 변인이나 대상에게 서열 또는 순서가 정해지고 그에 따라 숫자를 부여하는 척도다. 측정 대상 간 '같다'와 '다르다'의 구분에 추가하여 '더 크다' 또는 '더 작다'의 비교, 즉 서열성이 있을 때 서열척도라 할 수 있다. 서열성을 갖는 척도는 연속성이 있는 것이어야 한다. 작은 키에서 큰 키까지, 어린 연령에서 높은 연령 또는 우수한 능력에서 평범한 능력까지 측정하는 속성이 연속적일 경우 서열을 매길 수 있다. 여기서 키가 큰 서열을 1, 그 다음을 2, 그 다음을 3으로 하는 등 숫자를 부여해 서열척도를 만들 수 있다. 이때 1과 2 간, 2와 3 간에 부등호는 성립될 수 있지만 등위 간 차이가 같지는 않음을 유의해야 한다. 즉 1과 2의 차이가 2와 3의 차이와 같지는 않다.

서열척도는 실제로 높은 순서 또는 낮은 순서로 일정한 수의 아동을 선발해야 하는 경우 빈번하게 적용된다. 예를 들어, 학교에서 집까지의 거리가 먼 아동 순으로 학교버스를 운행한다고 할 때 또는 창의성이 높은 20명의 아동으로 영재과학반을 구성한다고 할 때 서열척도의 개념이 적용된다. 교육현장에서 제작되는 각종 시험, 연구를 위해 구성된 각종 척도들은 최소한 모두 서열성을 갖고 있다. 그러나 서열척도에 적용할 수 있는 통계적 분석은 제한되어 있다. 예컨대, 서열로 된 자료로 평균을 산출할 수는 없다. 대신 중앙치나 백분위 등의 기술적인 통계치와 함께 순위상관, 비모수(nonparametric) 통계검증방법이 적용될 수 있다.

3.3 동간척도

동간척도(interval scale)는 명명척도와 서열척도의 특성을 모두 가지고 있으며 이에 추가하여 동간성, 즉 척도상의 간격이 동일한 특성도 갖고 있다. 어떤 변인을 동간척도로 측정한다면 그 변인의 속성에서 구별되고, 더 높거나 낮은 특성을 비교할 수 있을 뿐 아니라 비교할 때 정도의 차이도 명확히 알 수 있게 된다.

동간척도의 대표적인 예로 온도의 측정을 들 수 있다. 온도계의 눈금은 동일한 간격으로 만들어져 있으므로 10℃와 20℃의 차이는 20℃와 30℃의 차이와 같다. 만일 태도척도에 부여한 척도치 1, 2, 3, 4, 5에 대해 '대단히 반대' '반대' '중립' '찬성' '대단히 찬성' 으로 만든다면, 각 척도치 간 간격이 같다고 가정한다. 표준화된 심리검사의 표준점수는 평균과 표준편차를 동일하게 고정시켜 변환하므로 동간척도다. 그러나 원점수를 사용하는 대부분의 비표준화 검사점수는 엄격히 말해 서열척도이지만 동간척도로 가정하고 사용되는 경우가 많다. 때로는 이러한 가정이 도전받을 수 있음을 유의해야 한다. 동간척도로 된 자료는 다양한 통계적 분석이 가능하다. 즉 평균, 표준편차, 상관계수 등 기술 통계치와 함께 대부분의 모수(parametric) 통계검증방법이 적용될 수 있다.

3.4 비율척도

측정에서 가장 높은 수준의 척도는 비율척도다. 비율척도(ratio scale)는 서열성, 동간성에 추가하여 절대 영점이 성립된다. 예를 들어, 섭씨 온도계의 눈금은 물이 어는 온도를 임의의 0으로 정한 것이기 때문에 비율척도라 할 수 없으며, 따라서 10℃가 5℃보다 두 배로 따뜻하다고 볼 수 없다. 그러나 무게, 길이, 시간 등의 척도는 비율척도다. 무게 10g은 5g에 비해 두 배로 무겁다는 관계가 성립되며, 0g이란 무게가 없다는 의미다.

비율척도는 가감승제의 모든 수리적 조작이 가능하며, 고차원적인 통계분석이 적용될 수 있다. 자연과학 분야에서는 비율척도가 흔히 발견되지만, 아동학이나 심리학 분야에서는 가끔 적용된다. 예를 들어, 과제를 완수한 시간, 시간당(또는 분당) 관찰된 공격성 빈도 등은 비율척도라 할 수 있다.

이상에서 설명한 측정의 네 가지 수준은 측정도구를 통해 얻어진 수치가 어떤 수준인가 그리고 어떤 통계적 분석이 적용될 수 있는가를 아는 데 중요하다. 또한 측정의 수준에는 위계적 특성이 있어서 높은 수준의 측정치를 낮은 수준으로 언제나 바꿀 수 있지만, 낮은 수준의 측정치는 높은 수준으로 바뀌지 않는다. 그리고 문항반응에서는 예/아니요 등은 명명척도지만, 각 문항반응을 의미 있게 합산하였을 때 합산점수는 서열척도가 될 수도 있다. 따라서 연구자는 변인의 측정에서 양호한 측정도구 선정과 함께 측정도구가 산출한 결과가 어떤 수준의 측정치인가를 미리 검토하여 통계적 분석절차를 계획하여야 한다.

연습문제

1. 다음의 개념을 측정하는 도구를 각각 두 가지씩 찾아보고 측정도구를 (1) 대상연령, (2) 측정내용과 문항, (3) 신뢰도 측면에서 비교하여라.
   1) 사회적 유능성(social competence)
   2) 자아개념
   3) 언어발달
2. 최근 학술지에서 논문 한 개를 찾아 읽고, 그 논문의 변인은 측정의 수준에서 어떤 종류인지를 구분해 보라.

제IV부 연구방법과 기술의 적용

▶ 제 9 장 관찰연구
▶ 제10장 실험연구
▶ 제11장 조사연구
▶ 제12장 질적 연구

09 Chapter 관찰연구

관찰연구란 관심대상이 되는 현상이나 행동을 자연스런 상황 또는 어느 정도 통제된 상황에서 직접 관찰하여 자료를 수집하는 연구방법이다. 관찰연구는 사회과학 연구의 가장 근본적이고 기초가 되는 방법으로 인식되어 왔으며(Adler & Adler, 1994), 아동학이나 유아교육 분야에서 역사가 오래된 연구방법이다. 인간 행동을 설명하고 예측하기 위해서는 우선 정확한 묘사와 기술이 이루어져야 하는데, 관찰은 이를 위한 초석이 된다.

관찰연구는 양적 연구와 질적 연구 모든 분야에서 활용되고 있으며 연구자의 철학적, 이론적 관점에 따라 연구방법으로서의 관찰을 바라보는 입장과 적용 유형이 다를 수 있다. 예를 들어, 양적 연구방법으로서의 관찰법은 객관성을 강조하며 관찰자 오류를 줄이고 신뢰도를 높이기 위해 노력하지만, 질적 연구방법으로 관찰을 활용할 때는 참여관찰자로서 연구자가 가지는 주관성이나 해석적인 측면에 비중을 두게 된다. 질적 연구, 특히 문화기술적 연구에서 주로 활용되는 참여관찰에 대해서는 제12장에서 구체적으로 논의하였으므로 여기에서는 객관적이고 양적인 관점으로 접근하는 관찰연구에 초점을 두어 다루고자 한다. 이 장에서는 관찰연구의 특성과 종류, 절차에 대해 살펴보고 관찰연구에서 주로 사용되는 방법이나 기록방식 등에 대해 구체적으로 서술할 것이다. 또한 관찰에서의 오류를 줄이고 신뢰도를 증가시킬 수 있는 방법도 살펴보고자 한다.

1. 관찰연구의 기초

연구자가 아닌 일반인들도 의식적이든 무의식적이든 항상 주변의 현상이나 사물을 관찰하게 된다. 자연스럽게 탐색하고 관찰한 내용을 일기나 메모 형식으로 기록하기도 하고, 이로 인해 얻게 된 지식이나 생각에 의해 향후 행동이나 태도에 영향을 받기도 한다. 그러나 과학적인 연구방법으로서의 관찰법은 이러한 일상적 관찰과는 구별되는 것으로, 의도를 가지고 체계적이고 객관적인 방법으로 자료를 수집하게 되며 이때 사용되는 관찰도구나 기록방법 또한 연구목적에 따라 다양하다. 동시다발적으로 일어나는 주변의 모든 현상을 다 관찰하려고 하는 것은 불가능할 뿐 아니라 무의미하므로, 관찰연구에 임할 때 관찰의 목적을 설정하고 이에 따라 대상이나 시간, 방법 등을 적절하게 선정하는 것이 중요하다. 즉 '무엇을 관찰하려 하는가?' 와 '왜 관찰하려 하는가?' 에 대해 연구자가 자문하면서 관찰의 목표와 초점을 구체화시킬 필요가 있다.

연구의 주제와 목적에 따라 관찰 자체가 주요 연구방법이 되기도 하고 다른 연구방법을 통해 수집한 정보의 보조적 자료로 사용되기도 한다. 혹은 어떤 연구문제에 대한 전반적인 통찰과 직관을 얻기 위하여 예비적인 절차로 관찰법을 활용하는 경우도 있다. 그렇다면 다른 연구방법들과 비교해서 관찰연구가 가진 주요 특성은 무엇인지 그리고 관찰의 종류에는 어떠한 것이 있는지 살펴보기로 하자.

1.1 관찰연구의 주요 특성

관찰연구의 특성을 알아보기 위하여 관찰연구가 지니는 몇 가지 장단점을 알아보면 다음과 같다. 장점으로는 첫째, 영유아를 대상으로 한 연구에서 관찰은 매우 유용한 수단이 될 수 있다는 것이다. 즉 의사소통기술이 아직 부족하고 언어적 발달이 미흡한 영유아의 행동을 파악하고 이해하는 데 관찰 이외의 다른 방법의 적용이 불가능한 경우가 있다. 둘째, 관찰은 사회적 상호작용 및 과정을 강조하는 변인의 연구에 적합하다. 실험적 조작을 가하지 않고 자연적 맥락 내에서 대상의 행동을 연속적으로 연구할 수 있으므로 행동이 발생하는 과정이나 상호작용 유형 등을 살펴볼 때 유리하다. 마지막으로 관찰연구에서는 겉으로 드러나고 표현되는 행동에 근거하여 자료를 수집하므로 응답자의 편견에 의한 부정확한 응답을 피할 수 있다.

관찰연구의 제한점으로는 우선, 복합적인 구인의 연구에는 부적절하다는 점을 들 수 있다. 관찰을 통해서는 겉으로 표출되는 행동만 볼 수 있기 때문에 복합적인 구인 연구에 필요한 행동의 다각적인 측면과 개인 내적 속성을 모두 관찰할 수 없다는 것이다. 이 외에도, 관찰자의 존재가 상황을 변화시키고 대상에게 영향을 줄 수 있다는 점, 다른 연구방법에 비해 상대적으로 시간과 경비가 많이 소요된다는 점, 관찰의 신뢰도를 높이는 것이 쉽지 않다는 점 등이 단점이라고 하겠다. 관찰연구의 이러한 단점에도 불구하고, 다른 연구방법과 비교해 볼 때 결과를 현실적 상황에 적용시키는 측면에서 생태학적 타당도가 높은 편이고, 최근 발전된 비디오 기기와 분석 프로그램에 의해 심층적인 자료의 분석도 가능하여 널리 활용되고 있다.

1.2 관찰의 종류

관찰의 종류를 나누는 방법은 학자들에 따라 분류기준이나 체계가 다르므로 조금씩 차이가 있는데, 여기에서는 그중 대표적인 종류 몇 가지를 살펴보도록 한다.

1.2.1 자연적 관찰과 체계적 관찰

관찰대상이 되는 행동의 단위와 범위 등에 대하여 어느 정도로 조직화하느냐에 따라 자연적 관찰과 체계적 관찰로 나눌 수 있다. 자연적 관찰(naturalistic observation)은 미리 정해 놓은 범주나 목록을 사용하지 않고 자연스러운 맥락 내에서 일어나고 있는 행동을 있는 그대로 기록하고자 하는 것을 말한다. 자연적 관찰에서는 시간이나 간격 등을 일률적으로 정하지 않고 특별한 제한 없이 일상적 활동을 자세히 관찰하여 기록하게 된다. 자연적 관찰의 대상이 되는 장면은 다양하며, 유치원이나 놀이터, 백화점 혹은 아프리카의 밀림에 이르기까지 관찰의 목표가 되는 행동을 자연적 상황에서 볼 수 있는 곳이라면 어디든 가능하다고 할 수 있다. 이때 관찰되고 있는 것이 충분히 자연적이라고 간주되기 위해서 관찰자의 존재나 직접적 개입으로 인한 영향을 최소화시키는 것이 중요하다.

이에 비해 체계적 관찰(systematic observation)이란 관찰내용이나 범위, 상황 등을 체계적으로 조직하여 관찰에 임하는 경우를 말한다. 구조적 관찰 혹은 통제된 관찰이라고도 하는데, 통제된 관찰에는 관찰장면에 어떤 조건의 통제가 이루어지는 것을 말하며, 실제로 상황이나 장면을 의도적으로 계획하는 것을 포함하기도 한다. 예를 들면, 아동이 낯선 또래와 어떻게 상호작용하는지를 보기 위하여 친숙하지 않은 아동 3, 4명으로 하나의 집단을 구성하고 몇 가지 장난감이 구비된 방에서 정해진 시간 동안 관찰하는 경우처럼 상황에 대한 통제가 있는 관찰을 말한다. 애착행동을 연구하기 위한 낯선상황 실험도 어느 정도 구조화된 관찰의 예가 될 수 있다. 그러나 일반적인 의미에서의 체계적 관찰은, 관찰될 행동이나 시간을 미리 구체적으로 계획하고 관찰상황과 내용을 구조화하여 관찰하는 것을 말한다.

1.2.2 참여관찰과 비참여관찰

관찰자가 관찰장면에 직접 참여하는가의 여부에 따라 참여관찰과 비참여관찰로 나눌 수 있다. 참여관찰(participant observation)은 관찰대상이 되는 집단이나 개인의 일상 속으로 들어가서 실제 구성원이 되어 관찰을 수행하는 경우다. 예를 들어, 연구자가 유치원 학급의 활동시간에 직접 참여하여 어느 정도 교사의 보조역할도 하면서 아동들과 상호작용하는 동안 관찰자료를 수집하였다면 이런 방법을 참여관찰이라고 말할 수 있다. 참여관찰은 비교적 정확한 정보를 다양하게 얻을 수 있다는 장점이 있으나, 상대적으로 시간적 소요가 많고 관찰상황에 직접 개입하게 됨으로써 관찰자의 객관성을 유지하는 것이 어려울 수 있다.

이에 비해 비참여관찰은 관찰자가 현장에 있지만 직접적인 참여나 개입은 없이 철저하게 관찰자로서의 역할만 하는 경우다. 교실의 한쪽 벽면에 설치된 일방경(one-way mirror)을 통해 바깥에서 교실을 들여다보면서 관찰하는 경우가 대표적인 비참여관찰의 유형이다. 이 밖에 비디오카메라를 눈에 잘 띄지 않게 설치해 놓고 자연상황을 녹화하여 나중에 분석하는 방법이 있다. 관찰자가 관찰대상의 행동에 미치는 영향을 극소화하기 위하여 비참여관찰을 하게 되는데, 이런 경우 관찰되는 대상은 자신이 관찰되고 있음을 인지하지 못하는 것이 대부분이다. 자연적 상황에서 대상을 관찰하되, 관찰대상이 그 사실에 대해 모르고 있는 경우 비개입적 측정법(unobtrusive measure)이라고도 한다(Gall, Gall, & Borg, 2003). 이런 유형의 관찰은 사생활 침해 측면에서 윤리적 문제를 야기하기도 하므로 주의해야 한다. 공공장소에서 일어나는 행동의 경우 비참여관찰은 대부분 문제가 되지 않지만, 만일 관찰대상이 타인의 시선으로부터 자신의 행동이 보호되고 있다고 믿는 상황일 때는 사생활 침해의 우려가 있을 수 있다. 따라서 관찰이 일어나는 것이

지정된 장소일 경우 참여자로부터 관찰연구에 대한 허락을 받고 진행시켜야 할 것이다.

유치원 등에서 일방경을 통해 아동의 행동을 보는 것은 일반적으로 윤리적 문제를 야기하지 않을 수는 있지만 방법 자체에서 오는 단점이 있다. 특히 집단행동을 관찰하고자 할 때에는 더 문제가 되는데, 관찰장면 전체에 걸쳐 영역별로 마이크가 설치되어 대화내용을 들을 수 있다 하더라도 직접 참여하면서 기록하는 것보다는 제한적일 수 있다. 또한 관찰하고자 하는 행동이 다른 사람이나 물건에 의해 일시적으로 가려지거나 할 때 시야를 확보하기가 어렵게 된다. 따라서 이 방법은 관찰장면이 되는 장소가 그리 넓지 않고 비언어적 행동에 주로 초점을 맞추어 관찰하는 경우에 적합하다. 또한 아동이 거울 뒤에 누군가가 있을 수 있고 자기를 보고 있을지 모른다고 인식하게 되면 오히려 더 큰 관심이 유발되어 거울에 얼굴을 가까이 대고 들여다보거나 거울을 보며 특정 행동을 보이기도 한다. 이런 경우, 참여관찰의 경우와 마찬가지로 자연스런 행동에 방해요인이 되므로 미리 관찰대상 아동들에게 그 사실을 알려 주어 지나친 호기심을 유발시키지 않도록 하는 것도 방법이라고 할 수 있다.

일방경이 설치되어 있지 않거나 혹은 일방경을 이용한 관찰의 제한점 때문에 실제로 교실에 들어가서 관찰을 하게 되는 경우에도 관찰자의 참여가 전혀 이루어지지 않도록 의도하였다면 비참여관찰이라 할 수 있다. 이 경우에는 관찰자의 참여를 유발시키는 상황이 발생해도 개입하지 않도록 하며, 관찰대상의 행동이나 말에 반응을 하지 않아야 한다. 따라서 관찰대상이 관찰자의 존재에 익숙해져서 관심을 보이지 않을 때까지 어느 정도 기다렸다가 관찰을 시작하는 것이 좋다.

2. 관찰연구의 일반적 절차

관찰연구를 수행하기 위해서는 체계적으로 관찰단계를 계획하고 준비하여 정확한 자료와 객관적 지식을 얻을 수 있도록 하여야 한다. 임의적이고 우발적인 관찰이 아니라 연구목적에 적합하고 타당성 있는 관찰이 이루어져야 하므로 연구자는 관찰의 계획, 수행, 분석단계에 따라 필요한 일반적 절차를 숙지해야 한다.

2.1 관찰의 계획

관찰을 계획하는 과정에는 연구목적 및 연구문제를 설정하고 이에 부합되는 관찰대상 및 도구를 정하며, 정확한 관찰자료를 수집하기 위해 관찰자 훈련을 하는 것까지 포함된다. 관찰연구를 시작하기 전에 가장 기본적으로 생각해야 할 것은 연구하고자 하는 주제에 관찰이 최선의 방법인가 하는 것이다. 이에 대한 충분한 고려가 이루어진 후 선행연구와 이론에 근거한 연구목적과 연구문제를 수립하고 또한 무엇을 관찰할 것인가 하는 관찰의 목적을 정한다.

관찰의 목적과 함께 반드시 결정되어야 할 사항으로는 행동의 표집, 관찰장면과 시간의 선택, 기록방법 등을 들 수 있다. 관찰의 다양한 기록방법에 대해서는 이 장의 후반부에 자세히 다루게 되며, 이 절에서는 행동의 표집과 관찰장면의 선택에 대하여 구체적으로 살펴보기로 하자.

첫째, 관찰을 계획할 때는 어떤 행동에 초점을 두며 행동단위를 얼마나 세분화하여 관찰할 것인지에 대한 구상이 이루어져야 한다. 주어진 관찰시간 내에 일어나는 모든 행동을 기록할 것인지, 관심 있는 특정 영역의 행동만 관찰할 것인지 등을 말한다. 예를 들면, 아동의 정서표현 양식에 관심이 있는 경우 이와 관련된 얼굴 표정이나 몸짓 등의 세밀한 행동을 미시적으로 자세히 관찰하게 될 것이며, 영아의 운동기능에 관심이 있는 경우 운동기능의 하위범주에 포함되는 기기, 앉기, 뒤집기, 붙잡고 서기, 혼자 서기, 걷기 등을 설정하여 이에 대한 것만 관찰에 포함시키기도 한다.

한 장면에서 일어나는 두 가지 이상의 행동 측면을 기록해야 하는 경우에는 여러 명의 관찰자가 필요할 수도 있다. 예를 들어, 어린이집의 대집단 활동시간 동안 교사의 주도적 행동과 아동의 반응을 보기 위해 교사의 교수행동과 아동의 주의집중, 언어반응, 행동 등을 동시에 관찰해야 한다면 한 명의 관찰자보다는 두 명 이상의 관찰자가 각각의 행동변인을 분리하여 관찰하는 것이 더 효과적일 것이다. 따라서 관찰의 계획단계에서 이를 고려하여 관찰자가 몇 명이 필요한지에 대한 구상도 하여야 한다.

둘째, 관찰연구에서는 연구의 목적에 부합되는 행동이나 현상을 가장 잘 대표하는 표집을 얻는 것이 중요하며, 그 행동이나 현상이 잘 나타나는 시간과 장면을 고려하여 관찰계획을 세워야 한다. 시간적으로 언제, 몇 번이나 그리고 얼마 동안 관찰할 것인지를 정하는 것은 매우 중요한 문제다. 어린이집 종일반 프로그램에 다니는 3세 유아의 또래

놀이행동을 관찰하고자 하면서 관찰시간을 간식시간이나 이야기 나누기 시간으로 정한다면 원하는 행동을 보기 어려울 것이다. 다른 예로, 어린이집에 다니는 아동의 부모와의 관계나 격리불안 등의 행동을 관찰하고자 하는 경우 그 기관의 운영시간을 파악하여 등원과 하원이 가장 많이 이루어지는 이른 아침과 늦은 오후에 맞추어 관찰시간을 정하여야 할 것이다. 또한 짧게 여러 번 반복하여 관찰할 것인가 아니면 한 번에 오랜 시간을 관찰할 것인가 하는 것도 목표행동이 무엇인가에 따라 결정하여야 한다. 예를 들면, 아동의 실외놀이 행동을 관찰하고자 하는 경우, 실외놀이 시간 전체를 관찰할 것인지 실외놀이 중 5분이나 10분 정도를 선택하여 볼 것인지 하는 문제다. 한 아동을 반복적으로 관찰하거나 여러 아동을 번갈아 가면서 관찰하는 것 또한 관찰시간과 횟수에 관련하여 고려하여야 할 사항이다.

셋째, 관찰시간의 선정 못지않게 관찰장면의 선정도 중요하다. 관찰하고자 하는 행동이나 현상을 쉽게 볼 수 있는 장면을 택하는 것을 말한다. 예를 들어, 아동의 학습행동이나 과제 해결력 등이 반드시 놀이실 상황에서만 일어나는 것은 아니지만 놀이실 내에서 더 자주 관찰될 수 있다. 아동의 가상놀이 유형이나 이에 관련된 행동을 보고자 한다면 놀이실 내에서도 이러한 행동을 쉽게 볼 수 있는 극놀이 영역을 택하는 것이 좋을 것이다.

마지막으로, 관찰대상과 장면, 시간 등을 정하였다면 어떻게 자료를 수집하고 기록할 것인지에 대한 결정을 내려야 한다. 이야기 식으로 서술하는 형식, 목록이나 척도 등을 사용하여 기호로 표기하는 형식 혹은 녹음기나 비디오카메라 등의 기계를 사용하여 기록하는 형식 등 여러 가지 방법이 있으므로 가장 적합한 형태의 기록방식을 선정하여 사용하도록 한다. 행동목록이나 평정척도를 사용한다면 연구변인이나 관찰행동의 단위에 따라 적절한 도구를 선택하여야 한다. 만약 개발되어 있는 도구가 없거나 혹은 있어도 적합하지 않을 때는 연구자가 기존의 도구를 수정하거나 새롭게 개발하여 사용하기도 한다. 이 경우 관찰할 행동을 분명히 정의하고 이에 따른 행동유목을 결정하여 부호화하는 것이 중요하다. 그리고 예비관찰을 통해 개발되거나 수정된 도구가 목표행동을 충분히 관찰할 수 있게 하는지 점검해야 한다.

관찰의 실제 수행에 들어가기 전에 또한 고려해야 할 것으로 관찰자의 선정과 훈련을 들 수 있다. 관찰을 얼마나 정확하게 기록할 수 있는가는 관찰자에 달려 있다고 해도 과언이 아니다. 관찰연구를 성공적으로 수행하기 위해서는 숙련된 관찰자가 되기 위한 훈련이 필수적이다. 특히 관찰자가 여러 명일 경우에는 관찰자 간 신뢰도를 산출하면서 충분한 훈련이 이루어진 후 실제 관찰에 임해야 한다. 관찰자 훈련에 대한 사항은 이 장의 후반부에 상세히 다루었다.

2.2 관찰의 수행

관찰에 실제로 임하기 전에 관찰자는 관찰내용과 방법을 충분히 숙지하고 있어야 목표행동이 일어났을 때 정확한 기록이 가능하다. 기본적인 관찰자료, 즉 관찰자 이름과 관찰대상의 이름이나 연령 등에 대한 정보, 관찰 일시와 장소 등에 대한 것은 미리 기록하고 시작해야 한다. 참여관찰의 경우에는 관찰자가 어떤 역할이나 참여도를 가지고 임할 것인지 사전에 계획한 대로 실시하여야 하며, 만약 관찰대상과의 상호작용이 불가피하다면 실제 관찰 기록에 앞서 라포(rapport) 형성을 위한 기간을 두는 것도 좋다. 관찰대상들이 관찰자의 존재를 지나치게 의식하지 않고 익숙해지도록 일정 기간을 경과한 후 실제 관찰에 임하는 것이 바람직하기 때문이다.

관찰현장에 들어가서 관찰을 하는 경우에는 연구자가 그 장면에 전혀 영향을 미치지 않고 완벽한 관찰자로서 객관적 기록을 하는 것이 어려울 수 있다. 따라서 예상치 못한 상호작용이나 우발적인 상황 등에 대해서도 대비해야 하며, 현장에서의 참여와 개입의 정도를 어디까지 허용할 것인지 염두에 두고 관찰에 임해야 한다. 예를 들어, 유치원의 한 놀이실에서 관찰하고 있을 때 어떤 아동이 화장실에 다녀온 후 옷 입기에 도움을 청하는 경우, 관찰자로서의 역할만 수행하기 위해서 아동의 이야기를 못 들은 척하고 가만히 있기는 어렵다. 이런 경우, 옷의 단추를 채우는 것을 도와주고 돌려보낼 수 있겠지만, 한 단계 더 나아가 아동이 관찰자를 놀이에 초대한다든가 활동을 도와달라든가 하는 등의 적극적 개입을 원하는 경우도 있다. 이때 연구자의 역할이 비참여관찰이라면 '선생님은 지금 해야 할 일이 있으니까 안 된다.' 는 점을 설명하고 관찰에 집중해야 한다.

한편 관찰의 기록은 기록방식에 따라 다르나 대체로 관찰과 동시에 또는 관찰 직후에 이루어져야 한다. 만약 현장에서 기록을 완성하지 못한 경우, 관찰이 끝난 후 최대한 빨리 보충하여야 세밀한 사항에 대한 기억이 누락되거나 왜곡되지 않고 기록될 수 있다. 서술형식으로 관찰기록을 하는 경우 모든 세부사항을 현장에서 모두 기록하기 어려울 수 있다. 이를 보완하기 위해 비디오나 사진 촬영 등의 보조수단을 이용할 수 있다. 이처럼 기계를 사용하기로 하였다면 관찰 현장에서 직접 들고 다닐 것인지, 미리 어느 장소에 설치해 둘 것인지에 따라 진행한다.

관찰기록, 특히 서술식 기록에서 유의할 점은, 최대한 평가나 해석을 배제하고 객관적이고 중립적인 관찰의 세부적 측면만을 기록하는 일이다. 관찰대상이 한 말이나 대화는 실제 그대로 옮겨져야 하고 행동에 대한 기술도 추론되는 사항은 제외하고 직접 관찰된 것만 묘사한다. 시간표집법처럼 미리 관찰행동의 범주가 세부적으로 정해져 있고 숫자나 기호를 사용하여 표기식으로 기록하는 경우에는 각 범주에 대한 정확한 정의와 포함되는 행동의 예를 구분할 수 있어야 한다. 또한 기록에서 사용되는 부호들에 대해 관찰 수행 전에 충분히 이해하고 기억하고 있어야 한다. 관찰을 실시하는 동안 해당되는 범주를 빠르고 정확히 찾아 기록할 수 있게 관찰기록 양식이 사용하기에 편리해야 하며, 예비관찰을 통해 각 행동범주의 분류와 내용을 철저히 숙지하고 관찰에 임하여야 한다.

2.3 관찰결과의 분석과 해석

관찰이 끝난 후 수집된 관찰기록 자료를 가지고 분석과 해석에 들어가게 된다. 관찰정보를 요약, 분류하고 해석하는 것은 매우 중요한 단계다. 각 행동 유목별로 기록된 자료를 어떻게 처리할 것인지 결정하여야 하며, 분석의 단위를 고려하여 해석에 임한다. 기호화되어 수집된 관찰자료들은 빈도나 평균 등 통계치를 이용하여 분석하게 되고, 서술형으로 기록된 자료들은 원자료를 토대로 범주화하면서 분석단위가 되는 주제들을 생성시키고 이를 통해 추론을 시도할 수 있다. 연구자가 사전에 관찰행동의 각 범주에 대하여 조작적 정의와 설명을 충분히 준비하여 관찰이 구조화되어 있다면 분석 또한 그에 따라 구조화된 방법으로 이루어질 수 있다.

관찰자료를 수량화하는 방법에는 여러 가지가 있으며, 대체로 기록방법의 사용과 관련되어 있다. 대부분 양적 연구에서의 관찰자료는 행동의 빈도, 지속시간, 평정점수 등으로 표현되는데, 자료의 특성을 고려하여 적절한 분석방법을 택해야 할 것이다. 특정 행동의 발생빈도에 대한 관찰자료를 수집하였다면 빈도분포를 통해 비율이나 백분율 등을 분석할 수 있으며, 이런 반응빈도의 차이가 통계적으로 유의미한지 살펴보려면 카이검증법을 사용하여 분석하면 된다. 체크리스트나 평정척도를 통해 얻은 점수들은 집중경향치나 변산도 등을 산출하여 관찰 점수가 어떤 형태인지 기술할 수 있다.

이와 같이 빈도분포나 집중경향치 등을 통해 요약된 자료들은 사건의 연속성이나 인과성에 대한 정보는 얻기 어렵다. 즉 특정 행동에 이어서 어떤 행동이 연속적으로 일어나는지를 알고 싶다면 자료를 좀 더 세분화하여 분석해야 한다. 이런 측면에서 볼 때 비디오로 녹화된 자료는 반복관찰이 가능하여 다양한 방법으로 분석될 수 있다는 점에서 현장관찰 기록보다 유리하다. 예를 들어, 부모-청소년 간의 상호작용을 녹화했다면, 누가 누구에게 어떤 말을 했는지 순서대로 범주화하여 분석한 후 연속적 분석(sequential analysis)을 시도해 볼 수 있다. 이를 통해 부모 중 누구의 말에 더 영향을 받는지, 어떤 내용에 정서적 반응을 보이는지 등 인과적 요소가 포함된 분석이 가능하다.

가족의 저녁식사 시간 동안 자연스럽게 일어나는 대화를 관찰하여 미시사회학적(microsociological)으로 분석한 Vuchinich(1984)의 연구를 살펴보면, 부모와 청소년 자녀의 대화 중 누가 누구에게 어떤 종류의 언어행동을 했는지 연속적으로 표기하고 요구, 양보, 질문, 응답, 명령, 반대 등의 범주별 발화내용의 시간적, 순서적 관련성을 세부적으로 분석함으로써 가족 갈등의 양상을 보다 심층적으로 해석할 수 있었다. 이처럼 관찰연구에서도 다양한 통계적 분석방법을 사용하여 인과관계를 규명하고자 하는 노력이 일어나고 있다. 최근에는 관찰연구를 위한 각종 자동기록 및 분석기기가 개발되고 통계기술이 발달하여, 기록과 분석이 더욱 용이해졌을 뿐 아니라 세분화되고 정밀한 부호화가 가능해짐으로써 관찰연구방법이 다양하게 활용되고 있다.

3. 관찰의 방법

관찰 현장에서는 관찰자의 두 눈과 귀를 포함한 오감이 관찰의 가장 중요한 기본 도구가 되지만, 관찰한 현상을 일관성 있고 효과적으로 기록하기 위해서는 적합한 방법과 기록형식을 선택하게 된다. '모든 것'을 관찰에 포함시킬 수 없듯이 '모든 것'을 기록하고 서술하는 것 또한 어려우며, 관찰하고자 하는 내용을 효과적이고 일관성 있게 기록할 수 있는 방법을 결정하여야 한다. 관찰을 기록하는 형식은 대체로 서술형과 표기형으로 나누어 볼 수 있다. 또한 관찰 현상을 표집하는 방법에 따라서는 시간표집법과 사건표집법으로 나누게 된다.

서술형과 표기형 중 어떤 방법을 택할 것인지는 관찰에서 포함하고자 하는 행동의 범위가 얼마나 포괄적인가 하는 것과 관찰기록을 분석할 때 연구자의 추론과 해석이 얼마나 요구되는가에 따라 달라질 것이다. 이는 앞서 서술한 관찰의 종류, 즉 체계적인 관찰인가 자연적인 관찰인가 하는 것과도 관련이 있다. 관찰대상이 되는 행동의 유목이 이미 세부적으로 정해져 있고 관찰이 체계적이고 통제된 것일수록 기록의 형태 또한 구조화되어 표기형을 사용하게 되는 경우가 많다. 즉 미리 계획된 목록이나 형식에 따라 체계적으로 기록하게 되는 것이다. 이에 비해 자연적으로 발생하고 있는 행동이나 현상을 개방적이고 비형식적인 방법으로 기록하고자 한다면 서술형이 적합할 것이다.

관찰자료를 서술식으로 기록하는 방법에는 연속기록법과 일화기록법을 대표적으로 들 수 있으며, 일기식 기록도 서술식 관찰 기록방법에 포함된다. 표기식 기록에서 가장 대표적인 것으로는 행동목록법과 평정척도법이 있다. 관찰의 다양한 방법과 기록유형 중 일반적으로 널리 사용되는 연속기록법, 일화기록법, 행동목록법, 평정척도법, 시간표집법 그리고 사건표집법에 대해 구체적으로 살펴보자.

3.1 연속기록법

연속기록법(running record)은 주로 자연관찰에서 많이 사용되며, 표본식 기록(specimen record) 혹은 이야기식 기술법(narrative description)이라고 명명하기도 한다. 이 방법은 관찰대상이나 장소, 관찰시간 등을 미리 정하여 그 상황 내에서 일어나는 대상의 행동이나 주변 상황을 아주 자세하게 기술하는 것이다. 정해진 시간 동안 진행 중인 행동의 모든 세부사항을 충실하게 최대한 상세히 기록하여야 한다. 따라서 어떤 한 부분만을 기록하는 것이 아니라 전체적인 것을 모두 포함하게 되며, 여러 가지 관찰 기록방법 중에서 가장 개방적인 방법이다. 연속기록법으로 관찰한 예가 〈Box 9.1〉에 제시되어 있다.

연속기록법으로 관찰할 때 주의할 점은 최대한 추론이나 해석을 배제하고 가능한 한 세부적이고 객관적인 내용을 포함하도록 하는 것이다. 따라서 서술에 쓰이는 형용사나 부사 등 표현의 선택에서 관찰자의 주관성이 반영되지 않도록 유의해야 한다. 예를 들어, '신나게' '기뻐하며' '단호한' 등의 표현은 관찰대상의 정서나 지각에 대한 추론이 어느 정도 포함되어 있다고 볼 수 있다. '두 손을 올려 만세를 부르며' '머리를 뒤로 젖히고 입을 크게 벌려 웃으며' '저음의 강한 목소리로' 와 같은 행동묘사를 통해 객관적 자료를 기록한 후 나중에 해석이나 추론을 시도한다.

<Box 9.1> 연속기록법을 사용한 관찰의 예

이름: 이지연 (4세 3개월, 여아) **날짜: 2005. 10. 10**
장소: 자유놀이시간 극놀이 영역 **시간: 오전 10시 10분~10시 15분**
관찰자: 김희수

10 : 10 am
지연을 포함한 네 명의 여아가 극놀이 영역에 있다. 다른 세 명은 주희, 미윤, 현지다. 영역 구석의 아동용 소파에 주희가 담요를 덮고 눕는다. 주희는 눈을 감고 가만히 누워 있고 미윤은 빗자루를 들고 주희가 누워 있는 소파의 바로 옆을 쓸고 있다. 현지는 길이가 30cm 정도 되는 아기 모양의 인형을 안고 미윤 옆에 가만히 서 있다. 지연이 주희에게 다가와 소파 바로 옆에 서자 주희가 눈을 뜨고 "이제 아침이야?" 라고 한다. 지연이 "아니야!" 라고 대답한 다음 주희에게 담요를 다시 덮어 준다. 그리고는 극놀이용 서랍장 안에서 스카프를 꺼내 주희에게로 돌아와서, 주희의 다리 부분을 덮어 준다(주희가 덮고 있는 담요가 작아서 상체만 가려지고 다리 부분은 나와 있었다.). 주희가 눈을 감고 가만히 있자 지연이 이를 바라보며 미소를 짓는다. 인형을 들고 있던 현지는 아직 그 자리에 그대로 서 있다.
주희가 다시 눈을 뜨고 "이제 아침이야?" 라고 하자 지연이 다시 "아냐!" 라고 대답하고는 빗자루로 바닥을 쓸고 있던 미윤에게 다가가 그 옆에서 자기도 청소하는 것과 같은 동작을 한다. 주희가 "이제 아침이야?" 하고 다시 묻자 지연이 주희를 쳐다보고는 바닥에 놓여 있던 곰인형을 주워 주희의 팔에 안겨 준다. 주희의 이마를 쓸어 주며 입술은 닿지 않지만 뽀뽀하는 것 같은 동작을 한 뒤 소파의 한쪽 구석에 걸터앉아 주희의 머리를 쓰다듬는다.

10 : 13 am
지연은 손으로는 계속 주희의 머리를 쓰다듬으면서 시선은 입구 쪽의 교사를 향해 있다. 미윤은 빗질을 계속하면서 몸을 기울여 열려 있는 입구의 문을 통해 복도 쪽을 쳐다보더니 "간식시간 아직 안 됐어." 라고 한다. 미윤이 지연에게 "지연아, 이제 아침시간이야?" 라고 물어보고, 현지가 큰 소리로 "주희야, 아침이래!" 라고 한다. 그 소리를 듣고 주희가 소파에서 담요를 걷고 일어나자 지연이 "안 돼!" 라고 소리지른다. 주희가 "아침이랬어!" 라고 말하고, 지연은 고개를 저으며 "아냐!" 라고 말한다.
주희가 다시 소파에 누워 담요로 몸을 덮는다. 지연이 주희에게 다가와 옆에 끼어서 같이 눕는다. 5초쯤 지난 후 지연이 몸을 벌떡 일으키며 주희의 담요를 걷고 큰 소리로 "아침이다!" 라고 말한다. 그리고는 주희의 손을 잡고 옷걸이 쪽으로 가서 파란색 원피스를 골라 주희가 입고 있는 옷 위에 입혀 준다. 갑자기 미윤이 "간식 왔어!" 라고 소리지르자 네 명 모두 간식 영역 쪽으로 달려간다.

연속기록법을 사용하여 관찰할 때는 보통 1회당 10분에서 30분 정도 기록하게 된다. 일어난 모든 행동과 말을 구체적으로 자세히 기록함으로써 그 현장에 없었던 사람들도 직접 본 것처럼 파악할 수 있도록 한다. 현재형과 직접화법을 사용하고, 기록 중에 세부 시간단위의 표시를 하는 것이 좋다. 연속기록법은 모든 장면을 최대한 자세하게 기록해 놓는 방법이므로 풍부한 정보를 얻을 수 있으며, 사건의 전후관계를 상세히 알 수 있다는 장점이 있다. 또한 특별한 관찰기술이 필요 없어 활용이 쉬운 반면, 기록에 소요되는 시간이 지나치게 길고 기록한 것을 다시 분류하여 수량적으로 분석하려고 할 때 그 기준이 모호하며 대표성 있는 행동표본을 수집하는 것이 어렵다는 단점이 있다.

관찰대상에 대한 집중적이고 광범위한 기록이 필요하다면 두 명 이상의 관찰자를 쓰기도 한다. 한 명의 관찰자가 대상의 모든 행동과 상황적인 맥락을 동시에 빠짐없이 정확하게 기록하는 것이 현실적으로 불가능하기 때문이다. 여러 명의 관찰자가 투입되기 어려운 경우, 기록의 신뢰성을 높이기 위해서는 비디오나 녹음기를 보조적으로 사용하여 관찰내용을 다시 확인할 수 있으면 좋을 것이다.

3.2 일화기록법

일화기록법(anecdotal record)이란 짧은 사건이나 눈에 띄는 행동에 대한 사실적이고 상세한 기록을 말한다. 연속기록법과 마찬가지로 비형식적이고 개방적인 관찰방법으로서 서술의 형태가 사실적이고 구체적이므로 글로 묘사된 사진(word picture)이라고 표현하기도 한다. 전체적인 것을 다 서술하는 연속기록법에 비해 일화기록법은 어떤 한 가지 상황이나 행동에 대한 단편적이고 사실적인 기록이다. 또한 연속기록법과 달리 어떤 관찰대상이나 장면을 정해 놓지 않고 의미 있다고 생각되거나 관심대상이 되는 행동이 일어날 때마다 기록한다. 따라서 일화는 몇 분 정도의 사건에 대해 핵심적으로 서술하게 되므로 특별한 기록지나 시간 구성 등의 계획을 필요로 하지 않는다.

이처럼 일화기록은 사전 준비나 특별한 계획 없이 실시될 수 있어 간편하며, 유아교육 현장에서 가장 적용하기 쉬운 방법이다. 영유아 보육 및 교육 현장에서 교사가 일화기록법을 활용하면 개별 아동의 문제점을 파악하거나 개별화 교육을 실시하는 데 도움이 될 수 있다. 또한 일화기록을 통해 연구의 주제를 선택하거나 구체화시킬 수도 있다. 일화기록에서는 어떤 특정 주제를 정해서 그에 관련된 것을 관찰하는 경우도 있으나, 기대하지 않던 우발적 행동의 기록일 때가 많다. 따라서 관찰자가 특별한 관심을 가진 행동을 자의적으로 선택할 수 있어 주관성과 편향성이 개입될 가능성이 있다. 또한 관찰된 행동의 일부만 기록되는 경우가 많으므로 해석과 추론에서 오류를 범할 확률도 높다. 단편적인 행동의 기술에 그친 한두 개의 일화기록을 가지고 전반적인 발달을 파악하기는 어려우므로, 아동의 발달을 평가하기 위해 일화기록법을 사용할 때는 여러 회의 풍부한 자료를 수집하여 종합적으로 접근하여야 한다. 일화기록은 평정척도법 등의 다른 관찰방법과 병행하여 사용할 수도 있다. 일화기록법을 사용한 관찰의 예를 〈Box 9.2〉에 제시하였다.

〈Box 9.2〉 일화기록의 예

이름: 김지훈 (3세, 남아) **날짜: 2005. 10. 10**

장소: 실내 소꿉놀이 영역 **시간: 오전 11시 35분**

관찰자: 김하나

지훈과 민지(3세 여아)는 소꿉놀이 영역에서 놀고 있었다. 철이가 의자를 밀고 있었는데, 의자가 옆으로 넘어졌다. 내가(교사) "의자가 넘어졌구나. 철이가 그걸 일으켜 세울 수 있겠니?"라고 했다. 철이는 "의자가 넘어졌어. 선생님, 쎄쎄 해 주세요." 라고 하면서 의자를 세워 놓고 3, 4회 쓰다듬었다.

이 예에서 보는 바와 같이 일화기록에서 강조되는 특징은 관찰된 사건에 대한 사실적이고 객관적인 기록이라는 점이다. 일화기록 시에 유의할 점을 Brandt(1972)가 제시한 내용에 근거하여 살펴보면 다음과 같다(김아영, 2000; 이은해, 1985).

1. 일화적 사건이 생긴 후 가능한 한 즉시 기록한다. 기록할 때 일화에 관련된 세부 정보, 즉 날짜와 시간, 장소 등을 포함하는 것을 잊지 않는다.
2. 대상 인물의 행동과 말을 구별해서 기록한다. 대상의 객관적 행동뿐 아니라 목소리, 몸짓, 얼굴 표정 등 감정에 관한 정보까지 포함하여 사건에 대한 완전한 서술이 되도록 한다. 또한 대화의 정확한 의미를 파악하기 위해서는 대상 인물이 사용한 말을 그대로 인용한다. 대상이 한 말(verbatim)을 따옴표 속에 넣어 그대로 기록하면 도움이 된다.

3. 사건이 일어난 배경이 되는 장면, 시간, 진행 중인 행동 등 상황적인 자료를 반드시 기록에 포함시킨다.
4. 대상 인물의 행동과 언어를 기록함과 동시에 그 상황에 있는 다른 사람들의 반응도 기록한다.
5. 사건이 일어난 순서대로 기록한다.
6. 행동의 세 가지 수준, 즉 대단위, 중간단위, 소단위가 모두 기록에 포함되어야 한다.
7. 최대한 객관적이고 정확하고 완전한 기록을 하기 위해 노력해야 한다.

3.3 행동목록법

관찰 전에 일정한 기록양식을 준비하여 이에 따라 표기식으로 기록하는 경우에 가장 대표적으로 쓰이는 양식이 행동목록과 평정척도다. 두 방법 모두 행동에 대한 서술적인 내용을 제공하지 않으며, 비교적 간단히 기록할 수 있는 방법이다. 이 중 행동목록(behavior checklist) 또는 체크리스트(checklist)는 연구자가 관심을 가지고 있는 특성이나 행동의 유무에 대한 정보를 목록에 표기하는 방법을 말한다. 인간행동이 아닌 자료나 환경 등에 대한 정보도 체크리스트에 포함될 수 있으며 일반적으로 행동양상에 대한 것은 행동목록이라고 한다. 연구자가 관찰하고자 하는 행동의 목록을 사전에 준비하여 열거하고, 각 행동의 출현 여부를 '예' 또는 '아니요'로 표기하는 방법이다. 관찰하고자 하는 행동을 모두 목록에 포함시키게 되므로 포괄성 있는 관찰이 될 수 있으며, 이미 연구자들이 개발한 양식을 선정해서 사용한다면 관찰의 실시가 좀 더 편리해질 것이다.

행동목록에 결과를 기록하기 위해 필요한 관찰시간은 정해져 있지 않으나 충분한 관찰이 일어날 수 있도록 기간을 여유 있게 두는 것이 좋다. 행동의 목록이 비교적 구체적이고 직접 관찰을 통해 기록이 가능하다면 현장에서 기록을 동시에 할 수도 있으나, 대부분 행동목록에 의한 기록은 관찰을 충분히 한 후 이루어지게 된다. 짧은 관찰 후에 체크리스트 기록을 하는 경우 예/아니요 판단을 하기에는 관찰이 부족할 수 있으므로 '관찰 못함' 란을 따로 두어 일단 표기한 후 다시 추가 관찰할 수 있도록 하는 것이 좋다. 행동목록의 예로 [그림 9-1]에 아동의 실내 자유놀이시간 행동에 대한 목록을 제시하였다.

[그림 9-1]에서 볼 수 있듯이 행동목록은 특정 행동이 존재하는지 아닌지에 대한 것만 표시하게 되므로 간편한 반면, 관찰자에 따라 결과에서 차이가 생길 가능성이 높다.

아동 이름: ____________ 만 연령: ____________ (남 · 여)
학 급 명: ____________ 관찰자: ____________
관찰시간: ____________

	예	아니요	관찰 못함
1. 친구들과 어울려 논다.	____	____	____
2. 놀잇감을 친구들에게 양보한다.	____	____	____
3. 다른 아동의 놀이를 방해한다.	____	____	____
4. 흥미영역에 골고루 참여한다.	____	____	____
5. 한 가지 놀잇감에 몰두하여 논다.	____	____	____
6. 교사의 지시를 따른다.	____	____	____
7. 쓰던 장난감을 제자리에 놓는다.	____	____	____
8. 새로운 자료에 호기심을 보인다.	____	____	____
9. 교사의 질문에 적절히 반응한다.	____	____	____
10. 다른 친구에게 신체적 공격을 가한다.	____	____	____

[그림 9-1] 행동목록의 예

따라서 각 행동목록에 포함되는 행동에 대한 구체적인 정의가 필요하며, 표기하기 전에 관찰시간을 충분히 가져야 한다. 행동목록법은 행동의 출현 여부에 대한 정보는 줄 수 있지만 빈도나 기간 등의 세부적인 자료는 제공하지 못한다. 따라서 행동목록법만으로 원하는 정보를 얻을 수 있는지 고려하여, 만약 필요하다면 다른 방법들을 병행할 수도 있다.

3.4 평정척도법

평정척도법은 사람이나 사물이 가진 특성을 측정하기 위하여 대상의 질적인 특성을 여러 수준으로 구분해서 척도상에 기록하는 방법이다. 관찰하려는 행동 영역에 대해 미리 알고 기록양식을 준비한다는 점에서 행동목록법과 비슷하지만, 특정 행동의 존재 여부를 알아내는 것에만 그치는 것이 아니라 각 행동의 특성이나 질적 수준을 수량화한다는 점에서 차이가 있다.

평정척도법은 주로 평상시의 관찰에 근거하여 대상의 특성에 대한 전체적 인상을 척도로 구분하게 되며, 관찰시간이 다소 경과한 후에 이루어질 수 있는 기록방법이다. 즉 일회성 관찰보다는 일정한 기간 동안 관찰한 후 그 결과를 요약하게 되는 경우가 일반적이다. 예를 들어, 아동의 친사회성에 관련된 행동으로 친구 간 도움주기, 장난감 나누어 쓰기 등에 대한 행동을 평정한다고 가정하자. 이때 몇 가지 차원으로 나누어져 있는 해당 항목의 척도에서 어느 곳에 정확히 표기해야 할지 한 번의 관찰로는 판단을 내리기 어려울 수가 있다. 따라서 평정척도법은 관찰과 동시에 그때그때 기록하는 것이 아니라 일정 기간의 관찰에 근거하여 그 결과를 요약하는 수단이다. 이런 특성 때문에 평정척도법은 관찰자에 의해 기억되거나 지각된 행동에 관한 것으로서 직접 관찰에서 제외되는

아동 이름: ________________ 만 연령: ________________ (남 · 여)
학 급 명: ________________
관찰자(1회): ________________ 1회 기록일 ____ 년 ____ 월 ____ 일
관찰자(2회): ________________ 2회 기록일 ____ 년 ____ 월 ____ 일

사회생활영역

문항 1. 차례 지키기
1) 차례를 지켜야 함을 모른다.
2) 차례를 지켜야 하는 것을 알지만, 거의 지키지 못한다.
3) 차례를 지키는 편이나, 지키지 못할 때도 있다.
4) 자기 차례를 잘 지킨다.

문항 2. 놀이 계획 및 실행하기
1) 스스로 놀이를 계획하지 못한다.
2) 놀이 계획은 세우지만, 실행하지 못한다.
3) 놀이 계획을 세우고, 반 정도는 계획대로 실행한다.
4) 놀이 계획을 세우고, 대부분 계획대로 실행한다.

문항 3. 한계 수용하기
1) 활동에 어떤 제한이 있을 때(놀이시간, 자료의 사용방법 등에서) 그 제한을 받아들이지 않는다.
2) 거부감을 보이면서 가끔 제한을 받아들인다.
3) 대체로 거부감 없이 제한을 받아들인다.
4) 제한을 잘 받아들인다.

[그림 9-2] 기술 평정척도의 예

경우도 있다.

평정척도의 기록양식은 일반적으로 행동의 서술 부분과 척도치의 두 부분으로 구성되며, 평정척도의 종류에는 기술 평정척도, 수 평정척도, 도식 평정척도, 표준 평정척도가 있다. 기술 평정척도는 각 단계에 대해 구체적으로 서술하여 구분한 것으로서 [그림 9-2]에 예시되어 있다. 예에 제시된 문항은 유치원 교육 과정에 기초한 유아관찰척도(교육부, 1995)에서 사회생활영역의 3문항이다. 모두 4점 척도로 구분되어 있고, 1점이 가장 낮은 수준이며 4점이 가장 높은 수준이다.

수 평정척도는 어떤 특성을 나타내는 정도를 제시하기 위해 척도치에 숫자를 부여하는 방법이다. 도식 평정척도는 어떤 특성에 대하여 척도치를 선으로 그린 다음 연속선상에 몇 개의 공간을 분할하여 나누고 각 위치에 따른 의미를 첨부해 놓는다. [그림 9-3]에 또래 유능성 척도의 일부를 도식 평정척도의 예로 제시하였다. 도식 평정척도에서 얻은 정보는 통계적 분석을 위해 다시 수 평정척도로 전환된다.

이에 비해 표준 평정척도는 척도치에 구체적인 준거를 제시하여 평정하도록 하는 것이다. 예를 들어, 교사가 자신의 학급에서 관찰한 아동의 언어능력을 평가할 때 어휘구사력이나 의사소통능력 등의 각 항목에 대하여 등급별 척도마다 '상위 5%' '상위 20%'

아동 이름: ________________ 만 연령: ________________ (남 · 여)
학 급 명: ________________ 관찰자: ________________
관찰기간: ________________

	전혀 그렇지 않다	별로 그렇지 않다	보통이다	조금 그렇다	매우 그렇다
1. 다른 아이들에게 양보를 잘 한다.					
2. 다른 아이들의 이야기를 잘 들어 준다.					
3. 장난감이나 교구를 다른 아이들과 사이좋게 나누어 쓴다.					
4. 여러 아이들과 고루 친하게 지낸다.					
5. 다른 아이들에게 자신의 의견을 명확하게 표현한다.					

[그림 9-3] 도식 평정척도의 예

아동 이름: ________________　만 연령: ________________ (남 · 여)
학 급 명: ________________　관찰자: ________________
관찰기간: ________________

	하위 5%에 속함	하위 20%에 속함	중간 50% 내외	상위 20%에 속함	상위 5%에 속함
1. 어휘구사력					
2. 의사소통능력					
3. 문장구성능력					
4. 언어이해력					

[그림 9-4] 표준 평정척도의 예(1)

등 객관적인 비교 준거를 제시해 주는 경우를 말한다. 이렇게 함으로써 평정대상 아동을 일반 아동과 비교한 관찰결과를 기록할 수 있게 된다. 아동의 언어능력을 평가할 때 표준 평정척도를 적용한 예가 [그림 9-4]에 제시되어 있다.

표준 평정척도의 또 다른 방법은 행동의 출현빈도에 대한 정보를 구체적 준거로 제시하여 척도화하는 것이다. [그림 9-5]는 [그림 9-3]의 척도를 표준 평정척도 형태로 바꾼 것으로 볼 수 있다. 도식 평정척도는 평정치에 부여된 의미에 따라 주관적 평가에 의존하는 형식이지만 표준 평정척도에서는 각 척도치에 대한 객관적인 준거를 제시하려 한 것에 차이가 있다.

평정척도법을 사용할 때의 문제점은 관찰자의 주관적인 판단과 해석이 요구되기 때문에 여러 가지 오류의 가능성이 있다는 것이다. Kerlinger와 Lee(2000)가 평정척도법의 취약점으로 제시한 오류들을 소개하면 다음과 같다.

첫째, 가장 많이 범하는 오류인 후광효과(halo effect)다. 관찰대상에 대한 선입견이나 인상이 평정의 객관성을 저해하는 것으로, 관찰자가 이미 가지고 있는 사전의 정보가 자신도 모르게 영향을 주는 것을 말한다.

둘째, 관용의 오류(error of leniency)와 엄격성의 오류(error of severity)가 있다. 평정하는 사람의 특성에 따라 지나치게 관대하거나 혹은 지나치게 인색한 점수를 줄 수 있음을 말한다.

아동 이름: ______________ 만 연령: ______________ (남 · 여)

학 급 명: ______________ 관찰자: ______________

관찰기간: ______________

	10회 중 1회 정도	10회 중 2, 3회	10회 중 4~6회	10회 중 7, 8회	10회 중 9회 정도
1. 다른 아이들에게 양보를 잘 한다.					
2. 다른 아이들의 이야기를 잘 들어 준다.					
3. 장난감이나 교구를 다른 아이들과 사이좋게 나누어 쓴다.					
4. 여러 아이들과 고루 친하게 지낸다.					
5. 다른 아이들에게 자신의 의견을 명확하게 표현한다.					

[그림 9-5] 표준 평정척도의 예(2)

셋째, 중앙집중의 오류(error of central tendency)를 들 수 있다. 이는 평정척도의 양 극단 점수를 회피하고 대체로 중앙에 속한 평정점수를 많이 선택하는 경향이 있다. 특히 관찰자가 평정에 대한 확신이 없을 때 이런 경향이 더 두드러진다. 이러한 오류를 감소시키기 위해 3, 5, 7 등의 홀수 척도보다 4, 6, 8 등의 짝수 척도를 사용하기도 한다.

그 밖에도 논리적으로 서로 관련 있는 문항들에 대해 비슷한 평정을 하게 되는 논리성의 오류(error of logic), 문항 간 거리가 가까울 때 비슷한 평정을 하게 되는 근접의 오류(error of proximity), 관찰자 자신의 특성에 비추어 정반대로 대조를 이루며 평가하는 대비의 오류(error of contrast) 등이 있다. 따라서 관찰자는 평정척도가 객관적으로 평정하기에 적합한지, 척도 간에 동간을 가정할 수 있는지 등을 고려할 뿐 아니라 위와 같은 내재적 오류의 특성을 인지하여 관찰연구에 적용할 때 유념해야 할 것이다. 또한 대상별로 모든 문항을 평정하기보다는 한 문항씩 모든 대상을 평정하고 그 다음 문항으로 진행하는 방식을 택함으로써 평정의 오류를 감소시킬 수 있다.

3.5 시간표집법

시간표집법(time sampling)은 연구대상을 짧은 시간(예: 10초, 30초, 1분 등) 동안 여러 회 반복 관찰하여 행동의 발생에 대한 자료를 수집하고 기술하는 방법이다. 즉 계속해서 대상을 관찰하는 것이 아니라 다양한 시간을 표집하여 여러 회 관찰하고, 그 시간 동안 어떤 행동이 발생하는지를 기록한다. 관찰시간 측면에서 대표성 있는 표집을 목표로 한다는 의미에서 시간표집법이라고 한다. 예를 들어, 유아가 실내 선택활동 시간에 놀이실 영역 중 어느 영역에 참여하는지를 유아당 30초 단위로 표기할 수 있다. 이때 관찰시간은 8시 30분 또는 9시 30분 등 선택활동 시간을 고르게 표집하고, 일주일에 며칠을 선택하여 관찰할 수 있다. 그리고 유아를 관찰하는 순서는 무작위로 매번 바꿀 수 있을 것이다. [그림 9-6]에서 아동의 놀이영역 참여를 시간표집법으로 기록한 예를 살펴보자.

[그림 9-6]과 같이 1주일이나 2주일 정도 관찰하여 유아별로 영역별 참여빈도를 합산해 보면, 유아의 놀이영역 선택의 선호도를 알 수 있을 뿐 아니라 참여가 높거나 낮은 영역을 알아낼 수 있다. 대부분의 유아들이 전반적으로 참여를 낮게 한 영역이 있다면 그 원인을 알아보기 위하여 추가로 그 영역만 선택하여 관찰해 볼 수 있을 것이다.

이처럼 시간표집법은 특정 행동이 발생하는 빈도에 관심이 있을 때 그 행동의 측면에 대해 일정한 간격으로 반복적 관찰을 실시하고, 이에 대한 기록을 바탕으로 행동을 전반적으로 기술하게 된다. 따라서 시간표집법을 사용할 때는 관찰하려는 행동이 자주 일어나는 것이어야 하며, 관찰이 가능한 외현행동이어야 한다. 만약 이에 대한 정보가 없다면 예비관찰을 통해 관찰하고자 하는 행동이 얼마나 자주 나타나는지 등을 살펴보고, 시

이름	월		화		수	
	8 : 30	9 : 30	8 : 30	9 : 30	8 : 30	9 : 30
이○○	간	미	간	언	블	간
송○○	극	화	극	극	조	언
최○○	×	×	×	언	×	조
박○○	미	과	극	극	미	언
김○○	블	블	건	극	미	극
:	:	:	:	:	:	:

간: 간식　극: 극놀이　×: 부재중　미: 미술　조: 조작
블: 블록　언: 언어　화: 화장실　과: 과학

[그림 9-6] 시간표집법의 예(1)

간표집법이 적합한 방법인지 확인하여야 한다.

3.5.1 시간표집의 계획

시간표집법을 적용하기로 결정하였다면 실제 관찰에 임하기 전에 결정할 사항들이 있는데, 가장 중요한 것은 대표적인 시간표집을 어떻게 얻을 것인가 하는 문제다. 이를 위해 고려할 것으로는 관찰의 시간단위(time interval), 시간단위 사이의 간격(spacing of time intervals) 그리고 관찰횟수(number of time intervals)를 들 수 있다.

먼저 관찰의 시간단위에 대하여 살펴보자. 시간표집법에서 사용되는 1회 관찰지속시간이 특별히 정해져 있지는 않으나 연구내용과 목적 그리고 관찰하려는 행동의 특성과 발생빈도에 따라 달라질 수 있다. 일반적으로 5분 이하의 시간단위를 사용하는 것이 상례이며, 10초~1분 단위로 측정되는 경우가 많다. 기록양식이 복잡하거나 많은 수의 항목을 포함하고 있을수록 관찰의 시간단위가 길어지게 된다.

다음으로 고려할 사항은 시간단위 사이의 간격이다. 이것은 관찰대상이 되는 행동의 지속시간과 기록하는 방법, 관찰대상의 수 등과 관련된다. 소수의 범주만이 포함된 체크리스트나 빈도기록표 등에 간단히 표기하는 경우에는 관찰시간단위 간의 간격이 짧아도 될 것이나, 관찰의 대상 수가 많거나 복잡한 기호로 기록하는 경우에는 관찰시간단위 사이에 충분한 간격을 두어야 한다. 아주 단순한 기록절차를 사용하는 경우 시간단위 사이에 간격을 두지 않는 경우도 있기는 하나, 표기식의 간단한 기록에서도 유목별 누락이나 확인을 위해서 또는 관찰대상을 집단 내에서 찾기 위해서는 시간이 필요하므로 관찰시간단위 사이에 어느 정도 간격을 두는 것이 좋다.

마지막으로 관찰횟수에 대해서도 생각해야 하는데, 연구대상별로 총 몇 회에 걸쳐 관찰할 것인지를 결정하는 것이다. 이는 연구목적과 내용에 따라 대표적인 표집을 얻기 위해 필요하다고 생각되는 시간에 따라 달라질 것이다. 관찰횟수가 많을수록 행동의 표집에서 대표성도 높아지게 되고, 빈도 자료의 분포가 안정적이 되어 분석할 때 유리하다.

3.5.2 행동단위의 정의 및 범주화

시간표집법은 구조화된 관찰유형이므로 관찰의 목표행동(target behavior)이나 사건을 명확히 정의하여야 한다. 어떤 사람이 관찰자로 참여하든지 각 용어나 정의에 대한 의미를 이해할 수 있도록 구체적으로 기술하는 것이 바람직하다. 자료를 기록하기 위한 부호화나 범주체계를 만들 때 대단위 행동 아래에 하위범주를 세분화하여 행동을 위계적으로 분류해야 하며, 각 범주의 조작적 정의가 명료해야 한다. 즉 행동의 하위범주 간에 서로 중복이 없고 각 하위범주들은 한 가지 기준 위에서 분류되어야 하며, 범주들은 전체적으로 포괄성이 있어야 한다는 것이다. [그림 9-7]은 송혜린(2003)의 연구에서 시간표집법으로 아동의 사회인지적 놀이행동을 관찰할 때 사용한 기록지의 예다. 이 관찰기록지에서, 아동의 사회인지적 놀이유형으로 나눌 수 있는 모든 항목을 포함하였으며, 각 하위범주들은 서로 중복되지 않는 것을 볼 수 있다.

3.5.3 기록과 점수화

위에서 설명한 바와 같이 시간표집법에서 사용되는 각 범주의 행동에 대한 명확한 정의와 충분한 설명을 통해 관찰할 목표행동과 그와 비슷한 다른 행동을 관찰자가 구별할 수 있어야 실제 관찰을 수행하고 기록할 때 오류가 없다. 또한 효과적인 기록을 위하여 각 행동단위를 기술하는 약자를 미리 정하면 관찰이 편리할 뿐 아니라 시간도 절약할 수 있다. 예를 들어, 아동의 사회인지적 놀이행동을 관찰할 때 혼자놀이 중 기능놀이는 'ㅎㄱ'으로, 혼자놀이 중 극화놀이는 'ㅎㅎ'으로 본인이 알기 쉽게 표시하여 기능놀이와 구별되게 하면 된다. 이렇게 글자의 약자를 이용하면 기억하기 쉬우나, 실제로는 이런 부호화 외에 다음의 방법이 많이 사용된다.

시간표집법을 기록할 때 대부분의 경우 관찰목표가 되는 행동이 관찰시간단위 내에서 출현하였는지에 대하여 유나 무로 부호화된다. 이처럼 행동의 출현 유무에 대해 체크(∨)만 하는 경우와 행동이 나타날 때마다 세기표(/)로 표시하는 경우 그리고 행동의 지속시간을 추가하여 표시하는 방법이 있다. [그림 9-7]의 연구 예는 사회인지적 놀이를 세부 범주로 나눈 다음, 오전 자유선택활동 시간 동안 아동의 놀이행동을 관찰한 경우다. 한 학급의 4세 아동 10명을 선정한 다음, 미리 각 아동에게 번호가 적힌 스티커를 부착시켜 관찰 시 구별할 수 있도록 하였다. 한 아동마다 20초 동안 관찰하고 10초 동안 기록하는 방법으로 30초씩 관찰하였으며, 한 명이 끝나면 두 번째 아동을 30초 관찰하는 방법으로 총 10명을 모두 관찰하였다. 10명 모두에 대해 1회의 관찰이 끝나면 순서를 무선적으로 바꾸어 다시 반복하여 각 아동에 대해 20회 관찰을 실시하였다.

관찰하여 기록한 자료를 점수화하는 방법도 여러 가지가 있는데, 기록방법을 어떤 것으로 택하였는가와 관련이 있다. 행동의 유무를 체크 또는 세기표로 기록했을 때는 이를 모두 센 다음 행동이 출현한 총 빈도 또는 시간단위의 합을 낼 수 있다. 이 밖에 행동이 일어난 지속시간에 대한 정보가 있다면 총 시간을 합산할 수 있을 것이다. 또한 이런 수치를 총 관찰시간으로 나누어 단위 시간에 행동이 나타난 빈도나 시간 등을 알아볼 수도

______ 어린이집 ______ 반 아동 이름 ______

관찰 일시 (1) ___ 월 ___ 일 ___ 시 ___ 분 ~ ___ 월 ___ 일 ___ 시 ___ 분

(2) ___ 월 ___ 일 ___ 시 ___ 분 ~ ___ 월 ___ 일 ___ 시 ___ 분

	혼자 기능	혼자 구성	혼자 극화	혼자 게임	병행 기능	병행 구성	병행 극화	병행 게임	집단 기능	집단 구성	집단 극화	집단 게임	비놀이
1													
2													
3													
4													
5													
6													
7													
8													
9													
10													
11													
12													
13													
14													
15													
16													
17													
18													
19													
20													
계													

[그림 9-7] 시간표집법의 예(2)

있다. 연구의 목적에 따라 어떤 분석방법을 선택하게 될 것인가를 미리 고려하여 기록방법의 선택에도 반영되어야 한다.

3.5.4 시간표집법의 장단점

시간표집법을 사용하면 비교적 짧은 시간 내에 행동이나 사건의 출현빈도 등에 대한 많은 정보를 수집할 수 있고, 수량화가 용이하며 통계처리가 간편하다는 장점이 있다. 그러나 시간표집법을 적용하기 위해서는 관찰목표가 되는 행동이 비교적 높은 빈도로 발생하여야 하고, 외형적으로 관찰 가능한 행동이어야 하기 때문에 연구의 주제가 될 수 있는 행동범위가 비교적 제한된다. 그리고 관찰범주를 사전에 작성하여 관찰하게 되므로 이미 제시된 각 유목에 해당하는 행동을 의도적으로 찾거나 범주에 끼워 넣으려 할 수 있고, 범주에 없는 다른 중요한 사항들은 제외될 수도 있다. 다른 관찰유형에 비해 효율성 면에서는 뛰어나지만 표출된 행동 이면에 있는 질적 내용은 알지 못한다는 단점이 있다. 즉 자료가 단편적이므로 행동들 사이의 상호관계나 주변 상황과의 관련성을 제시해 주지 못하는 것이다. 기록방법의 특성상 사건의 순서나 자세한 내용을 기술하지 않기 때문에 아동 행동의 인과관계를 알 수 없다는 문제점도 있다. 이를 보완하기 위해 서술식으로 행동의 내용과 맥락을 함께 기록하는 혼합된 방법을 사용하기도 한다(김아영, 2000).

3.6 사건표집법

사건표집법(event sampling)은 관찰하고자 하는 어떤 사건이나 행동이 출현되기를 기다렸다가 그때마다 일정한 형식에 따라 순서대로 사건에 관해 기록하는 것이다. 즉 시간을 정해놓고 어떤 행동의 발생 유무만 보는 것이 아니라, 관찰하고자 하는 행동이나 사건이 발생하기를 기다렸다가 기록하는 방법이다. 연속기록법이나 일화기록법처럼 관찰에 소요되는 시간이 길거나 비경제적이지 않고, 시간표집법처럼 자주 발생하는 행동에 대해서만 적용하는 것이 아니라는 점에서 절충적인 대안이라고 할 수 있다. 영아의 공격적 행동이나 유아가 또래와의 놀이상황에서 보이는 갈등행동 등 빈번하게 발생하지 않더라도 관찰하는 것이 중요하다고 생각되는 행동에 적용하는 것이 적합할 것이다.

3.6.1 사건표집법의 적용

사건표집법을 적용할 때 관찰은 통제된 형태로 일어나지만 기록에서는 융통성이 있다. 시간표집법에서처럼 항목별로 체크할 수도 있고, 지속시간이나 행동의 내용을 기입하는 서술형식을 병행할 수도 있다. 필요한 경우 사건 전후의 상황도 같이 기록하게 된다. 관찰의 목적이 어떤 행동의 원인이나 결과를 알아보고자 하는 것에 있다면 ABC 사건표집법이 유용하다. ABC 사건표집법이란 사건 전체를 서술하되, 세 부분으로 나누어 기록하는 것이다. 즉 선행사건(antecedent event), 행동(behavior), 사후결과(consequent event)를 나타내는 영어의 약자 ABC를 따서 명명한 것이다(Beaty, 2002). [그림 9-8]에 ABC 사건표집법 기록의 예가 제시되어 있다. 이러한 관찰방법은 관찰목적이 되는 행동의 전과 후에 어떤 일이 있었는가에 대한 내용을 알려 줌으로써 원인과 결과를 해석하는 데에 도움을 줄 수 있다. [그림 9-8]의 예시에서 관찰아동의 발차기 행동이 나타날 때는 주로 다른 아동이 자신의 활동을 방해하는 때라는 것을 알 수 있으며, 발차기 행동을

관찰아동: 김지훈 (남) 연령: 3세 5개월
관찰일시: 2005년 11월 21일 오전 9:00~12:00
관 찰 자: 이민아
관찰행동: 자유놀이시간에 보이는 발차기 행동

시간	사건 전	사건내용	사건 후
9:13	지훈이 적목영역 구석에서 혼자 놀고 있었다; 민규가 가까이 와서 다른 적목들을 지훈이 쌓아 놓은 적목 위에 놓았다.	지훈이 찡그리면서 민규를 쳐다본다; 일어난다; 민규를 밀치고 발로 차기 시작한다.	민규는 울면서 교사에게 달려간다.
10:08	실외놀이터에서 지훈이 미끄럼틀을 타려고 다른 아이들 뒤에 줄 서 있었다; 은지가 중간에 끼어들려고 하였다.	지훈이 은지를 발로 찬다; 옆에 있던 교사에게도 발길질을 한다.	은지는 울음을 터뜨린다; 발길질을 멈추지 않는 지훈을 교사가 두 팔로 들어 올려서 놀이터 한쪽 구석으로 데려간다.

[그림 9-8] ABC 사건표집법 기록의 예

먼저 시도하지는 않는다는 것을 알게 된다. 이 아동의 발차기 행동이 일어날 때마다 ABC 사건표집법으로 기록한다면 행동의 원인에 대한 더 많은 정보를 얻을 수 있을 것이다.

이처럼 서술형태로 사건표집법을 사용할 수도 있지만, 연구자의 주요 관심이 행동에 대한 양적인 정보를 얻는 것에 있다면 특정 행동이 나타나는 빈도를 기록할 수도 있다. 자주 관찰되는 행동이거나 시간적 간격이 더 중요한 요소라면 일반적으로 시간표집법을 사용하지만, 잘 나타나지 않거나 불규칙하게 관찰되는 행동인 경우 사건표집법이 더 유용할 수 있다. 사건표집법으로 관찰연구를 할 때 연구자가 유의할 점에 대하여 요약하면 다음과 같다.

첫째, 연구자는 관찰하고자 하는 행동 또는 사건을 결정하여 조작적으로 정의한다.

둘째, 관찰하고자 하는 행동이나 사건에 대해 충분히 이해하고 있어야 하며, 경험적 자료를 통해서 그 행동이 어떤 장면에서 가장 잘 관찰될 수 있는가도 알고 있어야 한다.

셋째, 기록하고자 하는 정보나 자료의 종류를 결정한다.

넷째, 관찰기록용지를 만들 때 관찰자가 사용하기에 편리한 것인지 점검한다. 서술형식의 기록을 위한 여백도 충분히 준비되어야 할 것이다.

3.6.2 사건표집법의 장단점

사건표집법의 장점은 관찰행동이 자연스러운 사건을 단위로 하여 구분되므로 행동의 맥락이 단절되거나 분리되어 관찰되지 않는다는 것이다. 또한 표기식과 서술식의 장점을 절충하여 행동이나 사건에 대한 객관적 자료뿐 아니라 그 전후 맥락에 대해 충분한 설명과 기술이 이루어진다는 점이다. 사건표집법에는 자주 일어나지 않는 행동도 포함시킬 수 있다는 것과 대상 행동이나 사건이 일어날 때만 집중해서 관찰하게 되어 시간이 절약된다는 점 등이 장점이 될 수 있다.

이에 비해 사건표집법이 가지는 단점도 있다. 먼저 자료의 수량화가 어려워 통계적 분석에 어려움이 있거나 신뢰도 측정이 어려울 수 있다. 사건표집법이 서술형의 관찰기술과 부호화 기술로 수량화하는 방법을 함께 적용할 수 있다는 것은 장점이기도 하지만, 사건이 발생한 다음 어느 정도 분리된 관찰정보를 얻게 되므로 행동의 전체 맥락과 상황에 대한 총체적이고 세밀한 이해가 필요할 때는 여전히 충분한 자료를 제공하지 못한다는 것을 알 수 있다.

표 9-1 시간표집법과 사건표집법의 비교

비교의 측면	시간표집법	사건표집법
측정의 단위	시간단위	특수한 사건 및 행동
연구의 관심	행동, 사건의 발생 정도	행동, 사건의 특성
정보의 종류	행동의 빈도나 지속시간	행동의 순서 및 전후 관계
기록방식	세기표 또는 체크	서술과 세기표 또는 체크

이상에서 살펴본 것을 바탕으로 시간표집법과 사건표집법을 비교하여 요약하면 〈표 9-1〉과 같다(이은해, 1985:177).

4. 관찰의 오류 및 신뢰도

4.1 관찰의 일반적 오류

관찰연구에서는 관찰의 객관성을 유지하고 정확히 기록하는 데서 오류가 개입될 가능성이 있다. 이러한 오류들은 관찰자와 관련된 것도 있지만 관찰대상과 관련된 오류나 대상 표집과 장면 선정 혹은 기록과 분석, 해석 과정에서 생기는 것도 포함된다. 일반적으로 관찰연구에서 고려해야 할 오류에 대해 살펴보면 다음과 같다.

첫째, 관찰자가 범하는 오류다. 이를 관찰자 오류라 하는데, 관찰자가 편견을 가지고 관찰을 수행하거나 관찰자 자신의 기대나 개인적 특성에 따라 자신도 모르게 선택적으로 관찰을 하게 되는 경우를 의미한다. 정밀한 기계가 아닌 관찰자의 지각에 의존하는 관찰연구의 특성 때문에 관찰자가 가지는 편파적인 관점이 관찰 과정에 영향을 미치게 될 수 있다. 즉 실제 상황을 객관적으로 기록하지 않고 자신이 기대하는 방향으로 기록하거나, 어떤 이유로 관찰이 이미 시작된 다음에 기록방법이나 도구 등을 바꾸게 되면 수집된 관찰자료에 오류가 생기게 된다. 연구를 시작할 때 연구자의 대부분이 연구결과에 대해 어떤 가설이나 기대를 가지게 되므로, 스스로 객관적이려고 노력한다 하여도 연구가설이나 기대에 일치하는 방향으로 관심을 집중하는 경향이 있다. 따라서 가능하다면 연구자 자신이 직접 모든 관찰을 하지 않고 훈련된 다른 관찰자가 관찰에 임하는 것이 바람직하다. 이때 다른 관찰자에게 연구가설이나 기대하는 결과에 대해 미리 알려 주지 않아야 한다.

이 밖에 관찰자의 지각적 특성에서 오는 문제점도 있다. 여러 가지 자극 중 어떤 특정 자극에 더 집중하게 되어 중요한 사항을 놓칠 수 있는데, 관찰대상이 되는 행동이나 사건이 한꺼번에 집중적으로 일어날 때 많이 생기는 오류다. 비슷한 경우로, 갑자기 일어난 돌출적 행동이나 자극에 집중하게 되어 다른 것들을 보지 못하게 되기도 한다. 예를 들어, 관찰대상이 아닌 다른 아동이 갑자기 간식영역에서 음식을 심하게 쏟아 소란이 일어나면 그 장면을 자기도 모르게 쳐다보다가 원래의 관찰 아동이 보인 행동을 놓칠 수 있다. 같은 관찰장면에 대해 여러 명의 관찰자가 함께 참여한다면 이런 오류를 다소 줄일 수 있다.

관찰자가 가지는 또 다른 편견은 관찰대상에 관련된 정보나 지식 때문에 개인적 감정을 가지게 되어 어떤 특정 관찰대상을 과대평가하거나 과소평가하는 것이다. 이를 후광효과라고 하는데, 예를 들어 관찰 전에 교사로부터 어떤 아동이 그 전날 실외놀이터에서 다른 아동에게 공격적인 행동을 해서 다치게 하는 사고가 있었다는 말을 들었다면, 관찰을 하면서도 그 아동의 공격적인 행동이 더 부각되어 그 부분에 대해 지나치게 주의를 집중하게 될 수 있다. 따라서 관찰대상에 대한 부가적인 정보는 관찰이 끝난 후에 수집하는 것이 더 바람직하다.

둘째, 관찰대상에 미치는 관찰자의 영향에 관련된 오류다. 관찰자가 현장에 있다는 것 자체만으로 이미 그 상황은 자연스런 상황과 조금은 다른 것이 된다. 다른 사람이 자신을 관찰하고 있다는 것을 인식하여 행동이 변화할 수 있는데, 성인의 경우에는 관찰자의 기대를 예측하여 그와 맞게 혹은 그와 반대로 일부러 행동하기도 한다. 또한 일반적으로 바람직하다고 생각되는 행동이나 말을 더 많이 하기도 하고, 관찰자가 관찰장면에 참여하면서 어떤 식으로 상호작용하는지에 따라 영향을 받기도 한다. 실제 관찰에 임하기 전에 관찰자가 익숙해지도록 충분한 시간을 가지는 것도 도움이 된다. 그러나 낯가림이 심한 영아들을 제외한 어린 아동들은 일반적으로 성인에 비해 관찰자의 존재에 영향을 덜 받는다고 알려져 있다.

관찰자가 개인적으로 가지고 있는 여러 가지 특성도 관찰대상에게 영향을 미칠 수 있다. 즉 관찰자의 연령이나 외모, 성별, 대인관계에서의 행동 특성 등이 관찰대상에게 간접적으로 영향을 주어 오류가 생길 수 있음을 말한다. 예를 들어, 유아교육기관의 교실에서 참여관찰을 하는 관찰자가 남자 성인일 때, 남자 교사를 많이 접하지 못한 유아들이 지나친 관심을 보이면서 상호작용을 하려고 하거나 혹은 익숙하지 않아 경계하고 피하려 하는 등 예상치 못한 반응을 보일 수 있다.

이처럼 관찰연구에서는 관찰자의 존재가 장면이나 대상에 미치는 영향을 완전히 배제하기 어렵지만, 가능한 오류들에 대한 지식을 관찰자가 충분히 가지고 있을 때 좀 더 객관적인 관찰이 이루어질 수 있을 것이다. 또는 이 장의 초반에 설명한 비개입적 관찰법을 활용할 수도 있으나, 이때의 제한점에 대해서 충분히 인식하고 가능한 범위 내에서 관찰이 이루어지도록 해야 할 것이다.

셋째, 대상표집과 장면의 선정, 관찰범주체계 설정에서 발생하는 오류다. 관찰을 위해 표집된 대상이 대표성에서 문제가 있다거나 관찰시간과 장소 등이 적절하지 않았다면 연구의 타당성에 문제가 생기게 된다. 또한 관찰하고자 하는 특성에 대한 개념적 체계를 설정할 때 관찰 가능한 행동과 얼마나 적절하게 연결하여 정의하고 범주화하는가 하는 것이 중요한 문제다. 용어를 객관적으로 정의하고 추론이 개입되지 않도록 명료하게 범주를 제시하여야 한다. 또한 관찰부호를 지나치게 다양하게 하거나 기록형식이 복잡할 때 관찰의 신뢰도가 낮아지기도 하므로 기술적인 문제도 중요한 사항이다. 이 장의 초반부에 설명한 것처럼 이러한 요인들은 관찰을 계획할 때 충분히 고려하여 최대한 오류를 줄일 수 있도록 하여야 한다.

넷째, 관찰의 기록과 분석 및 해석 과정에서 생기는 오류다. 관찰현장에서 발생하는 여러 가지 요인 때문에 필요한 관찰기록을 누락시키게 되거나 반대로 첨가시키게 되기도 한다. 비디오카메라 등의 기계를 사용하지 않고 현장에서 모든 것을 기록하고자 할 때 흔히 생기는 오류인데, 제한된 시간 내에 약어로 기록하고 관찰이 끝난 후 채워 넣으려고 하는 경우가 있다. 그러나 기억이 완벽하지 못하여 어떤 정보는 누락시키기도 하고, 잘못 기억하여 없는 정보를 추가시키거나 순서를 바꾸거나 할 수 있다. 따라서 가능하다면 추가로 관찰자를 더 투입하거나 녹음, 녹화 등의 기술을 보조적으로 사용하여 정보가 누락되지 않도록 하는 것이 좋다.

관찰이 끝난 후 연구자는 자료를 정리하고 분석하게 되는데, 관찰된 정보를 유목화하고 추론하는 해석 과정에서 관찰자의 주관이 개입될 수 있다. 관찰범주의 체계가 객관적이고 정확히 계획되었다면 해석에서의 오류 또한 감소될 수 있으나, 구체적인 범주목록을 가지고 관찰한 것이 아니라 서술형으로 기록한 자료를 분석하는 경우에는 연구자의 주관적 경향성이 철저하게 배제되기는 어렵다. Kerlinger와 Lee(2000)의 주장대로 추론이 얼마나 요구되는가에 따라 관찰체계가 달라지기는 하지만 추론이 전혀 없어도 되는 관찰체계란 존재하지 않는다. 관찰 연구자가 관찰자로 직접 참여하였다면 이런 주관성은 이미 현장에서 기록하는 과정 동안 영향을 주었을 가능성도 있다. 이처럼 다양한 오류 가능성들을 충분히 인식하고 더욱 객관성 있는 관찰연구가 이루어질 수 있도록 여러 가지 노력을 기울여야 할 것이다.

4.2 관찰자 훈련

관찰연구에서 관찰자의 역할이 얼마나 중요한지에 대해서는 아무리 강조해도 지나치지 않을 것이다. 많은 관찰자들이 스스로 준비되었다고 생각하면서 확신을 가지고 관찰에 임하지만, 사람이 가지고 있는 여러 가지 특성과 관찰이라는 특수한 상황 때문에 숙련된 관찰자가 되기란 쉬운 일이 아니다. 관찰행동에 대해 미리 정해진 범주를 사용하는 연구에서는 정말 그 범주의 정의를 분명히 이해하고 이에 해당하는 행동을 기록하였느냐 하는 것이 중요한데, 이를 위해 미리 두 명 이상의 관찰자가 예비관찰을 실시하여 일치 정도를 알아보는 것이 좋다. 만약 같은 행동에 대해 관찰자들이 서로 다른 범주로 분류하였거나 한쪽이 누락하거나 하였다면 그 관찰자료를 신뢰하지 못하게 된다. 따라서 훈련모임을 여러 번 가지면서 각 범주에 해당하는 행동에 대해 서로 의견을 나누고 논의하는 것이 좋다. 가장 손쉽게 할 수 있는 방법은 녹화된 관찰내용을 함께 보면서 각자 기록한 후 비교하고 토의하는 것이다. 관찰에 익숙하지 않거나 처음 참여하는 관찰자들은 기록방법에 관련된 세부적인 사항을 연구자가 자세히 일러 주고 반복적으로 가르치도록 한다.

범주화된 기록도구를 사용하지 않고 현장노트(field notes)를 이용하여 서술적 기록방법을 도입하는 경우에도 관찰자 훈련은 이루어져야 한다. 서술적으로 문장을 쓰는 법을 배울 필요가 있으며, 관찰되는 여러 가지 현상 중에 어떤 것을 중점적으로 기록해야 하는지에 관해서도 연습을 통해 익숙해지도록 한다. 또한 관찰에 임할 때의 자세나 적합한 태도, 집중하기 위한 기술 등에 대해 자세히 논의하는 것이 좋다.

관찰자 훈련을 할 때 세부사항이 기록된 실시요강을 연구자가 미리 만들어 두면 도움이 된다. 말로 하는 것보다는 관찰자들이 이후에도 참고할 수 있도록 문서화된 자료가 있으면 각 개인의 차이에서 오는 오류를 최소화할 수 있다. 또한 관찰자를 선정할 때 연구자는 신중하여야 하는데, 가능하면 순발력이 있고 언어능력이 뛰어난 사람, 평소에도 객관적이고 분석적인 태도를 보이는 사람을 고를 수 있다면 도움이 될 것이다. 특히 관찰내용이나 연구주제에 대해 관심을 가지고 있는 사람이라면 동기수준이 높아 관찰에 임하는 자세가 긍정적이고 수집된 자료 또한 더욱 신뢰할 수 있게 된다.

가장 적합하다고 생각되는 관찰자들을 선정한 후 관찰자 오리엔테이션을 실시한다. 이때 실시요강이나 관련 자료들을 나누어 주고 설명해 준다. 초보 관찰자들이 가질 수 있는 다양한 질문에 대해서도 응답하는 시간을 충분히 갖도록 한다. 부호체계가 있는 도구를 사용하는 관찰의 경우, 각 범주의 정의와 부호화 규칙에 대해 암기하도록 과제를 내 주어 정확도를 높이도록 해야 한다. 또한 실제 관찰 현장에 나갈 때 필요한 세세한 사항들을 모두 숙지시킨다. 특히 비디오카메라 등의 기기를 사용하는 경우 이에 대한 사용법과 운반법 등에 관해서도 자세히 설명하도록 한다. 관찰자 훈련이 충분히 이루어졌다고 생각하는 경우에도 지속적으로 관찰자의 수행에 대한 점검이 있어야 하는데, 특히 관찰이 장기간에 걸쳐 이루어지는 경우에는 중간평가를 실시하는 것이 중요하다. 관찰기간이 길면, 후반부로 갈수록 동기수준도 감소하고 흥미를 잃게 되어 관찰 자체가 지루하고 힘들게 느껴지기도 하기 때문에 관찰자가 기록하는 자료의 정확도가 떨어질 수 있다. 따라서 정기적으로 다시 만나 재훈련을 하거나 동기부여를 해 주어 관찰이 끝날 때까지 처음의 객관성과 정확성이 지속되도록 하여야 한다.

4.3 관찰의 신뢰도

관찰의 기록과 분석을 통해 얻은 결과를 믿을 수 있기 위해서는 관찰의 신뢰도를 살펴보아야 한다. 따라서 관찰연구에서 신뢰도 산출은 필수적인 절차라고 할 수 있다. 관찰자료로 얻은 결과의 신뢰도를 검증하기 위해 사용되는 방법에는 관찰자 내 신뢰도(intra-observer reliability)와 관찰자 간 신뢰도(inter-observer reliability)가 있다.

관찰자 내 신뢰도란 한 관찰자가 같은 행동이나 사건을 한 번 이상 관찰하였을 때 자신의 관찰기록 간에 얼마나 일관성을 가지느냐 하는 것이다. 관찰자 내 신뢰도를 산출할 때 주로 사용되는 방법은, 관찰하려는 주제와 관련된 행동을 녹화하여 이것을 반복 관찰하여 기록한 것을 비교하는 것이다. 이처럼 한 장면에 대해 반복하여 관찰하였을 때 분석한 결과가 일관성 있어야 관찰결과를 믿을 수 있다.

관찰자 간 신뢰도란 두 명 이상의 관찰자가 한 장면의 관찰에 대해 동의하는 정도, 즉 얼마나 일치되느냐 하는 것이다. 한 연구에서 관찰자가 여러 명일 때는 반드시 관찰자 간 신뢰도가 보고되어야 한다. 관찰자 간 신뢰도의 계산은 관찰결과가 연속적 변인인 점수로 산출되는 것인지 혹은 유목에 대한 빈도로 기록되는 것인지에 따라 다르게 적용한다. 빈도로 기록된 자료에서 가장 많이 사용되는 신뢰도 산출은 전체 관찰 항목 수에 대해 동의된 관찰항목 수를 백분율로 나타내는 것이다. 아래 공식을 보면 알 수 있다.

$$\text{신뢰도} = \frac{\text{관찰자 간에 상호 일치한 빈도수}}{\text{관찰자들의 총 관찰 빈도수}} \times 100$$

관찰자가 두 명 이상이라면, 관찰자 간에 일치된 빈도수를 총 관찰빈도수로 나눈 다음 관찰자 수를 곱하고 백분율을 계산한다. 이를 공식으로 나타내면 다음과 같다.

$$\text{신뢰도} = \frac{\text{관찰자 간에 상호 일치한 빈도수}}{\text{관찰자들의 총 관찰빈도수}} \times \text{관찰자 수} \times 100$$

위와 같이 계산하였을 때 대체로 관찰자 간 신뢰도는 80% 이상이 되어야 그 결과에 대해 객관성 있는 자료라고 간주할 수 있다. 만약 신뢰도를 산출하여 80% 이하로 나온다면 그 원인을 분석하고 추가로 관찰훈련을 실시하여 신뢰도 수치를 높인 다음 관찰에 임하는 것이 바람직하다. 관찰자들 사이에 일치하지 않은 범주에 대해 서로 토론을 통해 다시 정의하여 명료화하거나 필요하면 분류 범주를 세분화한다. 만약 계속해서 일치하지 않는 것으로 나타난다면 그 항목을 더 명료한 항목으로 대치하거나 제거해야 할 때도 있다.

일치도에 의한 신뢰도 산출방법은 계산이 쉽기는 하지만 우연에 의해 일치된 항목을 포함할 수 있으므로 신뢰도가 과대평가된다는 단점이 있다. 이러한 문제점을 해결하기 위해 Cohen(1960)이 제시한 Kappa 계수를 사용하기도 한다(성태제, 2005). Kappa 계수 k를 산출하는 공식은 다음과 같다.

$$k = \frac{P_A - P_C}{1 - P_C}$$

위의 공식에서 P_A는 일치도 계수이며, P_C는 우연에 의하여 일치될 확률을 의미한다. k 계수의 이론적 범위는 0~1.0이며, 우연에 의한 확률을 제거하였으므로 산출된 수치가 일치도 계산에서 나온 것보다는 낮다. 따라서 k 계수가 .60 이상만 되어도 관찰자 간 신뢰도가 어느 정도 높다고 말할 수 있다(성태제, 2005). Kappa 계수를 산출하는 구체적인 방법이 〈Box 9.3〉에 제시되어 있다.

〈Box 9.3〉 Kappa 계수 산출방법의 예

관찰자 2명이 교사 100명의 언어 행동을 세 가지로 분류하여 관찰한 결과가 다음과 같다고 하자.

		관찰자 1			
		반응적	제한적	중립적	합계
관찰자 2	반응적	20	1	5	26
	제한적	4	38	8	50
	중립적	4	3	17	24
	합계	28	42	30	100

이때 각 교사의 언어 행동 평정에서 두 관찰자가 일치한 정도는 (20 + 38 + 17)/100 = .75 다.

두 관찰자가 일치한 것이 우연에 의한 것일 확률은 각 관찰자의 범주당 사례 수를 곱한 후 전체 사례 수로 나누어 계산한다. 예를 들어, 관찰자 1은 총 100명의 교사 중 28명이 반응적 언어 행동을 보인다고 기록하였고, 관찰자 2는 26명의 교사가 반응적 언어를 보인다고 기록하였다. 이를 곱하여 100으로 나누면 28×26/100 = 7.28이 된다. 반응적 언어를 보인다고 분류된 교사들 중 두 관찰자가 우연히 일치할 경우가 7.28명이라는 것이다. 이렇게 각각 제한적 언어, 중립적 언어에 대해 계산하면 50×42/100 = 21, 24×30/100 = 7.2임을 알 수 있다. 따라서 우연히 동일하게 기록할 확률은 (7.28 + 21 + 7.2)/100 = .35다. 이에 근거하여 Kappa 계수를 계산하면 다음과 같다.

$$k = \frac{.75 - .35}{1 - .35} = .62$$

체크리스트나 평정척도를 사용한 경우에는 수집된 자료가 수치로 나타나는 연속적 변인이므로 Pearson의 적률상관계수를 사용하여 신뢰도를 계산할 수 있다. 이 경우 관찰자는 평정자이므로 평정자 내 신뢰도 혹은 평정자 간 신뢰도라고 부르기도 한다. 이처럼 신뢰도를 계산하는 방법은 다양하며 어떤 방법을 선택하였느냐에 따라 신뢰도 수치도 다르게 산출된다. 관찰연구에서는 자료의 객관성을 위해 신뢰도 산출을 반드시 해야 할 뿐 아니라 어떤 방법으로 산출하였는지 결과를 상세히 제시하여야 한다.

연습문제

1. 만 3세에서 5세 사이의 아동을 한 명 선정하고, 그 아동의 행동을 관찰하되 흥미 있는 행동이 시작되면 5분간 집중적으로 관찰함과 동시에 서술식으로 기록하여라. 가능한 한 객관적 관찰이 되도록 하고, 기록용지를 두 부분으로 나누어 왼편 칸에는 서술식 기록을 하고, 오른편 칸에는 관찰기록에 대해 가능한 추론과 해석을 적어 넣어라.
   1) 대상 아동의 어떤 측면이 관찰자에게 흥미 있게 보였는가?
   2) 관찰기록에서 어려운 점은 무엇이었는가?
   3) 해석과 추론을 의미 있게 하기 위해서는 어떤 정보와 노력이 필요한가?
2. 최근 논문 중 관찰연구법이 적용된 연구를 찾아보고, 구체적으로 어떤 기록방식을 사용하였는지 살펴보아라. 연구문제와 목적에 부합하는 방법이었는가? 본인이 같은 주제로 관찰연구를 하였다면 동일한 방법을 사용하였을 것인지, 만약 다른 방법이 더 적합하다고 생각한다면 그 이유에 대해 논의하여라.

10 Chapter

실험연구

1. 실험연구의 의의

연구의 다양한 방법 중에서 과학적 논리와 과학적 접근방법을 가장 엄격하게 적용하는 대표적인 방법은 실험연구(experimental research)라 할 수 있다. 이 절에서는 실험연구의 개념을 정의하고 다른 연구유형과 분명하게 구별되는 특징들을 살펴보며, 실험연구의 절차와 결과를 평가하는 두 가지 준거인 내적 타당성과 외적 타당성에 대해 서술하고자 한다.

1.1 실험연구의 개념과 특징

실험연구는 기본적으로 인과관계(cause-and-effect relationships)를 규명하기 위한 연구방법과 절차를 의미한다. 대부분의 연구방법들이 공통적으로 추구하는 것은 변인 간의 관계다. 그러나 실험연구는 변인 간 관계의 발견에 그치지 않고, 한 걸음 더 나아가 인과관계를 밝혀 보고자 하는 시도다. 인과관계는 어떤 현상에 관련된 원인을 알아내는 것이다. 예를 들어, 암을 유발하는 원인은 무엇인가? 이혼은 어떤 요인에 의해 발생하는가? 학습장애의 원인은 무엇인가? 이러한 여러 가지 문제의 원인을 한 마디로 설명하기는 쉽지 않다. 그러나 해결하지 못한 다양한 인간행동과 현상의 원인을 규명하기 위한 노력과 시도가 지속되고 있으며 이러한 시도의 선봉에 실험연구가 자리하고 있다.

어떤 현상의 원인에 대한 규명은 역사적으로 볼 때 과학의 발전단계에 따라 다르게 개념화되고 점진적으로 실체가 밝혀지는 경우가 있다. 예를 들어, 의학 분야에서 어떤 질병, 한 예로 학질의 원인을 발견하고자 한 시도를 살펴보면, 초기 단계에는 지리적 특성에 원인을 두었다. 즉 낮은 습지대의 나쁜 공기가 원인이 되어 학질에 걸리는 것으로 간주하였으나, 후에는 말라리아균의 체내 침입으로 판명되었고, 이를 옮기는 특별한 모기가 있다는 것도 발견되었다. 따라서 전염성 학질의 원인은 병원균을 옮기는 모기로 초점이 모아졌고, 이 모기를 박멸하는 것이 학질을 퇴치하는 방법이 되었다.

이상에서 보듯이 원인의 규명이란 어떤 현상에 대한 또 다른 대안적 설명들이 모두 배제되고 단지 한 가지 이유만으로 그 현상이 나타날 수 있을 때 가능하다. 다시 말해서 인과관계를 설명하려면 어떤 현상의 발생에 대한 필요조건과 충분조건이 모두 충족되어야 한다. 필요조건이란 어떤 현상이 일어나기 위해서 반드시 있어야 하는 조건이다. 예를 들어, 학질에 걸리려면 반드시 학질 모기에 물려야만 하고, 알코올 중독자가 되기 위해서는 술을 일정한 수준으로 계속해서 마셔야만 한다. 한편 충분조건이란 어떤 조건의 개입이 항상 같은 효과를 나타낼 때 그 조건을 말한다. 예를 들어, 말라리아균의 침입이 있으면 언제나 학질에 걸리게 되는데, 이때 말라리아균은 학질을 일으키는 충분조건이다. 이와 같이 어떤 현상을 일으키는 필요조건과 충분조건이 모두 충족되면 이 조건은 그 현상의 원인이라고 할 수 있으며, 이때 그 현상에 대한 완전한 설명이 가능해진다.

인간행동에 관한 연구에서 어떤 현상의 필요조건과 충분조건을 발견하는 것은 쉽지 않다. 이는 인간행동과 이를 둘러싼 환경이 지나치게 복합적인 성격을 띠고 있기 때문이다. Deese(1972)는 인과관계를 원인과 결과가 복잡하게 연결된 커다란 관계망으로 간주한다. 한 연구에서 취급하는 인과관계는 더 많은 관계망에서 분리해 낸 하나의 관계일 뿐이라고 한다. 따라서 행동과학에서 실제로 질병의 예처럼 한 행동이나 사건의 단일 원인이 존재하기는 거의 불가능하다. 이러한 인간행동의 복합적인 성격 때문에 Popper(1968)는 이론이나 가설을 검증할 때 가설을 수긍하는 자료가 발견된다 하더라도 가설을 단순히 참(true)으로 받아들이기보다 '아직은 이론이나 가설이 부정되지 않았다.' 라는 입장을 취해야 한다고 주장한다.

이상에서 실험연구가 인과관계의 규명을 위한 연구접근이라는 본질적인 성격에 대해 서술하였다. 보다 구체적으로 실험연구를 다른 연구접근과 구별하는 특징에 대해 살펴보면 세 가지로 집약될 수 있다. 즉 연구자의 의도적이고 체계적인 조작, 엄격한 통제 그리고 종속변인에 대한 객관적인 관찰이다. 이 세 가지 특성에 대해 각각 검토해 봄으로써 실험연구가 어떻게 인과관계를 추론하는 데 적합한지 이해할 수 있을 것이다.

◆ 의도적이고 체계적인 조작

연구자의 의도적이고 체계적인 조작(manipulation)은 실험연구를 다른 연구방법들과 구별하는 중요한 측면이다. 실험조작은 실험 참여자에게 주어지는 환경적 조건이며, 일종의 처치다. 예를 들어, 주의력 결핍행동을 보이는 아동에게 중재 프로그램을 실시하여 이러한 증상을 약화시키고자 할 때 특별히 고안된 중재 프로그램은 실험조작으로 간주하며, 참여자들 중 실험집단에서는 처치를 받게 된다. 따라서 실험조작은 자연스런 상태라기보다 연구자의 적극적인 의도하에 상황조건의 변화를 만들어 시행하는 것이다. 이때 중재 프로그램은 특별히 고안된 체계적인 절차와 치료적 접근방법을 적용하게 된다. 일반적으로 실험연구라는 명칭은 최소한 한 개의 변인을 조작하는 연구에 대해서 사용한다.

◆ 엄격한 통제

실험연구에서 조작과 통제(control)는 동전의 양면과 같다. 실험조작의 효과를 정확하게 판단하기 위해서는 조작하는 변인 이외의 영향을 모두 배제해야 하며, 이를 가리켜 통제라고 한다. 통제 없는 조작은 실험을 무의미하게 만든다. 엄격한 통제는 연구자에게 일종의 도전이며, 실험 고안에서 절차에 이르기까지 지속적으로 상당한 관심을 기울여야 하는 과제다. 위의 예에서 주의력결핍 아동에게 중재 프로그램의 효과를 연구하고자 한다면, 그들에게 약물투여나 개인치료 등 다른 처치가 혼합되어 사용되지 말아야 한다. 또한 주의력결핍의 수준이 어느 정도 심각한가에 따라 고안된 프로그램의 차이가 크다면, 이를 일정한 수준으로 고정시켜서 통제를 해야 한다. 엄격한 통제 없이는 실험결과에 대한 인과추론은 불가능해진다.

◆ 종속변인에 대한 객관적 관찰

변인에 대한 객관적 관찰 또는 연구자의 편견 없는 측정은 과학적 탐구의 주요 특성이다. 실험연구에서 조작과 통제가 엄격하게 적용되었다 할지라도 종속변인에 대한 자료가 객관적으로 수집되지 않는다면 연구의 결과를 신뢰할 수 없게 된다. Rosenthal(1966)은 연구자의 편파성이 실험에 얼마나 영향을 미칠 수 있는가를 보여 주는 실증적 자료를 제시한 바 있다. 특히 종속변인의 측정에서 실험처치조건에 대한 사전 지식을 가진 연구자가 평가를 하거나, 연구자의 주관적 판단에 주로 의존하는 방법으로 자료가 수집될 때 연구자의 편파성이 개입되기 쉽다. 이러한 편파성은 때로는 관찰과 기록에서의 오류를 낳게 한다. 따라서 연구자는 이러한 오류 가능성을 충분히 인식하고, 그에 대처할 수 있는 방안을 사전에 마련해야 한다.

이상에서 실험연구를 다른 연구접근방법과 구별하는 특성에 대해 살펴보았다. 이러한 특성 때문에 실험연구의 대표적인 제한점으로는 인위적 현상(artificiality)과 생태학적 타당성(ecological validity)의 부족을 들 수 있다. 또한 인간행동에 대한 탐구방법으로서 협소하게 제한된 변인만을 다루거나 지나치게 비인간적이며, 연구를 고안하는 데 많은 어려움과 노력, 자원이 필요하다는 것도 단점으로 지적되고 있다. 그러나 실험연구는 실제적인 문제에 보다 명확한 해답을 줄 수 있으며, 어떤 현상이 발생하기를 기다리기보다 연구자가 적극적으로 선택하여 상황을 변화시켜서 효과를 알 수 있다는 이점이 있다. 그리고 무엇보다도 인과관계가 논리적 오류 없이 검증될 수 있다는 점에서, 잘 고안되고 수행된 실험연구는 '과학적 연구의 이상형'이라고 할 수 있다(Kennedy & Bush, 1985).

1.2 실험연구에서의 내적 타당성과 외적 타당성

실험연구의 타당성은 실험 자체가 타당한 결론을 산출했는가에 대한 내적 타당성과 결과의 일반화에 관련된 외적 타당성에 기초한다. 실험이 타당한 결론을 도출하기 위해서는 독립변인 이외의 어떤 변인도 종속변인에 영향을 미칠 가능성이 없어야 한다. 그러나 실제 연구에서 다른 변인들의 개입으로 연구결과를 오염시키는 경우가 종종 있다. 예를 들어, 자녀교육에 대한 부모의 참여가 아동의 학력에 미치는 효과를 연구한다고 하자. 부모 참여도를 조사하고 아동의 학력을 측정한 후, 부모 참여 수준이 높을수록 아동의 학력검사점수가 높은 결과를 나타냈다고 보고할 수 있을 것이다. 그러나 자녀교육 참여도가 높은 부모들이 높은 지능의 자녀를 가지고 있었다면, 학력검사점수는 부모 참여보다 아동의 지능 때문이라고 할 수 있다. 이런 경우 지능은 연구자의 관심변인이 아니지만 연구결과에 영향을 주었을지도 모르는 가외변인(extraneous variable)이라 할 수 있다. 즉 가외변인은 독립변인 이외에 어떤 변인이든지, 알려진 것과 알려지지 않은 모든 가능성을 포함하여 종속변인에 영향을 줄 수 있는 변인이다.

1.2.1 내적 타당성

실험연구에서 내적 타당성(internal validity)이란 독립변인의 변화가 진정으로 종속변인의 변화를 유발시켰는가 또는 다른 가외변인의 개입이 있었는지의 문제를 다룬다. Cook과 Campbell(1979)에 의하면, 내적 타당성이란 '두 변인 간의 인과관계를 추론할 수 있는 정도' (p. 37)라고 하였다. 따라서 내적 타당성은 실험설계의 필수적이고 일차적인 준거라 할 수 있다.

두 변인 간에 인과관계가 있음을 추론하기 위해서는 적어도 세 가지 증거가 필요하다(Johnson & Christensen, 2000). 첫째는 독립변인이 종속변인과 관련되어 있다는 어떤 증거가 있어야 한다. 두 변인 간의 관계는 인과관계를 추론할 수 있게 하는 최소한의 필요조건이다. 그러나 두 변인 간에 관계가 있다고 하여 인과관계를 모두 추론할 수 있는 것은 아니며, 관계성(relations)은 충분조건이 될 수 없다. 인과관계 추론에 필요한 두 번째 증거는 연구변인의 시기적 순서에서 독립변인이 선행되어야 한다는 것이다. 즉 원인이 되는 변인이 시기적으로 결과 변인보다 앞서 발생해야 한다. 논리적으로 결과가 원인에 앞서 먼저 생길 수는 없기 때문이다. 셋째, 연구변인들 외에 다른 가외변인에 의해 영향을 받지 않아야만 인과적 결론에 도달할 수 있다. 실험연구를 통해서 인과추론을 할 수 있는 기초는 마련되지만, 가외변인에 의해 오염되지 않은 경우에 한한다. 예를 들어, 아동의 높은 학교 결석률이 학업성적을 낮게 하는 효과를 발견했다고 하자. 두 변인 간의 관계에서 높은 결석률이 낮은 성적의 원인이 될 것이라고 결론지을 수 있다. 그러나 반대로 성적이 낮은 아동들이 학교에 대한 흥미를 잃어 자주 결석할 수도 있으므로 인과관계의 방향은 어느 쪽으로도 추론이 가능하다. 즉 인과관계의 방향성 추론에 문제가 생길 수 있다. 또한 이 두 변인 이외의 다른 제3변인에 의해 두 변인 간의 관계가 발견된 것일 수도 있다. 예를 들어, 아동에 대한 부모의 감독 소홀이 아동의 낮은 성적과 학교 결석에 영향을 미칠 수도 있다. 이때 제3변인은 오염효과를 일으킬 수 있는 가외변인 중의 하나를 일컫는 또 다른 명칭이다. 실험연구는 독립변인에 의한 처치를 먼저 실시한 후 그 효과를 종속변인에서 관찰하므로 변인의 발생순서 측면에서 그리고 가외변인의 효과를 최대한으로 통제한다는 점에서 인과관계의 추론에 대한 강력한 검증방법이다. 실험의 내적 타당성은 가외변인들의 영향을 통제함으로써 이루어질 수 있다. 따라서 연구자는 실험의 내적 타당성을 위협할 수 있는 가외변인들에 대해 충분히 이해하고 이를 통제하기 위해 세심한 주의를 기울여야 한다. 실험연구에서 내적 타당성을 위협하는 요인들에 대해 살펴보기로 하자.

◆ 역사

역사(history)효과란 사전검사와 사후검사 사이에 종속변인에 영향을 줄 수 있는 특수한 외적 사건의 발생을 의미한다. 한 집단으로 실험하는 설계에서 사전검사와 사후검사 간의 시간간격이 비교적 길 때 생길 수 있다. 연구 참여자는 이러한 외부의 사건을 경험함으로써 종속변인에 변화가 생기고 이는 연구결과를 처치의 영향만으로 해석할 수 없게 한다. 예를 들어, 한 유치원에서 아동의 문해발달을 자극하기 위해 그림책 읽어 주기 프로그램을 시행하고, 그 효과를 사전과 사후에 읽기에 대한 관심과 인쇄물 개념으로 측정하였다고 하자. 그림책 읽어 주기 프로그램을 6개월간 시행한 후 아동의 인쇄물 개념과 읽기에 대한 관심을 측정했을 때 뚜렷한 증진효과가 발견됨으로써 그 프로그램은 효과가 있다고 결론지을 수 있었다. 그러나 비교적 오랜 시행기간의 경과로 인해 그 기간 중 처치 외에 다른 외부 사건이 없었는지 검토해 보아야 한다. 만일 그 기관에서 어린이용 그림책을 대량 구입하여 마침 실험이 진행 중일 때 독서 영역에 새로운 책을 계속해서 비치하게 되었다고 하자. 이는 아동의 읽기에 대한 관심에 영향을 미칠 수 있으며, 연구결과에 대한 또 다른 설명이 될 수 있다. 이러한 외부 사건은 실험의 내적 타당성을 위협하는 요인으로 지적될 수 있다.

◆ 성숙

성숙(maturation)요인은 연구기간 중에 연구 참여자들에게 생길 수 있는 내적 변화로서 신체적 또는 정신적 변화를 의미한다. 예를 들어, 연령에 따른 성장, 훈련에 따른 학습효과나 지루함, 검사기간 중에 생기는 피로나 공복감 등이다. 이러한 변화가 아동의 수행에 영향을 미침으로써 실험의 내적 타당성을 위협할 수 있다. 발달적으로 성장속도가 빠른 연령을 대상으로 실험이 이루어지고 사전검사와 사후검사 간의 길이가 비교적 길 때 언제나 성숙요인의 개입을 의심해 볼 필요가 있다.

◆ 검사

검사를 받은 경험이 참여자를 민감하게 만들어 실험조작과 무관하게 그 다음에 실시하는 검사점수에 영향을 미치는 것을 검사(testing)의 효과라 한다. 검사를 한 번 받게 되면, 검사의 내용에 익숙해지고 어떤 부분을 기억할 수도 있어 후에 실시하는 검사의 점수를 높일 수도 있다. 이러한 검사점수의 상승효과는 실험처치와 관련이 없는 것으로서 실험결과를 타당하게 해석하는 데 어려움을 줄 수 있다. 사전검사를 시행하게 될 때는 언제든지 검사의 효과에 대해 주의를 기울여야 한다.

◆ **도구사용**

도구사용(instrumentation)이란 종속변인을 측정하는 방법에서 시기에 따라 변화가 생기는 것을 말한다. 도구사용에 따른 위협은 대체로 두 가지 요인에 의한다. 첫째는 사전에 사용된 측정도구와 사후에 사용된 측정도구가 다르거나, 동질성이 확보되지 않은 검사의 사용에 기인하는 문제다. 둘째는 자료가 관찰에 의해 수집되거나 내용분석과 같이 채점자에 의해 영향받기 쉬운 경우다. 관찰자의 피로 또는 학습 과정에 의해 관찰자료가 영향받을 수 있으며, 내용분석에서는 분석의 기준이 채점자에 따라 달라질 수 있다. 도구사용에 의한 위협을 감소시키려면 사용되는 측정도구의 동질성을 사전에 점검하고 훈련을 통해 자료의 신뢰도를 높이는 노력이 필요하다.

◆ **통계적 회귀**

통계적 회귀(statistical regression)란 분포의 양 극단에서 연구 참여자들을 선발할 때 그들의 점수가 재검사 시에 분포의 평균을 향해서 이동하게 되는 통계적 현상을 의미한다. 아동학이나 유아교육학 연구들은 문화적 결손아, 발달지체아, 학습부진아 등 분포의 극단에 속한 아동을 대상으로 중재 프로그램을 실시하는 경우가 흔히 있다. 이러한 연구에서 일반적으로 읽기 점수 또는 다른 점수가 극단적으로 낮은 아동을 대상으로 하여 중재 프로그램을 실시한 후 사후검사에서 증진을 나타내면, 이를 실험중재의 효과로 간주한다. 그러나 통계적 회귀에 의하면 극단으로 낮은 점수는 사후검사에서 높아지는 경향이 있으며, 극단으로 높은 점수는 낮아지는 경향이 있다. 따라서 실험결과를 해석할 때 통계적 회귀효과에 의해 내적 타당성이 위협받지 않았는지 점검해 보아야 한다. 통계적 회귀현상은 검사점수에 포함된 측정의 오차 때문에 발생하며 측정도구의 신뢰도가 낮으면 특히 유의해야 한다.

◆ 참여자 선정

선정(selection)요인은 연구의 시작단계에서 참여자 특성에 차이가 있는 것으로서 이는 연구의 내적 타당성을 위협하는 또 다른 요인이다. 만약 실험집단과 통제집단을 등질화하지 못해 대상의 특성이 서로 다르다면 실험 처치 이전에 이미 차이가 있으므로 처치효과를 타당하게 해석할 수 없다. 예를 들어, 아동을 대상으로 자율학습의 효과에 관한 실험을 하고자 한다. 만일 4학년 중에서 이 실험에 지원하는 학생들로 실험집단을 구성하고 지원하지 않은 학생 중에서 같은 수로 통제집단을 구성한다고 가정해 보자. 이 두 집단은 처치 이전에 동등하다고 간주할 수 있는가? 그렇지 않다. 무엇보다도 실험집단 아동의 학습동기가 통제집단보다 높을 것으로 예측할 수 있다. 따라서 이러한 선정의 편파성(bias)은 처치의 효과를 타당하게 평가할 수 없게 한다.

동기요인 외에도 연구 참여자들은 다양하게 다른 특성들을 가지고 있다. 예를 들어, 지능, 불안수준, 연구에 대한 태도, 호기심, 가정환경, 읽기 수준, 자존감 등이 다를 수 있다. 만약 두 개 학급을 선정해 한 학급에는 실험처치를 하고 다른 학급은 통제로 배정한다면, 학급을 이룬 여러 가지 특성, 예를 들어 담임교사의 연구에 대한 태도, 학급 아동들의 집단 역동성, 집단 과제해결방식 등에서 차이가 있을 수 있다. 따라서 두 집단은 처치 이전에 연구에 대한 태도나 동기가 동등하다고 보기 어렵다. 이미 형성된 기존의 집단을 실험집단으로 사용하는 것은 항상 선정의 편파성을 우려하게 한다.

◆ 선정과의 상호작용

앞에서 서술한 역사, 성숙 등 내적 타당성의 위협요인들이 참여자 선정과 상호작용을 일으켜 마치 처치의 효과 같은 결과를 나타낼 수 있다. 즉 2개 이상의 집단을 가진 실험에서 집단별로 외부적 사건을 다르게 경험한다든지, 성숙의 정도가 다른 경우 종속변인에 미치는 반응은 처치의 효과와 혼합되어 나타날 수 있다.

성숙과 선정의 상호작용의 예로서 정상아와 청각 결함을 가진 4세 아동에게 '좋다' 와 '나쁘다' 의 개념을 가르치려 한다고 가정해 보자. 교사는 정상아들이 훨씬 빠르게 이 두 개념을 배우는 것을 발견할 수 있을 것이다. 그리고 청각 결함 아동은 이러한 개념습득에 어느 정도 어려움이 있다고 결론 내릴지 모른다. 그러나 Kusche와 Greenberg(1983)의 연구에 의하면, 청각 결함 아동이 4, 5세경에는 정상아와 두 가지 개념습득에서 크게 차이를 보이나, 10세에 이르기까지 서서히 발달하여 10세 정도에는 별로 차이가 없음을 보고하였다. 이는 개념습득에서 두 집단의 성숙속도가 다른 것에 기인하는 결과이며, 청각 결함을 가진 아동이 개념습득에 결함을 가진 것은 아니다. 즉 선정과 성숙의 상호작용효과로서 두 집단의 성숙속도에서의 차이가 개념발달에서 차이를 일으킨 것이다.

◆ **참여자 탈락**

연구가 진행되는 동안 연구 참여자의 탈락(mortality)은 여러 가지 이유에서 생긴다. 단순히 실험 날짜를 잊고 참석을 하지 않을 수도 있고, 중도에 포기하거나 거부할 수도 있다. 참여자의 탈락 자체는 지나치게 수가 많지 않을 때 문제시되지 않으나, 여러 집단 실험에서 집단 간 등질화가 위협받으면 선정의 편파성이 생긴다. 따라서 차별적인 탈락이 문제다. 예를 들어, 두 집단 실험에서 각각 30명으로 시작되었으나 실험집단의 30명 중 10명이 지속적으로 참여하지 않아 20명만 남았다고 하자. 이때 실험집단의 20명은 통제집단 30명과 여러 가지 특성에서 동등하다고 볼 수 있는가의 의문이 제기된다. 실험 과정의 참여내용에 따라 지구력이나 실험에 대한 선호도 면에서 차이가 있다면, 실험결과는 처치가 이루어진 독립변인 외에 다른 변인의 영향을 받게 된다. 따라서 연구의 내적 타당성이 위협받게 된다.

이상에서 실험연구의 내적 타당성을 위협하는 주요 요인, 즉 가외변인들에 대해 살펴보았다. 이와 같은 내적 타당성의 위협요인들은 실험집단이 하나뿐이거나 실험집단이 두 개 이상이더라도 집단 간 동등성 또는 등질성(equality)에 문제가 있을 때 발생하기 쉽다. 한 집단만으로 실험연구를 수행할 때 역사, 성숙, 검사, 도구사용 그리고 통계적 회귀에 의한 위협이 생길 수 있다. 두 집단 이상의 실험연구에서 실험집단 간 등질성에 의문이 있을 때 참여자 선정, 선정과의 상호작용, 참여자 탈락에 의해 내적 타당성이 위협받을 수 있다.

1.2.2 외적 타당성

실험연구를 평가하는 또 다른 준거는 연구의 외적 타당성이다. 외적 타당성(external validity)이란 한 실험연구의 결과를 그 실험이 이루어진 대상 외의 사람들, 장면 그리고 다른 시기에 일반화할 수 있는 정도를 의미한다. 연구자들은 자신의 실험연구 결과가 그 연구의 대상과 장면, 특정 시기 외에 폭넓게 적용되고 일반화할 수 있기를 기대한다. 이러한 일반화를 통해 인간행동의 기저에 있는 어떤 법칙을 세우거나 이해하는 데 기여할 수 있기 때문이다. 이는 실험연구에만 국한된 평가준거는 아니다. 어떤 유형의 연구든지 외적 타당성은 중요시된다.

실험연구의 외적 타당성을 위협하는 요인은 크게 세 가지로 구분할 수 있다. 전집의 타당성, 생태학적 타당성 그리고 시간적 타당성의 결여다(Bracht & Glass, 1968). 이 세 가지 범주에서 연구의 일반화를 제한하는 여러 요인들에 대해 살펴보기로 하자.

◆ 전집의 타당성

전집의 타당성(population validity)이란 실험이 실시된 표본으로부터 궁극적으로 관심 있는 대상인 더 큰 전집에 결과를 일반화할 수 있는 정도다. 일반적으로 표본으로부터 목표로 하는 전집에 일반화하려 할 때 [그림 10-1]에서 보는 바와 같이 두 단계의 추론 과정을 거치게 된다(Christensen, 2001). 첫 단계는 표본으로부터 이용 가능한 전집(accessible population)에 결과를 일반화하는 것이다.

예를 들어, 대학부설 교육기관에서 실험을 위해 50명을 무선표집하였다면 이 표본에서 나온 결과는 이 기관에 속한 아동들에게 일반화할 수 있을 것이다. 이때 표본을 선정한 부설 교육기관의 아동은 이용 가능한 전집이 된다.

추론의 둘째 단계는 이용 가능한 전집으로부터 연구자가 목표로 하는 전집(target population)에 대한 일반화다. 대학부설 교육기관의 아동을 대상으로 한 실험결과는 이와 특성이 유사한 대학부설 기관의 아동에게는 어느 정도 일반화할 수 있을지 모르나, 일반 보육시설이나 병설 유치원 또는 학원에 다니는 아동에 대한 일반화는 제한적일 것이다.

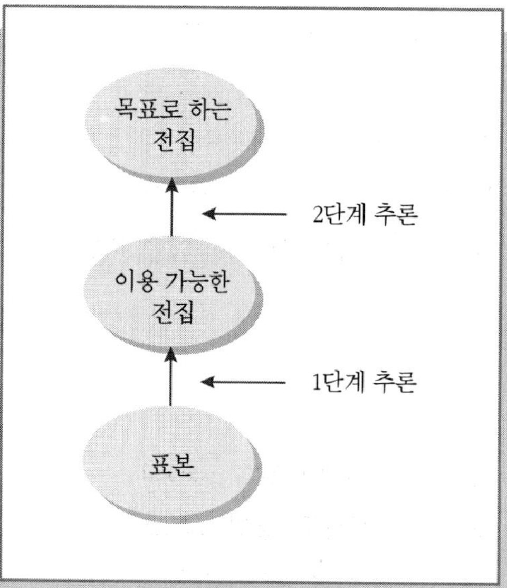

[그림 10-1] 표본에서 전집에 이르는 일반화
(Christensen, 2001: 361, Figure 14.1)

표집에서 무선선정(random selection)의 원리와 다양한 표집방법에 대한 지식이 이 과정에 적용되어야 하며, 무선선정의 원리가 적용된 정도에 따라 일반화 가능성이 달라진다. 일반적으로 목표로 하는 궁극적인 전집에서 무선표집을 하기는 불가능하다. 예를 들어, 우리나라의 취학 전 5세 아동을 전집으로 한다면 전집 목록을 입수해야만 무선표집이 가능하기 때문이다. 따라서 이용 가능한 전집이 목표로 하는 전집의 특성과 어느 정도 유사한가 그리고 표본은 이용 가능한 전집에서 무선선정되었는가에 기초하여 일반화 가능성을 추론할 수 있다.

외적 타당성에서 전집 타당성을 논의할 때 표본선정과 처치 간의 상호작용이 위협받지 않았는가 하는 점이 더욱 중요하다(Campbell & Stanley, 1963). 만일 실험효과가 선정된 표본의 특성에 의해 나타난 것이라면 실험결과는 외적으로 타당성이 떨어지며, 이를 폭넓은 대상에게 일반화할 수 없을 것이다. Rosenthal과 Rosnow(1975)는 연구에 스스로 지원한 참여자와 지원하지 않은 일반 참여자들이 실험처치에 아주 다르게 반응한다는 것을 보여 주는 많은 연구를 요약하여 제시한 바 있다(Christensen, 2001, 재인용). 대학부설 교육기관의 아동을 대상으로 새로운 교육적 접근방법을 실험했다고 하자. 만일 실험결과 접근방법이 효과적이었다고 한다면, 표집의 문제를 넘어서 부설기관 아동이 갖는 고유한 특성으로 인해 이들이 다른 기관의 아동과 다르게 반응할 가능성을 배제하기 어렵다. 따라서 이 실험결과는 전국의 유치원이나 어린이집 원아들에게 같은 효과를 기대하기 어려울지도 모른다.

◆ 생태학적 타당성

생태학적 타당성은 한 실험연구의 결과를 다른 연구장면 또는 다른 환경적 조건에 일반화할 수 있는 정도를 의미한다. 환경적 조건이란 특수한 실험실 장비, 특별한 지역 또는 특정 유형의 실험자 등을 말하며, 이러한 조건이 요구되는 실험연구의 결과는 그렇지 않은 장면에 일반화하기가 어려울 것이다. 생태학적 타당성을 위협하는 요인으로는 중다처치 간섭효과, Hawthorne 효과, 실험자 효과 그리고 사전검사 효과 등이 있다.

중다처치 간섭효과(multiple-treatment interference)는 참여자들이 하나 이상의 처치조건에 참여할 때 일어날 수 있다. 즉 한 번 받은 처치의 영향이 그 다음에 받는 처치에까지 영향을 주어 간섭현상을 일으키는 것이다. 참여자들이 여러 가지 처치를 받으면 각 처치의 효과를 특정 순서의 처치효과와 구분해 내기 어려우므로 내적 타당성을 위협하기도하지만 그 결과를 일반화하기 어려운 점이 있다.

Hawthorne 효과는 참여자들이 실험에 참여하고 있다는 사실을 인지함으로써 생기는 행동적 변화를 의미한다. 예를 들어, 비디오카메라로 교실상황을 녹화하는 것을 아는 교사는 그것을 모르는 교사와 행동반응에서 차이를 나타낼 수 있다. 자연스런 상황과 달리 실험상황에서는 여러 가지 실험 장비와 실험의 독특한 분위기가 있어 참여자들이 실험 참여에 대해 자부심을 갖거나 동기가 생겨 더 열심히 과제수행에 참여하거나 협조하게 만들 수 있다. 이처럼 실험 참여가 대상의 수행에 영향을 주는 정도에 따라 연구결과는 처치효과로만 설명될 수 없으며, 실험에 참여하지 않았던 대상에게 일반화하는 데 제한이 된다.

실험을 한다는 것은 단순히 실험실과 실험장비를 의미하는 것이 아니다. 실험자가 실험과제를 지시하고 때로는 참여자와 상호작용을 할 수도 있다. 따라서 실험자가 누구며, 어떻게 실험결과에 영향을 미칠 수 있는가에 대해 관심을 가지고 통제해야 한다. 실험자의 속성이나 기대가 편파되어 종속변인에 영향을 미친다면, 이 결과는 일반화시키기 어렵다. 또한 사전검사의 효과도 실험설계에 내재된 요인이다. 사전검사를 실시하는 설계는 이를 경험한 참여자를 민감화시켜 실험처치에 다르게 반응하게 만들 수 있다. 그리고 이러한 설계의 결과는 사전검사를 받지 않은 대상에게 일반화하기 어렵게 하여 외적 타당성에도 위협이 될 수 있다.

◆ **시간적 타당성**

대부분의 실험연구는 일정시기에 이루어진다. 시간적으로 다른 시기에도 같은 결과가 나올 것이라고 가정한다. 그러나 시간적으로 제한된 기간에 실시된 실험결과가 다른 시기에도 일반화될 수 있는가에 대해 의문을 가질 때 시간적 타당성(temporal validity)이 쟁점이라 할 수 있다.

예를 들어, 개인의 정서반응 및 에너지량은 하루 중 어느 시간인가에 따라 다를 수 있으며, 유아의 또래관계는 학년 초인 3월과 학년 말인 11월 이후에 다르게 나타날 수 있다. 또한 가족의 주말계획을 과제로 제시한다면, 계절에 따라 다른 결과가 나올 수 있다. 따라서 이와 같이 시간에 따라 처치의 효과가 달라질 수 있다면, 그 결과를 일반화하는 데 어려움이 될 수도 있다.

이상에서 실험연구의 타당성을 평가하기 위한 근거로 외적 타당성의 세 가지 범주를 살펴보았다. 그러면 실험의 내적 타당성과 외적 타당성의 관계는 어떠할까? 일반적으로 내적 타당성이 높아질수록 외적 타당성은 낮아지는 경향이며, 외적 타당성에 지나치게 비중을 두면 내적 타당성이 위협받기 쉽다. 왜냐하면 엄격하게 통제된 실험일수록 내적 타당성이 높으므로 그 결과는 실험이 이루어진 대상, 장면, 시간을 넘어서 널리 일반화되기 어려운 조건에서 실시되었을 가능성이 높다. 그러나 결과의 일반화에 앞서 일단 실험연구결과를 정확하게 발견하는 것이 연구자로서는 일차적인 목적이므로 내적 타당성에 주의를 기울이지 않을 수 없다. 타당하지 않은 실험효과에 대해 일반화의 논의는 무의미하기 때문이다. 따라서 실험이 내적으로 타당하게 실시될 수 있도록 잘 통제된 실험을 진행하면서 유의미한 효과를 발견함과 동시에, 외적 타당성에도 주의를 기울여야 할 것이다.

2. 독립변인의 조작과 종속변인의 측정

2.1 독립변인의 조작

실험에서 연구자의 첫 번째 과제는 독립변인을 어떻게 다르게 변화시켜서 종속변인에 미치는 효과를 발견하는가다. 연구자가 독립변인의 조건을 의도적으로 변화시키는 것을 가리켜 조작(manipulation)이라 한다. 예를 들어, 기숙사의 아침식사가 학생들의 수학문제 해결에 영향을 주는지 검증하고자 한다면, 아침식사 조건을 달리하여 실험을 해야 한다. 연구자가 아침식사를 거르지 않는 것이 중요하다고 가정하면 식사를 하는 집단과 그렇지 않은 집단으로 나누어 실험을 할 수 있다. 반면 아침식사의 종류에 따라 정신기능이 달라진다고 가정하면, 고열량 식단과 저열량 식단으로 나누어 변화를 줄 수 있다. 이처럼 연구자는 연구에서 추구하는 문제와 가설에 따라 독립변인에 변산이 생기도록 조작하는 방법을 고안해야 한다.

◆ 독립변인의 조작방법

독립변인에 변산이 생기는 것은 대체로 다음의 세 가지 방법에 의한다(Christensen, 2001). 첫째 방식은 처치조건의 유무에 의한 조작이다. 한 집단의 참여자는 처치를 받고, 다른 집단의 참여자들은 처치조건에 노출되지 않는 것이다. 예를 들어, 단서의 제공 유무에 따른 기억회상능력, 중재 프로그램 참여 여부에 따른 치료효과, 수업내용에 대한 요점 정리 유무에 따른 학습 효과 등에서 독립변인은 처치조건의 유무로 조작을 한 것이다.

둘째로 독립변인에서의 변산은 수량적 차이에 의해 이루어질 수 있다. 예를 들어, 수

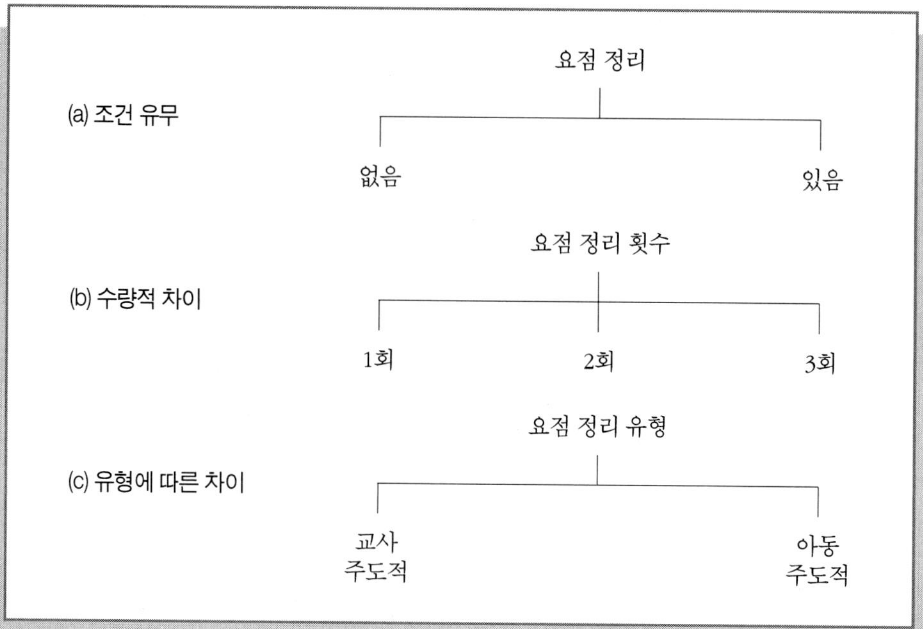

[그림 10-2] 독립변인의 조작방법

업내용에 대한 요점 정리를 한 시간 또는 횟수에 따라 학습 효과가 다를 것이라고 가정할 수 있다. 연구자는 참여자를 세 집단으로 나누어 각각 다른 횟수의 요점 정리 시간을 갖게 할 수 있다. 즉 1주일에 1회, 1주일에 2회, 1주일에 3회로 횟수를 다르게 하여 요점 정리 시간에 따른 학습효과를 실험한다.

세 번째 방법은 변인의 유형(type)에 따른 조작이다. 독립변인의 조작이 변인의 종류에서 다르게 도입되는 것이다. 앞에서 제시한 예에서 연구자가 요점 정리 유형을 중요한 변인으로 가정한다면, 교사가 주도적으로 요점을 정리해 주는 방식과 아동이 주도적으로 정리하는 방식의 두 가지 유형으로 집단을 나누어 실험할 수 있다.

이상의 세 가지 조작방법을 그림으로 간략히 제시하면 [그림 10-2]와 같다.

◆ 조작형성의 기술과 점검

조작은 독립변인의 조건을 다르게 만들어 제시하는 것이다. 이때 다른 조건을 만들기 위해 사용되는 기술은 대체로 다음의 두 가지로 구분할 수 있다.

첫째, 지시(instruction)를 통한 조작이다. 즉 실험자가 참여자들에게 언어적 지시를 다르게 주어 조건을 구분하게 만드는 방법이다. 이 기술은 특별한 장치가 필요하지 않으므로 가능만 하다면 언제든지 용이하게 사용될 수 있는 방안이다. 그러나 언어적 지시의 사용에서 유의할 점은, 실험 참여자들이 부주의하여 지시를 일부 또는 전체적으로 따르지 않는 경우가 생길 수 있다. 특히 어린 아동의 경우 언어적 지시가 복잡하면 일부분만 기억할 수도 있다. 예를 들어, 협동과 경쟁이 아동의 과제수행에 미치는 영향을 평가하기 위해 연구자가 블록 쌓기 과제를 소그룹별로 주고 각기 다른 지시를 할 수 있다. 협동의 조건에서는 가장 높이 쌓는 '그룹' 에 상을 주겠다고 지시를 하고, 경쟁조건에서는 가장 많이 쌓는 '아동' 에게 상을 주겠다는 지시를 할 수 있다. 만일 아동이 이 지시에서 '그룹' 과 '아동' 에 주의를 기울이지 못한다면, 이 실험의 조작은 효과적이 아닌 것이 되고 결과를 신뢰할 수 없게 된다.

지시에 의한 조작의 또 다른 문제는 지시에 대한 참여자들 간의 해석이 각기 다를 수 있다는 것이다. 한 가지 지시에 대해 한 집단의 참여자들이 모두 동일한 해석을 해야 조작이 균등하게 이루어질 수 있다. 그러나 각기 다른 해석 가능성이 조금이라도 내포되어 있다면 조작의 효율성이 떨어질 수밖에 없다. 따라서 지시를 통한 조작은 한 변인에 제한되어 사용되는 것이 좋다. 그리고 지시를 짧고 명료하게 과제에 초점을 두고 하는 것이 지시로 인한 오류를 감소시킬 것이다.

둘째, 사건(event)을 통해 조작하는 것이다. 사건의 조작이란 실험상황을 다르게 고안하여 제시하는 것으로서 지시의 조작보다 강력한 방법이다. 실험상황은 다양한 환경적 요소를 포함할 수 있다. 예를 들어, 실험실을 별도로 마련하여 특별한 실험장치를 사용할 수 있고, 학습실험에서 제시되는 자료의 유의미성에 따라 사건이 달라질 수 있다. 또는 부모-자녀관계의 실험을 위해 문제해결 과제를 달리하여 제시할 수도 있다. 실험의 가설에 따라 다양하고 창의적인 상황을 만들어 참여자들이 어떤 사건을 다르게 경험하도록 한다. 따라서 사건의 조작은 독립변인의 변산을 만들기에 더 현실성 있고 참여자에게 조작 효과가 큰 기법이다. 다만 실험상황이 지나치게 복합적인 경우 조건 통제가 약화될 수도 있다는 점과 고안된 상황에 인위적 요소가 강조되면 실용성과 일반화 가능성이 떨어진다는 점에 유의해야 한다.

이상의 두 가지 기법 외에 연구자가 실제 조작은 하지 않으나 개인차의 조작이 사용될 수 있다. 개인차의 조작(individual difference manipulation)이란 참여자들의 내적 상태, 예를 들어, 성취동기, 자아효능감, 스트레스 수준 등에서 차이가 있는 대상을 선발함으로써 독립변인에서 변산을 만드는 것이다. 이러한 방법은 연구 참여자들이 가지고 있는 다양한 특성을 실제로 조작하여 변화시키지는 못하지만, 어떤 특성에서 대상들을 분류하여 집단을 구성함으로써 그 변인의 효과를 검증해 볼 수는 있다. 예를 들어, 비교적 큰 집단에 성취동기검사를 실시하고, 높은 점수를 가진 대상들을 한 집단에 그리고 낮은 점수의 대상들은 다른 집단에 배정할 수 있다. 두 집단에게 같은 학습과제를 주고 이를 실시한 후 수행점수를 비교한 결과 차이가 유의했다고 하면, 성취동기가 영향을 주었다고 결론지을 수 있는가? 개인차의 조작은 엄밀한 의미에서 실험조작이 아니며, 연구 참여자를 두 집단에 무선배정한 것이 아니므로 타당한 결론에 이르기에는 제한점이 있다. 참여자들의 내적 특성, 여기서는 성취동기에 의한 효과일 수도 있으나 그 특성과 관련된 다른 변인의 영향일 수도 있기 때문이다. 예를 들어, 성취동기 때문이기보다는 성취동기와 관련된 부모의 교육수준 또는 다른 변인이 개입될 수도 있다. 따라서 개인차의 조작은 추론의 제한점을 충분히 인식하면서 연구자에게 제공되는 정보를 활용해야 한다.

독립변인의 조작에서 연구자에게 남는 의문은 과연 조작이 의도한 대로 참여자들에게 확실하게 전달되었는가 하는 것이다. 예를 들어, 또래 간 동조성이 친사회적 행동에 미치는 효과를 실험하고자 한다. 동조성을 조작한 집단에서 아동이 또래로부터 실제 압력을 느꼈는가를 알아볼 수 있다. 조작 자체가 효과적이라는 확신이 생길 때에야 종속변인에 미치는 효과도 논의될 수 있다. 이처럼 조작의 점검이 필요한 경우도 있다. 조작의 점검은 조작이 끝난 후 면접을 하는 방안, 행동적 또는 생리적 지표를 수집하는 방안 또는 사전검사를 실시하여 간접적인 점검을 하는 방안 등이 있다.

2.2 종속변인의 측정

종속변인은 연구자가 궁극적으로 관심을 가지는 변인으로서 독립변인의 영향을 평가하기 위해 측정되는 연구대상의 행동반응이다. 종속변인이 무엇인가 하는 것은 연구의 문제나 가설과 함께 이미 결정된다. 그러나 종속변인을 어떻게 조작적으로 정의하고 측정하는가에 따르는 몇 가지 결정은 연구의 성패를 가늠하는 중요한 과제다.

종속변인에 대한 조작적 정의는 연구자마다 다를 수 있다. 실험연구에 적합한 조작적 정의와 측정방법을 선택하기 위해서는 다음의 몇 가지를 유의해야 한다.

첫째, 독립변인의 효과에 민감한 측정치를 선택한다. 즉 종속변인 측정치가 변별력이 있어야 하며, 특히 독립변인의 효과에 따른 변별력이 요구된다. 연구자들 중에는 '처치에 따른 효과가 있어서 행동의 변화가 종속변인에서 나타나기는 했지만, 결과를 분석해보니 독립변인에 따른 차이가 통계적으로 유의하지 않았다.' 라고 서술하는 경우가 있다. 이는 종속변인 측정이 민감하지 못한 결과일 것이다. 예를 들어, 형제자매 유무에 따른 공감능력의 연구에서 종속변인인 공감능력을 자기보고식 문항으로 다음과 같이 수집하였다고 하자. '당신의 친한 친구가 슬픔에 잠겨 있을 때 당신은 슬프게 느낍니까?' 이러한 질문의 응답에는 사회적 기대에 따른 반응과 성에 따른 편파성이 생기기 쉽다. 따라서 독립변인의 효과에 민감한 평가를 할 수 없을 뿐 아니라 여성이 남성보다 높은 공감능력을 표현함으로써 정확하지 않은 결론으로 이끌 수 있다. 따라서 공감능력의 측정치는 성에 편파되지 않도록 어떤 장면(예: 슬픈 영화)을 볼 때 얼굴 표정의 분석 같은 것이 사용될 수 있다.

둘째, 참여자 반응에서 편견이나 지나친 협조 경향이 유발되지 않는 방법을 사용한다. 예를 들어, 실험효과에 대한 질문을 참여자에게 하고 질문지로 응답하게 한다면, 실험에 협조하는 방향으로, 즉 실험중재가 효과적이었다고 응답할 가능성이 높다. 종속변인의 측정에서 참여자의 편견을 감소시키는 방안에는 다음과 같은 제안들이 있다(Christensen, 2001).

- 참여자가 모르게 행동을 관찰하거나 질문지에 관련 없는 문항과 함께 넣는다.
- 종속변인의 측정을 실험상황과 분리시켜 참여자가 단서를 발견하지 못하게 한다.
- 지시를 본래의 것과 약간 다르게 하여 주의를 해당변인에 두지 않도록 한다.
- 동일한 검사로 사후검사를 실시할 때에는 동기유발이 잘 되지 않으므로, 사전검사에 잘못이 있어 다시 해야 한다고 하거나 사후검사만이 사용될 예정이라고 하면서 협조를 구한다.
- 생리적 반응같이 참여자가 의식하지 못하는 변인을 측정한다.

셋째, 다른 연구에서와 마찬가지로 신뢰도와 타당도가 양호한 종속변인의 측정도구를 선택한다. 일반적으로 종속변인은 연구자가 궁극적으로 관심을 두는 구인이므로 변인의 측정에 대한 신뢰도와 타당도는 항상 해당 연구를 통해 다시 점검되어야 한다. 먼저 타당도에서는 조작적 정의가 구인을 반영하는 정도 면에서 구인 타당도를 분석해야 하며, 참여자의 심리적 관여도가 높을수록 효과적이라는 점도 유의해야 한다. 그 다음 신뢰도 수준이 높아야만 오차 부분이 상대적으로 낮아지므로 연구결과를 의미 있게 산출할 수 있다. 따라서 측정도구 전체의 신뢰도뿐 아니라 때로는 하위 영역별 신뢰도가 바람직한 수준으로 확인되어야 한다. 또한 실험에서는 반응 측정을 1회만 하는 것보다 여러 회 측정하는 것이 신뢰도를 높인다.

넷째, 종속변인 측정치의 자료가 통계적 분석모델의 가정에 적합해야 한다. 자료는 측정의 수준에서 통계적 분석과 연계되어 있다. 실험연구의 대표적 분석방법인 변량분석에서 종속변인 측정치는 연속적 자료이며 최소 동간척도를 요구한다. 그 외에도 집단 간 변량의 동질성, 전집분포의 정상성 등 기본 가정이 있으므로 수집되는 자료가 이러한 가정에 맞는가를 고려해야 한다.

실험연구에서 종속변인의 수는 대체로 한 개이나, 하나의 구인을 여러 개의 측정변인으로 조작화하여 수집할 수 있다. 여러 개의 측정변인을 적용할 때의 장점은 어떤 현상에 대한 포괄적인 이해에 도움이 된다. 그리고 모든 측정변인에서 일관된 결과를 얻는다면 결론을 강화시키게 된다. 그러나 측정변인에 따라 다른 결과가 산출되거나 측정변인 간 상관이 낮다면, 서로 다른 구인으로 간주될 수도 있으며 해석에 어려움이 있다.

3. 실험연구에서의 통제

실험연구의 내적 타당성에 대해 앞에서 서술한 바와 같이 실험결과를 독립변인의 효과만으로 해석하기 위해서는 독립변인 이외 변인들의 개입이 없어야 한다. 즉 실험통제가 분명하고 적절하게 이루어져야 한다. 통제가 이루어져야 할 영역은 세 가지로 구분될 수 있다. 첫째, 두 개 이상의 실험집단으로 구성된 실험에서 집단 간의 동등성 확보를 위해 가외변인이 통제되어야 하며, 둘째, 실험 참여자들이 하나 이상의 처치를 반복해서 받게 될 때 처치순서에 따른 효과를 통제해야 하고, 셋째 실험에 관여하는 실험자 또는 참여자들의 편파성이 개입되지 않도록 통제해야 한다. 각 영역별 통제방법에 대해 구체적으로 살펴보도록 하자.

3.1 가외변인의 통제

가외변인을 통제하는 방안에 대해 Kennedy와 Bush(1985)는 물리적 통제, 선택적 통제 또는 무선화 그리고 실험설계나 통계적 방법을 통한 통제의 세 가지를 지적한 바 있다.

첫째, 물리적 통제(physical control)는 가장 고전적인 방법으로 '단일변인의 법칙'에 따라 조작되는 변인 외의 모든 자극을 제거하는 것이다. 이 방법은 자연과학의 실험에서 필수적이나, 복합적인 인간행동의 연구에서는 적용하는 데 한계가 있다. 예를 들어, 인간의 내적 특성인 지능, 동기, 흥미 등은 제거하기가 불가능할 뿐 아니라 통제 목적으로 범위(예: IQ 90~110) 또는 범주(예: 성별변인에서 남성)를 제한하면 연구결과의 유용성이 떨어지게 된다. 따라서 다음에 제시되는 방안들이 더 효과적일 수 있다.

둘째, 선택적 통제(selective control) 또는 무선화(randomization)로서 실험집단 간에 생길 수 있는 차이를 표집의 오차 한계 내로 만들어서 집단 간 등질화를 하는 것이다. 즉 인간의 지능, 동기 등을 제거하거나 일정하게 제한하기보다 표집의 무선오차만큼 고르게 분산시켜서 등질화하는 방안이다. 일반적으로 무선화의 개념은 세 가지 의미를 갖는데, 참여자를 전집으로부터 무선선정하는 것, 선정된 참여자들을 실험집단에 무선으로 배정(random assignment)하는 것 그리고 실험처치를 실험집단에 무선으로 배치하는 것이다. 이 중에서 집단 간 동등성에 직접 관련된 것은 참여자들의 무선배정이므로 무선화란 의미가 협소하게 적용될 때는 이 개념을 뜻하기도 한다. 실제로 참여자들의 무선선정은 전집의 대표성과 일반화 가능성에 영향을 주게 되므로 연구의 내적 타당성보다는 외적 타당성에 관련된다. 그리고 실험처치의 무선배치는 어떤 집단에 어떤 처치조건을 배치하는가에 있어서 무작위성을 의미하며, 실험자 편파성을 통제하는 데 효과적이다.

셋째, 실험설계나 통계적 방법에 의한 통제는 1930년대 중반 이후 Fisher의 실험설계와 변량분석 그리고 다른 최신 통계분석 기법이 도입된 이후 가능해진 방법이다. 한 가지 방안은 가외변인을 설계의 한 변인으로 추가해 넣어 다변인 설계로 만듦으로써 그 변인을 통제함과 동시에 그 효과를 알 수 있다. 예를 들어, 처치-구획 설계에는 조작변인과 함께 개인의 속성변인(예: 적성)을 추가해 넣음으로써 속성에 따른 효과를 통제할 수 있다. 그 다음 순수하게 통계적인 기술로 통제하는 방안 중에는 공변량분석, 부분상관계수 그리고 위계적 회귀분석 등이 있다.

가외변인의 통제 방안 중에서 실험집단의 동등성 유지는 실험집단 구성 과정에서 연구자의 노력이 특별히 요구되는 부분이므로 다음에서 참여자의 무선배정과 배합법에 대해 서술하고자 한다.

3.1.1 참여자의 무선배정

가외변인의 통제에서 가장 기본적이고 중요한 방법은 연구대상들을 무선배정함으로써 집단을 동등하게 하는 것이다. 무선배정은 알려진 가외변인과 함께 알려지지 않은 가외변인이 실험결과에 미치는 체계적인 영향을 통제할 수 있다. 특히 알려지지 않은 변산의 원천을 통제할 수 있는 유일한 방법이므로 가장 강력한 통제의 수단으로 간주된다. 따라서 Cochran과 Cox(1957)는 무선화를 '보험' 에 비유할 수 있다고 하였다. 즉 가외변인의 영향은 실험에서 일어날 수도 있고, 일어나지 않을 수도 있다. 만약에 생길 수 있는 심각한 가외변인의 영향에서 실험을 보호해 주는 역할을 하기 때문에 절차상 번거로울

표 10-1 난수표의 일부

행 \ 열	1	2	3	4	5	6	7	8	9	10
1	8	1	4	5	5	6	9	8	7	3
2	2	7	9	6	5	4	6	4	8	3
3	0	0	0	5	5	8	9	7	6	9
4	7	8	3	4	7	0	7	7	5	2
5	8	5	8	6	3	5	4	2	2	2
6	7	3	5	3	6	8	0	7	3	3
7	1	8	6	0	1	0	7	4	4	7
8	7	9	5	3	0	1	5	5	5	1
9	5	6	6	7	8	5	8	1	1	9
10	3	0	3	3	9	1	9	9	1	9
11	9	7	4	7	8	4	7	1	0	9
12	5	6	4	5	1	4	5	4	1	1
13	5	7	4	0	4	2	5	9	6	7
14	8	6	0	5	6	9	4	4	3	2
15	6	7	6	7	3	3	7	1	8	9
16	2	6	0	6	7	3	3	0	6	9
17	6	7	5	5	1	4	7	4	1	2
18	6	3	0	9	9	9	5	3	8	0
19	0	3	7	3	0	3	0	6	8	6
20	7	1	6	8	2	0	5	3	2	1

지라도 무선화를 추천하는 것이다.

참여자를 실험집단에 무선배정하는 절차를 단계적으로 살펴보기로 하자. 가장 보편적인 방법은 난수표(table of random number)를 이용하는 것이다. 난수표는 무작위적으로 뽑힌 0에서 9까지의 숫자의 배열이다. 〈표 10-1〉에서 난수표의 일부인 10개 열에 20개 행으로 된 200개 숫자배열을 볼 수 있다.

1단계: 실험에 필요한 대상이 전집에서 일단 15명 선발되었다고 가정하자. 무선배정 절차를 예시하기 위해 15명에게 0에서 14까지의 일련번호를 부여한다. 이 15명을 세 집단에 무선배정하려 한다.

2단계: 난수표에서 15는 두 자리 숫자이므로 2개 열을 정해 15 미만의 번호를 선발한다. 처음 두 열에서 00, 03 두 명을 선발하고, 다음의 3, 4열에서 05, 06, 09가 선발된다. 즉 첫 번째 집단 다섯 명이 선발되었다. 이때 한 대상이 두 번 들어갈 수 없으므로 같은 번호가 나오면 그 다음으로 넘어간다. 이와 같은 과정을 거쳐 두 번째 집단 다섯 명은 01, 07, 10, 11, 14가 선발되었다.

3단계: 이상의 선발 과정에서 누락된 번호는 세 번째 집단에 배정한다. 따라서 다음과 같이 15명이 세 집단에 무선적으로 배정되었다.

00	01	02
03	07	04
05	10	08
06	11	12
09	14	13

4단계: 참여자들이 세 집단에 무선배정되었으면, 세 가지 처치조건 중 어느 조건에 배치하는가를 무선적으로 결정한다. 세 집단에게 1~3의 숫자를 부여하고 난수표의 첫 번째 열에서 숫자를 읽어 내려간다. 첫 번째로 나오는 숫자가 2다. 따라서 첫 번째 처치조건에 집단 2를 배정한다. 그 다음 숫자는 1이 나오므로 집단 1은 두 번째 처치조건, 따라서 집단 3은 세 번째 처치조건에 배치한다. 이로써 연구대상 15명을 세 집단에 무선배정하고, 세 집단을 세 가지 처치조건에 다음과 같이 무선배치하게 된다.

처치조건		
A_1	A_2	A_3
집단 2	집단 1	집단 3

이러한 무선배정 절차는 제7장의 표본선정에서 소개된 홈페이지나 컴퓨터 프로그램을 통해서도 적용할 수 있다. 참여자의 무선배정은 가외변인을 제거하는 대신 모든 집단에 비슷하게 분포되도록 함으로써 통제를 이루는 방법이다. 이상적으로는 변인들의 분포가 집단별로 같아야 한다. 실제적으로는 분포가 똑같지 않을 수도 있으나 편파된 분포를 갖게 될 가능성이 감소된다. 따라서 어떤 변인이 영향을 끼칠지 모를 때는 언제든지 무선화를 적용할 필요가 있다.

3.1.2 배합법

배합법(matching)은 무선화만큼 바람직한 방법이 아니지만 실험집단 간의 등질화를 이루기 위해 무선화가 불가능할 때 적용될 수 있다. 배합법이란 한 개 또는 그 이상의 변인에서 집단 간 참여자를 동등하게 만드는 몇 가지 기술을 의미한다. 이 방법은 오차변량을 감소시켜 실험의 민감성을 높이고, 배합된 변인의 영향을 균등하게 함으로써 통제를 이룬다. 배합법의 대표적인 기술에는 세 가지 종류가 있다(Christensen, 2001).

첫째, 변인 수준을 고정시키는 방법으로 모든 실험집단에서 가외변인의 수준을 일정하게 유지하는 것이다. 즉 변인의 다른 수준을 제거함으로써 집단별로 같은 수준이 되게 한다. 예를 들어, 성차가 있는 특성의 연구에서 여아 또는 남아로만 연구를 할 수 있다. 이 방법으로 통제를 이루기는 쉬우나 결과의 일반화에 제한이 따른다.

둘째, 참여자를 동등하게 배합하는 방법이다. 즉 참여자를 통제하려는 변인에 따라 사례별로 실험집단 수만큼 배합한 후 실험집단에 무선배정하게 된다. 이러한 방법은 통제변인을 알 수 있을 때 적용하며, 실험집단들을 통제변인에서 동등하게 하는 방안이다. 이때 통제변인, 즉 배합에 사용된 변인은 종속변인과 상관관계가 있어야 한다. Kerlinger와 Lee(2000)에 의하면, 배합변인과 종속변인 간의 상관이 .5 또는 .6 이상이어야 유용하다고 한다. 예를 들어, 학습실험에서 지능수준을 배합하여 세 집단을 구성한다고 하자. 연구 참여자 중에서 IQ의 서열에 따라 세 명씩 배합하여 선발한다. 즉 (94, 96, 97), (98, 99, 101), (102, 105, 106)…… 등으로 세 명으로 구성된 집단이 필요한 수만큼 구성되면 세 명에 대한 처치집단 배정을 무선적으로 한다.

참여자를 배합하는 방법은 배합변인과 종속변인 간의 상관으로 인해 실험의 민감성을 증진시킬 수 있다. 반면 어떤 변인에 의해 배합되어야 할지 경험적 증거가 부족할 때에는 사용할 수 없으며, 배합할 변인의 수가 많을수록 탈락사례가 생기는 등 배합 과정에 실제적으로 어려움이 따른다.

셋째, 집단의 분포에 의한 배합법이다. 특정 배합변인에서 분포가 동일한 집단을 필요한 수만큼 선정하고, 그 집단에 속한 사람들을 모두 연구 참여자로 한다. 즉 사례별 배합이 아닌 집단을 배합하는 방식이다. 예를 들어, 지능을 배합변인으로 사용한다면 지능에서 동일한 평균, 표준편차, 편포도 등을 보이는 집단을 실험집단으로 선정하는 것이다. 이 방법의 이점은 집단으로 배합이 이루어지므로 사례별 배합에서처럼 대상 탈락이 생기지 않는다. 그러나 사례별 배합보다 개략적인 동등화이므로 정확도가 떨어지며, 2개 이상의 변인으로 배합할 때는 동등한 집단을 구하기 어려울 수 있다.

이상에서 실험집단을 동등하게 구성하여 가외변인을 통제하는 절차로 무선화와 배합법에 대해 살펴보았다. 무선화는 적절하게 적용될 때 최선의 방법이지만, 현실적으로 대상의 무선배정이 불가능한 경우에는 차선책으로 배합법이 사용될 수 있다. 배합법 중에서는 참여자 배합이 다른 두 가지 방법에 비해 더 나은 방법으로 간주된다. 그러나 배합법은 실험집단들의 동등성에 대해 확신할 수 없는 단점이 있다.

3.2 순서효과의 통제

순서효과(sequencing effect)는 앞에서 언급한 바와 같이 몇 가지 실험처치가 참여자에게 모두 제공될 때, 즉 반복 시행될 때 생긴다. 여러 개의 처치가 반복될 때 순서효과는 엄밀한 의미에서 두 가지 유형으로 구분된다. 처치가 진행되는 서열에 따라서 생기는 서열효과(order effect)와 선행 처치조건에 의해 그 다음 처치조건하의 수행이 영향을 받는 전이효과(carry-over effect)가 있다. 서열효과는 참여자들이 반복되는 처치에 의해 차츰 익숙해지거나 또는 흥미를 잃어 가는 등 처치의 어떤 수준보다 진행서열에 따라 수행이 변화하는 것이다. 전이효과는 참여자가 직전에 어떤 처치를 받았는가에 따라 다음에 받는 처치조건이 다르게 느껴져 수행이 영향을 받는 경우다. 예를 들어, 금전적 보상의 효과에서 처음에 5천 원, 그 다음에 1만 원을 받는 집단과 처음에 2만 원 그 다음에 1만 원을 받는 집단은 동일한 1만 원을 받았더라도 보상의 크기가 다르게 느껴질 수 있다. 일반적으로 순서효과라 함은 이 두 가지를 모두 의미한다. 순서효과를 통제하는 기술은 역균형법 또는 상쇄법(counterbalancing)으로 알려져 있으며, 피험자 내 상쇄법과 집단 내 상쇄법으로 대별할 수 있다.

3.2.1 피험자 내 상쇄법

피험자 내 상쇄법(intrasubject counterbalancing)은 참여자별로 처치를 한 가지 서열로 제시하고 다시 역순으로 바꾸어 제시함으로써 순서의 효과를 통제하는 것이다. 피험자 내 상쇄법은 가장 단순한 두 가지 처치(예: A와 B)가 있을 때 AB 순서와 BA 순서를 적용하므로 ABBA 기술이라고도 부른다. ABBA 기술은 순서효과가 처치서열에 따라 일정하게 증감하는 경우, 즉 선형적(linear)일 때 효과적인 통제방안이다. 그러나 비선형적인 증감이나 전이효과의 통제를 위해서는 효과적이 아닐 수 있다. 또한 처치의 종류가 여러 개일 때 역순의 추가로 처치가 반복되고 때로는 지나치게 길어질 수 있다. 처치 종류가 여러 개일 때에는 대상별로 무선적 순서를 만들어 제시하는 방안도 사용되고 있다.

3.2.2 집단 내 상쇄법

집단 내 상쇄법(intragroup counterbalancing)은 각각의 실험집단에게 다른 서열의 처치를 제공하는 방안이다. 이 방법은 피험자 내 상쇄법에 비해 처치조건의 반복에 따르는 소요시간을 감소시킬 수 있다. 집단별로 제공되는 처치순서를 다르게 상쇄함으로써 통제를 이루게 되며, 완전 상쇄법과 불완전 상쇄법의 두 가지 기술이 있다.

완전 상쇄법(complete counterbalancing)은 처치조건들의 조합으로 만든 모든 가능한 순서를 사용하는 것이다. 예를 들어, 세 가지 처치조건(예: A, B, C)이 있다면 ABC, ACB, BAC, BCA, CAB, CBA의 6개 순서가 가능하며, 각각의 순서를 사용하기 위해 6개 실험집단을 구성하여 실시한다.

불완전 상쇄법(incomplete counterbalancing)도 집단별로 다른 처치순서를 적용하나 각 처치조건이 순서상 각 위치에 한 번씩만 제공되도록 한다. 또한 처치 수가 짝수일 때 각 처치조건의 앞과 뒤에 다른 처치조건이 같은 수로 제시된다. 처치 수가 홀수일 때는 이 조건은 맞지 않게 된다. 일반적으로 처치조건의 수만큼 집단 수가 필요하다. 처치조건의 수를 n이라 할 때 첫 번째 집단의 처치 순서는 1, 2, n, 3, (n−1), 4, (n−2), 5, ……와 같은 양상으로 전개된다. 그 다음 순서는 서열을 하나씩 올려서 만든다. 두 번째 집단은 2부터 시작하여, n, 3, (n−1), ……, 세 번째 집단은 n에서 시작하여, 3, (n−1), 4, ……로 이루어진다. 예를 들어, 네 가지 처치조건이 있을 때 첫 번째 순서는 ABDC다. 집단 별 처치순서를 모두 제시하면 [그림 10−3]과 같다.

집단	처치순서			
1	**A**	B	D	C
2	B	C	**A**	D
3	C	D	B	**A**
4	D	**A**	C	B

[그림 10−3] 불완전 상쇄법의 예

불완전 상쇄법은 처치조건 수와 집단 수가 같아 행렬을 이루게 되며, 고대 퍼즐게임의 이름을 따서 라틴 장방형(Latin square)이라고도 한다. 불완전 상쇄법은 완전 상쇄법에 비해 같은 처치조건에서 처치집단 수가 더 적게 요구된다. 순서효과를 통제하는 측면에서는 집단 내 상쇄법과 피험자 내 상쇄법은 크게 다르지 않다. 다만 실험절차에서 처치조건이 2개 이상일 때 집단 내 상쇄법이 효율성 면에서 더 유리하며, 특히 불완전 상쇄법이 더 효율성이 있다. 이와 같이 하나 이상의 처치를 참여자들에게 중복하여 제공할 때는 언제든지 처치조건의 순서에 따른 효과가 통제되어야 한다.

3.3 실험자와 참여자 효과의 통제

사람을 대상으로 하는 실험에서 실험자와 참여자의 인적 요소가 연구를 왜곡되게 할 가능성은 항상 존재한다. 이러한 효과는 실험에 대해 갖는 기대와 동기가 복합되어 나타나며, 때로는 실험자 기대와 참여자의 편파성이 서로 상호작용을 일으킬 수도 있다. 연구자는 이러한 효과에 대해 충분히 이해하고, 이를 통제하기 위한 절차를 사전에 고안해야 한다.

3.3.1 실험자 효과

실험에 임하는 연구자는 대체로 연구에 대한 강한 동기를 갖고 출발하며, 결과에 대한 기대가 있다. 무엇보다도 연구자는 관심 분야의 실험에서 중요한 가설이 지지될 수 있는 결과가 나오기를 기대한다. 또한 가설을 지지하는 연구결과들을 주로 출간하는 학술지의 일반적 관행은 연구자에게 또 다른 동기를 부여한다. 따라서 실험자 효과의 첫 번째 범주는 실험자 기대(experimenter expectancy)로서 실험자가 가진 동기와 기대로 편향된 효과가 생길 수 있다. 이러한 실험자의 기대는 의도하지 않은 행동을 하게 하고, 때로는 실험 참여자에게도 영향을 준다.

실험자 기대가 기록에 오류를 일으키고 그 오류가 편파될 수 있다는 증거가 Rosenthal (1978)의 연구를 통해 보고된 바 있다. Rosenthal은 실험자 기대와 관련하여 21개의 연구 결과를 요약하면서, 기록 오류의 평균 60%가 실험에서 기대한 방향으로 편파되어 있음을 지적한 바 있다. 전체적으로 기록의 오류가 연구 결론을 바꿀 만큼 또는 그렇게 빈번히 나타나는 것은 아닐지라도 오류의 편파 가능성만은 유의해야 할 점이다. 또 다른 효과는 수집된 자료에 대한 해석에서 실험자의 기대가 작용하는 것이다. 동일한 자료에 대해 연구자들은 훈련배경에 따라 상반된 해석을 할 수 있다. 또한 실험자는 가설을 지지하는 자료에 더 주의를 기울이고 강조해서 해석할 수 있다. 이미 수집된 자료 자체도 연구자의 기대가 포함된 것이므로 그 자료를 해석할 때 어느 정도는 편파될 가능성을 내포하고 있다.

실험자 기대는 실험 참여자에게도 영향을 미칠 수 있다. 실험 참여자들은 실험에 응할 때 긍정적으로 자신을 보여 주고자 하는 의도가 강하며, 이를 최대한 이루기 위해 가능한 모든 단서를 찾게 된다. 이러한 참여자의 동기는 실험자의 기대와 상호작용한다. 즉 실험자가 의도적은 아니지만 자신의 기대에 부응하는 방향으로 어떤 단서를 제공하고, 참여자는 실험자의 행동에서 이러한 미묘한 단서를 포착하여 그에 따라 반응하게 된다.

Rosenthal과 그의 동료들은 많은 연구를 통해 실험가설을 지지하는 방향으로 실험자 기대가 적어도 30% 정도의 연구에서 영향을 미칠 수 있음을 보여 주었다. 실험자의 비언어적 단서들로는 얼굴 표정이나 몸짓, 고개 끄덕임, 미소 그리고 지시에서 특정 단어를 강조하는 억양 등이 있다. 기대효과는 어떤 의미에서 실험자와 연구 참여자 간의 의사소통 과정의 하나다. 사회적 영향의 욕구를 가진 실험자가 무의식적으로 보여 주는 비언어적 단서를 사회적 인정의 욕구를 가진 참여자가 해독함으로써 기대효과가 만들어지는 것으로 설명할 수 있다.

실험자 효과의 두 번째 범주는 실험자 속성으로서 실험자의 신체적, 심리학적 특성 등이 실험 참여자에게 다르게 반응을 일으킬 수 있음을 말한다. 실험자의 연령, 성, 인종과 함께 성격적으로 권위주의적, 온정적 또는 불안이 높은 수준인지, 지적으로 우수한

지 등에 따라 참여자에게 다르게 영향을 미칠 수 있다. 실험자의 여러 가지 속성 중에서 어느 정도 일관성 있게 발견된 결과를 보면, 어린 아동은 남성보다 여성 실험자와의 작업에서 더 높은 수행을 보이며, 성인은 남성 실험자로부터 더 높은 수행능력을 보인다고 한다.

이상에서 살펴본 바와 같이 실험자 효과는 결과에 영향을 미칠 수 있는 편파적인 효과로서 실험자가 적극적으로 개입하는 실험에는 항상 가능성이 잠재되어 있다. 따라서 이러한 효과를 통제하기 위한 방안에 대해 알 필요가 있다.

실험자 기대를 최소화하는 방안으로는, 첫째 참여자의 처치조건을 실험자가 모르게 하는 것이다. 이를 은폐기술(blind technique)이라고 하며, 실험자가 연구가설은 알고 있으나 참여자의 처치조건을 알지 못하는 경우다. 그러나 연구자 자신이 실험을 처음부터 진행하고 실시할 때 이 방법은 적용하기 어렵다. 두 번째 대안은 은폐기술을 부분적으로 적용하는 것으로서 참여자의 처치조건을 실험 초기에는 알고 있으나, 처치가 도입될 때 또는 종속변인의 측정시기 등 결정적인 절차에서 처치조건을 모르게 하는 것이다. 세 번째 대안은 실험절차를 자동화(automation)하는 것으로서 컴퓨터를 활용하여 자극과 지시 등을 일률적으로 제시하고, 각종 기기를 통해 반응을 기록하게 하는 것이다. 즉 참여자와 실험자 간의 상호작용을 최소화하고 실험 절차를 자동화함으로써 기록의 오류를 감소시킬 수 있다.

그 다음 실험자 속성에 따른 효과를 통제하기 위해서는 실험자 선발과 배정 과정에서 속성변인의 특성을 균등하게 함으로써 이루어질 수 있다. 이때 실험자 속성변인 중에서 종속변인과 관련이 있는 변인을 우선적으로 고려해야 한다. 예를 들어, 불안에 관련된 실험에서는 실험자의 다른 어떤 속성보다도 불안수준이 균등한 사람으로 선발되어야 한다. 실험자가 한 명 이상으로 적용될 경우에는 처치조건과 실험자 간에 상호작용이 있는지에 대한 증거가 수집될 수 있을 것이다. 훈련된 실험자를 충분한 수로 확보하고 무선표집해서 사용할 수 있다면 이상적이지만, 현실적으로 그런 상황하에서의 실험은 흔하지 않다.

3.3.2 참여자 효과

실험의 참여자들은 어떻게 참여하게 되었든지 어느 정도의 참여동기와 호기심을 가지고 실험에 지원하게 된다. 그러나 실험의 목적과 과제에 대한 정보를 통해 실험이 자신에게 무엇을 요구하는지에 대해 자기 나름의 견해와 가정을 세우게 된다. 이를 실험의 요구특성(demand characteristics)이라고 한다. 요구특성은 참여자가 느끼는 실험에 대한 견해로서 일단 실험과제가 정의되면 이 과제의 수행을 위해 동기화된다. 참여자는 실험과제에 대한 지각에 따라 실험과제에 반응한다. 학습 실험에서는 자료를 통해 배우게 되며, 대부분의 참여자는 학습과제를 빠르고 정확히 배우려 한다. 왜냐하면 보편적으로 참여자들은 과제를 통해 지적으로 우수하게 보이려는 동기를 갖고 있기 때문이다. 참여자들은 실험에서 요구되는 과제를 수행하기 위해 참여하지만, 실제로는 자신을 가장 잘 보이려는 욕구가 내포된다. 즉 긍정적 자기제시(positive self-presentation) 동기를 갖고 실험의 요구특성에 부응하며, 가설에 협조적일 수도 있고 반대방향으로 동기가 생길 수도 있다. 다시 말해서 연구결과를 독립변인의 영향만으로 결론짓게 하는 데 어려움을 줄 수 있다. 예를 들어, Sigall, Aronson 그리고 Van Hoose(1970)에 의하면, 낮은 조도에서 지루한 자극에 잘 반응하고 있다고 말한 집단에서는 수행수준이 증가한 반면, 과제에 빨리 반응하는 것은 강박적인 수행을 나타낸다고 말한 다른 집단에서는 수행수준이 감소하였다고 한다. 이처럼 과제 종류보다 과제에 대한 참여자의 지각이 과제수행을 다른 방식으로 반응하게 한다.

참여자의 효과를 통제하는 방안으로 다음의 몇 가지가 있다. 실험연구자는 몇 가지 방안을 함께 사용하여 참여자의 지각을 동일하게 유지하고자 노력할 수 있다. 또한 실험내용에 따라 사용하기에 적합한 방법이 다를 수도 있음을 유의해야 한다.

첫째, 요구특성을 가장 잘 통제하는 방법은 양방은폐 위약 모델(double blind placebo model)이라 할 수 있다. 이 방법은 실험자와 참여자 양방이 모두 실험처치조건을 모르게 하는 것이다. 즉 연구자는 실험조작이 모든 처치조건에서 참여자에게 동일하게 보이도록 조작을 해야 하며, 동시에 실험자 자신도 어느 집단이 실험조작 조건인지 모르는 것이다. 이 방법은 투약같이 외형적으로 동일한 조건이 가능한 조작에서 사용될 수 있는 방식이다. 그러나 동일하게 보이도록 조작할 수 없는 다른 많은 실험에서는 이 방법을 적용하기 어렵다.

두 번째 통제방법은 실험의 진정한 목적을 숨기거나 생략하고 또는 연구가설과 관련 없는 거짓 설명을 참여자에게 제공하는 것이다. 즉 조작에 거짓요소를 포함시킴으로써 참여자의 지각문제를 해결하려는 것이다. 예를 들어, TAT 검사를 실시할 때 검사자는 지시에 성격검사라는 설명 대신 '상상력 검사'라고 한다. 이처럼 과제에 대한 어떤 가설을 제시하는 것은 참여자들의 호기심을 일단 만족시키고, 각각 다른 지각과 가설을 만들어 반응의 편파성을 방지하기 위한 것이다. 따라서 참여자는 실험에서 요구특성을 인식하지 못하거나 자신이 실험에 속하고 있는지 모르게 실험이 진행되고 반응이 수집된다.

셋째는 종속변인의 측정을 독립변인의 조작 또는 실험자와 분리시켜 독립적으로 실시하는 것이다. 실험조작을 실시한 상황과 관련 없는 다른 맥락에서 종속변인 측정이 이루어지게 함으로써 참여자가 지각한 실험의 요구특성이 불필요하게 되는 것이다. 이 방안도 조작과 종속변인 측정이 상호 의존된 실험에서는 적용이 불가능하다. 그리고 이상의 두 번째 방안과 함께 허위정보가 제시될 가능성이 높다는 점에서 윤리적인 문제가 따른다.

이 밖에도 참여자가 의식하지 못하는 변인, 예를 들어 생리적 반응 또는 다른 동료 참여자로부터 자료를 수집하는 방안이 사용될 수 있다. 또한 조작에 대한 참여자의 해석을 조사하고 지각에 따라 재배치하여 통제하는 방안 등이 있다.

4. 실험설계의 유형

실험설계는 실험연구를 이끄는 일종의 안내도이며 계획안이다. 실험설계에 포함된 구조에 의해 실험집단이 구성되고, 처치가 이루어지며, 종속변인에 대한 자료수집과 분석 방안이 계획된다. 또한 실험설계는 원하지 않는 변인의 개입을 통제하는 기능도 있다. 따라서 실험설계는 일반 연구설계와 공통적인 목적을 추구하면서도 가외변인의 효과를 최대한 배제하고 통계적 효율성을 높이려는 특징이 있다. 설계의 가장 중요한 목적은 연구문제에 대한 해답을 제공하는 것과 변량을 통제하는 것이다. 설계 유형에 따라 변량을 통제하는 정도와 효율성이 달라질 수 있다. 이 절에서는 실험설계의 대표적인 유형들에 대해 서술하고자 한다.

4.1 피험자 간 설계와 피험자 내 설계

실험설계의 유형을 구분하는 가장 기초적인 방식은 독립변인의 수준별로 실험 참여자가 다른 사람들로 구성되는가 또는 한 집단의 참여자에게 독립변인의 모든 수준을 반

피험자 간 설계		피험자 내 설계	
독립변인		독립변인	
A_1	A_2	A_1	A_2
S_1	S_{11}	S_1	S_1
S_2	S_{12}	S_2	S_2
⋮	⋮	⋮	⋮
집단 1	집단 2	집단 1	집단 1

[그림 10-4] 피험자 간 설계와 피험자 내 설계

복해서 제시하는가다. 전자를 피험자 간 설계(between-subjects design)라 하고 후자를 피험자 내 설계(within-subjects design)라 한다. 역사적으로는 소수를 대상으로 한 피험자 내 설계가 더 일찍부터 사용되었으나, 20세기 중반 이후 많은 연구들이 피험자 간 설계에 더 관심을 기울이고 있다. 특히 Campbell과 Stanley(1963)에 의해 피험자 간 설계는 진형 실험설계(true experimental design)에 포함되고, 피험자 내 설계는 준실험설계(quasi-experimental design)로 분류된 바 있다. 최근의 중다변인 연구에서는 두 가지 설계방식이 함께 포함되어 사용되는 추세다. 두 가지 설계를 도식화하면 [그림 10-4]와 같다.

피험자 간 설계는 독립변인의 수준에 따라 다른 대상을 배정하므로 각 대상들은 변인의 한 수준에만 노출된다. 실험조건에 따라 최소 2명의 대상이 필요하게 되고, 수준별로 집단을 구성한다. 예를 들어, 강화의 두 가지 종류(칭찬과 보상 스티커)가 아동의 친사회적 행동에 미치는 효과를 보기 위해 두 집단에 처치를 다르게 주어 실험을 할 수 있다. 또는 통제집단을 하나 더 추가할 수도 있다. 이때 실험조건별 집단구성은 원칙적으로 무선배정에 의하며, 2개 또는 그 이상의 집단은 집단구성이나 처치 면에서 상호독립적이다. 따라서 피험자 간 설계는 완전 무선화 설계(completely randomized design) 또는 독립집단(independent group) 설계라고도 부른다.

피험자 간 설계의 장점으로는 참여자들에게 독립변인의 한 수준만 노출시키므로 변인의 수준 간에 상호 영향을 주지 않는다. 위의 강화실험 예에서 한 집단의 참여자들은 칭찬으로만 강화되고, 다른 집단은 보상 스티커를 받아 강화된다. 처치조건 간에 간섭현상이 생기지 않으므로 조작과 통제가 잘 된 실험이라면 처치조건에 따른 효과로 간주할 수 있다. 또 다른 장점은 실험 참여자 입장에서 볼 때 한 수준의 실험처치만 받게 되어 실험 참여시간이 감소된다.

반면 피험자 간 설계에서는 각 수준에 할당되는 참여자 집단이 동등하지 않을 수 있다. 특히 집단을 구성할 때 무선화하지 않고 특성이 다른 구성원들로 이루어진다면, 집단의 동등성은 더욱 보장하기 어렵다. 집단의 동등성을 보장하는 가장 대표적인 방법은 참여자를 집단에 무선할당하는 것이다. 이 절차에 의해 잠재적으로 편파될 가능성이 제거된다.

피험자 내 설계는 실험 참여자들이 한 독립변인의 모든 수준에 걸쳐 실험을 받게 하므로 피험자 내에서 변인의 조작이 달라진다. 다시 말해서 각 참여자에게 처치의 반복이 생기므로 반복 측정 설계(repeated measures design)라고도 하며, 처치 수준 간 같은 대상이 할당되므로 무선화 구획 설계(randomized block design) 또는 상관집단 설계라고 한다. 피험자 내 설계를 앞의 강화실험에 적용하면, 아동들에게 칭찬을 제공한 후의 친사회적 행동을 조사하고 스티커를 준 이후의 친사회적 행동을 조사하여 두 조건 간을 비교해 보는 실험을 고안할 수 있다.

피험자 내 설계의 장점은 실제적으로 대상 수를 피험자 간 설계보다 줄일 수 있고, 실험절차에 소요되는 시간을 절약할 수 있다. 한 실험집단의 대상 수를 N이라 할 때 피험자 간 설계에서는 N×2, N×3 등으로 N에 집단 수만큼 곱한 사례가 필요하다. 그러나 피험자 내 설계에서는 N만큼의 사례만 있으면 된다. 또한 사전검사나 사후검사가 개별적으로 이루어진다면, 사례 수의 감소는 그만큼 검사 소요시간의 감소를 의미한다. 만일 실험이 청각 장애아동 또는 비행기 조종사같이 특수한 집단을 대상으로 하고 사례를 발견하기 어려운 상황에서는 사례 수의 감소가 실제적으로 중요한 요소일 수 있다. 피험자 내 설계의 또 다른 이점은 통계적 검증력을 높인다는 것이다. 피험자 내 설계에서 오차는 한 집단에 속한 개체들 간의 차이, 즉 개인차뿐이므로 피험자 간 설계보다 통계적으로 유의도를 얻을 확률이 더 높다. 피험자 간 설계는 개인차와 함께 2개 또는 그 이상의 집단 간에 존재하는 변산이 추가되므로 상대적으로 오차가 더 커지기 쉽다.

한편 피험자 내 설계는 이상과 같은 장점에도 불구하고 심각한 내재적 결함 때문에 상황에 따라서는 거의 사용하기 어려운 경우도 있다. 피험자 내 설계에서는 참여자가 하나의 처치에 노출되면 대체로 그 이전 상태로 되돌아갈 수 없다. 즉 몇 개의 중복되는 처치 간에 발생하는 순서효과로 인해 해당 처치의 효과와 구분할 수 없는 경우가 생긴다. 순서효과가 나타나기 쉬운 영역은 학습, 기억, 태도형성 등이며, 이에 비해 감각이나 지각 영역의 실험은 순서효과에 의한 영향이 적은 편이다. 순서효과를 통제하는 방안은 상쇄법으로서 앞의 3절에서 서술한 바 있다.

4.2 단일요인 설계

단일요인(one-factor) 설계는 하나의 독립변인이 포함된 실험을 의미하며, 이때 독립변인은 직접 조작이 가능한 변인이다. 이 부분에서 다루어질 설계 유형은 진형 실험설계로 제한하고자 한다. 진형 실험설계(true experimental design)는 실험연구의 내적 타당성을 저해하는 요소들이 통제된, 즉 실험연구로서 내적 타당성이 높은 설계 유형을 말한다. 진형 설계의 공통적 특징은 실험집단이 하나 이상으로서 비교의 근거를 제시하며, 실험 참여자를 실험집단에 배정할 때 무선화가 이루어진다는 점이다. 단일요인 진형 실험설계에 속하는 대표적 유형으로는 '사후검사 통제집단 설계'와 '전후검사 통제집단 설계'가 있다.

4.2.1 사후검사 통제집단 설계

사후검사 통제집단 설계(posttest-only control group design)는 Campbell과 Stanley (1963)에 의해 붙여진 명칭으로 Kerlinger와 Lee(2000)는 '실험집단-통제집단: 무선화된 참여자'라고 하였다. 설계를 간략히 표기하는 방식은 Kerlinger와 Lee에 따라 [그림 10-5]와 같이 나타낼 수 있다.

[그림 10-5]에서 X는 처치를, ~X는 비처치를 나타내며 처치가 이루어지는 집단은 실험집단, 처치를 하지 않는 집단은 통제집단이다. 두 집단 앞에 있는 [R]의 표기는 참여자의 무선화가 이루어진 것을 뜻하며, Y는 사후검사를 말한다. 즉 두 집단을 무선배정하여 한 집단에 실험처치를 하고, 두 집단에 사후검사 Y가 실시된다. 이 설계는 두 집단으로 구성되고 무선화가 이루어졌으므로 역사와 성숙의 효과가 통제되고 사후검사만 실시되므로 사전검사의 효과를 통제할 수 있어 내적 타당성이 높은 설계다.

따라서 사후검사 통제집단 설계는 단순한 형태이면서 행동과학 분야의 실험을 목적으로 한 설계 중에서 '가장 좋은' 설계로 평가받고 있다(Kerlinger & Lee, 2000). 그 이유는 이론적으로 설계 자체가 가외변인을 모두 통제할 수 있는 체제를 내장하고 있으며, 2개 이상의 집단 또는 여러 변인으로 설계가 확장되어 여러 개의 가설을 동시에 검증할 수 있기 때문이다.

[R]	X	Y	(실험집단)
	~X	Y	(통제집단)

[그림 10-5] 사후검사 통제집단 설계

이 설계의 또 다른 장점은 설계로서 단순하고 구조적으로 명료하다는 점을 지적할 수 있다. 단순한 설계는 연구자의 실험에 관련된 절차와 활동을 최소화시켜 줌으로써 시간과 노력 면에서 이점이 많으며, 절차가 복잡해서 생기는 과제 간의 불필요한 상호영향의 가능성을 제거하는 것이 된다.

4.2.2 전후검사 통제집단 설계

전후검사 통제집단 설계(pretest-posttest control group design)는 사후검사 통제집단 설계에 사전검사가 추가된 형태다. 통제집단이 있다는 것과 참여자의 무선화를 통해 두 집단 간 등질화가 성립된다는 것이 장점이며, 진형 설계로서 유용성이 높다. [그림 10-6]에 이 설계가 제시되어 있다.

이 설계에 의하면, 우선 참여자를 두 집단에 무선배정하고 종속변인 Y에 대한 사전검사(Y_b)가 두 집단 모두에게 실시된다. 연구자는 두 집단에서의 사전검사의 차이를 비교함으로써 두 집단 간 등질성을 실제로 검증할 수 있다. 독립변인에 따른 처치 X가 실험집단에 제공되고, 사후검사(Y_a)는 다시 두 집단 모두에게 실시된다.

이 설계에서 수집된 자료로 통계적 분석을 하는 방안에는 몇 가지 대안이 있다. 일반적으로 많이 사용되어 온 방법은 사후검사점수에서 사전검사점수를 단순히 뺀 차이점수(difference score) 또는 증가점수(gain score)를 사용하여 두 집단 간을 비교하는 것이다. 그러나 이 방법은 실험조작의 효과가 매우 강력하지 않다면 추천되지 않고 있다(Cronbach & Furby, 1970). 그 이유는 사전검사 또는 사후검사 점수보다 차이점수의 신뢰도가 상당히 낮기 때문이며, 이러한 차이점수의 비신뢰성으로 인해 실험집단과 통제집단 간의 실제적 차이가 유의하게 나타나지 않을 수 있다.

차이점수 이외의 대안으로는 회귀선을 사용한 잔차 증가점수(residualized gain score)와 공변량분석이 제안되고 있다(Kerlinger & Lee, 2000). 잔차의 증가점수는 각 집단별로 사전점수에서 사후점수를 회귀방정식을 이용해 예측하고, 예측되는 점수를 사후점수에서 뺀 것이다. 즉 잔차 점수는 사전점수의 영향을 제거한 사후점수라고 할 수 있으며, 이 잔차 점수의 평균을 두 집단 간에 비교하여 검증하는 것이다. 공변량 분석에 의해서도 회귀방정식을 통해

[R]	Y_b	X	Y_a	(실험집단)
	Y_b	~X	Y_a	(통제집단)

[그림 10-6] 전후검사 통제집단 설계

유사한 절차로 검증된다.

이 설계는 내적 타당성에 미치는 요인들이 효과적으로 통제될 수 있다는 점에서 상당히 효율적인 설계라 할 수 있다. 실험 도중에 생기는 외적 사건이나 참여자의 내적 변화가 두 집단에게 같은 정도일 것이 예상되므로 역사와 성숙의 요인이 배제된다. 또한 참여자를 두 집단에 무선적으로 배정함으로써 참여자 선정의 편파성이나 통계적 회귀현상이 문제로 제기되지 않는다.

한편 이 설계의 단점은 사전검사를 실시하는 것 때문에 생기는 참여자의 민감화 효과(sensitizing effect)다. 이는 내적 타당성과 외적 타당성 모두에 저해요소가 될 수 있다. 사전검사와 관련하여 참여자들이 민감해지고, 이 증가된 민감성은 실험처치와 혼합되어 종속변인에 영향을 줄 수 있다. 사전검사 실시로 실험집단과 통제집단의 등질성을 확인할 수 있는 강점이 있는 반면, 또한 이 설계는 사전검사를 받지 않은 일반 대상에게 실험결과를 일반화하는 데 제한점이 있다. 따라서 사전검사 절차가 일상적이 아닌 것이라고 판단되면 사전검사가 있는 설계를 사용하지 않도록 Campbell과 Stanley(1963)는 제안한 바 있다.

전후검사 통제집단 설계는 변화를 연구할 때 효과적이므로 각종 중재 프로그램 효과 연구에 많이 적용된다. 그러나 유의할 점은 두 집단의 참여자가 무선배정되어야 한다는 점이며, 현장의 여건 때문에 이 조건이 맞지 않을 때에는 진형 실험설계가 아닌 준 실험설계에 속하게 된다. 준 실험설계에 대해서는 설계 유형의 후반부에서 서술하게 될 것이다.

전후검사 통제집단 설계의 사전검사 효과를 보완하기 위해 앞에서 소개한 사후검사 통제집단 설계를 추가하여 솔로몬 4집단 설계(Solomon four-group design)로 고안할 수도 있다. 이 설계는 사전검사에 의한 영향 여부를 검증할 뿐 아니라 실험결과를 사전검사를 받지 않은 대상에게까지 일반화시킬 수 있게 한다. 이 설계는 앞의 두 설계의 장점이 그대로 적용될 수 있어서 강력한 설계이나 4집단으로 실험을 실시해야 하는 실제적인 어려움이 있다. 하나의 독립변인을 가진 실험으로는 규모와 작업이 많은 실험이므로 앞의 두 설계에 비해 비경제적이라고 볼 수 있다.

4.3 중다요인 설계

중다요인 설계(multi-factor design)는 독립변인이 2개 또는 그 이상인 설계로서 독립변인의 수보다는 독립변인의 성격에 따라 설계구조가 다양하다는 점에 유의해야 한다. 첫째, 완전 무선화 설계의 확장된 형태로 독립변인의 수준들이 교차하여 실험집단이 구성되고 무선배정의 원리가 최대한 적용되는 요인설계가 있다. 둘째, 독립변인 중 조작이 가능한 능동변인(active variable)과 함께 조작이 불가능한 속성변인으로 이루어진 유형으로 처치-구획 설계가 있다. 셋째, 한 설계구조 내에 피험자 간 변인과 피험자 내 변인이 함께 포함된 혼합설계가 있다.

이러한 설계들은 독립변인의 성격, 실험 참여자를 무선배정하는 방식 그리고 통계적 분석에서 차이가 크다. 단일요인 설계에서는 한 조작변인의 수준에 따른 차이를 분석하지만, 중다요인 설계에서 각 독립변인 수준에 따른 차이와 함께 때로는 변인 간의 상호작용도 함께 분석되므로 복합적인 정보를 제공해 준다. 그리고 독립변인은 2개 이상으로 확장될 수도 있으며 여기서도 추가되는 변인의 수보다 성격에 따라 설계 유형은 달라진다. 여기서 소개될 세 가지 설계 유형은 진형 실험설계를 가정하고 있으며, 이를 보다 구체적으로 살펴보기로 하겠다.

4.3.1 요인설계

요인설계(factorial design)는 하나 이상의 독립변인을 가진 실험설계로서 각 집단의 대상들이 각기 다른 처치조건에 노출되는 경우다. 이때 변인은 모두 능동적 또는 조작적인 독립변인이고, 변인의 수준별로 상호 교차되어 복합적인 처치조건이 생성된다.

하나의 가상적인 예로서 아동의 교재학습에 암기 훈련이 도움이 되는지에 관심 있는 연구자가 있다고 하자. 연구자는 암기훈련(A) 여부를 A_1과 A_2 두 수준으로 나누어 상대적 효과를 검증하려 한다. 연구자는 암기훈련의 효과가 아동의 특성, 교육내용 또는 동기를 자극하는 방법에 따라 달라질 것으로 예측하였다. 연구자는 이 중에서 동기화 방법(B)을 또 다른 독립변인으로 선택하고, 이를 두 수준으로 나누어 B_1 수준에서는 칭찬을 해 주고 B_2는 오류를 지적하는 방법을 사용하기로 하였다. 이 실험은 2×2 요인 설계로서 두 조건이 배합하여 [그림 10-7]과 같이 네 가지 종류의 처치가 이루어진다. 즉 A_1B_1 처치조건에서는 암기훈련을 하되 칭찬으로 동기를 부여하고, A_2B_2 처치조건에서는 암기훈련 없이 오류를 지적하는 것 등이다.

이 설계의 특징은 처치가 이루어지는 방식과 함께 실험 참여자를 4집단에 배정하는 방식에서 다른 유형과 구별된다. 실험 참여자는 4집단 중 하나에 완전히 무선배정되어야

		암기훈련 (A)	
		A_1 (유)	A_2 (무)
동기화	B_1 (칭 찬)	A_1B_1	A_2B_1
(B)	B_2 (오류 지적)	A_1B_2	A_2B_2

[그림 10-7] 2×2 요인 설계의 예

하며, 실험처치(예: A_1B_1 또는 A_2B_1)를 어느 집단에 배정하는가 하는 것도 무선적으로 이루어져야만 진형 실험설계라 할 수 있다. 이처럼 참여자를 완전히 무선적으로 배정함으로써 통제를 이룬다는 의미에서 완전 무선화 설계에 속한다. 무선화의 원리는 실험설계의 어떤 유형에서든지 최대한 적용되어야 하나, 변인의 성격상 변인 모두에 적용되지 않을 수 있다. 따라서 '완전' 이란 용어는 독립변인 모두에서 이 원리가 적용된다는 의미다. 완전 무선화 설계는 1요인 설계, 2요인 또는 3요인 설계로 다양하나 대상의 무선배정, 집단 간 처치가 달라지는 것 그리고 모두 조작변인이라는 점이 공통적이다.

요인설계의 자료는 변량분석(Analysis of Variance: ANOVA)을 통해 결과에 대한 통계적 분석이 이루어진다. 1요인 변량분석은 단순히 한 변인의 수준 간 차이를 검증하는 데 그치지만, 2요인 변량분석은 두 독립변인 각각의 주효과(main effect)와 함께 두 변인의 상호작용효과(interaction effect)를 검증할 수 있는 이점이 있다.

	A_1	A_2	
B_1	7	3	5
B_2	7	3	5
	7	3	

[그림 10-8] 주효과(A)를 나타내는 처치집단의 평균

	A_1	A_2	
B_1	8	2	5
B_2	2	8	5
	5	5	

[그림 10-9] 상호작용효과를 보여 주는 처치집단의 평균

예를 들어 [그림 10-8]에서 보면, 암기훈련(A_1)을 한 집단의 평균이 훈련을 하지 않은(A_2) 집단보다 높으며, 이 경향은 동기화 방식(B_1과 B_2)에 따라 차이가 없다. 즉 A변인의 주효과만이 유의하게 나타난 것으로 볼 수 있다. 한편 [그림 10-9]에서는 전체적으로 주효과는 나타나지 않으나, A_1B_1 처치조건 및 A_2B_2 처치조건이 다른 두 처치조건에 비해 높은 평균을 나타낸다. 즉 암기훈련에 칭찬이 강화로 제공될 때 또는 암기훈련 없이 오류지적 방식이 사용될 때 교재학습이 더 잘 된다고 해석할 수 있다. 이와 같이 상호작용은 처치 수준 간

의 어떤 조합에서 특정 효과를 나타내는 것이다.

4.3.2 처치-구획 설계

처치-구획 설계(treatment-by-blocks design)는 독립변인 중 조작할 수 있는 능동변인과 함께 속성변인이 포함된 설계다. 이 설계는 요인설계와 유사하지만 한 변인이 속성변인이라는 점에서 차이가 있다. 이 설계는 일명 처치-수준 설계(treatment-by-levels design)라고도 하는데, 두 명칭에서 구획이나 수준은 조작될 수 없는 변인의 성격을 의미한다.

이 설계는 교육장면이나 사회과학 실험연구에서 많이 사용되는 설계다. 여기서 구획변인의 예로는 IQ, 사회경제적 계층, 성, 연령, 적성 또는 사전검사 등이 있다. 이러한 변인을 1요인 무선화 설계에 추가 포함시킴으로써 설계의 효율성을 높이고 변인의 효과도 검증할 수 있다.

이 설계의 예로 앞에서 든 가상적인 실험에 적용해 보면, 조작변인(A)은 암기훈련으로 그대로 유지하되 훈련효과가 지능수준에 따라 다를 것으로 가정할 수 있다. 연구자는 구획변인(B)으로 지능수준을 상(B_1), 하(B_2)로 나누어 [그림 10-10]과 같이 실험설계를 고안할 수 있다.

이 설계는 앞의 2×2 요인설계와 외형적으로 유사하게 보인다. 그러나 세 가지 큰 차이점이 있다. 첫째, 구획변인(B)은 연구자의 실질적 조작이 아닌, 참여자 속성(이 경우 지능)을 측정해 범주를 B_1과 B_2로 구분한다는 것이다.

둘째, 참여자를 배정할 때 네 집단 중 하나에 무선으로 배정하는 것이 아니라, 먼저 지능수준에 따라 구획을 B_1(상)과 B_2(하)로 구분한 후 B_1에 속한 대상을 A_1과 A_2 두 가지 처치에 무선배정한다. 그리고 B_2에 속한 대상을 다시 A_1과 A_2로 무선배정하여 네 집단이 구성된다. 셋째, 요인설계에서는 처치가 조작의 조합으로 이루어져 네 가지 모두 다른 종류였으나, 이 설계에서는 실제로 A_1과 A_2 두 가지뿐이다. 이 두 가지 처치를 동시에 지능수준이 높은 집단을 대상으로 실험

		암기훈련 (A)	
		A_1 (유)	A_2 (무)
지능	B_1 (상)	A_1B_1	A_2B_1
(B)	B_2 (하)	A_1B_2	A_2B_2

[그림 10-10] 처치-구획 설계의 예

하고, 낮은 집단을 대상으로 실험하는 것이다.

이 설계의 자료분석은 이원변량분석(two-way ANOVA)에 의한다. 따라서 주효과와 상호작용효과를 함께 검증할 수 있다. 다만 결과의 해석에서 조작적인 능동변인에 대한 결과에 비중을 더 두고 상호작용에서도 이 변인을 중심으로 해석한다. 구획변인은 개인차에 의한 변산을 감소시켜서 설계의 효율성을 높이고자 하는 목적으로 사용되며, 능동변인의 효과가 대상의 속성에 따라 달라지는지에 대한 추가 정보를 제공한다.

4.3.3 혼합설계

혼합설계(mixed design)는 일명 분할소구획 설계(split-plot design)라고도 한다. 피험자 간 변인과 피험자 내 변인이 공존하는 설계 유형을 의미한다. 변인의 수는 각각 한 개 이상으로 확장될 수도 있으나, 이곳에서는 피험자 간 변인 한 개와 피험자 내 변인 한 개인 설계를 살펴보기로 한다.

예를 들어, 읽기 교수법(A)의 두 가지 유형(A_1, A_2)에 따라 읽기 이해도에 차이가 있는가를 알아보기 위해 자료유형(B)을 서술형(B_1)과 탐구형(B_2)으로 실험하고자 한다. 읽기 교수법은 피험자 간 변인으로, 자료유형은 피험자 내 변인으로 실험고안을 한다고 가정하자. 이를 도식화하면 [그림 10-11]과 같다.

		자료유형 (피험자 내 변인)	
		B_1	B_2
읽기 교수법 (피험자 간 변인)	A_1	S_1	S_1
		S_2	S_2
		⋮	⋮
		S_{10}	S_{10}
		집단 1	집단 1
	A_2	S_{11}	S_{11}
		S_{12}	S_{12}
		⋮	⋮
		S_{20}	S_{20}
		집단 2	집단 2

[그림 10-11] 두 변인 혼합설계

이 실험에서 참여자들은 먼저 피험자 간 변인 수준(A_1, A_2)에 따라 무선배정하고, 집단 1은 A_1 교수법에 의해 B_1자료와 B_2자료를 모두 사용하여 처치가 이루어진다. 이때 순서는 무선적으로 바꾸어 제시한다. 또한 A_2 교수법에 배정된 집단 2에게도 B_1자료와 B_2자료를 모두 사용하되 제시 순서를 무선으로 바꾸어 순서에 따른 효과를 통제한다. 실험처치가 끝난 후 종속변인인 읽기 이해도 검사를 실시하여 결과를 변량분석한다. 변량분석에서 변량원과 오차항은 설계요소에 따라 구분되며, 각 요소 내의 오차항에 의해 F검증이 실시된다.

혼합설계의 장단점은 앞에서 서술한 피험자 간 설계와 피험자 내 설계의 장단점을 고려하면 된다. 또한 2개 이상의 독립변인이 포함된 중다변인 설계에서는 통계적 분석과 설계가 불가분의 관계에 있으므로 변량분석에 대한 심도 있는 이해가 뒷받침되어야만 고차원적 설계의 적용이 가능해진다.

4.4 준 실험설계와 단일사례 설계

실험연구는 변인 간의 인과관계를 규명하는 것을 목적으로 하며, 이상에서 서술한 진형 실험설계들이 이러한 목적에 가장 적합한 유형이다.

그러나 실제 연구 현장에서는 실험적 연구의 요구가 절실하면서도 현실적으로 진형 실험설계의 주요 원칙인 피험자의 무선화가 불가능하고 가외변인에 대한 엄밀한 통제가 불가능한 경우가 있다. 이처럼 실험적 절차는 적용되고 있으나 가외변인에 대한 통제가 충분히 이루어지지 못한 유형을 준 실험설계(quasi-experimental design)라 한다(Campbell & Stanley, 1963). 진형 실험의 필수적 요소는 앞에서 지적한 바대로 적어도 2개 집단으로 실험을 할 것, 최소 1개 독립변인의 조작이 있을 것, 연구대상에 대한 무선배정 그리고 처치를 집단에 무선 할당할 것 등이다. 이러한 요소 중 한두 요소가 누락되었다 하여 Kerlinger와 Lee(2000)는 준 실험설계를 일명 타협된 설계(compromise design)라고 하였다.

다음은 준 실험설계의 대표적 유형인 '비등질화 통제집단 설계' 와 '시간계열 설계' 를 다루고, N = 1인 '단일사례 설계' 에 대해 서술하고자 한다.

4.4.1 비등질화 통제집단 설계

비등질화 통제집단 설계(nonequivalent control group design)는 실험집단과 통제집단이 구성되어 있으나 대상을 무선으로 배정할 수 없는 경우의 설계다. 두 집단 간의 등질화가 이루어지지 못하였기 때문에 통제하지 못한 가외변인이 종속변인에 영향을 미칠 수 있다. 이 설계는 더 좋은 대안이 사용될 수 없는 현장 실험에서 자주 사용되는 설계다. 이 설계를 도식화하면 [그림 10-12]와 같다.

비등질화 통제집단 설계의 절차를 [그림 10-12]에서 보면, 두 집단이 무선배정되지 않고 실험집단과 통제집단이 선정된다. 예를 들어, 한 학교의 2개 학급, 부모 프로그램 참여집단과 비참여집단 등이다. 두 집단 모두 사전검사를 실시하고, 한 집단에는 처치를 제공하며, 다른 집단에는 처치를 제공하지 않는다. 처치가 끝난 후 두 집단에게 다시 사후검사를 실시한다.

비등질화 통제집단 설계에서는 참여자의 무선배정이 이루어지지 못하므로 두 집단의 동등성에 대한 위협이 커다란 약점이다. 예를 들어, 한 학교의 2개 학급을 있는 그대로 선정하여 한 집단은 실험처치를 하고, 다른 학급은 통제집단으로 사용할 경우 설계를 보완하는 몇 가지 방안을 고려해 보아야 한다. 비교적 여러 학급을 한 전집에서 선정하고, 학급을 실험 또는 통제집단에 무선배정할 수 있을 것이다. 또한 실험처치를 학급에 무선배정하는 것도 통제에 도움이 된다. 그리고 실험집단과 통제집단 간의 유사성을 성, 연령, 사회경제적 계층, 사전검사 분포 등 다양한 정보로 점검한다. 이와 같이 다양한 정보에서 차이가 없는 것이 발견되면 집단 간 동등성을 어느 정도 가정할 수 있게 된다.

한편 실험집단이 대상의 자발성과 자원에 의해 구성되거나 특정 프로그램의 참여를 전제로 하여 구성될 때 실험집단과 통제집단 간 동등성의 문제는 더 해결하기 어렵게 된다. 어떤 프로그램에 자발적으로 지원한 집단과 그렇지 않은 집단은 종속변인에서의 차이를 처치의 효과로 간주하기 어려울 수 있다. 따라서 이러한 경우에는 여러 가지 경쟁가설(rival hypotheses)을 세워 분석해 봄으로써 결과에 대한 확신을 높일 수 있다.

Y_b	X	Y_a	(실험집단)
Y_b	~X	Y_a	(통제집단)

[그림 10-12] 비등질화 통제집단 설계

첫 번째 사례로, 자발적 참여집단의 동기와 지능 수준이 일반적으로 높을 가능성이 있는데, 실험에 참여함으로써 더 적극적이고 과제 수행 시 더 기민해질 수 있다. 이런 경우 흔히 실험집단의 사전검사점수가 통제집단보다 높고, 실험 후 사후검사에서 통제집단에는 변화가 없으나 실험집단에서 증가가 큰 경우다. 이를 그림으로 나타내면 [그림 10-13]과 같다.

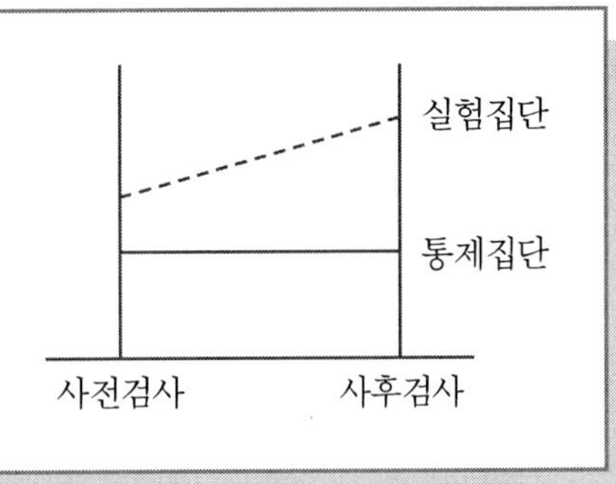

[그림 10-13] 실험집단의 증가효과(I)

이 결과를 실험처치의 효과로 단정하기에 앞서 살펴보아야 할 경쟁가설은 선정-성숙의 상호작용(selection-maturation interaction) 효과다. 즉 대상 선정에서의 편파성은 사전검사에서 상위의 집단이 더 큰 변화를 경험하게 된다. 이러한 문제를 극복하기 위해서 연구자들은 대상을 배합하는 방법을 사용한다.

또 다른 경쟁가설은 지역적 역사 효과(local history effect)인데, 이는 실험집단 또는 통제집단 중 어느 한 집단에만 외부적 사건이 발생하는 것을 의미한다. 내적 타당성의 위협요인 중에서 역사 효과를 앞에서 논의했는데, 이러한 현상이 특정 집단 또는 지역에서 발생할 수도 있어서 종속변인에 영향을 미치는 것이다. 특히 집단 배정이 무선적으로 이루어지지 않을 때 집단 소속에 따라 지역이나 기관 등과 관련된 요소가 개입되기 쉽기 때문이다.

비등질화 통제집단 설계의 결과는 사전검사에서 통제집단이 더 높은 경우도 있다. 이때 사후검사의 결과가 두 가지로 나타날 수 있으며, [그림 10-14]를 통해 살펴보기로 하자.

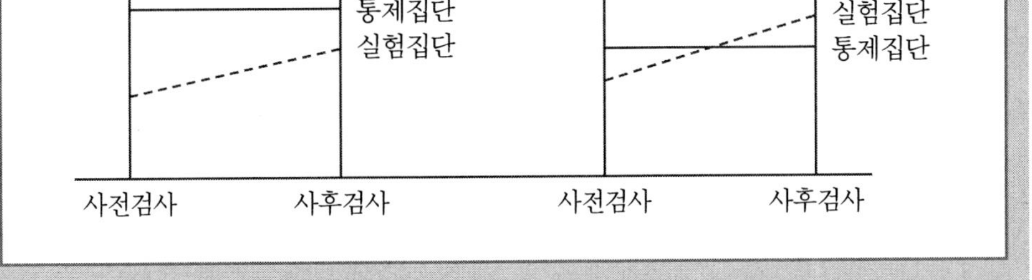

[그림 10-14] 실험집단의 증가효과(II)

[그림 10-14]의 (a)와 (b)는 모두 통제집단이 사전검사에서 우위를 보유하고 있는 경우다. (a)에서는 통제집단의 사후검사는 변화가 없으나 실험집단의 평균이 크게 증가하여 통제집단과 유사해진 결과다. 또한 (b)에서 사전검사는 (a)와 같은 유형이나 사후검사에서 실험집단이 통제집단을 능가한 경우다.

이러한 결과는 Head Start 등 사회적으로 혜택받지 못한 아동을 실험집단으로 선정하고 일반 아동으로 통제집단을 구성하는 경우에 생길 수 있는 결과다. 이런 결과에 대해서는 통계적 회귀현상을 경쟁가설로 상정해 볼 수 있다. 검사점수 분포의 극단적인 하위에서 대상이 선정되면 그 점수들은 평균을 향해 회귀하기 때문이다. 그림 (a)의 결과는 이러한 예의 대표적인 사례다. 반면 그림 (b)는 실험처치집단이 통제집단보다 사후에 더 높아진 경우로, 이러한 결과는 실험처치의 효과로 간주하게 된다.

이상에서 살펴본 바와 같이 준 실험설계의 결과는 처치의 효과로 단순히 결론짓기 이전에 다양한 측면에서 경쟁가설들을 상정하여 논의하고, 이를 모두 배제함으로써 타당한 결론에 이를 수 있다.

4.4.2 시간계열 설계

시간계열 설계(time-series design)는 한 집단으로 처치를 하되, 시간계열에 따라 처치 전과 처치 후에 여러 회의 관찰 또는 검사를 하는 설계방안이다. 이 설계는 심리치료나 교육실험에서 통제집단으로 동등한 대상을 구하기 불가능한 경우 적용된다. 즉 통제집단으로 통제를 하기보다 다른 보완적 책략을 사용해 통제의 목적을 추구하기 위한 설계라 할 수 있다. 시간계열 설계를 도식화하면 [그림 10-15]와 같다.

이 설계는 단일집단으로 처치 전과 후에 검사를 한 번씩 하는 실험보다는 유용하나 몇 가지 내적 타당성의 저해요소를 갖고 있다. 한 번의 사전검사와 사후검사만으로 이루어진 설계보다 유용한 점은, 만일 사전검사가 반응적 측정치라면 처치가 그 효과를 넘어 강력한가를 결정하게 한다. 즉 Y_3와 Y_4에 반응적 효과가 어느 정도 포함되어 있다면 Y_4와 Y_5 간의 차이는 반응적 효과와 함께 처치효과도 있으므로 이 차이를 Y_3와 Y_4의 차이와 비교하면 된다.

$$Y_1 \quad Y_2 \quad Y_3 \quad Y_4 \quad X \quad Y_5 \quad Y_6 \quad Y_7 \quad Y_8$$

[그림 10-15] 시간계열 설계

시간계열 설계의 제한점은 역사와 성숙의 효과가 통제되기 어렵다는 것이다. 성숙의 효과는 Y의 측정치가 여러 회이므로 처치 전과 후의 패턴을 비교하여 어느 정도 예측이 가능하다. 그러나 역사의 효과는 알 수가 없으므로 변화가 생긴 시기에 실험과 관련된 어떤 외적 사건이 있었는지 연구자가 점검해 보는 것으로 경쟁가설을 제거할 수밖에 없다.

시간계열 설계의 또 다른 문제는 결과의 분석이다. 일반적으로 자료를 도식화하고 질적으로 패턴을 분석하는 방안이 추천된다. 그러나 시각적 자료의 분석에 한계가 있다. 통계적으로 분석하고자 할 때 ARIMA 등 기존의 분석 프로그램은 자료수집에 상당히 많은 자료점(data point)을 요구하므로 인간을 대상으로, 특히 반응적인 측정치를 사용할 때 수집이 거의 불가능할 수 있다. 최근에는 보다 적은 횟수의 자료수집으로 분석이 가능한 통계절차들이 개발되고 있으므로 이 분야 전문가의 자문을 받아 사용될 수 있다(Christensen, 2001). 시간계열 설계는 [그림 10-15]를 기본형으로 하여, 처치를 한 가지 이상으로 추가하거나 통제집단을 포함하는 설계 등으로 확장하여 적용되고 있다(Kerlinger & Lee, 2000).

4.4.3 단일사례 설계

단일사례 설계(single-subject design)는 1명 또는 소수를 대상으로 하여 실험처치의 효과를 연구하는 방안으로서 시간계열 설계의 또 다른 형태라고 할 수 있다. 따라서 연구대상이 1명 또는 극소수인 것 외에, 대상이 반복처치에 노출되며 무선화 절차가 거의 적용되지 않는 특징이 있다. 이 설계는 사례연구(case study)와 유사한데, 사례연구는 한 사례에 대해 다각도로 심층적인 연구를 목표로 하며, 실험연구가 아니라는 점에서 분명한 차이가 있다. 또한 시간계열 설계에서는 한 집단을 대상으로 실시하고 분석하나, 단일사례 설계는 1명 또는 소수의 대상에 대해 실험하고 개별 분석을 원칙으로 한다.

인간행동에 관한 연구의 역사를 거슬러 올라가 보면, 고전적 연구의 많은 예가 단일사례 연구였음을 알게 된다. 초기의 기억을 연구한 Ebbinghaus(1913), 동물을 대상으로 한 Pavlov(1928)의 조건 형성 실험 그리고 Skinner(1953)의 연구 등이다. 그러나 1935년 Fisher의 실험설계법 이후 집단단위의 연구가 더 증가하게 되었으며, 이러한 전통은 최근까지 이어 내려오고 있다. 그럼에도 불구하고 Skinner와 그의 동료들의 연구는 예외적으로 행동치료 분야에서 개별행동에 대한 실험적 접근을 발전시켰다. 따라서 행동치료와 상담 등 임상현장과 학교상황에는 단일사례 설계가 유용한 연구방안으로 자리 잡게 되었다(Christensen, 2001, 재인용).

A	B	A	B
기저선 측정	처치 조건	기저선 측정	처치 조건

[그림 10-16] 단일사례 A-B-A-B 설계

단일사례 설계의 절차를 살펴보면, 가장 기본적인 유형으로 3단계 또는 4단계로 진행된다. 3단계로 진행될 때 A-B-A 설계라 하고, 4단계로 진행되면 A-B-A-B 설계라 한다. [그림 10-16]에 A-B-A-B 설계가 제시되어 있다.

단일사례 설계의 첫 단계(A)는 안정적인 기저선(baseline)을 설정하는 것이다. 즉 실험 중재가 있기 전에 충분히 오랜 기간 동안 목표행동이 측정되어야 중재 이후의 행동과 비교할 수 있다. 단일사례 설계에는 대상이 한 명뿐이므로 비교의 근거는 다른 대상이 아닌 자기 자신의 처치 전 자유롭게 일어나는 행동반응이다.

기저선이 안정적이라는 것은 두 가지 의미인데, 첫째는 자료에서 어떤 경향성이 없는 것이며, 둘째는 변산이 작아야 한다. 만일 기저선 자료에서 증가하거나 감소하는 경향성이 발견된다면, 처치 이후 이 경향이 반대방향으로 나타나지 않는 한 명료한 결론에 이르기는 어렵다. 예를 들어, 커피의 각성효과를 실험한다고 할 때 커피 마시기 전에 각성 상태가 떨어지는, 즉 졸음이 오는 경향이었다면 커피를 마신 후 각성 상태가 높아지는 경향으로 변해야 효과가 있다고 결론을 내릴 수 있다. 또한 기저선 자료의 변산이 지나치게 크면 처치의 효과에 대해 결론에 이르기 어렵게 된다. 따라서 기저선 자료가 안정적이 되기 위해서는 충분한 기간 동안 자료수집이 이루어져서 이상의 두 가지 조건이 맞아야 한다.

둘째 단계는 실험처치가 이루어지는 단계(B)로서 행동을 의도적으로 변화시키는 처치가 제공된다. 만일 처치가 지속되고 효과가 있다면 기저선 수준과는 분명히 차이가 있는 반응이 나타날 것이다. 이때 처치는 한 번에 하나의 변인만을 바꾸는 것이 원칙이다. 예를 들어, 앞의 각성실험 예에서 커피를 마시고 아스피린을 투약했다면 어떤 변인이 각성을 가져왔는지 알 수 없기 때문이다. 따라서 한 번에 한 변인씩 제시해야 그 변인의 효과에 대해 알 수 있게 된다.

A-B-A 설계에서 마지막 단계(A)는 기저선 상태로의 복귀 또는 처치의 철회를 의미한다. 처치 이후의 변화가 진정 처치 때문인지를 확인하기 위해서 철회(withdrawal)가 사용되는 것이다. 일반적으로 인간에 대한 처치의 효과는 실제적으로 되돌리거나 역전되

기 어려운 것이 사실이나 되돌릴 수 있다고 가정된다. 행동이 실험처치 이전의 상태로 되돌아가는 것은 실험처치가 B단계에서 행동의 변화를 가져왔다는 것을 보여 주는 결정적인 증거다. 만일 실험이 A와 B 두 단계뿐이었다면 경쟁가설을 제거하기 어렵다. 그러나 다시 A단계를 추가할 때 원래의 기저선 수준으로 행동이 돌아가면 경쟁가설의 가능성은 희박해진다.

한편 처치의 철회를 사용하는 A−B−A 설계의 문제는 대상에게 중재효과가 일단 생기면 중재를 그쳐도 이를 완전히 되돌려 놓거나 행동을 역행시키기가 실제로 어렵다는 것이다. 더구나 어떤 처치는 영구적이어서 처치 이전 상태로 복구시키기가 불가능할 경우도 생긴다. 또 다른 문제는 윤리적 문제로서 대상에게 바람직하지 못한 행동을 수정하기 위해 어떤 치료적 방안이 적용된 것이었다면, 다시 돌아가게 하는 것은 행동이 바람직하지 못한 상태에서 실험을 멈추는 것이다. 일반적으로 치료효과를 위한 실험에서 A−B−A 설계는 이처럼 연구자에게 윤리적 부담을 주게 된다. 따라서 대상에게 도움이 되는 처치를 다시 추가하는 A−B−A−B의 4단계 설계가 적용될 수 있다. 넷째 단계에서 처치를 다시 제공하는 것은 처치의 반복적인 효과를 검증하는 것이다.

단일사례 설계에서 또 하나 쟁점은 각 단계의 길이를 얼마나 갖는가다. 일반적인 지침이 제공되고 있지는 않으나 대부분의 연구자들은 각 단계에서 행동의 안정적 패턴이 나타날 때까지 지속하기를 선호한다. 또한 Hersen과 Barlow(1976)는 각 단계의 길이가 동등한 것이 바람직하다고 한다. 이러한 주장이 연구자 측면에서는 이상적이나 임상현장에서는 현실성이 적을 수 있다. 따라서 Hersen과 Barlow의 주장과는 다르게 각 단계의 길이가 서로 다른 결과로 이끈다. 일반적으로 기저선 단계보다 처치조건 단계의 길이가 길어질 가능성이 높은데, 이는 연구자들이 처치의 효과가 보일 때까지 길이를 연장하기 때문이며, 이러한 경우 역사 또는 성숙의 효과에 의해 오염될 수 있다(Christensen, 2001).

실제 단일사례 설계를 적용한 연구들은 각 단계의 길이가 동등하지 않은 예가 종종 발견된다. 국내의 한 연구에서는 비만 청소년의 운동 참여에 따른 생리 · 심리적 혜택을 질적, 양적으로 조사하기 위해 단일사례 설계를 적용하였다(최재원, 강성구, 2000). 연구는 고도 비만 청소년 1명을 대상으로 A−B−A−B 설계를 사용하였다. 기저선 수립(A_1)에 1개월, 운동(수영)처치(B_1)에 6개월, 철회단계(A_2)에 2개월, 다시 3개월의 두 번째 운동처치로 총 12개월 동안 진행하였다. 연구결과를 보면 장기간의 운동을 통해 체중과 체지방의 감소 그리고 긴장과 우울이 감소한 반면, 긍정적 정서인 활력감과 자긍심이 향상되었다고 보고하였다.

단일사례 설계의 이점으로는 첫째, 한 개인 또는 소수의 행동적 변화를 시간에 따라 집중적으로 연구할 수 있다는 점이다. 집단 중심의 연구는 평균을 산출함으로써 서로 다른 개인의 점수가 하나로 집약되어 효과가 일부 있어도 서로 상쇄되어 효과가 없다고 결론짓는 오류를 범할 수 있다. 단일사례 연구는 한 명에 대한 누가적인 행동기록을 통해 실제 수행과 변화에 관해 알 수 있으며, 오차변량을 감소시키기보다 효과크기를 증가시키려고 노력한다. 따라서 실제적인 정보를 제공하고 현장 적용 가능성이 높다. 둘째, 전집이 작은 대상, 특수한 집단을 대상으로 할 때 유용하다. 그리고 소수의 대상에게 처치를 적용하므로 경제적인 이점도 있다. 셋째, 집단을 대상으로 한 실험에서 흔히 통제집단에게도 제공되어야 하는 혜택이나 보상, 즉 윤리적 문제를 단일사례 설계는 피할 수 있다.

한편 단일사례 설계의 단점은 무엇보다도 연구결과의 일반화 문제다. 즉 1명 또는 소수를 대상으로 한 실험결과의 외적 타당성이 위협받을 가능성이 높다. 특히 반복적으로 처치를 받지 않은 일반 대상에게도 처치가 효과적일지에 대해 의문이 제기될 수 있다. 그리고 또 다른 문제는 실험자와 참여자의 편파성에 의해 결과가 민감하게 작용할 수 있다는 점이다. 일반적으로 참여자의 적극적 협조가 있어야만 실험이 진행되고 효과적인 결과가 도출될 수 있으며, 실험자의 기대나 편파성에 의해서 심각하게 영향을 받을 수 있기 때문이다.

연습문제

1. 실험연구로 된 논문 한 편을 최근 학술지에서 선택해 읽고 다음에 답하여라.
   1) 독립변인은 어떤 것이며, 어떻게 조작이 이루어졌는가?
   2) 실험자와 참여자 효과의 통제는 어떤 방법으로 이루어졌는가? 통제가 잘 되지 않은 부분은 어떤 것인가?
2. 준 실험설계로 이루어진 연구논문 한 편을 선택해 읽고 다음에 답하여라.
   1) 어떤 설계유형인가?
   2) 준 실험설계가 된 주요 이유는 무엇이라고 생각되는가?
      만일 진형 실험설계로 수정한다면 어떻게 고안해 볼 수 있는지 대안을 제시하라.

11 Chapter 조사연구

1. 조사연구의 개관

조사연구(survey research)는 사회과학의 여러 가지 연구방법 중에서 가장 자주 사용되는 방법으로서 직접적인 관찰이 불가능하거나 실험을 할 수 없는 경우에 주로 적용된다. 사람들의 태도, 생각, 의견, 신념, 행동과 같은 심리사회적 특성을 기술하거나 특성들 간의 관계를 분석하는 데 조사연구의 목적이 있다. 이를 위해서 연구자는 연구대상에게 구두 또는 기록의 형식으로 질문을 하고 이에 대한 응답을 수집하게 된다. 조사연구의 자료는 전적으로 연구대상의 응답에 의존하므로 적절한 반응을 이끌어 낼 수 있는 질문을 하지 못했거나 전집을 대표할 수 있는 연구대상을 선정하지 못했을 때 오류가 발생한다. 그러므로 조사연구에서 질문을 하는 방법과 연구대상을 선정하는 과정은 연구의 질을 결정하는 데 중요한 부분을 차지한다. 연구대상의 표집과 관련해서는 제7장에서 다루었으므로 여기서는 조사연구의 대표적인 자료수집방법에 대한 내용을 중심으로 살펴보고자 한다.

1.1 조사연구의 자료수집방법

조사연구를 통해서는 각 변인들의 특성을 기술할 수 있으며, 변인들 간의 관계를 설명할 수 있다. 그리고 관계에 대한 설명을 통해서 변인 간의 영향력을 추측할 수는 있으나 실험연구에서처럼 독립변인과 종속변인 간의 인과관계를 규명하기는 어렵다. 질문지를 사용해서 자료를 수집할 경우, 연구대상 수에 제한이 있을 수밖에 없는 관찰법에 비해 많은 수의 참여자를 대상으로 할 수 있다는 장점이 있다. 따라서 큰 전집을 대상으로 그들의 특성을 기술하고 특성들 간의 관계를 탐색하고자 할 때는 실험연구나 관찰연구에 비해 조사연구가 실용적이며 적절하다.

조사연구의 대표적인 자료수집방법으로 질문지법과 면접법 그리고 경험표집법을 들 수 있다. 이러한 방법들은 연구대상에게 질문을 하여 응답을 얻는다는 점에서 공통점이 있다. 먼저 질문지법(questionnaire method)은 조사연구를 위해 가장 보편적으로 사용되는 방법으로서 많은 수의 연구대상에게 집단 또는 개별적으로 질문지를 나누어 주고 자기보고식 응답을 얻어 내는 방법이다. 면접법(interview method)은 면접원이 연구대상을 개별적으로 혹은 소수집단으로 만나서 직접 질문하고 구두응답을 받아 기록하는 방법이다.

경험표집법(experience sampling method)은 이상의 두 가지 방법에 비해 비교적 최근에 개발되어 사용되는 방법으로서 일상생활 중 일어나는 다양한 경험을 표집하여 경험이 일어나는 순간의 심리사회적 특성을 질문지를 통해 자기보고식으로 측정하는 방법이다. 경험표집법은 질문지법이나 면접법의 제한점인 기억의 오류나 인위적 환경에서 오는 반응의 왜곡을 줄일 수 있다. 따라서 질문지법이나 면접법에 비해 생태학적 타당성이 높은 방법으로 평가받고 있으며, 이러한 이점 때문에 경험표집법은 앞으로 활용 가능성이 기대되는 방법이다(Csikszentmihalyi & Larson, 1987).

조사연구를 통해서 연구자가 밝혀 내고자 하는 연구의 핵심이 무엇이고, 연구진행상 갖고 있는 제한점이 무엇인가에 따라서 이들 중에서 가장 효과적이며 실제적인 자료수집방법을 선택하여 사용할 수 있을 것이다.

1.2 조사연구의 절차

조사연구를 수행하기 위한 일반적인 절차는 다음과 같다. 첫째, 연구문제나 가설을 설정한다. 조사연구의 가설은 대체로 세 가지 유형으로 나눌 수 있는데, 전집의 특성과 경향을 기술하는 가설, 특정 변인에서 집단 간의 차이를 비교하는 가설, 둘 혹은 그 이상의 변인들 간의 관계를 기술하는 가설이 있다.

둘째, 연구문제나 가설의 해답을 얻기 위한 전반적인 설계를 결정한다. 이때 자료수집 방법으로 어떠한 접근방법을 사용할 것인지, 종단적인 설계를 적용할 것인지, 횡단적 설계를 적용할 것인지 등을 결정한다.

셋째, 연구문제와 연구설계에 따라 연구대상을 어떤 전집에서 추출할 것인지를 결정하고 전집을 정의해야 한다. 그런 다음 전집의 목록 혹은 표집틀을 확보할 수 있는지 확인해야 한다. 전집을 대표하는 표본을 얻기 위해 확률표집을 하는 것이 바람직하나 연구주제와 여건에 따라서 비확률표집을 할 수도 있다.

넷째, 변인을 측정하기 위한 측정도구를 선정하고 측정도구의 적합성을 검토하여야 한다. 연구자가 새로운 도구를 개발하는 것보다는 신뢰도와 타당도가 적합한 기존의 도구를 사용하는 것이 연구를 수행하기 쉬울 것이다. 그러나 질문지나 면접을 위한 설문지를 개발하여 사용할 때에는 예비조사(pilot study)를 실시해야 한다. 예비조사란 일반적으로 본조사를 실시하기에 앞서 선택한 측정도구가 적합한지를 점검하거나, 본조사에서 사용될 질문지의 폐쇄식 문항들을 개발하거나 혹은 본조사 실시에 필요한 제반 유의사항을 알아보기 위한 절차다. 따라서 예비조사의 목적은 결과의 일반화에 있는 것이 아니라 본조사의 사전 준비를 위한 것이며 본조사의 대상보다 작은 규모의 대상에게 흔히 실시된다.

예비조사의 대상은 연구대상 전집의 일부이어야 하며, 본조사에 포함되지 않을 대상이어야 한다. 예비조사를 통해 연구대상이 질문의 내용을 연구자의 의도대로 이해하고 반응하는지, 각 문항이 측정하고자 하는 변인을 잘 변별하는지 평가한다. 또한 척도를 사용한 질문지의 경우 신뢰도와 타당도 분석을 함으로써 문항을 수정, 삭제 혹은 첨가하는 작업을 해야 한다.

다섯째, 자료를 수집하고 수집된 자료를 통계분석하여 연구가설을 검증한다. 그리고 분석결과에 기초하여 연구보고서를 작성함으로써 연구가 완성된다.

조사연구를 위해 어떠한 자료수집방법을 선택하든지 간에 대체로 위에서 제시한 절차를 밟게 된다. 다음에는 조사연구의 대표적인 자료수집방법인 질문지법, 면접법, 경험표집법에 대한 내용을 구체적으로 살펴보기로 하자.

2. 질문지법

질문지법(questionnaire method)은 제시된 일련의 질문에 대해 연구대상이 스스로 응답을 기입하게 하는 방법이며, 이때 연구대상이 응답하게 되는 도구를 질문지라고 한다. 이 절에서는 질문지법을 적용하기 위한 질문지의 개발, 질문지의 분배와 수거 과정에서 고려해야 할 점에 대해 서술하고자 한다. 또한 최근에 활용도가 높아지고 있는 인터넷을 통한 질문지법에 대해서도 알아보기로 하자.

2.1 질문지의 개발과 구성

질문지를 개발할 때 우선적으로 고려해야 할 점은 다음의 두 가지다. 첫째, 질문지는 연구문제에 적합한 정보를 주는 내용과 형식으로 구성하여 불필요한 문항들을 포함시키지 않도록 해야 한다. 따라서 인구학적 정보에 대한 문항을 제외하고는 모든 문항들이 연구문제와 직접적으로 관련된 것이어야 한다. 그런데 종종 연구자들이 연구문제에 필요한 문항을 질문지에 선별해서 포함시키기보다는 연구주제와 관련해서 생각나는 질문들을 모두 열거해 넣는 경우가 있다. 이로 인해 문항 수가 많아지고 결과적으로 연구대상에게 불필요한 부담을 주게 되어 신뢰할 만한 자료를 얻지 못하는 경우가 생긴다.

둘째, 변인의 측정 수준을 분석방법과 관련지어 구체적으로 고려하면서 문항을 구성하여야 한다. 질문지의 문항이나 반응의 형식은 얻고자 하는 정보에 가장 적합한 형식을 선택하는 것이 중요하다. 예를 들어, 연령을 알고자 할 때 몇 살인지 개방식으로 질문할 수도 있고, 11~15세, 16~20세, 21~25세 등으로 범주화하여 보기를 제시해 주고 선택하게 할 수도 있다. 어떤 형식으로 질문할 것인지는 자료분석을 어떻게 할 것인지에 따라 결정된다. 만일 연령과 다른 측정변인과의 상관관계를 분석하고자 하면 연령을 개방식 질문으로 제시해야 한다. 반면 연령집단별로 분류하여 분석하고자 한다면 연령을 범주화하여 해당되는 항목을 선택하는 방식으로 질문하는 것이 편리하다. 이와 같이 분석방법을 구체적으로 계획한 뒤에 변인을 원하는 수준으로 측정할 수 있도록 문항을 구성하여야 자료분석단계에서 어려움을 겪지 않는다.

2.1.1 문항의 서술

질문지 문항은 연구대상의 수준에 맞고 이해하기 쉽게 서술되어야 한다. 그러나 초보 연구자들에게 문항을 작성하는 일이 항상 쉬운 것은 아니다. 다음의 몇 가지를 문항을 서술할 때의 지침으로 제시하고자 한다.

첫째, 연구대상이 응답할 수 있도록 구체적으로 질문한다. 연구자들은 계속 생각해 온 주제이므로 문항의 내용을 이해하지만 연구주제에 대해 한 번도 생각해 본 적이 없는 응답자들은 문항의 내용에 대해 생소하고 이해할 수 없는 경우가 있다. 예를 들어 '지난 선거에서 당신은 어느 당에 투표를 하셨나요?' 라고 묻는 질문의 경우 지난 선거가 총선인지 또는 지역 보궐선거를 의미하는지 응답자에 따라 달리 해석할 가능성이 있으므로 선거일과 종류를 명시하는 등의 구체적인 기술이 필요하다.

둘째, 연구대상이 응답을 할 수 없거나 정보가 없는 질문은 하지 않도록 한다. 연구대상이 문항의 내용을 이해했다 하더라도 응답을 못하는 경우가 가끔 있다. 가령 아동을 대상으로 부모의 월수입을 물을 경우 정확하게 답할 수 없는 경우가 대부분이다. 그런데 일반적으로 부모의 수입이 연구에서 다루어야 할 주요 인구학적 변인들 중의 하나이기 때문에 아동을 대상으로 한 질문지에 이 문항을 포함시키는 경우가 많다. 또는 부모를 대상으로 한 질문에 자녀의 포부수준, 친구관계, 때로는 도덕적 판단 등을 질문하는 경우도 있다. 이러한 문항에 대한 응답은 신뢰할 수 없는 경우가 많고 무응답이 많아 자료로서의 가치가 떨어진다. 이러한 문제를 해결하기 위한 한 가지 방법으로 '잘 모름' 이나 '의견이 없음' 등의 항목을 포함할 수는 있으나 이 항목에 표시한 응답은 분석에서 의미가 없으므로, 가능하면 응답자들이 알고 있거나 평소에 생각해 볼 수 있는 내용의 질문을 해야 한다.

셋째, 질문은 한 번 읽어서 이해할 수 있게 짧고 명료해야 한다. 상세하고 친절하게 하려는 의도에서 질문이 길어지고 복잡해질 수 있다. 그런데 응답자들은 질문을 빨리 읽고 단숨에 답을 표기하는 경우가 대부분이다. 또한 길고 복잡한 질문은 하나 이상의 내용을 포함할 가능성이 높다. 그러므로 질문은 쉽고 간단하게 그리고 누구나 이해할 수 있는 명료한 문장으로 서술해야 한다. 전문 용어, 은어 또는 인터넷상에서 통용되는 용어들은 일부 사람들에게만 익숙한 용어이므로 사용하지 않도록 한다.

넷째, 문장을 부정문으로 하기보다는 긍정문으로 하는 것이 의미를 정확하게 이해하는 데 도움이 된다. 아동의 자존감에 관련된 문항으로 '나는 잘 할 수 있는 일이 없다.' 라고 진술하기보다는 '나는 잘 할 수 있는 일이 많다.' 라고 진술하는 것이 응답하는 데 혼란을 덜 준다.

다섯째, 한 질문에 두 가지 이상의 내용을 묻지 않는다. 예를 들어 '부모님께서는 나의 옷차림을 마음에 들어 하신다.' 라는 진술문에 대해 동의 여부를 답하게 하는 문항이 제시되었다고 하자. 이때 아버지는 마음에 들어 하시지만 어머니는 마음에 들어 하시지 않는다면 응답자는 무엇이라고 답해야 할지 망설일 수 있다. 따라서 연구자는 질문을 만들 때 이중 혹은 삼중의 질문을 하고 있지 않은지 항상 점검해야 한다.

여섯째, 편파된 응답을 유도할 가능성이 있는 용어를 사용하지 않는다. 질문에서 사용되는 용어들은 응답자의 반응에 많은 영향을 준다. 특히 응답자가 특정 방향으로 답하도록 유도하는 질문은 편파된 질문이다. 같은 내용의 질문이라도 어떤 용어를 사용하느냐에 따라서 응답자의 반응이 달라지는 경우가 많다. Rasinski(1989)는 국가정책에 대한 국민들의 지지도를 조사하는 연구에서 어떤 용어를 사용하느냐에 따라 그 지지도가 달라진 예를 분석하였다. 예를 들면, 복지라는 용어보다 저소득층 국민들을 도와주는 일이라고 했을 때 그리고 대도시에 대한 지원보다는 대도시 문제의 해결이라고 했을 때 국민들의 지지도가 높았다.

응답의 편파성에 관련된 또 다른 문제는 응답자들이 사회적으로 바람직한 태도나 성향을 가진 사람으로 보이려는 욕구가 있다는 점이다. 솔직하게 답했을 경우에 응답자 자신이 비인간적, 비도덕적 또는 편향된 인상을 남에게 줄 것 같은 질문에 대해서는 솔직하게 답하기 어렵다. 예를 들어 '여성의 정치 참여에 대해 동의하십니까?' 와 같은 질문을 받은 남성 응답자가 반대의사를 가지고 있으면서도 남녀차별적인 사고를 갖고 있는 사람으로 보일까 봐 찬성의사를 표시할 수 있다. 이와 같이 다른 사람들의 부정적인 평가를 피하고 사회적으로 바람직한 특성에 기초하여 응답하는 현상을 사회적 바람직성(social desirability)의 오류라고 한다. 이러한 문항들에 대한 솔직한 응답을 얻어 내기 위해서는 문항서술에서 지나치게 사회적 바람직성이 시사되는 서술을 피하도록 하고, 때로는 연구대상의 응답에 대한 익명성 보장을 강조하는 것이 도움이 될 수 있다.

질문에서 사용되는 용어들이 응답자의 반응에 영향을 주는 또 다른 예로는, 가설적인 상황이나 일화를 제시하고 주인공의 행동에 대한 생각을 묻는 질문을 할 때 주인공의 성별, 연령, 이름들이 응답자의 반응에 영향을 주는 경우가 있다. 따라서 특정 이름보다는 대명사를 사용하든지 응답자와 같은 성으로 가상적 역할의 판단대상을 고정시키는 방법 등을 사용할 수 있다.

2.1.2 문항의 형식

질문지는 일반적으로 하나 또는 여러 개의 독립적인 정보를 수집하기 위한 개별적인 문항과 척도를 포함한다. 개별문항은 질문과 그 질문에 대한 응답지로 구성된다. 질문의 형식이 개방식인지 폐쇄식인지에 따라서 응답지의 형식은 다르다. 먼저 개별문항의 서술형식에서 고려할 점을 살펴보고, 척도문항형식에 대해서도 알아보기로 하자.

◆ 개방식 질문과 폐쇄식 질문

질문을 개방식 질문으로 할 것인지 폐쇄식 질문으로 할 것인지를 결정하기 위해서는 어떤 형식이 정보를 얻기에 더 효과적인지 판단해야 한다. 개방식 질문은 응답자가 형식에 구애받지 않고 자유롭게 답할 수 있는 방법이다. 예를 들어 '여러분은 스트레스를 받을 때 어떻게 행동하십니까?' 라는 질문을 하고 공란을 주어 자유롭게 자신의 행동을 기술하게 한다. 폐쇄식 질문은 주어진 형식에 맞추어 답하도록 하는 질문인데, 몇 가지 보기를 응답지로 제시하고 보기 중에서 응답자 자신의 생각과 일치하는 답을 선택하게 한다. 대체로 응답자들의 행동에 대한 이유, 동기, 욕구 등을 알고자 할 때는 개방식 질문 형식이 더 적절하나, 어떤 사항에 대한 인식 여부, 선호 등을 알고자 할 때는 폐쇄식 질문이 더 효과적이다.

폐쇄식 질문은 응답하기 편리하고 응답내용을 바로 컴퓨터에 입력하는 것이 가능하기 때문에 자료분석이 쉽다. 그러나 개방식 질문은 연구자가 응답의 의미를 해석하고 분류하는 부호화작업을 거친 후 응답내용을 입력하게 되므로 부호화 과정에서 연구자의 주관이 개입될 가능성이 있다. 또한 개방식 질문은 무응답률이 높은 편이다. 이러한 이유 때문에 질문지법에서는 대체로 개방식 질문보다는 폐쇄식 질문이 자주 사용되고 있다.

◆ 폐쇄식 질문의 응답지

폐쇄식 질문은 문항을 만드는 과정이 개방식 질문보다 어렵다. 응답지를 적절하게 작성해야 하기 때문에 질문에 대해 가능한 대답들이 비교적 명확할 때는 문제가 없으나 그렇지 않은 경우는 응답자들이 중요하게 생각하는 응답의 보기를 빠뜨리고 제시할 가능성이 있다. 이때 응답자들은 자신의 생각과 일치하지 않는 항목을 보기에서 선택할 수밖에 없으므로 조사결과를 신뢰하기 어렵게 된다. 이러한 문제가 일어나지 않도록 하기 위해서는 반드시 예비조사를 거쳐 주요 응답 범주를 작성하고 이를 다시 점검해야 한다. 폐쇄식 질문에서 제시된 응답지의 보기는 다음의 네 가지 조건을 충족시켜야 한다.

응답 범주의 포괄성　응답지 보기의 범주는 응답자들이 대답할 수 있는 내용을 모두 포함해야 한다. 보기의 범주들이 충분히 포괄적인 경우라도 때로는 보기에 '기타' 혹은 '이상에서 제시되지 않은 다른 응답이 있으면 기술하세요.' 와 같은 항목을 포함시키는 것이 응답에 도움이 될 수 있다.

응답 범주 간의 상호배타성　응답지 보기의 범주들은 상호배타적이어야 한다. 즉 보기의 범주들 간에 내용이 중복된 부분이 있어서 응답자가 답을 하나만 고르기 어려운 상황이 되어서는 안 된다.

질문과 응답지 간의 조화　질문의 내용과 응답을 위한 보기가 서로 조화를 이루어야 한다. 예를 들어 '운동을 어느 정도로 하십니까?' 라는 질문에 대해 '정말 그렇다' '보통이다' '전혀 그렇지 않다' 라는 보기는 질문과 부합되지 않는다.

단일 기준에 의해 분류된 응답 범주　응답지의 보기는 하나의 기준 위에서 분류된 범주여야 한다. 예를 들어, 빈도와 정도를 나타내는 보기가 함께 제시되면 두 가지 기준이 제시되는 것이므로 응답자에게 혼란을 줄 수 있다.

응답지의 형식 중에는 여러 개의 보기를 제시하고 2개 이상 선택하거나 선택의 순위를 매기게 하는 형식이 있다. 응답을 2개 이상 선택하는 경우에는 다중응답에 의한 빈도분석을 하게 되며, 우선순위의 순서대로 선택하는 경우에는 가중치를 주어서 분석을 하게 된다. 그러나 여러 응답지 보기에 대해 순위를 매기는 문항에 대해서는 무응답이나 응답의 오류가 빈번하므로 교육수준이 높고 협조가 잘 되는 상황에서 사용되어야 한다.

◆ 연결된 질문의 활용

응답자가 한 문항의 응답내용에 따라 그 다음에 응답해야 할 문항들이 달라지는 연결된 문항을 사용하는 경우가 있다. 이러한 경우 질문지에 제시된 문항 중 일부 문항에 대해서는 해당되는 응답자만 답하게 하는 형식을 취하게 된다. 이와 같이 어떤 주제에 대해 일련의 질문을 제시하고 이러한 질문에 답할 수 있는 응답자들을 선별해서 계속적으로 질문을 하는 형식을 연결된 질문(contingency question)이라고 한다. 참고로 연결된 질문의 예를 아래에 제시하였다.

- 대안학교에 대해서 들어 본 적이 있습니까?
  [ ] 예
  [ ] 아니요

  a. 그렇다면 대안학교 교과 과정에 대해서 관심이 있습니까?
  [ ] 예
  [ ] 아니요

  b. 가족이나 가까운 친척 중 대안학교에 다니는 학생이 있습니까?
  [ ] 예
  [ ] 아니요

  그렇다면 대안학교에 다닌 지 얼마나 되었습니까?
  ________ 개월

위의 예와 같이 연결된 질문이 간략할 때는 화살표를 통해 계속될 수도 있고, 여러 문항인 경우 지면을 줄이기 위해서 문항 뒤에 간단한 지시문을 넣는 형식을 취할 수도 있다. 예를 들면 아래와 같다.

- 지난 한 학기 동안 등하굣길이나 학교에서 다른 사람에게 소지품을 뺏긴 적이 있습니까?
  [ ] 예 (문항 14~25번까지 답해 주세요.)
  [ ] 아니요 (문항 14~25번은 답하지 마시고 26번부터 답해 주세요.)

◆ **척도 문항**

연구자가 관심을 갖는 변인의 측정을 위해서 질문지 문항을 작성할 때 척도(scale)를 사용하는 예가 흔히 있다. 척도는 단일차원의 개념을 재는 여러 문항들로 구성된다. 단일차원성이란 척도를 구성하는 문항들이 어떤 하나의 구인, 단일한 차원을 측정한다고 가정하며 한 개념의 연속선상에서 척도를 구성하는 모든 문항들이 존재한다는 것을 의미한다(김영종, 2001).

조사연구에서 자주 사용되는 척도로 리커트 척도(Likert scale)를 들 수 있다. 리커트 척도는 진술문과 진술문에 동의하는 정도를 나타내는 평정치로 구성된다. 따라서 척도를 구성하는 모든 문항 자체는 동일한 값을 갖게 되며, 모든 문항에 응답한 평정치를 합산하여 척도에 대한 각 개인의 점수를 산출한다. 리커트 척도는 주로 5점 척도를 사용하나 3점 척도, 7점 척도 때로는 4점, 6점 척도도 사용된다. 5점 척도의 평정치는 흔히 '전혀 그렇지 않다(1)' '그렇지 않다(2)' '보통이다(3)' '그렇다(4)' '매우 그렇다(5)' 로 사용한다.

한편 이러한 평정치에서 '매우 그렇다' 와 '그렇다' 의 기준이 개인마다 다를 수 있다. 따라서 평정치에 보다 객관적인 기준을 제시하는 것이 더 바람직하다는 견해도 있다. 즉 동의하는 정도를 서술하기보다는 빈도를 제시함으로써 점수 간의 차이를 구별하게 한다는 것이다. 예를 들어, 빈도로 평정하는 경우에 '일주일에 9회 이상' '일주일에 7~8회' '일주일에 4~6회' '일주일에 2, 3회' '일주일에 1회 이하' 등과 같이 객관적인 기준을 제시할 수 있다. 이러한 척도의 예로 청소년의 폭력 가해행동 정도를 측정하기 위한 리커트 척도의 일부를 〈Box 11.1〉에 제시하였다. 리커트 척도의 점수는 각 문항의 응답에 표기한 평정치의 합에 의해 서열화할 수 있으며, 총점이 높을수록 측정하려는 변인에서 높은 수준이라 할 수 있다.

리커트 척도가 갖는 장점은 여러 가지가 있다. 무엇보다도 문항별 응답의 보기를 제시할 때보다 질문지의 지면을 효율적으로 사용할 수 있으며, 같은 응답지에 반복적으로 응답하므로 응답하는 데 걸리는 시간이 다른 형식에 비해 짧다. 또한 응답자가 앞의 문항들에서 어떻게 응답했는지 비교해 가면서 응답함으로써 응답의 일관성을 유지할 수 있다.

반면에 단점은 응답자들이 문항내용보다 형식에 따라 한두 가지 형태로 답하게 되는 반응세트(response set)의 문제가 생길 수 있다. 예를 들어, 문항의 내용을 제대로 읽지 않고 척도의 가운데를 선택하거나 아니면 다른 어떤 한 반응을 계속 선택해 버리는 것이다. 이러한 반응세트의 문제를 최소화하기 위해서 일부 문항은 긍정적인 문장으로 진술하고, 다른 문항들은 부정적인 문장으로 진술하여 같은 패턴이 반복되는 것을 피하거나 문장을 짧고 명확하게 진술하도록 한다. 또한 응답자의 협조를 진지하게 구함으로써 반응세트의 문제를 피할 수 있다.

<Box 11.1> 리커트 척도의 예

청소년 폭력 가해행동 척도

이번 학기(8월부터 지금까지) 동안의 나의 행동을 잘 생각해 보고 나에게 해당된다고 생각되는 칸에 v표 하세요.

문항내용	1. 한 번도 없다	2. 지난 4~5개월간 한두 번 했다	3. 한 달에 한두 번 했다	4. 일주에 한 번 했다	5. 일주에 두세 번 했다	6. 매일 했다
1. 책이나 가방 등을 던지거나 걷어찼다.						
2. 발을 구르거나 문을 세게 닫았다.						
3. 화풀이 삼아 남의 차를 긁거나 타이어에 흠집을 냈다.						
4. 고의로 내 물건을 거칠게 다루거나 부쉈다.						
5. 머리를 벽에 박거나 주먹으로 벽을 쳤다.						
6. 부모님이나 선생님들의 말씀을 앞에서 못 들은 척 무시하였다.						
7. 친구에게 화풀이로 큰소리를 질렀다.						
8. 친구와 말다툼을 하였다.						
9. 남에게 욕을 하였다.						
10. 남을 끼워 주지 않고 따돌렸다.						
11. 말로 남을 협박하였다.						

* 출처: 이미리(2000).

2.1.3 질문지의 구성과 편집

질문지 편집은 문항의 내용이나 형식의 선정만큼 중요하다. 왜냐하면 질문지의 구성과 편집이 합리적이지 않고 복잡하면 응답자가 질문의 내용을 잘 이해하지 못하거나 잘못 작성할 수 있다. 전체적으로 질문지 구성에 짜임새가 있고 보기 좋게 문항이 배치될수록 응답자들에게 좋은 인상을 주며, 응답률을 높일 수 있다. 여기서는 질문지의 표지 구성과 문항의 배열에 대한 내용을 살펴보기로 하자.

◆ 질문지의 겉표지 구성

질문지의 얼굴이라 할 수 있는 겉표지는 연구대상에게 질문지의 목적을 소개하고 응답을 요청하는 부분으로서 내용은 다음의 요소들을 포함해야 한다. 첫째, 연구대상이 질문에 끝까지 답하도록 고무시키는 부분이 필요하다. 이를 위해 처음 몇 문장은 질문지에 응답하는 사람들이 중요하다는 것과 응답내용이 매우 가치 있게 사용될 것임을 서술하는 것이 좋다. 둘째, 연구대상에게 연구의 내용이 무엇인지를 알리기 위해 연구목적을 간결하게 기술한다. 셋째, 응답내용은 익명으로 처리하고 연구목적을 위해서만 사용될 것임을 알린다. 넷째, 우편을 통해 수집하는 질문지의 경우는 작성된 질문지를 적어도 언제까지 어떤 방법으로 연구자에게 다시 우송해 주어야 하는지를 알려 준다. 다섯째, 질문지 작성일과 함께 질문지 작성자의 이름과 소속을 기록하여 밝혀 준다. 이상의 요소들이 적절하게 갖추어진 질문지 표지의 예를 〈Box 11.2〉에 제시하였다.

◆ 문항의 배열

문항을 어떻게 배열하는가의 문제는 문항의 서술이나 형식만큼 질문지 작성에서 중요한 요인이다. 응답자는 처음에 나온 몇 개 문항에서 선입관을 가질 수 있고, 심리적 방어태세를 가질 수 있다. 또한 앞의 문항에 대한 반응이 뒤따라오는 문항의 반응에 영향을 미칠 수 있다. 문항의 배열에서 고려할 원칙은 다음과 같다.

첫째, 문항은 논리적 순서에 따라서 관련되는 질문을 한곳에 모아서 제시한다. 질문지의 성격과 내용에 따라서 논리적 순서가 생기면 이에 의해 한 가지 주제에서 다음 주제로 무리 없이 넘어가도록 배열해야 한다.

둘째, 질문지의 앞부분에는 응답자가 흥미를 가질 만하고 단순한 문항을 배열한다. 응답자의 부정적인 특성을 묻는 질문은 처음에 제시하지 않는 것이 좋다. 흔히 응답자의 인구학적 특징을 묻는 질문으로 시작할 수 있으나 지나치게 긴 인구학적 자료에 관한 질문으로 응답자가 흥미를 잃지 않도록 주의해야 한다. 인구학적 자료에 관한 질문이 길 때는 질문지의 끝에 배열하는 것이 효과적일 수도 있다.

셋째, 문항은 단순한 질문에서 차츰 복잡한 질문으로, 일반적인 사항에서 특수한 사항으로 배열하는 것이 좋다. 개방식 질문이나 응답자를 자극할 수 있는 질문은 중간 이후에 배열하는 것이 응답을 중간에 포기할 가능성이나 그 문항 이후의 문항에 끼칠 영향을 줄이는 데 도움이 된다.

<Box 11.2> 질문지 겉표지의 예

한국청소년 패널조사(KYPS)

**이 설문에서 얻어진 모든 내용은
통계목적 이외에는 절대로 사용할 수
없으며 그 비밀이 보호되도록
통계법(제13조 및 제14조)에 규정되어 있습니다.** **ID:**

안녕하십니까?

저희 한국청소년개발원은 청소년 보호 및 육성에 대한 종합적이고 체계적인 정책연구를 위하여 지난 1989년에 설립된 국무총리 산하 정부출연 연구기관으로서 청소년에 관한 정책연구 및 다양한 사업을 수행하고 있습니다.

이 연구에서는 향후 5~6년 동안 한국의 중학교 2학년 청소년 여러분들을 대상으로 진로설정, 진로준비, 여가활동, 청소년 지위와 관련된 사항들, 기타 생활실태에 대한 설문조사를 실시하고자 합니다. 이 설문조사를 통하여 얻어진 정보는 청소년 여러분들의 보다 나은 미래를 위한 연구 및 정책개발의 소중한 기초자료로 활용될 것입니다.

학생은 통계적인 방법에 의해 전국의 중학교 2학년 학생을 대표하는 패널로 선정되었습니다. 설문의 응답은 맞고 틀리는 것이 없으며, 조사에서 얻어진 결과는 오직 연구의 목적을 위해서만 사용되므로 솔직하고 정확하게 응답해 주시기 바랍니다. 또한 조사에서 얻어진 결과는 숫자로 부호화되어 컴퓨터로 처리되며, 통계법 제13조 및 제14조의 규정에 따라 여러분 개인의 응답에 따른 비밀은 완벽하게 보장됩니다.
감사합니다.

2003. 11.

한국청소년개발원 Korea Institute for Youth Development	〈연구담당자〉 한국청소년개발원 복지정책연구실 ○○○박사 서울시 서초구 우면동 142번지(137-715) (☏ ○ ○ ○)
SQ1) 사는 곳	☞ 사는 곳을 적고 해당되는 곳에 ○표 하세요. (________)특별시/광역시/도 (________)시/군/구 (________)동/읍/면
SQ2) 학교/반	(________)중학교 2학년 (________)반
SQ3) 성별	1. 남자 2. 여자
SQ4) 출생연월	19□□년 □□월

* 출처: 한국청소년개발원(2004).

넷째, 문항의 형식이 동일한 것끼리 모아서 배열하는 것이 좋다. 응답방식이 자주 바뀌면 응답자가 혼동할 수 있고 응답하는 데 시간이 더 걸릴 수 있다. 그러나 응답형식이 동일한 문항들을 모아서 배열했을 때 유의할 점은 반응세트의 문제를 점검하는 것이다. 예비조사를 통해서 이러한 경향성을 발견한다면 문항의 순서를 재배열해야 한다.

끝으로 문항배열에서 한 페이지당 문항 수를 적게 배치하고 적당히 여백을 두는 것이 좋다. 경험이 없는 연구자의 경우 질문지 길이가 너무 긴 것이 걱정되어 한 페이지당 문항 수를 빽빽하게 많이 배치함으로써 질문지의 전체 페이지 수를 줄이려고 한다. 그러나 이럴 경우 오히려 응답자들은 문항을 빠뜨리고 응답하거나 한 페이지를 완성하는 데 오랜 시간이 걸린다고 느껴 질문지를 중간에 포기하는 사례가 생긴다. 뿐만 아니라 개방식 질문을 하였을 경우에는 대답을 쓸 공간이 부족하여 자세하게 쓰지 않는 경향이 있다. 그러므로 페이지 수가 늘더라도 한 페이지당 질문의 수를 적절히 배정하여 질문지에 응답할 때 페이지가 자주 넘어갈 수 있도록 편집하는 것이 자료수집을 위해 효과적이다.

2.2 질문지의 분배와 수거

연구의 결과를 전집에 일반화하고자 하는 조사연구의 주요 목적을 달성하기 위해서는 질문지의 회수율을 높이는 것이 중요하다. 회수율은 연구대상에게 분배한 질문지 수에 대한 회수된 질문지 수를 백분율로 산출한다. 대체로 우편으로 질문지를 분배하고 회수하는 경우는 50%, 연구자가 연구대상을 찾아가서 질문지를 분배하고 회수하는 경우는 90% 이상의 회수율이 보고되고 있다(Creswell, 2002). 연구에 따라 다르나 최소 60%를 넘는 회수율을 보여야 어느 정도 일반화 가능성이 있다고 본다.

따라서 질문지를 우편으로 주고받는 경우에는 회수율을 높이기 위한 다양한 노력을 해야 한다. 회수율을 높이기 위한 방법으로 다음의 몇 가지 단계를 밟을 수 있다. 첫째, 연구대상에게 질문지를 우송하기에 앞서 질문지가 우송될 것임을 알리고 질문지에 응답해 주기를 요청하는 간단한 안내문을 먼저 보낸다. 둘째, 안내문을 보내고 2주 정도 지난 후 질문지를 우송한다. 연구대상들이 질문지를 작성한 후 반송용 봉투에 넣고 우표를 붙이는 번거로움을 덜어 주기 위해 질문지를 접었을 때 반송용 봉투에 넣은 것과 같은 모양이 되게 질문지를 디자인하는 것도 회수율을 높이는 데 도움이 된다(Babbie, 2004). 셋째, 질문지를 우송하고 2주 정도 지난 후 질문지를 돌려보내지 않은 연구대상에게 질문지를 다시 우송한다. 넷째, 질문지를 다시 우송한 후 2주 정도 지나서 질문지에 응답하지 않은 연구대상에게 응답을 요청하는 엽서를 보낸다. 이와 같이 응답을 하지 않은 연구대상에게 질문지를 다시 우송하거나 응답을 요청하는 엽서를 보내는 것과 같은 추후 독촉을 함으로써 회수율을 10% 정도 높일 수 있다. 대체로 우편을 통한 질문지 조사의 경우는 이러한 단계를 거치게 되므로 첫 번째 질문지 우송 후 적어도 6주 정도의 자료수집기간이 필요하다. 또한 질문지를 짧고 매력적으로 만들고 연구대상에게 질문지를 우송할 때 간단한 사례품을 함께 보내는 것도 회수율을 높이는 데 도움이 된다. 사례품의 종류로는 질문지의 길이에 따라서 볼펜, 파일 폴더, 도서(문화)상품권 등을 사용할 수 있다.

질문지의 분배와 수거 과정에서 중요한 점은 회수율을 높이는 것뿐만이 아니라 질문지에 응답한 연구대상이 편파된 특성을 보이지 않아야 한다는 것이다. 질문지에 응답한 연구대상 수가 적거나 응답하지 않은 연구대상과 다른 특성을 가지고 있어서 자료가 수집된 후의 표본이 처음에 계획한 연구대상 표본과 다른 특성을 보여서는 안 된다. 왜냐하면 이와 같이 편파된 표본으로부터 수집된 자료의 분석결과를 처음에 연구자가 관심을 갖고 있었던 전집에 일반화할 수 없기 때문이다.

이러한 문제를 해결하기 위해서 회수된 질문지의 응답이 편파된 특성을 보이는지 점검할 필요가 있다. 주기분석법(wave analysis)을 한 가지 방법으로 제시할 수 있다. 주기분석법이란 우편으로 회수된 질문지들을 회수된 시기에 따라 일정 간격, 예를 들면 일주일 간격을 두고 분류한 뒤 첫 주기에 회수된 연구대상 집단의 응답과 마지막 주기에 회수된 집단의 응답 간에 차이가 있는지를 점검하는 절차다. 이때 응답 간의 차이분석을 위해서는 질문지의 전체 문항을 분석할 필요는 없고, 몇 개 주요 문항에 대한 반응의 차이를 분석한다.

주기분석법의 기본 가정은 마지막 주기에 회수된 질문지의 응답은 질문지를 회수하지 못한 응답자의 응답과 거의 유사하다는 것이다. 회수된 질문지의 응답에 편파성이 없다면 첫 주기에 회수된 질문지의 응답과 마지막 주기에 회수된 질문지의 응답이 유사해야 한다. 그러나 만일 유사하지 않다면 연구대상의 반응에 편파성이 있을 가능성이 있고 전집에 대한 대표성이 떨어질 수 있음을 고려해야 한다. 따라서 연구자는 결과보고서에 이러한 결과를 제한점으로 언급해야 한다(Creswell, 2002).

2.3 인터넷을 이용한 질문지법

질문지를 연구대상에게 나누어 주고 지필식으로 응답하게 한 후 수거하는 방식의 질문지법 이외에 인터넷을 이용한 방법도 최근 사용률이 증가하고 있다. 인터넷을 통한 질문지법은 전자메일(e-mail)이나 홈페이지를 통해서 응답자에게 질문지를 배달하여 응답하게 하는 방법이다. 이 방법의 장점은 여러 가지가 있다. 첫째, 시간과 공간의 제한을 받지 않고 많은 수의 대상을 표집할 수 있으며, 질문지를 우송하고 회수하는 수고를 필요로 하지 않는다. 또한 응답을 하지 않은 연구대상들에게는 전자메일을 통해 질문지에 대한 응답을 다시 요청할 수 있다. 둘째, 응답자가 질문에 응답하기 위해서 컴퓨터의 키를 누름과 동시에 응답의 내용이 바로 데이터 파일로 입력되고 분석이 거의 함께 이루어져 조사결과를 얻는 데 시간이 절약된다. 셋째, 멀티미디어 자극을 활용하여 다양한 형식으로 질문을 할 수 있다.

이상에서 서술한 장점에도 불구하고 인터넷 질문지법이 갖는 제한점이 있는데, 모든 사람들이 인터넷에 접속할 수 있는 조건과 컴퓨터 조작능력을 가진 것은 아니라는 것이다. 인터넷 질문지법은 컴퓨터를 소유하고 사용하는 계층이나 연령대의 사람들만을 연구대상으로 할 수 있다는 한계가 있다. 따라서 인터넷을 통한 질문지 조사의 결과를 인터넷을 사용하지 않는 전집에 일반화하기에는 어려운 문제가 있다.

인터넷을 통한 질문지 조사의 연구대상을 표집하기 위해서는 다양한 방법을 사용할 수 있다. 온라인상의 광고를 통해서 표집하거나 연구대상이 소속되어 있는 기관을 통해서 표집할 수 있다. 또한 전자메일을 통해서 연구의 대상으로 참여하기를 요청하기도 한다.

연구대상이 질문에 응답하도록 하기 위해서는 질문지가 실려 있는 홈페이지 주소를 연구대상에게 알려야 한다. 이를 위한 방법으로는 전자메일, 전화, 우편 등을 사용할 수 있는데, 특히 전자메일을 사용할 경우에는 메일의 내용에 홈페이지 주소가 링크된 상태로 적어서 보내 응답자가 메일을 보면서 바로 홈페이지로 들어갈 수 있어야 응답자에게 편리하다. 또한 웹사이트에 광고를 함으로써 연구대상을 표집할 수 있는데 질문에 응답할 연구대상의 조건을 연령, 직업 그리고 기타 사회경제적 수준 등으로 제시하고, 해당되는 사람들이 광고의 지정된 메뉴를 간단히 클릭함으로써 질문지가 제시된 홈페이지로 연결되고 응답할 수 있도록 한다. 그러나 연구대상이 아닌 다른 사람들이 질문지에 응답하거나 한 사람이 여러 번 응답하는 문제가 발생할 수 있으니 이러한 문제를 해결하기 위해서 홈페이지로 들어와 질문지를 작성하기에 앞서 로그인을 하고 비밀번호를 사용하도록 하여 표집된 연구대상이 한 번만 질문지를 작성하게 하는 방법을 쓸 수도 있다 (Czaja, 2005).

3. 면접법

면접법(interview method)은 연구대상과의 직접적인 상호작용을 통해 자료를 수집하는 방법으로서 대상과 일대일로 대화를 나누면서 정보를 수집하는 방법이다. 이 절에서는 면접법의 개념과 특징, 면접법의 종류, 면접을 위한 질문의 준비 그리고 면접원 훈련에 대해서 알아보기로 하자.

3.1 면접법의 개념과 특징

면접법은 면접원의 질문에 대한 연구대상의 구두 응답을 면접원이 받아서 기록하는 방법이다. 면접원이 연구대상의 상황에 따라 융통성 있게 질문을 하고 질문에 대한 응답뿐 아니라 비언어적인 행동이나 주변환경과 같은 다른 부수적인 상황을 함께 관찰할 수 있으므로 면접법을 이용하면 질문지법이나 관찰법 각각으로 수집한 것보다 풍부한 정보를 수집할 수 있다. 예를 들어, 변호사가 의뢰자를 통해 정보를 얻는 과정, 의사가 진단을 위해 환자에게 여러 가지 질문을 함으로써 정보를 얻는 과정, 입학 담당 교수가 지원자들의 합격 여부를 결정하기 위해 지원자에게 질문을 함으로써 정보를 얻는 과정 등이 모두 면접의 예다. 따라서 면접법은 면접원의 역할이 자료수집에서 결정적인 역할을 한다.

면접법의 또 다른 장점은 응답률이 높다는 것이다. 연구대상이 질문지를 직접 읽고 응답하는 것보다는 면접원이 질문을 읽어 주고 연구대상의 반응을 질문지에 기록하는 것이므로 일단 면접에 응한 대상들은 응답을 하게 된다. 또한 면접에서는 무응답이나 '모르겠다' 는 반응을 줄일 수 있다. 면접원은 연구대상이 잘 모르겠다는 응답을 할 때 이해 못하는 부분을 설명해 주거나 추가 질문을 해서 응답을 얻어 낼 수 있다.

조사연구를 위한 면접법은 주로 다음의 세 가지 목적으로 사용될 수 있다. 첫째, 탐색적인 목적으로 가설을 세우거나 연구에 대한 아이디어를 얻고자 할 때 연구자가 관심을 두는 주제와 관련된 사람들을 대상으로 면접을 할 수 있다. 둘째, 변인의 특성을 기술하거나 변인들 간의 관계를 연구하기 위한 자료수집의 주요 방법으로 면접법을 사용할 수 있다. 셋째, 다른 연구방법에 대한 보조적인 방법으로 면접법이 사용될 수 있다. 예를 들어, 질문지법을 사용한 연구에서 예기치 않은 응답이나 결과를 얻었을 때 면접을 추가로 실시할 수 있다.

3.2 면접법의 종류

면접의 종류는 구조화 정도에 따라서 구조화 면접과 비구조화 면접으로 분류할 수 있다. 구조화 면접(structured interview)은 면접을 위한 질문, 내용 그리고 순서 등이 사전에 매우 구체적으로 계획되어 있고 계획된 대로 면접을 진행하는 방식이다. 따라서 구조화 면접에서는 면접원이 질문의 내용이나 순서 등을 바꿀 수 없다.

반면에, 비구조화 면접(unstructured interview)은 면접 절차에 융통성이 있고 개방적이다. 연구의 목적에 맞게 질문이 미리 계획되지만 질문의 구체적인 내용, 형식, 순서 등은 면접원이 면접대상의 반응과 면접상황에 따라 융통성 있게 조절할 수 있다. 또한 면접원이 면접대상의 반응에 근거하여 추가적인 질문을 함으로써 면접대상의 동기수준이나 욕구를 알 수 있다. 이와 같이 비구조화 면접은 구조화 면접에서 얻을 수 없는 정보를 수집할 수 있다. 이러한 비구조화 면접은 임상 분야나 인류학 분야에서 주로 하는 질적 연구의 한 유형으로, 연구에 따라서는 이 두 가지 종류를 어느 정도 절충하여 실시할 수도 있다. 예를 들어, 질문의 순서나 핵심 질문은 계획되어 있으나 응답에 따라 더 많은 내용을 캐묻거나 보충하면서 면접을 진행할 수도 있다.

여기서는 양적 연구방법의 한 유형으로서의 면접법에 초점을 두고, 주로 구조화 면접을 중심으로 서술하고자 한다. 일반적으로 자주 사용되는 면접법의 종류로는 대인면접, 초점집단면접, 전화면접을 들 수 있다. 각 종류의 의미와 장단점을 살펴보기로 하자.

3.2.1 대인면접

대인면접(one-to-one interview)은 면접원이 면접대상을 한 사람씩 직접 만나서 질문을 하고 응답을 기록하는 방법이다. 따라서 면접원은 면접대상의 응답내용과 함께 비언어적인 행동을 관찰할 수 있다. 예를 들어, 질문에 대한 면접대상의 응답하는 방식, 면접대상의 옷차림, 말하는 태도, 표정 등 응답과 관련된 비언어적인 행동에 대한 자료를 함께 수집할 수 있다. 이러한 비언어적인 자료들은 응답내용의 해석과 진위 여부를 판단하는 데 도움이 된다. 또한 문항에 대한 이해를 위해 면접원이 추가 설명을 해 줄 수 있어서 응답의 정확성에 도움이 된다. 그러나 익명성이 보장되지 않고 면접원이 면접대상의 반응에 직접 또는 간접적으로 영향을 줄 수 있으며, 면접대상이 면접원에게 자신의 사적인 정보를 제공할 때 불편해할 수 있다.

3.2.2 초점집단면접

초점집단면접(focus group interview)은 공통된 어떤 주제에 대해 한 집단의 연구대상들이 어떤 생각을 하고 있는지를 연구하기 위한 집단면접법이다. 초점집단면접을 위한 집단의 크기는 다양한 반응이 나올 수 있도록 커야 함과 동시에 한 사람의 면접원이 면접을 동시에 할 수 있을 정도로 작아야 한다. 대체로 면접원이 4~6명 정도의 소집단을 대상으로 질문을 함으로써 집단의 구성원이 질문과 관련된 토론에 참여할 수 있도록 유도해 나간다. 면접원은 토론이 자유롭고 개방된 방식으로 진행되도록 끌어 나가되, 토론의 내용이 주제에서 벗어나지 않도록 주의를 기울여야 한다. 이러한 토론을 통해서 면접원은 연구대상 집단의 구성원들이 어떤 말을 하고 어떤 행동을 하는지 준비된 면접용 질문지에 기록한다. 이러한 면접 과정의 특성상 초점집단면접은 양적 연구의 설계를 위해 기초가 되는 정보를 얻기 위해서 사용되기도 하나 질적 연구의 방법으로 주로 사용되고 있다.

초점집단면접의 예를 들면, 부모를 대상으로 하여 자녀가 다니는 학교의 교육 과정에 대한 의견을 묻는 면접을 할 수 있다. 면접원이 집단에게 질문을 한 뒤 집단의 대화내용을 기록하는 방법으로 진행한다. 초점집단면접은 집단의 역동성을 이용해서 면접대상들 간의 상호작용을 촉진하여 모든 구성원이 참여하게 하고, 결과적으로 질문에 대한 많은 내용의 반응을 수집할 수 있게 하는 장점이 있다. 그러나 초점집단의 구성원들 중에서 일부가 대화를 독점하게 되는 경우가 발생하기도 하는데, 이럴 경우 소수 구성원의 생각이 다른 구성원의 생각이나 의견을 유도하게 되는 단점이 있다.

3.2.3 전화면접

전화면접은 면접원이 전화를 통해 면접을 하는 것으로서 통신기기의 발전에 의해 새로운 기술이 도입되고 있다. 예를 들어, 최근에는 무선번호 추출 및 발신(Random Digit Dialing: RDD)방법으로 면접을 하는 경우가 빈번하다. RDD 방법이란 전화번호부를 전집의 목록으로 하여 표집할 경우에 전화번호부에 기록되지 않은 대상이 빠짐으로써 생길 수 있는 표집의 오류를 해결하기 위해서 컴퓨터 프로그램을 사용하여 무작위로 번호를 선택하고 조합하여 전화를 하는 방법이다. 전통적으로는 면접원이 전화로 대상에게 질문하고 응답을 받아 기입하거나 표기하는 방식이 적용되어 왔다. 최근에는 연구기관에서 응답자들에게 전화를 하면 응답자가 자동 입력된 질문을 들으면서 각 질문에 대한 응답을 전화기의 숫자나 기호키를 이용하여 입력하는 TDE(Touchtone Data Entry) 방식이 사용되고 있다. 또한 TDE와 같은 방법이지만 질문에 대한 응답을 응답자가 전화기의 키를 이용해서 입력하는 것이 아니라 말로 응답하는 방법인 VR(Voice Recognition) 방식도 있다.

전화면접은 직접 만나서 하는 대인면접에 비해 많은 이점을 가지고 있다. 무엇보다 대인면접에 비해 시간과 비용이 적게 드는 것이 가장 큰 이점이다. 면접을 위해 먼 거리를 면접원이 직접 이동할 필요가 없으며, 비교적 시간에 구애를 적게 받는다. 또한 사회적으로 비난을 받을 수 있는 응답을 해야 할 경우에는 전화로 면접할 경우 면접원이 얼굴을 마주 대하는 것이 아니므로 더욱 솔직한 답을 얻을 가능성이 크다.

뿐만 아니라 면접원과 면접대상은 서로 낯선 사람이므로 직접 만나지 않고 전화를 통해 면접을 하는 것은 서로의 신체적, 심리적 안전을 위해서도 도움이 된다. 또한 전화면접을 위한 시설과 장치(예: 헤드세트, 헤드폰)가 설치되어 있는 연구실에서 여러 명의 면접원들이 방해받지 않고 동시에 면접을 할 수 있다면 연구자가 면접원들이 면접을 계획한 대로 진행하고 있는지 그리고 면접원 간의 차이가 연구결과에 영향을 미치는 요인은 없는지 점검하고 통제하기 쉽다.

반면에 단점도 있다. 첫째, 전화면접은 면접대상이 면접 시작 전 또는 도중이라도 전화를 끊어 버림으로써 언제든지 면접이 종료될 수 있다. 면접시간이 30분 이상으로 길어질 때는 전화면접이 효과적이지 않다(Czaja, 2005). 따라서 대인면접에 비해 면접을 끝까지 할 수 없는 가능성이 높다. 둘째, 전화 자동응답기 사용자가 증가함으로써 표집된 면접대상을 전부 면접할 수 없는 경우가 생길 가능성이 증가하고 있다. 셋째, 직접 만나서 대화를 하는 것이 아니므로 피면접자의 표정이나 몸동작을 통한 비언어적인 의사소통을 할 수 없다. 또한 시각적 보조자료를 활용하여 면접할 수도 없다. 넷째, 전화를 통한 조사연구 중 상품 구매 요구인 경우가 빈번하여 사람들이 전화면접을 거부하는 경우가 자주 있다.

이상에서 소개한 면접법에 추가하여 컴퓨터를 이용한 면접법의 사용이 증가하고 있다. CATI(Computer Assisted Telephone Interviewing), CAPI(Computer Assisted Personal Interviewing) 등이 그 대표적인 종류이다. CATI는 면접원이 컴퓨터 화면에 나타난 질문을 전화로 면접대상에게 읽어 주고, 그들의 응답을 화면에 바로 입력하는 방법이다. CAPI는 CATI와 유사하나 전화로 질문하는 것이 아니라 직접 만나서 면접을 진행하는 방법이다. 이러한 방법들은 자료입력과 분석에 드는 시간을 줄일 수 있는 장점에도 불구하고 아직은 보편적으로 활용되고 있지 않다. 그러나 전화면접의 도입이 급속히 진전된 것처럼 컴퓨터를 이용한 면접법도 빠르게 변화할 것이다.

3.3 면접을 위한 질문

면접법을 통해 자료를 수집하기 위해서는 다음의 절차를 밟아야 한다. 첫째, 면접을 위한 설문지를 준비한다. 둘째, 면접대상을 표집한다. 셋째, 면접훈련을 실시한다. 넷째, 면접에 대한 허락을 받고 면접을 할 시간과 장소에 대한 약속을 한다. 다섯째, 면접대상의 동의가 있을 때 직접이든 전화로든 만나서 면접을 시작한다.

면접의 전 과정을 통해 면접원이 어떻게 면접을 이끌어 나가느냐에 따라 얻을 수 있는 정보의 질은 달라진다. 무엇보다 면접원이 어떤 질문을 어떻게 하느냐 하는 것이 면접의 중요한 부분이다. 여기서는 면접의 전 과정을 통해서 면접원이 하게 되는 질문은 어떠한 종류들이 있으며, 질문을 하게 되는 과정에서 고려해야 할 점은 무엇인지 살펴보기로 한다.

3.3.1 면접을 위한 질문의 종류

면접을 위한 질문은 사실을 알기 위한 질문과 믿음, 의견, 태도, 감정, 행동 등의 심리

사회학적 정보를 얻기 위한 질문을 포함한다. 면접을 시작하는 단계에서는 주로 사실, 즉 인구학적 정보를 얻기 위한 질문들을 한다. 인구학적 정보는 성별, 연령, 결혼 여부, 교육수준, 종교 등을 예로 들 수 있는데, 이러한 정보들은 다른 변인들과의 관계를 살펴보거나 표본의 적합성을 점검하는 데 매우 중요하다. 인구학적 정보를 묻는 질문들은 대답하기 간단하므로 면접원과 면접대상이 부담 없이 질문과 대답을 주고받을 수 있다. 따라서 두 사람 간에 라포를 형성하기 위해서도 면접의 초반부에 이러한 질문을 하는 것이 도움이 된다.

반면에 인구학적 정보를 얻기 위한 질문이라도 수입, 부부간의 성적 관계와 같은 민감한 사항 혹은 면접대상의 능력이나 지식 정도, 태도나 생각 등의 정보를 얻기 위한 질문은 면접의 후반부에 포함시키는 것이 면접을 끝까지 할 수 있는 데 도움이 된다. 이와 같이 면접의 과정에서 어떤 질문을 언제 해야 할지에 대한 세밀한 계획이 필요하며, 이러한 계획 여부는 연구자가 원하는 정보를 얻어 내는 데 큰 영향을 준다.

면접 과정에서 폐쇄식 질문과 개방식 질문을 모두 할 수 있다. 앞에서도 설명한 바와 같이 폐쇄식 질문은 면접대상에게 두 가지 혹은 그 이상의 답 중에서 하나를 선택하게 하는 선다형 질문이다. 폐쇄식 질문을 사용한 면접의 자료는 면접대상의 응답률이 높고, 형식에 일관성이 있으므로 신뢰도가 높다.

그러나 폐쇄식 질문을 통해 수집된 자료는 표면적이고 형식적일 가능성이 있다는 단점이 있다. 질문에서 답지로 제시된 항목 중에서 선택을 하게 하는 형식이므로 면접대상의 생각과 일치하는 항목이 제시되어 있지 않을 때는 적합하지 않다고 느끼면서도 제시된 항목 중 하나를 선택하게 되거나 기타 항목을 선택하는 문제가 생긴다. 이를 방지하기 위해서는 예비조사를 통해서 면접을 위한 질문지의 적합성을 점검할 필요가 있다. 응답을 하는 데 문제가 발생할 수 있는 질문을 미리 파악하고 면접대상에게서 나올 법한 질문들을 예측할 필요가 있다. 예측된 질문에 대해서 모든 면접원이 동일하게 설명할 수 있도록 그 내용을 공식적으로 문서화해 놓을 필요가 있다.

한편, 개방식 질문은 면접대상의 응답내용이나 방식에 제한을 두지 않고 생각나는 대로 자유롭게 답하게 하는 질문이다. 따라서 개방식 질문을 통한 면접은 면접원의 질문이나 면접대상의 응답 과정에 융통성이 있다. 면접대상이 질문의 내용을 잘 이해하지 못할 때는 수준에 맞게 면접원이 질문의 내용을 설명할 수 있다. 또한 면접대상의 응답내용에 따라 면접원이 추가 질문을 할 수 있어서 폐쇄식 질문을 통한 면접보다 면접대상의 의도, 신념, 태도를 더욱 심층적으로 조사할 수 있다. 면접 과정에서 이러한 융통성 때문에 개방식 질문을 통한 면접은 면접대상의 협조를 얻거나 라포를 형성하는 데 효과적이다. 그러나 개방식 질문에 대한 면접대상의 응답내용을 정확히 기록해야 하며, 분석에 시간과 노력을 더 많이 기울여야 하는 단점이 있다.

3.3.2 면접 질문에서의 유의점

면접상황에서 어떠한 유형과 형식의 질문을 하든지 면접대상으로부터 신뢰할 수 있는 응답을 얻어 내기 위해서는 다음에서 제시한 사항들을 고려해야 한다. 첫째, 불필요한 질문을 하지 않도록 한다. 면접원이 하는 질문은 면접대상의 인구학적 정보를 알기 위한 질문들을 제외하고는 모두 연구문제나 가설에 직접 관련된 정보를 얻을 수 있는 질문이어야 한다.

둘째, 모호한 질문, 다시 말해서 여러 가지 의미로 해석될 가능성이 있는 질문을 하지 않도록 한다. 예를 들어서 '요즘 어떻게 지내세요?' 라고 물으면 경제적인 측면을 묻는 것인지, 건강상태를 묻는 것인지 아니면 심리적 행복감을 묻는 것인지 명확하지 않다. 질문이 여러 가지 의미로 해석되지 않도록 구체적인 맥락과 내용을 제시해야 한다.

셋째, 면접대상이 모르는 주제에 대한 질문을 하지 않도록 한다. 예를 들어 '초등학교 7차 교육 과정에 대해서 어떻게 생각하십니까?' 라고 묻기 전에 면접대상이 이 내용에 대해서 알고 있는지 먼저 질문한 다음 알고 있는 경우에 의견을 묻는 질문을 하도록 한다.

넷째, 면접대상이 대답하기를 꺼려할 질문을 할 때는 세심한 주의가 필요하다. 예를 들어, 수입 정도를 묻는다든지 사적인 주제에 대한 질문을 해야 할 때는 면접대상과 라포를 형성한 뒤에 하도록 한다. 사회적으로 바람직하지 않은 일에 대한 경험 여부를 물어야 할 때는 가치판단을 하지 않고 사람마다 취하는 입장이 다를 수 있음을 먼저 말한 뒤에 질문하는 것이 좋다. 그리고 모든 응답이 익명으로 처리될 것임을 면접대상에게 확신시키도록 한다.

다섯째, 질문에 대한 면접대상의 응답을 가능한 한 상세히 그대로 기록하는 것도 질문을 잘 하는 것만큼 중요하다. 응답을 기록할 때는 응답내용뿐 아니라 응답내용을 해석하는 데 도움이 될 만한 정보, 예를 들면 면접대상의 용모나 태도 그리고 면접의 상황을 기록해 둔다. 예를 들면 '주위가 시끄러워서 면접대상의 말을 듣기 어려웠다.' 등의 상황적 내용을 기록한다. 또한 면접에 관한 면접원의 개인적인 느낌을 기록해 두는 것도 응답내용을 해석하는 데 도움이 된다. 예를 들면 '긴장이 되어서 면접대상에게 캐묻는 질문을 충분히 하지 못한 것 같다.' 등의 면접원 자신의 느낌을 기록한다.

여섯째, 질문의 진행속도는 면접대상이 편안하게 대답할 수 있을 정도로 한다. 준비된 질문을 다 하고 나면 면접원은 면접에 응해 준 것에 대한 감사의 뜻을 전하고 연구의 다음 단계는 어떻게 진행될 것인지를 간단히 설명해 주는 것으로 면접을 끝낸다.

3.3.3 면접용 설문지

구조화된 면접에서는 면접원이 면접대상에게 하게 될 질문항목을 기술한 설문지가 준비되어야 함은 말할 것도 없다. 면접용 설문지(interview schedule)는 질문지법에서 사용되는 질문지와 유사해 보이나 문항에 따라 면접원이 해야 할 캐묻는 질문의 내용이 메모되어 있다는 점이 다르다. 참고로 전화면접에서 사용된 면접용 설문지의 예를 〈Box 11.3〉에 제시하였다. 대학의 교직원들을 대상으로 한 전화면접에서 사용된 면접용 설문지이다(Creswell, Wheeler, Seagren, Egly, & Beyer, 1990). 학과장 혹은 행정 책임자들에 대한 전화면접이었는데, 면접의 내용은 이들이 학과 교수들을 어떻게 도와주고 있는지를 알기 위한 것이었다. 면접원 6명이 전화로 면접을 하였으며, 질문의 수는 25개, 면접시간은 평균 45분 정도 걸렸고, 모든 면접 내용은 녹음되었다.

〈Box 11.3〉을 보면 면접용 설문지가 갖추어야 할 중요한 요소들이 잘 나타나 있다. 첫째, 시작 부분에 면접대상에게 면접에 대한 간단한 안내를 함으로써 면접대상과 라포를 형성하고 면접에 대한 준비를 할 수 있는 시간을 갖는다. 둘째, 각 문항의 지시문을 네모 칸 안에 눈에 띄게 표시를 해 두어 누가 면접을 하더라도 같은 내용의 질문을 쉽게 알아보고 할 수 있게 한다. 셋째, 지시문이나 문항 옆에 면접원이 해야 할 행동이나 추가 질문내용에 대해 기록해 둠으로써 어떤 면접원이 질문을 하더라도 같은 내용의 행동과 추가 질문을 할 수 있도록 한다. 넷째, 면접원이 면접대상의 응답을 표시함과 동시에 보충적인 메모를 할 수 있도록 각 응답항 옆에 기록을 할 수 있는 공란을 두고 있다.

3.4 면접원의 역할과 교육

면접을 할 때 연구자가 직접 면접을 하기도 하지만 면접대상이 많을 때 적어도 두 명 이상의 면접원이 참여하게 된다. 이럴 경우 연구자는 면접원을 교육하여야 하며, 두 명

〈Box 11.3〉 전화면접용 설문지의 예

전화면접용 설문지

면접대상 ID:
면접대상의 소속:
면접날짜:
면접대상의 성별: 남, 여
면접원 이름:

면접 안내문:

오늘 면접에 응해 주셔서 감사합니다. 전에 말씀드린 대로 이 연구의 목적은 학과 교수들의 연구와 대외활동을 적극적으로 협조하는 학과장님들을 면접하여 대학과 학과의 발전을 도모하기 위한 방법을 모색해 보고자 하는 데 있습니다. 이 연구는 TIAA-CREF가 지원하며 면접을 통해 얻은 결과는 안내책자를 통해 배부될 것 입니다. 면접을 하는 데 걸리는 시간은 30분에서 40분 정도입니다. 어떤 내용의 질문을 드릴 것인지는 간단히 말씀드렸습니다. 오늘 그 내용에 대해 면접을 하려고 하는데 응해 주시겠습니까? (면접대상의 응답을 기다릴 것)

1. 어떻게 학과장(혹은 학과의 행정 책임자)으로 선출되셨습니까?

(1) 대학당국의 임명 ______
(2) 투표 ______
(3) 순번제 ______
(4) 기타 ______________

2. 임기에 대해서 몇 가지 질문을 드리겠습니다.
선생님의 임기가 정해져 있습니까? (캐묻기: 재임이 가능합니까?)

(1) 예 ______ 몇 년? ______
(2) 아니요 ______
(3) 확실하지 않음 ______

선생님의 임기가 정해져 있다면 대학의 일반적인 임기에 해당합니까?

(1) 예 ______
(2) 아니요 ______
(3) 확실하지 않음 ______

선생님께서는 교수와 행정직 중 어디에 속해 오셨습니까?

(1) 교수 ______
(2) 행정직 ______
(3) 양쪽을 겸함 ______

3. 현 직책에 얼마나 종사하실 생각이십니까? (가능한 부분에서 이유를 물어 볼 것)

(1) 모름 ______
(2) 정해진 연수 ______
(3) 학장의 결정에 달려 있음 ______
(4) 내가 원하는 만큼 ______

* 출처: Creswell(2002: 420).

이상의 면접원이 면접을 하는 경우에는 면접원의 특성이 면접대상의 응답에 영향을 주지 않도록 면접원 간의 차이를 통제해야 한다. 면접설문지의 각 문항은 모든 면접대상에게 같은 의미를 전달해야 하며, 한 범주의 응답은 다른 응답이라 해도 같은 의미를 갖는 것을 이해해야 한다. 면접에서 면접원은 균등한 상황을 유지할 수 있도록 면접원의 편견이나 존재가 면접대상의 응답 내용에 영향을 주지 않아야 한다. 각기 다른 면접원들이 동일한 면접대상을 면접해서 같은 응답을 얻어 낸다면 이러한 조건이 충족된 상태라고 볼 수 있다.

이를 위해서는 면접원 교육을 통해 면접상황을 표준화하고 면접 중간에 연구자가 면접원들의 면접상황을 점검하는 절차가 필요하다. 다음으로 면접원이 수행해야 할 역할과 규칙에는 어떠한 것이 있는지 그리고 면접원 교육은 어떻게 해야 하는지에 대해서 살펴보고자 한다.

3.4.1 면접원의 역할

신뢰할 만한 면접자료를 수집하기 위해서 면접원이 지켜야 할 일반적인 규칙이 무엇인지에 대해 Babbie(2004)는 다음과 같이 제시하고 있다. 첫째, 면접원은 질문의 내용을 정확하게 파악하고 질문해야 한다. 이를 위해 사전에 질문내용을 숙지해야 할 뿐만 아니라 질문을 한 문항씩 크게 읽는 연습을 하는 것이 도움이 된다. 면접원이 질문을 할 때 더듬거리거나 우물거리면 면접대상이 이해하지 못하거나 부담을 느끼게 되고 면접시간이 길어진다.

둘째, 캐묻는 질문(probing)에 대한 준비가 되어 있어야 한다. 면접대상의 응답내용이 모호하거나 응답의 이유를 알아야 할 상황에서 질문의 내용을 바꾸지 않고 면접대상으로부터 더욱 상세한 응답을 얻어 내기 위해서 하는 추가 질문을 캐묻는 질문이라고 한다. '다시 한 번 구체적으로 말씀해 주세요.' '어떤 측면에서 그렇습니까?' '좀 더 설명해 주세요.' 등을 예로 들 수 있다. 또는 단순히 응답내용을 반복해 들려주면서 확인해 볼 수도 있다.

개방식 질문을 통한 면접상황에서 특히 캐묻는 질문을 해야 하는 경우가 자주 생긴다. 예를 들어, 도시의 교통상황에 대한 질문을 개방식으로 하게 되는 경우 면접대상이 '아주 나빠요.' 라고 간단히 응답을 한다면 면접원은 캐묻는 질문을 통해 좀 더 상세한 응답을 이끌어 내야 한다. 가장 손쉽게 응답을 이끌어 내는 방법은 잠시 기다리는 것이다. 즉 기록할 준비를 한 채로 면접대상이 말을 더 이어 나가게끔 기다린다. 다른 방법으로는 '어떻게 나쁜가요?' '좀 더 자세히 말씀해 주세요.' 와 같은 말을 할 수 있다.

그러나 이렇게 캐묻는 질문을 할 때 면접원의 생각을 면접대상에게 은연중에 전달하지 않도록 주의해야 한다. 면접대상에 대한 면접원의 영향을 통제하기 위해서는 면접용 설문지에 캐묻는 질문이 보충되어야 할 질문은 미리 문항 옆에 추가 질문을 적어 놓는 방법이 있다. 이러한 방법의 이점은 캐묻는 질문을 할 시간적 여유를 가질 수 있다는 것과 어떤 면접원이 면접을 하더라도 똑같은 내용의 캐묻는 질문을 함으로써 응답에 대한 면접원 효과를 어느 정도 통제할 수 있다는 것이다.

가끔 면접대상이 질문에 대해 부적당한 대답을 할 경우에도 캐묻는 질문을 할 수 있다. 예를 들어, 질문에 대한 답을 '매우 그렇다' '그렇다' '그렇지 않다' '전혀 그렇지 않다' 중 선택하게 되어 있는데 응답을 '맞아요' 라고 할 경우, 면접원은 적합한 반응을 얻기 위해 '매우 그렇다 인가요' 아니면 '그렇다 인가요' 라고 캐물음으로써 정확한 반응을 얻어낼 수 있다. 그러나 면접대상이 질문에서 제시된 응답항목 중 선택하기를 망설일 때 면접원은 질문에 대한 답을 선택하기 어려운 경우도 있음을 설명하면서 제시된 응답항목 중에서 가장 자신의 생각과 비슷한 항목을 골라 보도록 권할 수 있다. 이때 면접원이 한 추가 질문과 면접대상의 반응을 그대로 기록해 두면 자료를 해석할 때 도움이 된다.

셋째, 면접대상의 응답내용을 있는 그대로 정확하게 기록하는 것이 중요하다. 특히 개방식 질문을 했을 때 응답내용을 요약해서 기록하거나 간접화법으로 기록하지 말고 가능한 한 직접화법으로 기록하도록 한다. 뿐만 아니라 면접대상의 잘못된 어법 등도 바르게 수정하지 말고 있는 그대로 기록한다. 왜냐하면 면접원이 응답내용을 어떻게 부호화해서 분석할 것인지에 대해 모르고 있는 경우 원자료를 수집하는 것이 중요하기 때문이다. 예를 들어, 도시의 교통사정에 대해 어떻게 생각하는지를 묻는 경우 어떤 사람은 '길에 차가 너무 많아 차를 줄일 필요가 있다.' 고 대답할 수 있다. 또 다른 사람은 '더 많은 도로가 필요하다.' 고 대답할 수 있다. 이 경우에 면접원이 두 사람의 응답내용을 요약해서 '교통이 복잡하다고 말함.' 이라고 기록한다면 두 응답 간의 차이를 놓치는 결과가 된다.

때로는 면접대상의 말을 잘 알아들을 수 없거나 직접화법으로 기록하기 어려운 경우도 있다. 그렇다 하더라도 면접원은 면접대상의 몸짓이나 목소리의 높낮이 등을 통해 무슨 말을 하고자 하는지 알 수 있을 것이며, 캐묻는 질문을 통해 응답의 내용을 이해하고자 노력해야 한다. 이럴 경우 면접대상의 말을 그대로 직접화법으로 기록하되 면접원의 해석을 응답내용 기록 부분과 분리하여 따로 기록해 두면 자료분석에 도움이 된다.

넷째, 면접원은 면접대상과 비슷한 수준의 옷차림과 외모를 갖추는 것이 좋다. 예를 들어, 화려한 장신구와 옷차림으로 저소득층 면접대상을 면접하는 경우 그들로부터 협조와 응답을 얻어 내기가 쉽지 않다. 반대로 면접대상은 정장을 하고 있는데 면접원이 반바지 차림으로 나타나는 경우도 면접대상으로부터 협조를 얻기 쉽지 않다. 일반적으로 옷차림은 그 사람의 태도와 생각을 나타내므로 면접대상에게 편안하고 낯설지 않은 느낌을 갖도록 옷차림에 신경을 쓰는 것이 좋다. 함께 있으면 편안한 사람으로 면접대상이 면접원을 받아들일 때 면접을 성공적으로 끝낼 수 있는 가능성이 높다.

그 밖에 면접원은 면접대상에게 예의를 지켜야 한다. 면접을 위해 약속한 시간을 반드시 지키고, 정해진 시간 안에 면접을 끝내는 것은 면접대상에 대한 예의를 지키는 주요 사항이다. 질문을 할 때는 긍정적인 어조로 하는 것이 중요하며, 면접대상의 응답에 대한 사적인 의견을 내놓지 말고 중립적인 태도를 취해야 한다. 어떤 경우일지라도 면접대상과 논쟁을 하지 않아야 하며, 면접대상이 면접원의 의견을 물어 볼 때에는 면접을 마친 다음에 다루도록 한다. 그리고 면접내용을 연구 이외의 목적으로 공개하지 않아야 한다.

이상은 면접대상을 존중하면서 객관적인 자료를 얻기 위해 면접원이 기본적으로 수행해야 할 역할이며 규칙이다.

3.4.2 면접원 교육

면접원은 면접자료의 신뢰도에 결정적인 영향을 준다. 면접자료의 신뢰도를 떨어뜨리는 면접원의 행동으로는, 면접용 설문지에 제시된 문항의 순서를 지키지 않거나 면접에서 지켜야 할 일부 단계를 밟지 않고 넘어가 버리는 것이다. 캐묻는 질문을 해야 할 곳에서 하지 않는 경우를 예로 들 수 있다. 또한 면접대상이 어떻게 대답할 것이라는 기대를 갖고 이를 면접에서 암시하는 경우다. 예를 들어, 질문을 하기 전에 '이 질문에 대한 답을 알고 계시리라고 생각하는데요.' 와 같은 말을 하면서 질문을 하는 경우다. 또한 면접대상이 싫어할 수 있는 표현이나 비하하는 말을 쓰는 것도 신뢰도를 떨어뜨리게 된다. 면접원의 이러한 미숙한 행동은 편견이 개입된 자료를 얻게 한다.

이러한 문제를 사전에 대비하기 위해서 면접원에 대한 교육이 필요하다. 특히, 두 사람 이상의 면접원이 면접을 하게 되는 경우에는 면접원 간의 차이가 연구결과에 영향을 주지 않도록 하기 위해서 면접원에 대한 교육이 필수적이다. 그렇다면 면접원을 위한 교육은 어떠한 내용을 포함해야 하며, 어떻게 실행할 수 있는지 살펴보기로 하자.

첫째, 면접원에게 연구의 내용을 설명한다. 비록 면접원이 면접 과정에만 참여한다고 해도 연구의 목적은 어떤 것이며, 어떤 목적으로 면접을 하는 것인지를 알 때 면접원의 동기수준이 높아지며, 적극적인 자세로 면접에 임할 수 있다.

둘째, 면접에서 지켜야 할 규칙들을 교육해야 한다. 앞에서 서술한 바와 같이 신뢰할 수 있는 자료를 얻기 위해 면접원이 지켜야 할 규칙으로는 질문의 내용을 정확하게 파악하는 것, 필요한 상황에서 캐묻는 질문을 하는 것, 응답내용을 정확하게 기록하는 것, 면접대상과 비슷한 수준의 옷차림을 하는 것, 면접시간을 지키는 것, 면접결과를 연구 이외의 목적으로 공개하지 않는 것 등이다.

면접원들이 질문의 내용을 정확하게 파악하도록 하기 위해서는 모든 면접원이 함께 면접용 설문지에 제시된 문항의 내용을 한 문항, 한 문항씩 살펴보는 것이 효과적인 방법이다. 먼저 연구자가 첫 번째 문항을 크게 읽고 그 문항의 목적이 무엇인지 설명한 뒤에 그 문항에 대한 면접원들의 의견과 질문을 받는다. 충분히 그 문항에 대한 논의가 있은 다음에 다음 문항으로 진행한다.

이런 식으로 전체 문항에 대한 논의를 거치게 되면 모든 면접원들이 문항의 내용을 정확하게 파악할 수 있을 뿐 아니라 질문의 내용에 익숙해지게 되어 실제 면접상황에서 더듬거나 시간을 끌어 면접대상에게 부담을 주는 일을 피할 수 있다. 또한 문항에 대한 논의 과정을 통해서 각 문항에 대해 주의할 사항들을 기록해 두는 것이 면접원들 간의 질문 방식을 표준화하는 데 도움이 된다. 예를 들어, 직업을 묻는 경우에 큰 분류로만 적을 것인지 또는 구체적으로 기술해야 하는지 등을 결정해서 주의사항으로 적어 두면 일관된 자료를 수집하게 된다.

이러한 면접원 교육의 과정에서는 면접원들끼리 역할을 바꾸어 가며 실제로 연습해 보는 과정을 포함시키도록 한다. 이를 통해 면접 중에 발생할 수 있는 여러 가지 방해요인이나 면접대상이 할 수 있는 질문들에 대처할 수 있는 능력을 키운다. 예를 들어, 면접대상이 응답을 못해서 질문의 내용을 다시 설명하거나 캐묻는 질문을 했는데도 이에 응답을 하지 못하고 5분 이상 시간이 소요될 때는 일단 그 질문은 넘어가고 후에 다시 질문할 수 있다. 면접원 교육이 끝나고 실제 면접을 시작하게 되면 연구자는 주기적으로 면접기록을 검토하면서 결과를 점검하여야 한다.

4. 경험표집법

1980년대 이후 정신건강 분야나 인간발달 분야에서는 사람들의 일상적 경험에 대한 정보를 얻는 데 많은 관심을 기울이고 있다(Larson, 1989). 이러한 연구 분야에서 일상생활경험에 대한 자료를 수집하기 위해 경험표집법(Experience Sampling Method: ESM)이 사용되고 있다. 이 방법은 조사연구의 전통적인 자료수집 방법인 질문지법이나 면접법이 갖고 있지 않은 장점을 가지고 있어서 연구자들로부터 호응을 받고 있다. 우리나라에서도 1990년대 이후 경험표집법을 이용한 연구가 소개되기 시작하여 그 사용 정도가 증가하고 있다(김기옥 외, 2005; 이미리, 1996, 2003).

이 절에는 경험표집법이란 어떤 방법이고, 어떻게 실행하는 것인지 그리고 경험표집법으로 수집된 자료의 특성은 어떠한지에 대해서 살펴보고자 한다. 경험표집법은 영문용어의 첫 글자를 따서 ESM이라고 불리므로 여기에서는 ESM과 경험표집법의 두 용어를 혼용해서 사용하기로 한다.

4.1 경험표집법의 개념과 특징

경험표집법은 1975년 시카고 대학에서 Csikszentmihalyi와 동료들이 고안해서 ESM이라는 이름으로 사용되기 시작하였다(Csikszentmihalyi & Larson, 1987). ESM은 연구대상이 깨어 있는 일상생활시간 중에서 여러 순간을 무작위로 표집하여 표집된 시각을 소리신호를 통해 알려 주고, 그 시각에 일어나고 있는 연구대상의 경험을 자기보고식으로 측정하는 방법이다. 따라서 일상생활경험을 여러 시점에서 반복적으로 측정하게 된다.

소리신호를 주기 위해서는 일반적으로 정해진 시각에 경보음이 울리도록 미리 입력된 전자손목시계나 삐삐(beeper) 혹은 휴대전화를 사용하고 있다. 연구대상은 소리신호기와 경험표집양식을 휴대하고 다니다가 소리신호가 울렸을 때 질문지를 한 장씩 작성하게 된다.

ESM의 일반적인 목적은 자연스런 일상생활 환경 내에서 순간순간 일어나는 개인의 객관적, 주관적인 경험을 연구하고자 하는 데 있다. 앞에서 다룬 질문지법이나 면접법은 연구자에 의해 고안된 인위적인 환경, 다시 말해 연구대상이 질문지에 응답하거나 혹은 면접자와 일련의 정해진 질문에 의해 대화하는 인위적인 환경에서 인간의 행동을 측정하는 것이다. 그런데 이렇게 수집된 응답내용이 실제로 자연스러운 일상생활에서 일어난 행동과 얼마나 일치할 것인가, 즉 생태학적 타당도에 대해 의문을 제기할 수 있다.

또한 인간은 과거의 경험을 정확하게 기억할 수 없거나 왜곡된 기억을 할 가능성이 있으므로 질문지법이나 면접법을 통해서 보고된 과거의 행동에 대한 정보가 과연 정확한가에 대한 의문이 제기될 수 있다. 즉 회상에 의한 왜곡의 문제가 생길 수 있다. 따라서 인간의 자연스러운 실생활 환경에서 일어나는 행동을 바로 그 순간에 측정하는 경험표집법은 생태학적 타당도가 높고 회상에 의한 편견의 문제를 감소시키는 연구방법으로 평가받고 있다.

ESM은 대체로 일주일 동안 무작위로 일상생활경험의 표본을 추출하게 되므로 사람들이 일주일 동안 그들의 생활시간을 어떻게 보내는지에 대한 측정치를 얻을 수 있다. ESM을 통해 수집된 자료와 시간별 활동 보고(time budget)를 통해 수집된 자료는 상관 정도가 높아 선행연구에서 상관계수 .90 이상의 수치가 보고되고 있다(deVries, 1992). 그러나 ESM과 시간별 활동 보고에 의한 자료의 차이점은 활동에 대한 자료를 수집한 경우에 '아무것도 하지 않는 것' 과 같은 활동은 시간별 활동 보고를 통해서는 수집되지 않는다는 것이다. 대개 지난 며칠 동안 무엇을 했는지 묻는 회고식 보고에서는 '아무것도 하지 않는 활동' 은 잘 보고되지 않는다. 그러나 ESM의 경우는 활동 당시의 내용을 보고하므로 이러한 활동도 수집된다.

ESM은 개인의 활동, 감정, 사고, 동기 그리고 문제행동까지 반복적으로 측정할 수 있다. 따라서 ESM을 사용해서 측정한 심리상태 및 부적응 증상들과 인구학적 특성의 관계를 살펴보거나, 그러한 심리상태나 부적응 증상이 발생하는 일상생활의 상황적 특성을 기술할 수 있다. 뿐만 아니라 ESM은 정서, 동기, 인지 등과 같은 심리상태의 수준, 지속시간, 흐름 등을 평가할 수 있으며 이러한 다양한 심리상태 간의 관계도 평가할 수 있다. 예를 들어 주의집중 수준은 긍정적 정서와 관계가 있는지, 주의집중은 얼마나 지속할 수 있는지 그리고 어떤 요인이 주의집중을 방해하는지와 같은 문제를 분석할 수 있다.

4.2 경험표집법을 적용할 수 있는 연구문제

일반적으로 경험표집법을 적용할 수 있는 연구문제는 크게 두 가지 유형으로 나눌 수 있다. 하나는 경험이 분석단위가 되는 연구문제이고, 또 하나는 개인이 분석단위가 되는 연구문제다. 각각에 대해서 살펴보기로 하자.

경험이 분석단위가 되는 연구문제는 다양한 일상생활경험의 내용을 분석하고 각 내용에 따른 차이를 비교하는 것이다. 일상생활경험은 다양한 일상맥락에서 일어나는 경험을 말한다. 일상맥락은 크게 활동맥락, 대인맥락, 장소맥락을 포함한다. 활동맥락의 예로는 학업 혹은 여가활동 등을 들 수 있으며, 대인맥락의 예로는 가족과 함께 있는 경우 혹은 친구와 함께 있는 경우 등을 들 수 있다. 장소맥락의 예로는 집 혹은 학교와 같은 장소 등이 있다.

이와 같이 다양한 일상맥락에서의 경험의 차이를 비교하는 연구문제의 예를 들면 다음과 같다. '학업활동 중의 정서상태와 여가활동 중의 정서상태는 아동의 우울증과 어떤 관계를 보이는가?' '아동은 친구와 함께 있을 때와 가족과 함께 있을 때 중에서 언제 더 행복한가?' 또 다른 예로는 '우울증을 앓고 있는 아동의 정서는 아침과 저녁 중 언제 더욱 부정적인가?' '아동의 공격적 행동 전과 후의 정서상태는 어떻게 다른가?' 등과 같이 시간을 단위로 일상맥락을 분류하여 시간의 변화에 따른 경험을 비교하는 연구문제들도 있다. 이상에서 예시한 연구문제들은 개인 간 비교에 관심이 있는 것이 아니라 개인 내에서의 여러 가지 경험들 간의 특성을 비교하는 데 관심이 있다.

한편 개인이 분석단위가 되는 연구문제는 특성이 다른 집단들을 비교하는 것이다. 특성이 다른 집단이란 인구학적 특징에 의해 분류되는 집단(예: 남, 여 집단), 진단적 준거에 의해 분류되는 집단(예: 임상집단과 정상집단) 그리고 능력검사에 의해 분류되는 집단(예: 지능 상집단과 하집단) 등을 말한다. 이와 같이 특성이 다른 집단들을 비교하는 연구문제의 예를 제시하면 다음과 같다. '여자가 남자보다 정서적으로 변화가 더 심한가?' '신체적으로 장애가 있는 아동집단과 정상아동집단의 일상생활경험은 어떻게 다른가?' '공격적 행동수준이 높은 아동과 낮은 아동의 일상생활 중 느끼는 행복감의 수준은 차이가 있는가?' 등이다.

4.3 경험표집법의 실행

경험표집법은 질문지법이나 면접법에 비해 연구대상의 협조와 응답방식에 대한 이해를 가장 많이 필요로 하는 방법이다. 연구대상은 경험표집법의 적용기간 동안 소리신호를 주는 기기와 질문지첩을 항상 휴대하고 다녀야 하며, 소리신호가 울릴 때마다 질문지를 작성해야 한다. 이러한 과정을 통해서만 자료가 수집될 수 있으므로 연구대상의 적극적 협조가 없이는 경험표집법의 적용이 가능하지 않다. 여기서는 경험표집법의 실행절차에 대해서 구체적으로 살펴보기로 하자.

4.3.1 소리신호기

앞에서 말한 바와 같이 ESM을 실행하기 위해서는 일상생활 중 깨어 있는 시간 중에서 무작위로 표집한 시각을 알려 주는 소리신호기가 있어야 한다. 그리고 소리신호기에서 신호가 울릴 때마다 일상생활에서 하고 있던 활동, 생각 그리고 내적인 심리상태 등과 같은 외현적, 내면적 경험을 묻는 질문지를 작성한다. 소리신호기로는 전자손목시계, 삐삐(beeper), 소리신호가 울리게 할 수 있는 전자계산기 혹은 휴대폰 등을 사용할 수 있다.

ESM을 사용한 선행연구들에 의하면, 연구대상에게 하루에 7~10회 정도로 일주일간 총 49~70회의 소리신호를 주는 것이 일반적이다. 소리신호를 너무 자주 주거나 오랜 기간 동안 주게 되면 연구대상에게 부담을 주게 된다. 따라서 소리신호를 자주 주어야 할 경우에는 ESM을 실행하는 기간을 줄이는 것이 좋다. 예를 들어, 일주일간 실행하지 않고 2~3일 정도로 기간을 단축하는 것이 응답률을 높일 수 있다. 소리신호를 줄 시각을 표집하기 위해서 전집의 특성을 잘 측정할 수 있는 시각을 선정하게 되는데, 대체로 연구대상들이 하루 중 깨어 있는 시간인 15~18시간의 목표 시간(target hours) 중에서 90~120분 간격으로 신호를 줄 시각을 무작위로 표집하고 있다. 그러나 연구의 영역과 목표에 따라 이러한 소리신호를 주는 스케줄은 조절할 수 있다.

4.3.2 경험표집양식

경험표집양식(Experience Sampling Form: ESF)은 경험표집법 시행 중에 연구대상이 소리신호가 울릴 때마다 작성하는 질문지를 말하는 것으로서 영문 단어의 첫 자를 따서 ESF라고 부른다. 경험표집양식은 경험표집법을 실시하는 기간 동안 주어질 총 소리신호수에 해당하는 수의 질문지를 휴대하기 편리하게 손바닥 크기의 수첩으로 제본하여 제작한다. 연구대상은 소리신호기와 경험표집양식을 휴대하고 다니다가 소리신호기가 울리면 경험표집양식의 한 장에 응답하게 된다. 일반적으로 한 장의 질문지에 응답하는 데 2분 이상 걸리지 않게 문항 수를 조절한다. 왜냐하면 하루에 수차례 소리신호가 울릴 때 다양한 상황에서 응답하게 되므로 응답 소요시간이 길면 응답률이 떨어지기 때문이다.

경험표집양식에 포함되는 문항들은 연구의 목적에 따라 다양하게 구성할 수 있다. 경험표집법을 사용하고 있는 대표적인 연구자인 Larson은 그의 일련의 연구에서 아동기 일상생활의 외현적, 내면적 경험을 알고자 경험표집양식에 장소, 함께 있는 사람 그리고 하고 있는 활동, 생각하고 있는 내용을 묻는 개방식 질문과 정서상태, 인지적 효율성, 동기수준 등을 묻는 Likert 척도를 포함하였다(Larson & Verma, 1999).

참고로 우리나라 청소년의 일상생활경험을 측정하기 위해 사용된 경험표집양식의 예를 〈Box 11.4〉에 제시하였다. 경험표집양식에 제시된 문항들은 대부분 자기보고식 평정척도와 연구의 목적에 따라서 일상생활 중의 활동, 함께 있는 사람, 장소, 생각의 내용 등을 물어 보는 개방식 질문이 포함된다. 예를 들어, 이미리(2003)는 청소년의 일상활동에 대한 내용을 측정하기 위해 '소리신호가 울릴 때 무엇을 하고 있었습니까?' 라는 개방식 질문에 대한 응답을 내용 분석한 결과, 학업활동, 적극적 여가활동, 소극적 여가활동, 생활유지활동의 4개의 범주로 분류할 수 있었다. 내용분석을 객관적으로 하기 위해서는 범주에 대한 정의를 분명히 하고 상호 배타적인 범주로 구성되어야 하며, 분석자들 간의 일치도가 확인되어야 한다.

4.3.3 경험표집법의 진행절차

ESM을 실행하기 위해서는 실행에 앞서 연구대상에게 오리엔테이션을 실시할 필요가 있다. 질문지법이나 면접법에 비해 아직은 연구대상이 경험해 보지 못한 연구방법일 가능성이 있으므로 응답방식을 구체적으로 소개할 필요가 있다. ESM은 일정 기간 동안 지속되는 측정방법이라 소리신호기나 경험표집양식의 분실과 같은 예기치 않은 사건으로 응답률이 낮아질 가능성이 있다. 따라서 오리엔테이션을 통해 소리신호기를 사용하는 방법과 경험표집양식에 응답하는 방법 그리고 그 밖의 주의사항들에 대해 연구대상에게 설명하도록 한다.

오리엔테이션에서 다룰 내용으로는 먼저, 연구의 목적을 간략하게 설명해 주고 있는

<Box 11.4> 경험표집양식의 예

성별: 남(   ) 여(   ) page _____

날짜: 2003년 (   )월 (   )일 (   )요일

시계가 울린 시각: (   )시 (   )분 (오전, 오후)

기록한 시각: (   )시 (   )분 (오전, 오후)

시계가 울린 순간에

1. 어디에 있습니까? ________________

2. 무엇을 하고 있습니까? ________________

3. 무슨 생각을 하고 있습니까? ________________

	정말 그렇다	그렇다	보통이다	아니다	절대 아니다
4. 지금 하는 활동은 내가 선택한 것입니까?					
5. 지금 하는 활동에 주의집중이 잘 됩니까?					
6. 지금 하는 활동은 중요합니까?					
7. 지금 하는 활동 이외의 다른 활동을 하고 싶습니까?					
8. 지금 하는 활동 이외의 다른 활동을 하고 싶다면 어떤 활동을 하고 싶습니까? (________________)					

내용	정말 그렇다	그런 것 같다	아닌 것 같다	정말 아니다	내용	정말 그렇다	그런 것 같다	아닌 것 같다	정말 아니다
9. 행복한					14. 걱정되는				
10. 우울한					15. 화나는				
11. 죄책감이 드는					16. 사랑하는				
12. 재미있는					17. 편안한				
13. 내 뜻대로 되는					18. 바쁜				

* 출처: 이미리(2003).

그대로의 경험을 부정적이든 긍정적이든 솔직하게 응답해 주길 부탁한다. 그리고 소리신호기와 경험표집양식은 측정기간 동안 자는 시간을 제외하고는 가능한 항상 휴대하고 다니도록 부탁한다. 또한 소리신호가 울린 순간에 그 자리에서 휴대하고 있는 경험표집양식의 질문지에 응답하게 한다. 이러한 설명이 끝난 후 질의응답 시간을 갖는 것이 도움이 된다. 예를 들어, 소리신호가 울린 순간에 응답을 하기 어려울 때는 어떤 경우인지, 학생들을 대상으로 경험표집법을 사용하는 경우 수업시간에 소리신호가 울릴 때에는 어떻게 해야 하는지 등에 대해서 설명하고 질문을 받는다. 오리엔테이션의 마무리로 연구대상에게 경험표집양식을 한 장씩 나누어 주고 응답해 보는 연습의 기회를 갖는다.

오리엔테이션을 마친 후에는 경험표집양식과 소리신호기를 연구대상에게 나누어 주고 실행 시작시간을 알려 준다. 연구자의 전화번호를 경험표집양식의 한곳에 적어 두어 연구대상이 질문이 있을 때 언제라도 연락할 수 있게 하는 것도 응답률을 높이는 데 도움이 된다. 경험표집법의 실행기간이 끝나면 연구자가 연구대상을 방문하거나 혹은 우편으로 소리신호기와 경험표집양식을 수거한다. 필요한 경우에는 면접법이나 질문지법을 통한 자료수집을 경험표집법 실행기간 전후에 병행할 수 있다.

경험표집법은 다양한 전집에게 적용할 수 있다. 선행연구에 의하면 ESM을 실행한 연구대상 중에서 가장 어린 연령은 10세였고(Larson, 1989), 가장 높은 연령은 85세였다(deVries, 1992). 또한 정상집단뿐 아니라 정신분열증, 불안, 거식증(bulimia), 다중인격증, 알코올중독증을 앓고 있는 환자들에게도 ESM을 적용할 수 있었다(deVries, 1992).

경험표집법을 통해 자료를 수집하기 위해서는 특정 경험이 표집에서 누락되는 일이 없도록 해야 한다. 소리신호가 울렸을 때 응답을 못하는 경우는 어떠한 것들이 있는지 파악하고, 그러한 경우가 발생하지 않도록 함으로써 신뢰할 수 있는 자료를 수집할 수 있고 응답률을 높일 수 있다. 연구대상이 소리신호에 대해 응답을 하지 않는 이유는 다양했는데, 대표적인 몇 가지 예를 들면 다음과 같다. 첫째, 소리신호가 울리지 않았거나 잘 듣지 못한 경우, 둘째, 소리신호를 주는 기기나 경험표집양식을 다른 데 두고 지니고 있지 않은 경우, 셋째, 경험표집양식을 작성할 수 없는 상황으로서, 예를 들면 수업 중이거나 자고 있을 때 혹은 목욕을 하거나 운동을 하고 있는 경우였다. 선행연구에 의하면 응답을 하지 못한 이런 사례들이 어느 특정 경험에서만 편파적으로 발생하는 것이 아니고 다양한 경험에 무작위로 고루 발생하기 때문에 표집된 경험의 대표성에 거의 영향을 미치지 않는다고 보고된 바 있다(Larson, 1989).

4.4. 경험표집법을 통해 수집된 자료의 특성

경험표집법을 통해 수집된 자료는 분석의 단위에 따라서 경험자료 파일과 개인자료 파일로 정리된다. 앞에서 설명한 두 가지 유형의 연구문제 중에서 경험이 분석단위가 되는 연구문제에 대한 분석을 위해서는 주로 경험자료 파일이 사용되고, 개인이 분석단위가 되는 연구문제를 분석하기 위해서는 주로 개인자료 파일이 사용된다. 중요한 것은 두 가지 자료 파일 중에서 어떤 자료를 사용했는지를 구체적으로 제시함으로써 연구결과의 해석에서 오류를 범하지 않도록 하는 것이다. 다음에서는 경험자료 파일과 개인자료 파일의 자료 형식은 어떻게 다른지, 두 가지 파일이 연구문제의 유형에 따라 어떻게 활용될 수 있는지 그리고 각 자료의 장단점은 무엇인지에 대해서 살펴보기로 하자.

4.4.1 경험자료 파일

경험자료 파일(beeper file)에서는 소리신호에 대한 개인의 자기보고가 분석의 단위가 된다. 즉 개인은 경험자료 파일의 경우 분석단위가 아니다. 연구대상이 응답한 각각의 자기보고가 분석의 단위다. 예를 들어, 50명의 연구대상이 개인당 하루에 7회씩 일주일 동안 소리신호에 응답하였다면 개인당 응답 가능한 수는 49회이며 전체 50명이 응답 가능한 수는 총 2,450회가 된다. 즉 자료가 경험자료 파일로 정리가 될 경우 자료의 총 분석대상 수는 2,450이다. 그런데 소리신호에 대한 각 개인의 응답 수는 다양하다. 어떤 사람은 주어진 모든 소리신호에 응답하는가 하면, 어떤 사람은 소리신호가 울려도 응답하지 않는 경우가 있다. 따라서 경험자료 파일은 연구대상의 개인별 ID뿐 아니라 소리신호에 대한 응답을 변인으로 포함해야 한다.

SPSSWIN의 데이터 파일로 저장된 경험자료 파일의 예를 [그림 11-1]에 제시하였다. [그림 11-1]에 의하면 첫 번째 열(column)에 입력된 변인인 'id' 는 각 개인을 구분하는 일련번호이며, 세 번째 열에 입력된 변인인 'pagenum' 은 각 개인이 작성한 ESF의 페이지 번호다. 그림에서 (a)로 표시한 부분은 개인번호가 1인 연구대상을 가리키는 것으로 'pagenum' 이 14까지 코딩이 되어 있다. 이는 총 14페이지의 ESF를 소리신호가 울릴 때마다 작성하였음을 의미한다. 'id' 가 3인 연구대상은 (b)로 표시된 부분인데, 'pagenum' 이 6까지 코딩되어 있어서 총 6페이지의 ESF를 작성하였음을 보여 주고 있다. 이와 같이 경험자료 파일에는 연구대상의 일련번호인 'id' 와 각 연구대상이 소리신호에 응답한 수

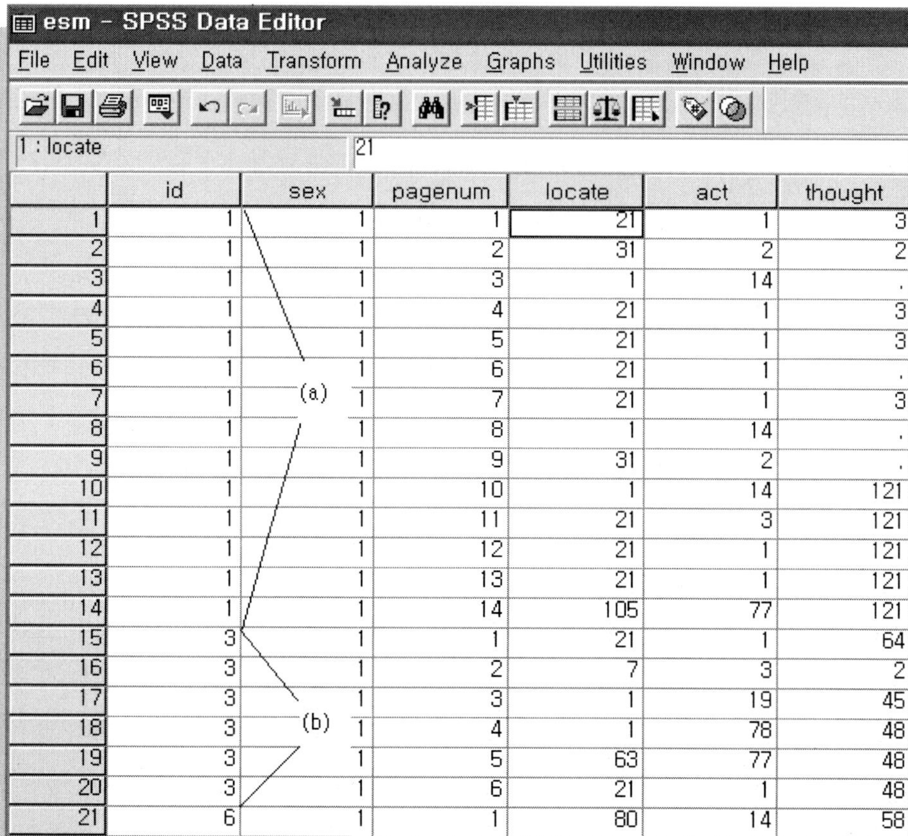

	id	sex	pagenum	locate	act	thought
1	1	1	1	21	1	3
2	1	1	2	31	2	2
3	1	1	3	1	14	.
4	1	1	4	21	1	3
5	1	1	5	21	1	3
6	1	1	6	21	1	.
7	1	1	7	21	1	3
8	1	1	8	1	14	.
9	1	1	9	31	2	.
10	1	1	10	1	14	121
11	1	1	11	21	3	121
12	1	1	12	21	1	121
13	1	1	13	21	1	121
14	1	1	14	105	77	121
15	3	1	1	21	1	64
16	3	1	2	7	3	2
17	3	1	3	1	19	45
18	3	1	4	1	78	48
19	3	1	5	63	77	48
20	3	1	6	21	1	48
21	6	1	1	80	14	58

[그림 11-1] 경험자료 파일의 예

를 나타내는 'pagenum' 을 비롯하여 각 개인의 기본적인 인구학적 변인인 성별 등이 각 id별로 반복적으로 입력되어 있다. [그림 11-1]에서 제시된 데이터 화면에 의하면 'id' 가 1과 3인 두 명 연구대상의 응답에 대한 자료이지만 총 20개의 경험자료가 입력되어 있다.

경험자료 파일을 사용한 분석에서는 심리적 특성과 같은 연속적 변인으로 측정된 변인의 경우 원점수를 각 개인별 표준점수로 전환하여 사용한다. 그 이유는 개인차를 통제하기 위해서다. 경험의 변화에 따른 개인의 심리적인 변화가 어떠한지를 살펴보는 경우에 심리적 특성에서 개인차를 통제하지 않고 분석을 하면 경험의 변화에 의한 차이인지, 아니면 개인의 심리적 특성에 의한 차이인지 구분할 수 없기 때문이다. 표준점수를 산출하는 방법은 소리신호가 울릴 때마다 반복적으로 측정된 각 변인의 원점수에서 그 변인에 대한 개인별 평균점수를 빼고 그 변인에 대한 개인별 표준편차로 나눔으로써 산출될 수 있다.

이러한 경험자료 파일의 분석에서 문제점은 사례 수가 많다는 것이다. 한 사람이 하루에 7회씩 일주일 동안 소리신호에 응답한 경우 연구대상 수가 10명만 되어도 소리신호에 대한 전체 응답 수가 490이 된다. ESM을 사용하는 연구의 경우 연구방법의 특성상 많은 수의 사람을 연구대상으로 하기 어렵고 50~60명 정도를 대상으로 하는 연구가 많은데, 이는 일반적으로 조사연구의 연구대상으로는 적은 수이다. 그러나 이렇게 적은 수를 연구대상으로 하였다고 해도 수집된 자료를 경험자료 파일 형식으로 정리할 경우 2,400~2,500의 사례에 이른다. 따라서 이때 가설검증에서 1종 오류를 범할 가능성이 높다는 점을 고려하여야 한다.

4.4.2 개인자료 파일

개인자료 파일(person file)은 경험자료 파일에 있는 다양한 변인들을 연구목적에 따라 개인을 단위로 통합하여 산출한 통계치들(예를 들어, 평균, 백분율, 표준편차 등)이 입력된 데이터 파일이다. 예를 들면, 총 40명의 연구대상이 1인당 하루에 7회씩 총 7일간 소리신호를 받고 한 명도 빠짐없이 모두 소리신호가 있을 때마다 ESF에 반응하여 총 1,960부의 ESF를 회수했다고 하자. 그러나 각 개인마다 응답한 변인들의 평균치, 백분율, 표준편차 등으로 구성한 개인자료 파일에서의 전체 사례 수는 40이 된다. 이때 연구대상들의 소리신호에 대한 응답 수에는 차이가 있더라도 40명 모두가 적어도 한 번 이상 소리신호에 응답을 하였다면 전체 사례 수는 마찬가지로 40이 된다. 이와 같이 개인자료 파일에서는 응답한 소리신호가 분석의 단위가 되는 것이 아니라 각 개인이 분석의 단위다.

경험자료 파일로부터 다양한 개인자료 파일을 만들 수 있다. 각 맥락별로 반복적으로 측정된 심리적 상태의 개인별 평균점수, 전체 응답 수에 대한 각 맥락별 응답 수의 백분율 등을 SPSSWIN 프로그램에서 aggregate command를 써서 각 변인별로 하나의 측정치를 산출하여 개인별 변인으로 사용한다. SPSSWIN의 데이터 파일로 제시된 개인자료 파일의 예를 [그림 11-2]에 제시하였다.

[그림 11-2]에 의하면 첫 번째 열에 입력된 변인인 'id'는 각 개인의 일련번호이며 분석의 단위다. 그림에서 보이는 데이터 화면에 의하면 총 19명의 자료가 입력되어 있으며, 한 명당 한 줄씩 각 변인의 측정치가 입력되어 있다. 위에서 설명한 바와 같이 각 개

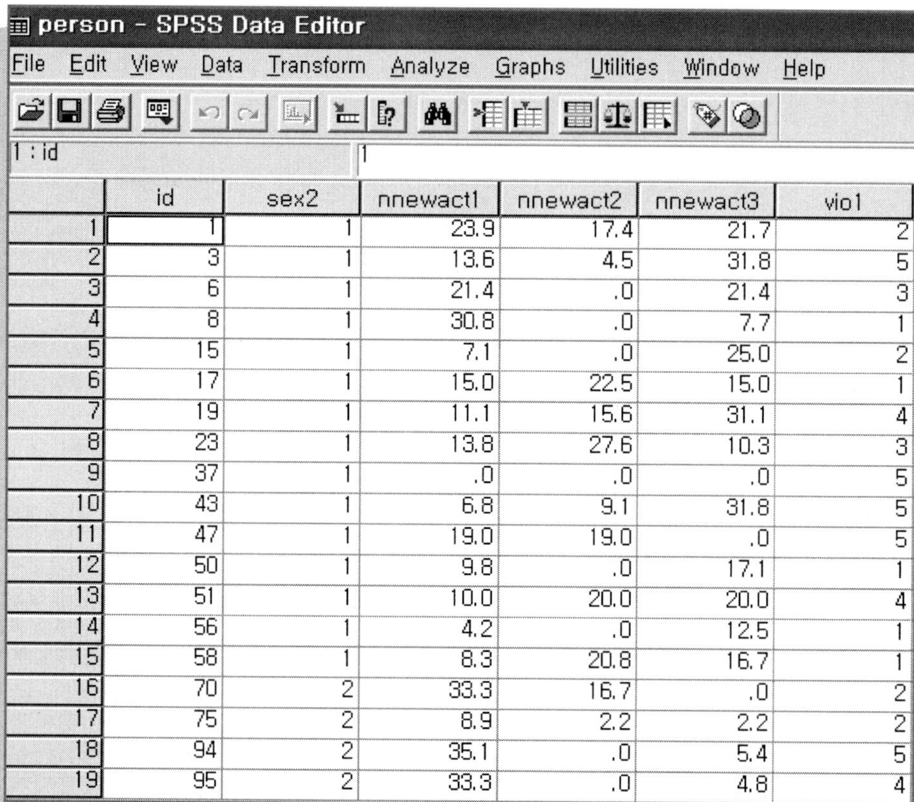

	id	sex2	nnewact1	nnewact2	nnewact3	vio1
1	1	1	23.9	17.4	21.7	2
2	3	1	13.6	4.5	31.8	5
3	6	1	21.4	.0	21.4	3
4	8	1	30.8	.0	7.7	1
5	15	1	7.1	.0	25.0	2
6	17	1	15.0	22.5	15.0	1
7	19	1	11.1	15.6	31.1	4
8	23	1	13.8	27.6	10.3	3
9	37	1	.0	.0	.0	5
10	43	1	6.8	9.1	31.8	5
11	47	1	19.0	19.0	.0	5
12	50	1	9.8	.0	17.1	1
13	51	1	10.0	20.0	20.0	4
14	56	1	4.2	.0	12.5	1
15	58	1	8.3	20.8	16.7	1
16	70	2	33.3	16.7	.0	2
17	75	2	8.9	2.2	2.2	2
18	94	2	35.1	.0	5.4	5
19	95	2	33.3	.0	4.8	4

[그림 11-2] 개인자료 파일의 예

인당 한 줄씩으로 입력된 변인의 값들은 각 개인이 소리신호가 울릴 때마다 반복적으로 응답한 여러 개의 측정치들을 기초로 산출한 값이다. 아래에 예시된 개인파일에는 각 개인당 측정된 변인들의 값이 한 개씩 입력되어 있지만 이렇게 입력된 값들이 산출된 근거인 경험자료 파일에 의하면 개인별로 응답한 ESF의 수는 다양하다. 예를 들면 어떤 사람은 5부의 ESF에 제시된 측정치들로부터 산출된 값일 수 있고, 어떤 사람은 49부 모두의 ESF에 제시된 측정치들로부터 산출된 값일 수 있다.

개인자료 파일은 개인이 분석의 단위가 되기 때문에 경험자료 파일에 비해 자료의 독립성 가정을 비롯한 통계검증을 위한 기본 가정을 대체로 충족시킨다. 따라서 가능하면 경험자료 파일보다는 경험자료 파일에서 제시된 변인들에 대한 통합(aggregate) 점수를 산출하여 개인자료 파일을 만들어 사용하는 것이 좋다. 개인자료 파일로 가설 검증을 하여 의미 있는 결과가 나왔을 때는 경험자료 파일에 비해 그 유의도가 더욱 설득력이 있다.

연습문제

1. 다음의 연구주제는 질문지법, 면접법, 경험표집법 중에서 어떤 방법을 적용하는 것이 좋은지 선택하고, 그 이유를 논하라. 이 세 가지 조사연구방법 외에 더 좋은 방법이 있다면 이에 대해서도 설명하라.
   1) 아동의 친구선택과 선호 이유
   2) 청소년의 학업과 여가활동 중 느끼는 심리상태
   3) 교사의 신념과 자기효능감
   4) 교사의 교수행동
2. 교사의 경력과 아동에 대한 훈육태도 간의 관계를 연구한다고 가정하자. 태도척도와 교사의 인적 사항을 포함한 질문지를 구성하려 한다. 다음 질문에 답하라.
   1) 질문지의 맨 앞에 제시될 겉표지를 작성해 보라.
   2) 훈육에 대한 태도를 Likert 척도로 2문항 작성해 보라.
3. 유치원 교사의 기관운영 방침에 대한 태도를 면접으로 조사하려 한다. 특히 기관운영 방침 중에서 놀이실용 교재교구 구입에 관련된 질문으로 면접문항을 3개 작성하여라.

12 Chapter 질적 연구

1. 질적 연구의 의의

인류학자나 사회학자들 사이에서 질적 접근으로 현상을 이해하고자 시도한 것은 꽤 오래된 일이나 사회과학 연구자들이 표면적으로 '질적 연구' 라는 용어를 사용하기 시작한 것은 1960년 후반 이후이며(Bogdan & Biklen, 1998), 특히 아동발달 및 유아교육 연구에서 다양한 질적 연구방법이 체계적으로 사용되고 많은 연구결과가 보고되기 시작한 것은 비교적 최근의 일이다. 흔히 연구방법을 크게 두 가지 맥락으로 분류할 때 '양적 연구' 또는 '질적 연구' 라는 용어를 사용한다. 그렇다면 양적 연구에 대비되는 질적 연구의 주요 특성은 무엇이며 어떤 의의를 가지는가? 양적 연구가 자연과학의 전통과 실증주의에 기반을 두고 있다면, 질적 연구는 계량적인 지식보다는 인간의 사고력과 철학적 논리에 근거한다고 할 수 있다. 관심이 되는 주제에 대하여 의미 있는 연구결과를 도출하기 위해서는 연구주제에 가장 적합한 연구방법을 선택하도록 주의를 기울여야 하며, 이를 위해서는 연구자가 질적 연구방법의 특성과 과정, 양적 연구방법과의 차이점 등에 대해 충분히 숙지하여야 할 것이다.

1.1 질적 연구의 주요 특성

질적 연구의 가장 큰 특징은 주관적, 맥락적, 귀납적 접근이라는 점이다. 가설이나 구조화된 틀을 미리 설정하지 않으며, 연구자의 주관적 의견이나 편견조차 연구 과정의 일부로 수용하고, 이를 통해 현상을 해석하고자 하는 특징이 있다. 기존의 실증주의적 관점으로 바라보는 세계는 객관적이고 가치중립적이며, 그 구성요소에 대해 설명하고 예측할 수 있는 것이다. 그러나 질적 접근으로 현상을 이해하고자 하는 연구자들은 지식이 상징적이고 주관적이라고 믿는 것에서 출발한다. 즉 맥락에서 분리된 객관적 지식보다는 특정 상황에서 경험되는 사실이나 현상의 내면적 의미를 찾는 것에 더 관심이 있는 것이라고 볼 수 있다. 따라서 질적 연구를 통하여 수집된 자료들은 사람과 장소, 대화 등에 대한 풍부한 묘사로 표현될 때가 많으며, 통계적 방법으로는 쉽게 분석되지 않는다. 양적 연구에서처럼 연구문제를 조작적 변인으로 이해하려고 하지 않고, 연구주제의 복합성을 그 맥락 내에서 주로 살펴보고자 하게 된다. 질적 연구에서 가장 잘 알려진 방법들은 참여관찰이나 심층면접을 사용한 것이지만 이 외에도 질적 연구 관련 연구방법들은 다양하다. 질적 연구를 수행할 때 사용되는 구체적 방법들은 이 장의 후반부에 세부적으로 살펴볼 것이다. 여러 연구자들(Bogdan & Biklen, 1998; Creswell, 1998)이 주장해 온 것을 바탕으로 질적 연구의 주요 특성을 요약하면 다음과 같다.

◆ 자연적 상황

질적 연구는 일상에서 경험되는 사회적 현상을 연구하고자 한다. 따라서 연구자가 연구대상의 일상적 삶에 직접 참여하여 시간을 보내면서 자료를 수집하게 된다. 실험연구에서처럼 연구변인을 조작하거나 통제하려는 시도를 하지 않으며, 현상이 일어나고 있는 자연스런 맥락을 총체적으로 조망하고자 한다. 따라서 현장의 맥락 내에서 세부적으로 드러나는 개념과 실제 간의 관계를 해석하면서 연구대상이나 현상의 역동성을 이해하고자 한다.

◆ 기술적 자료

질적 연구에서 수집된 자료는 언어적이거나 시각적인 것, 즉 글이나 그림의 형태가 대부분이다. 수치나 기호로 간략히 표시하기보다는 풍부한 언어적 표현 등을 통해 기록된 자료를 충분히 묘사하고자 한다. 전사된 면접내용, 현장기록지, 사진, 비디오, 메모, 여러 가지 관련 문서 등을 이용하여 연구결과를 보고하게 되는데, 일화나 이야기 중심의 형식으로 기술적인 묘사를 많이 사용하게 된다. 또한 필요에 따라 연구 참여자의 표현이나 반응을 직접적으로 인용하는 등 원자료를 많이 포함시키기도 한다.

◆ 과정의 강조 및 장기간에 걸친 직접참여

질적 연구는 결과보다는 과정에 초점을 둔다. 개인차나 집단차를 규명하는 것에 관심이 있는 것이 아니라, 그러한 차이나 유사성이 발생하게 되는 과정에서의 전체적인 복합성을 이해하려고 노력한다. 주어진 특정 상황이나 맥락 내에서 어떤 현상을 이해하고자 하는 것이 질적 연구의 목적이므로, 가능한 한 장기간에 걸쳐 그 맥락 속에 연구자가 직접 개입하는 것이 중요하다. 따라서 연구자와 연구대상과의 관계 또한 밀접해질 수밖에 없으며, 변화의 양상이나 미세한 특성을 현장에서 직접 관찰하고 이해하여야 하므로 연구기간도 길어지게 된다. 특히 문화기술적 연구의 경우 자료수집에만 몇 년이 걸리는 경우도 많다. 몇 년씩 한 연구만을 하는 것이 현실적으로 어려울 때도 많지만, 너무 짧은 시간에 수집한 자료에 근거해 과도한 해석을 내리는 것 또한 위험하다고 질적 연구자들은 지적한다.

◆ 귀납적 접근

질적 연구에서는 자료를 귀납적으로 분석한다. 이론적 가설을 증명하기 위해 증거자료를 찾는 것이 아니라 자료가 충분히 수집된 다음에서야 점차적으로 해석을 시도한다. 선행 연구나 이론을 통해 이미 알고 있는 지식을 뒷받침하기 위한 연구를 하기보다는 자료를 수집해 나가면서 귀납적으로 현상을 바라보고, 이를 통해 기존의 지식을 보충하거나 새로운 이해를 생성하게 된다. 이러한 특성을 깔때기에 비유하기도 하는데, 연구 초기에 연구자의 관점이나 지식을 최대한 유보한 채 광범위한 가능성을 놓고 현상을 바라보기 시작했다가 조금씩 좁혀 가면서 구체화된다는 점 때문이다.

◆ 의미 부여

'의미' 를 찾는 것이 질적 연구의 핵심이라 할 수 있다. 사람들이 현상을 경험하면서 주관적으로 찾아내는 의미에 대하여 질적 연구자들은 관심이 있다. 객관적인 실제나 현상 그 자체보다는 그 아래에 잠재해 있는 동기, 이유, 가치 등을 밝혀 내는 것에 초점을 맞춘다. 즉 겉으로 보이는 현상 속에 어떠한 내재적 의미가 있는지를 해석함으로써 연구대상을 좀 더 근본적이고 심층적인 관점에서 이해하고자 한다.

1.2 연구문제 선정과 진행 과정에서의 특징

다른 연구와 마찬가지로 질적 연구에서도 연구자가 탐구하고자 하는 연구문제와 목적이 무엇인지 선정해야 할 것이다. 또한 그 연구문제에 왜 질적 연구방법이 적절한지에 대한 고찰이 있어야 한다. 연구하고자 하는 주제가 일반화를 목적으로 하거나 집단 간의 양적인 비교에 관련된 것은 아닌지 자문해 보고, 만약 그렇다면 다른 연구방법을 생각해 보아야 할 것이다. 결과보다는 과정, 특히 과정에서 일어나는 변화의 다양성이나 그 맥락의 복합성 등에 관심이 있는 것인지 생각해 보면서, 연구문제에 대한 해답을 도출해 내는 데 질적 연구방법이 적합한지 숙고하여야 한다. 질적 연구에서는 연구문제를 가지고 시작하지만 가설은 세우지 않는 것이 일반적이다. 가설을 통계적으로 검증하는 것이 아니기 때문이다. 따라서 연구문제 또한 세부적이거나 구체적인 것보다는 포괄적인 형태로 서술할 때가 많다. 연구문제를 선정할 때는 개방형 용어를 사용하고 '어떻게' 혹은 '무엇' 등의 단어로 시작하는 것이 적절하다. 연구 전체를 이끌어 나가는 하나의 중심 연구문제를 바탕으로 몇 개의 하위문제를 포함하는 것이 좋다.

연구목적과 문제에 적합한 연구대상과 방법을 선택하는 것 또한 중요한 단계다. 연구대상은 아동이나 부모, 교사 등 사람이 될 수도 있고, 특정 학교나 학급 등 집단이나 어떠한 장면이 될 수도 있다. 연구대상이 모집단 전체를 반드시 대표할 필요는 없으며, 일반적이고 보편적인 대상을 선택할 것인지 혹은 특이한 대상을 택할 것인지 또한 연구문제에 따라 정해야 한다.

질적 연구의 과정은 순환적이고 반복적으로 이루어진다. 즉 한 단계를 끝내고 다음 단계로 넘어가는 것이 아니라 연구 과정의 여러 단계가 동시에 일어나거나 여러 번 반복해서 일어날 수 있다. 질적 연구의 자료수집은 대부분 장기간을 요구하는데, 이 기간 동안 연구자는 분석을 시작하게 되고, 또한 지속적인 문헌고찰을 통해 부족한 부분을 계속 조사하는 등 연구 전반에 필요한 단계들을 동시적으로 진행하게 된다. 따라서 연구가 전개되는 과정 속에서 연구설계 또한 다양한 방식으로 수정되거나 창조된다. 질적 연구에서는 연구자와 연구대상이 되는 현상과의 상호작용 속에서 어떠한 것이 발견될지 미리 예측하여 설계하는 것이 어렵기 때문에 다소 융통성 있게 연구문제와 방법을 수정하는 것이 가능하다.

2. 질적 연구의 유형

질적 연구의 유형을 명확히 분류하는 것은 쉽지 않은 일이다. 질적 연구는 방법론적으로 아직 성장단계라 할 수 있으며(Denzin & Lincoln, 2000), 다양한 질적 연구 접근방법이 지속적으로 출현하고 있다. 연구자들마다 질적 연구를 규정짓는 관점이 조금씩 다른 것이 사실이며 그 합의점을 찾고자 하는 노력들이 최근 활발하게 이루어지고 있다. 연구자들이 분류하는 질적 연구의 접근법을 살펴보면 어떤 것들은 이론적 개념틀에 더 가깝고, 어떤 것들은 방법 그 자체에 좀 더 초점을 맞추어 분류된 것을 알 수 있다. 현재까지의 질적 연구 전통에 근거하여 여러 접근법들을 범주화하려는 시도 속에서 여러 학자들이 각기 다양한 분류법을 소개하고 있어 어느 한 가지가 정답이라고 말하기는 어려우나, 이 장에서는 그중 몇 가지 대표적 유형인 사례연구, 문화기술적 연구, 현상학적 연구, 근거이론 연구, 역사적 연구에 대하여 소개하기로 한다. 이 밖에 학문 영역에 따라 내용분석 연구, 페미니스트 연구, 상징적 상호작용 연구, 성서해석학, 서술적(narrative) 분석, 기호학, 예술비평, 실천연구(action research) 등을 질적 연구의 유형에 포함시키는 학자들도 있다.

2.1 사례연구

사례연구(case study)는 관심 있는 대상이나 기록, 사건 등에 대해 다양하고 복합적인 측면을 자세하고 깊이 있게 다루고자 하는 연구방법이다. 사례연구는 때에 따라 양적이기도 하고 질적이기도 하다. 어떠한 사례에 대해서 양적인 자료만을 수집하여 분석한다면 양적 연구에 가까울 것이다. 예를 들어, 행동장애가 있는 한 아동에 대하여 병원 진찰기록과 의사의 소견서, 학교에서의 또래 및 교사의 평가, 표준화 검사 등에 근거하여 연구한다면, 이때 수집된 자료는 양적이기도 하고 질적이기도 하다. 따라서 사례연구가 반드시 질적 연구방법이라고는 말할 수 없으나, 질적 연구에서 대표적으로 쓰이고 있는 방법 중 하나임은 분명하다. 연구하고자 하는 주제에 따라 사례연구의 유형은 매우 다양하며, 적절한 사례의 선정이나 자료수집방법 또한 달라질 수 있다.

대부분의 사례연구는 어떤 특정 사례에 초점을 맞추고 심층적으로 그 사례의 대표적인 대상이나 장면을 자연적 맥락에서 연구하게 된다. 일상생활 속의 아주 사소한 경험 내에서도 우리가 흥미를 가지는 사례들은 매우 많을 수 있다. 그러나 어떤 사례를 연구 대상으로 정하고 노력과 비용을 들여 연구하고자 하는가에 대해서는 연구자의 구체적 관심뿐 아니라 이론적, 철학적 근거 그리고 연구결과가 이끌어 낼 학문적 공헌도나 의의 등이 뒷받침되어야 할 것이다.

그렇다면 어떤 대상이 사례가 될 수 있는가? 예를 들어, 아동의 상위인지적 수준이 교실에서의 놀이행동이나 상호작용에서 어떻게 나타나고 적용되는지에 대해 관심이 있다고 하자. 이를 질적으로 연구하기 위해 선정할 수 있는 사례는 아동 한 명이 될 수도 있고 전체 학급이 될 수도 있다. 한 아동에게 초점을 맞추고 그 아동이 다른 아동이나 교사와의 상호작용, 놀이 등에서 보이는 행동들을 기록하고 분석하였다면 여기에서의 사례는 그 아동 한 명이 될 것이다. 그러나 한 학급을 전체적으로 관찰하고 놀이행동이나 상호작용에서 보이는 상위 인지적 측면을 복합적, 맥락적으로 보고자 하였다면 이 경우의 사례는 그 학급이 된다. 따라서 그 학급에 있는 아동 20명을 연구하였다 하더라도 20개의 사례를 본 것이 아니라 한 가지의 사례를 연구하였다고 할 수 있는 것이다. 연구대상인 사례가 다른 사례에도 일반화될 것인가에 대해 염려할 필요는 없다. 질적 연구에서는 표본의 결과를 모집단에 적용하여 예측하고자 하는 것이 아니라, 한 사례에서 경험하고 이해한 지식을 토대로 다른 사례들을 이해하고자 하기 때문이다.

사례연구 중에서도 다양한 접근방법이 있을 수 있으며, 생애사(life history)나 상황분석(situation analysis) 등을 사례연구 유형 속에 포함시키는 연구자들도 있다(Bogdan & Biklen, 1998). 한 명의 개인을 사례로 정하고 집중적으로 분석한 경우 생애사에 더 가깝다고 할 수 있다.

2.2 문화기술적 연구

문화기술적 연구(ethnographic research)를 포괄적으로 정의하자면 한 문화를 이해하는 과정의 기록이라고 할 수 있다(조용환, 1999). Margaret Mead 등으로 대표될 수 있는 문화기술적 연구는 인류학자들에 의해 처음 발전되었으며, 인간의 문화적 양상을 발견하는 데에 초점을 둔다. 특정 문화체계, 특히 잘 알려지지 않은 이질적 문화를 연구하기 위해 연구자가 직접 그 문화현장에서 장기간 거주하면서 현지인들과 관계를 형성하고 심층적으로 문화적 맥락을 이해하고자 하는 것이 주된 목적이다. 문화 속에서 걸러지고 해석되는 자연상황을 연구하면서 그 문화를 구성하는 사람들의 내부자적인 관점을 밝히고자 하는 것이 문화기술적 연구의 핵심이라고 할 수 있다.

문화기술적 연구의 기원은 인류학에 있지만 점차적으로 사회학과 교육학 등의 다른 분야 연구자들에 의해 적절히 사용되어 왔다. 최근 교육학이나 아동학에서 널리 적용되고 있는데, 다른 문화적 특성에 대한 연구뿐 아니라 특정한 현상이나 주제를 좀 더 의미 있고 풍부한 맥락 속에서 이해하고자 하는 경우를 포함한다. 즉 거시적인 문화체계 내에서 하위문화가 갖는 특성이라든가, 특정 소집단이 보이는 독특성을 그 맥락 내에서 심층적으로 연구하고자 하는 경우가 해당된다. 각 문화 내에서 쌓여 온 지식이나 행동양식들의 내용과 형성 과정에 대한 것에 관심을 두는 것이다.

문화기술적 연구에서 주제로 삼을 수 있는 연구문제 또한 거시적인 것인가 미시적인 것인가에 따라 다양하다. 거시적인 문화기술적 연구의 경우, 동질적이고 지리적인 경계가 분명한 곳에서 연구자가 장기간 동안 거주하면서 현장조사를 실시하는 것이 일반적이다. 예를 들어, 연구자가 타히티의 모레아 섬에 일 년 이상 거주하면서 그 지역의 언어와 생활방식을 습득하고 현지인들과 관계를 맺으며 프렌치 폴리네시아 문화를 포괄적으로 연구하였다면, 이는 문화인류학에서 주로 접근하는 방식인 거시적 문화기술 연구가 된다.

아동학이나 교육학 분야에서는 미시적인 문화기술 연구 또한 많이 이루어지고 있는데, 특정 소집단을 대상으로 제한된 맥락 내에서 접근하는 방법이다. 예를 들면, 성공적인 대안학교의 학교생활이 어떠한가에 관심이 있는 연구자가 장기간 그 학교를 방문하여 교사, 학생, 교장 등 모든 구성원의 일상생활을 기록하고 면접을 실시하며 학교 내 기록물을 분석하는 등 다양한 방법을 통해 연구하는 것이 이에 해당된다고 할 수 있다. 이러한 과정을 거쳐 대안학교의 생활방식이나 분위기, 구성원들 간의 상호작용 등에 대해 심층적으로 묘사하고 이해하는 데에 연구의 초점을 두는 것이다.

문화기술적 연구를 하는 연구자는 연구대상인 문화적 집단이나 지역사회에 대한 친화관계를 형성하여야 한다. 그 집단 내에서 눈에 띄는 이질적 존재가 아니라 집단 구성원 중의 한 명처럼 느껴질 수 있도록 그들의 일상생활에 함께 몰입되어야 한다. 따라서 문화기술적 연구를 하기 위해서는 현장조사(fieldwork)가 필수적이며, 현장에서 연구자가 행하는 것들, 즉 관찰, 기록, 대화, 관계 맺기, 해석 등의 행위를 모두 포함한다고 할 수 있다. 현장에서 함께 겪게 되는 특정 문화집단의 행동양식을 연구하고 기술하기 위해서는 그 현장의 맥락 내에서 포괄적이고 총체적으로 현상을 바라볼 수 있어야 하며, 이러한 통찰력은 연구자가 연구대상인 집단 구성원과 장기간에 걸쳐 강도 높은 접촉과 관계를 맺을 때 가능해진다. 현지에 장기간 체류하면서 정보 제공자인 구성원들과 공감대를 형성하고 관계를 발전시켜 가야 한다는 점에서 문화기술적 연구는 많은 노력과 시간을 요구한다. 특히 연구현장이 되는 지역의 언어가 자신의 모국어와 다른 경우, 생생한 정보를 습득하기 위해서는 외국어 학습이 불가피하다. 그러므로 연구자가 스스로 열정을 가지고 적극적으로 연구에 임할 수 있는 주제라야 그러한 수고가 모두 보람 있다고 느껴질 것이다.

2.3 현상학적 연구

현상학적 관점으로 이루어지는 연구(phenomenological research)는 개개인이 직접 체험하는 실제에 관심을 가진다. 실제에 대한 객관적 사실이나 지식보다는 그 실제가 각 개인에게 어떻게 해석되고 경험되는가에 초점을 맞추게 된다. 현상학적 연구자들은 인간의 경험이나 현상은 객관적으로 존재하는 실제가 아니라 '해석' 되는 것이라고 믿는다. 같은 현상이나 사물에 대해 부여하는 의미가 개개인이 경험하는 바에 따라 다를 수 있기 때문이다. 따라서 현상학적 연구는 서로 다른 개개인이 실제에 대한 이해를 어떻게 구성해 나가는지, 그들이 자기 주변에서 일어나는 현상에 대해 어떤 방법으로 개념화하는지 등에 대해 연구하고자 한다. 예를 들어, 부모들이 자녀 양육 과정을 통해 부모역할을 어떻게 경험하는지, 교사들이 자신이 맡은 학급을 이끌어 나가면서 교육 과정을 어떻게 경험하는지 그리고 학생들은 동일한 교육 과정을 어떤 식으로 경험해 나가는지 등에 대한 현상을 연구하는 것을 들 수 있다. 따라서 한 개인의 경험이나 관점을 보고하는 것이 아니라 어떠한 현상이나 개념에 대한 여러 개인들의 체험의 의미를 통합적으로 기술한다.

현상학적 연구에서는 연구자의 선입견과 판단을 일단 보류하는 것이 중요하다. 이를 판단중지(epoche)라고 하는데, 정보를 제공하는 연구 참여자의 경험에 초점을 맞추고 그들의 목소리를 통해 현상의 본질을 이해하기 위한 것이다. 그러나 연구자가 자신의 개인적 경험을 완전히 배제하는 것은 어려우므로 연구자의 경험을 어떤 방식으로 연구 과정이나 해석에 도입할 것인지 숙고하여 결정해야 한다. 연구 참여자를 선택함에 있어서도 그 개인들이 연구주제가 되는 현상을 얼마나 깊이 있게 직접 체험하였는가에 따라 신중히 고려하여야 한다.

2.4 생애사 연구

생애사(life history) 연구를 간략히 정의하자면, 한 개인의 삶과 그의 경험에 대한 연구라고 말할 수 있다. 즉 한 사람의 삶에 대하여 그 당사자의 표현과 해석을 토대로 역사적, 문화적 맥락을 심층적으로 이해하고자 하는 과정이다. 각 개인이 스스로 경험한 삶을 통해서 세상을 어떻게 바라보는가에 관심이 있으며, 삶의 전환점과 그 관련 요소들이 어떻게 문화적 쟁점이나 사회역사를 반영하는지 탐색하고자 한다. 따라서 생애사에서 한 개인을 통해 표현되는 경험들은 객관적이고 실재적인 것이 아니라 변형과 왜곡이 있을 수도 있다. 생애사를 본인이 직접 쓴다면 자서전이나 회고록이 될 것이다. 개인의 경험 속에 잠재되어 있는 역사라는 의미에서 공적 역사와 구별하여 구어사(oral history)라고 부르기도 한다. 구어사는 연구 참여자의 다양한 생활담이나 회고적 이야기들을 연구자가 역사적 맥락 내에서 재구성하여 서술하므로 주로 역사가들이나 전기 작가들에 의해 행해지게 된다.

생애사 연구는 사례연구의 한 형식이 될 수 있으며, 연구자에 따라 서술적(narrative) 연구로 분류하기도 하는데, 이는 생애사 연구가 주로 이야기에 중심을 둔 연구방법이기 때문이다. 생애사 연구에서 주로 사용되는 자료수집방법은 심층면접이며, 일회성 면접으로 끝나는 경우는 드물다. 단 한 명의 개인을 대상으로 한다 하더라도 많은 생애사 연구들이 수백 시간의 녹음테이프와 수천 장의 전사기록지를 수반한다. 대상이 되는 참여자의 삶에 대한 집중적인 관찰과 주변 친구나 관련 인물들과의 면접, 편지나 사진 등 다른 기록자료들을 이용하여 심층면접자료를 보완한다.

연구자와 연구 참여자가 서로 모르는 경우 첫 번째 면접은 가능한 개인적이지 않은 주제들로 진행하여 자연스럽게 서로에게 익숙해지도록 하며, 시간이 흐르면서 점차 친밀해지고 면접내용 또한 삶의 각 부분들의 개인적인 해석과 세부적인 것으로 변화하게 된다. 면접자 대 비면접자의 형식적 관계를 넘어 어느 정도 인간적으로 친밀해지게 되면 연구 참여자가 편안하게 면접에 임할 수 있고, 친구와 대화하듯이 여러 기억들을 되살려 생생한 정보를 줄 수 있다.

생애사 연구는 개인의 삶의 전반적인 내용을 포괄적으로 다루기도 하고, 아동기나 청소년기 등 생애의 특정한 기간이나 친구관계 등 특정 주제를 집중적으로 조명하여 서술하기도 한다. 생애사 연구의 초점은 연구 참여자의 인생 과정 단계나 경험들에 관해 수집된 자료를 바탕으로 하여 그 개인의 삶에서 주축이 되는 인생 경험이나 주제에 대한 의미를 역사적 맥락 내에서 탐색하고 해석하고자 하는 것이다. 따라서 그 개인의 인생이 성공적인 삶인지 실패한 삶인지를 밝히는 것이 목적이 아니라 경험의 재구성을 통해 개인의 정체성을 재인식시키는 것이 목적이며, 연구자의 입장이 아닌 연구 참여자 개인의 눈으로 분석되고 해답을 찾을 수 있도록 노력한다(박성희, 2004).

2.5 근거이론 연구

근거이론 연구(grounded theory)의 배경은 Glaser와 Strauss(1967)가 출판한 저서 *The discovery of grounded theory*에서 비롯된다. 근거이론이란 풍부한 현장 자료에 근거하여 새로이 발견되고 점차적으로 발전되어 가는 이론이다. 문헌자료에만 근거한 이론으로 현상을 바라보지 않고, 연구대상이 속해 있는 실제 현장에서 추출해 낸 폭넓은 자료에 토대를 두고 생성된 이론을 발전시킨다는 뜻이다. 따라서 근거이론 연구에서는 연구자들이 최대한 다양한 자료를 수집한 후에 분석적 해석을 하게 되고, 그 과정에서 발견된 이론적 관점에 대한 이해를 더 돕기 위하여 부족한 부분에 초점을 맞춘 심층적 자료를 추후에 수집하게 된다. 이를 통해 이론의 체계적인 개념틀을 발전시켜 나가는 일련의 연속적인 과정이라고 할 수 있다. 즉 Kelle(1994)의 표현처럼 이론에서 도출된 경험연구와 경험연구에서 도출된 이론 사이에서 발전하는 나선형의 연속적 연구다(박성희, 2004, 재인용).

근거이론은 기본 가정이나 논리에서 출발하여 연역적으로 증명해 가는 것을 지양하고, 우선 연구대상에 대한 깊이 있는 자료를 수집한 다음 이에 따라 논리적 이해를 창출해 내는 것이다. 이 이론을 처음 주창한 Glaser와 Strauss는 연구자들이 이론을 검증하기 위한 연구에만 몰두할 것이 아니라 연구대상이나 영역에 대한 깊이 있는 탐구와 이를 통한 새로운 이론의 생성에 대해 관심을 가져야 하며, 이러한 과정을 통해 이론과 실제의 괴리가 줄어들 수 있다고 설명하였다.

근거이론은 자료수집과 분석에 대한 구체적인 책략을 제시하고 있어서 질적 연구에서 많이 활용되어 왔으며, 특히 Strauss와 Corbin(1994)이 제시한 코딩 체계는 근거이론 연구뿐만 아니라 질적 연구 전반에 걸쳐 사용되고 있다. 코딩이란 자료를 부호화하는 과정인데, 근거이론 연구에서는 주로 개방코딩, 축코딩, 선택코딩의 과정을 거치게 된다. 근거이론에 의한 코딩방법을 간략히 소개하면 다음과 같다.

◆ 개방코딩

개방코딩(open coding)은 근거이론 연구에서 이루어지는 자료분석 과정의 첫 단계다. 자료가 모두 수집되고 나면 모든 자료에 대해 일일이 해석을 붙이는 작업을 먼저 한다. 즉 문장 문장마다 모두 해석이 이루어지도록 하는 것이다. 각 문장이나 문단에서 언급되는 현상은 무엇인지, 주체가 되는 인물이나 대상은 누구인지, 잠재적으로 표현되고 있는 행위나 상호작용의 특성은 무엇인지 등에 대해 자세하게 메모와 해석을 첨부함으로써 수집된 자료를 모두 '해체' 시켜 보게 된다. 이 과정에서 코딩화 작업을 하게 되고, 정해진 코드의 범주를 모아 목록을 만든다.

◆ 축코딩

개방코딩에서 생성된 범주들을 가지고 축코딩(axial coding)을 하게 된다. 축 코딩이란 각 범주와 그 하위범주들의 관계를 연계시켜 나가는 과정이다. 주요 범주가 축이 되고 그 주변으로 하위범주들을 연결하게 된다. 근거이론 연구의 목적이 이론 생성과 발전이므로, 범주들의 관련성을 따져 보아 의미를 파악하고 개념틀을 만들어 나가는 것이 중요하다.

◆ 선택코딩

개방코딩과 축 코딩을 거친 자료들은 상위의 추상적인 이론틀로 발전시키기 위해 선택코딩(selective coding) 과정을 거치게 된다. 즉 발견된 범주들을 통합시키고 정교화하여 이론의 형태를 갖추어 나가는 과정이다(신경림 외, 2003). 핵심이 되는 범주를 선택하되, 범주들 간의 상호관계를 제시하고 설명하는 이야기체 서술을 발전시켜 나가야 한다.

2.6 역사적 연구

역사적 연구(historical research)는 현재의 제도, 경향, 쟁점 등을 보다 심도 깊게 이해할 수 있도록 과거에 일어난 현상들에 대해 의문을 제기하고, 이에 대한 답을 찾고자 체계적으로 자료를 탐색하는 과정이다(Gall, Gall, & Borg, 2003). 다시 말해서, 과거를 조명함으로써 현재에 대한 사실을 발견하고 해석하며 의미를 부여하고, 나아가 미래에 전개될 현상을 역사에 비추어 예견하고자 하는 연구를 말한다(황해익, 2004). 많은 연구자들이 질적 접근을 이용하여 역사적 연구를 하고 있지만, 대표적 표본집단에 관한 통계적 수치를 비교하는 등 양적 연구방법을 사용하는 경우도 있다.

역사적 연구에서는 증거가 되는 사료를 풍부하게 찾는 것이 중요하며, 사료에 주로 의존하므로 사료 자체의 진실성이나 타당성 또한 확인되어야 한다. 기록된 문서 외에도 일기나 필름 등 다양한 자료들이 활용되기도 하는데, 만약 그 역사적 현상과 관련된 실존 인물이 있다면 직접 면접을 통해 자료를 획득할 수도 있다. 이 경우 한 개인을 통해 묘사된 구어사(oral history)가 역사적 연구의 일부가 되는 것이다.

역사적 연구는 특정 사건이나 인물 자체에 대한 세부적 연구가 아니라 역사적 맥락 내에서 현상을 전체적으로 탐구하고자 하는 것이며, 궁극적인 목적인 과거에 대한 이해를 통해 현재를 깨닫고 미래까지 예측하고자 하는 것이다. 무수히 많은 역사적 사실 중에서 어떤 것을 선택하여 연구하고 해석하게 되는지는 연구자의 의도와 가치관에 따르게 되므로 연구자의 주관적 문제의식이 큰 역할을 한다.

위에서 설명한 질적 연구의 유형들은 반드시 상호 배타적인 것은 아니며, 한 연구가 둘 이상의 연구유형을 띨 수도 있다. 예를 들어, William Ayers(1989)의 저서 *The good preschool teacher: Six teachers reflect on their lives*에서는 여섯 명의 유치원 교사들에 대한 이야기를 다루었는데, 참여관찰과 면접, 교사들이 글로 작성한 반응 등 여러 가지 자료수집방법을 사용하여 각 교사를 초상화처럼 그려 내는 방식으로 묘사하였다. 여섯 명의 서로 다른 생애사를 통해 다양한 교사 유형을 이해할 수 있는 내용의 연구다. 이 밖에 한 사례에 대해 장기간에 걸쳐 문화기술적 연구를 한 경우에는 연구자에 따라 '문화기술적 사례연구(ethnographic case study)' 라는 표현을 사용하기도 한다.

3. 연구자의 역할

3.1 주요 연구도구로서의 연구자

질적 연구에서 연구자는 객관적 입장을 취하는 제3자가 아니라 주요 연구도구로 사용된다고 볼 수 있다. 참여관찰이나 면접 등 대부분의 질적 연구자료 수집 과정에서 연구자는 직접적으로 참여하게 되며, 또한 수집된 자료를 분석하고 해석하는 과정에서도 적극 관여한다. 따라서 질적 연구에서는 연구자 자신이 이미 가지고 있는 주관적 입장이나 편견을 인식하고 연구 과정에서 일어나는 의미 도출이나 결과분석에서의 연구자 역할에 대해 해석에 포함시키는 것 또한 중요하다.

연구대상이 연구자가 원래 속해 있는 문화나 집단이 아닌 경우, 얼마나 연구자가 그 현장 속에 깊이 스며들어 접근할 수 있는가에 따라 실제 연구결과나 해석이 달라질 수 있다. 여기에는 언어의 유창성이나 연구대상인 집단의 독특한 은어나 행동패턴에 대한 인지도 등의 요인이 영향을 미칠 것이다. 연구자의 성격이나 태도, 기존의 편견이나 선호도 등에서 비롯되는 한계 또한 무시할 수 없으므로, 이에 대한 자각과 적극적 논의가 이루어져야 한다.

3.2 내부자 대 외부자 관점

내부자 대 외부자 관점(emic vs etic)은 주로 문화기술적 연구에서 논의가 되기는 하지만, 질적 연구 전반에 걸쳐 중요한 개념이다. 내부자 관점이란 연구대상인 문화나 집단의 구성원 개개인이 인지하는 것을 중심으로 하는 관점이며, 질적 연구에서 밝혀 내고자 하는 주요 내용이 된다. 연구주제인 어떤 행위나 현상이 일어나는 현장에서 이미 그 맥락에 익숙한 연구 참여자들이 스스로 부여하는 주관적 의미나 관점에 해당된다. 이에 반해 외부자 관점은 연구대상인 집단의 맥락과 상관없는 외부인(주로 연구자가 해당된다)이 과학적이고 객관적인 지식에 근거하여 그 행위나 현상을 이해하고 설명하고자 할 때 사용된다. 그러나 질적 연구에서 절대적인 외부자 관점이 존재할 수 있는지에 대한 논란이 지속되어 왔다. 최근의 연구자들은 내부자 관점과 외부자 관점을 양극으로 나누어 구별하기보다는 두 관점을 모두 취하게 되며, 단지 상대적으로 비중을 달리할 수 있다고 본다. 따라서 두 관점 모두 연구의 분석에 필요한 것으로 이해하고자 한다.

연구자의 배경이나 성장 과정이 연구주제와 밀접한 관련이 있는 경우 내부자 대 외부자 관점에 대한 의식적 재고가 더욱 필요할 것이다. 예를 들어, 동성애자인 연구자가 동성애자들에 대한 연구를 하는 경우나 안동의 전통 양반문화에서 성장한 연구자가 안동의 문화와 관습을 연구하는 경우, 연구 참여자나 현장과 직접 관련이 없다 하더라도 개인적 배경으로부터 기인하는 관점이 연구 과정에 영향을 줄 수 있기 때문이다. 이러한 연구자의 특성이나 배경을 연구 참여자들이 인지하고 있을 때 그들의 반응이나 행동 또한 달라질 수 있다. 만일 한국인 연구자가 미국에 있는 한국인 부모들의 부모 양육태도나 신념에 관해 심층면접을 실시한다면, 연구에 참여하는 부모와 연구자가 '한국인'이라는 소속감을 가지게 되어 일반적으로 한국인이 공감하는 부분이나 전통적 가치관 등에 대해서는 설명하지 않아도 연구자가 알고 있을 것이라 가정하고 함축적 표현으로 대체하기도 한다. 이런 경우에는 연구자가 내부자적 관점에 더 깊이 관여하는 것이라 볼 수 있다. 따라서 질적 연구에서는 연구자 이야기(researcher narrative)라는 항목을 따로 두어 구체적으로 연구 과정이나 해석에서 영향을 줄 수 있는 연구자의 배경이나 관점 등에 대해 서술하는 경우가 많다.

3.3 연구자와 연구 참여자와의 관계

질적 연구에서는 연구자와 연구 참여자 간에 상호의존적이고 밀접한 관계를 맺게 된다. 이러한 관계는 연구결과나 해석에 본질적인 영향을 미칠 수 있다. 따라서 연구자가 연구현장에서 주관성과 객관성의 균형을 지속시키고, 적절한 관점과 역할을 유지하는 것이 매우 중요하다. 연구자가 연구 참여자나 그가 속한 집단에 대한 편파적인 시각이나 부정적 태도를 무의식중에 드러내거나 권위적이고 공격적인 표현을 하게 된다면 참여자들은 연구자에 대한 신뢰를 갖지 못하여 충분한 정보를 제공하지 않을 수도 있다. 이와는 반대로 연구자와 연구 참여자가 연구를 매개로 한 관계를 넘어 지나친 애정적 관계나 절친한 친구관계를 맺을 경우 연구결과의 분석이나 보고의 타당성에 문제를 야기할 수도 있다. 이처럼 질적 연구에서는 연구자와 연구 참여자와의 관계가 서로에게 영향을 미칠 수 있으므로 설명되어야 할 특별한 사항이 있다면 연구보고서에서 이를 구체적으로 서술하기도 한다.

4. 자료수집방법

4.1 참여관찰

연구대상이 되는 장면, 즉 대상 집단이나 개인의 일상생활 속에 연구자가 직접 참여하면서 장기간 동안 그 일상이나 문화를 적극적으로 관찰하고 탐구하는 것을 참여관찰이라고 한다. 참여관찰은 참여와 관찰 중 어느 쪽에 더 비중을 두느냐에 따라 종류를 나누어볼 수 있다. Merriam(1998)은 참여관찰을 네 가지 유형으로 나누어 설명하였는데, 연구자의 참여가 전혀 일어나지 않고 관찰만 하는 경우, 참여와 관찰이 모두 일어나지만 관찰이 조금 더 비중을 차지하는 경우, 참여와 관찰 중 참여가 더 많은 경우 그리고 관찰은 거의 없이 그 현장 참여가 모든 비중을 차지하는 경우다. 대부분의 질적 연구의 참여관찰에서는 두 번째와 세 번째 유형, 즉 참여와 관찰이 모두 이루어지나 때에 따라 정도의 차이가 있는 경우가 많다. 참여관찰에서의 자료수집은 주로 현장기록에 의하며, 녹음기와 비디오카메라를 사용해 보충하기도 한다.

4.1.1 현장기록

현장기록(field notes)은 연구현장에서 기록되고 수집되는 대화내용이나 상호작용, 관찰된 행동 그리고 연구자의 메모 등을 모두 포함하여 말한다. 질적 연구에서 현장기록은 거의 필수적이며, 여러 가지 면에서 유용한 자료가 된다. 현장기록의 질은 연구의 질을 결정짓는 중요한 요소다. 현장기록은, 참여관찰 시에 발생한 객관적 현장묘사를 하는 것이 내용이 될 수도 있고 또는 연구현장에서 떠난 뒤 그날의 경험에 관해 연구자가 가지게 되는 이론적, 탐구적 의문이나 의견을 반영하는 반성적(reflective)인 내용으로 구성될 수도 있다. 연구자의 반성적 기록의 대상은 매우 다양한데, 자료분석이나 방법 자체에 관련된 것 혹은 그날의 현장경험을 통하여 연구자가 의문을 가진 윤리적 갈등이나 연구자 자신이 새롭게 발견한 이론적 틀 등에 관한 것 등 연구주제와 관련된 것이라면 어떤 것이나 가능하다. 연구현장에서 현장기록을 할 때는 최대한 상세하게 묘사하도록 해야 하며, 대상의 행동이나 몸짓, 태도, 대화 등은 물론이고 놓치기 쉬운 미세한 행위나 물리적인 공간 구성까지 기술하는 것이 좋다. 공간의 구성이나 배치를 글로 나타내기가 어렵다면 간단한 스케치나 그림을 함께 곁들인다. 연구 참여자의 이동이나 동작 등에 대해서도 서술적인 묘사와 함께 화살표나 그림을 덧붙인다면 나중에 기록을 다시 읽고 해석할 때 도움이 될 수 있다. 참여관찰에서의 현장기록의 예를 〈Box 12.1〉에 제시하였다.

〈Box 12.1〉 참여관찰에서 현장기록의 예

자유선택활동 시간이다. 오늘 찬양이는 분홍색 원피스를 입고 허리 뒤로 나비모양의 리본을 묶은 윤지를 30분째 따라다니며 윤지의 리본을 풀어 놓고 얼른 다른 곳으로 도망간다. 윤지는 여러 번 찬양이를 향해 "그러지 마~ 저리 가 있어~."라고 말하며 연구자에게 와서 리본을 나비 모양으로 묶어 달라고 말한다. 리본을 묶고 윤지가 다시 활동을 시작하면 찬양이는 어디서 나타났는지 윤지의 리본을 또다시 잡아당겨 풀어 놓고 도망간다. 통합반 교사는 일반 학급 유아들의 출석카드를 체크하고 있다. 특수반 교사는 아침부터 배탈로 고생하는 경민이를 데리고 40분째 화장실을 들락거린다. 홍석이는 언어영역의 쇼파 등받이 꼭대기 난간에 누워 양팔을 아래로 늘어트리고 알아듣지 못할 노래를 소리 지르며 부르고 있다. 소라와 현석이는 양손으로 귀를 막고 홍석이를 향해 "그만해!"라고 목청껏 소리를 지른다. 다른 영역에서 활동 중이던 몇몇 유아들도 소라와 현석이처럼 양손으로 귀를 막고 따라한다.

* 출처: 양진희(2005). 유치원에서의 성공적인 장애유아 통합교육 실천에 관한 의미 이해. **유아교육연구**, 25(3), 149-175.

4.1.2 녹음기와 비디오카메라

참여관찰자가 최대한 많은 정보를 기록하려고 노력한다 하더라도 동시다발적으로 일어나고 있는 모든 현상을 기록하는 것은 불가능하다. 예를 들어, 유치원 교실에서 아동의 놀이를 참여관찰하고 있을 때, 연구자의 관심인 사회적 협동놀이 행동을 아동이 보여준다고 가정하자. 이때 아동의 대화를 기록하면서 동시에 비언어적인 행동들까지 완벽하게 함께 포착하기란 매우 어려운 일이다. 따라서 충분한 자료수집을 위해 녹음기나 비디오카메라가 참여관찰에 병행될 수 있다. 이러한 기기의 사용은 장단점을 가지는데, 먼저 장점으로는 관찰이 끝난 후 반복적으로 재생하여 정보를 취할 수 있다는 것이다. 이렇게 반복적으로 그 상황을 보게 될 때, 현장에서 놓친 아주 미세한 몸놀림이나 중얼거림 같은 것을 발견할 수도 있다. 그러나 연구자가 비디오카메라를 들고 촬영하면서 관찰을 병행할 때, 관찰대상이 카메라를 의식하여 자연스러운 행동이나 상호작용이 방해될 수 있다. 특히 아동을 대상으로 한 참여관찰의 경우에는 새로운 기기가 아동의 관심을 유발하여 예상치 않은 행동들이 발생하기도 한다. 벽이나 천정에 설치해 두는 고정형 비디오카메라는 상대적으로 방해요소가 적지만, 관심 있는 행동을 융통성 있게 따라다니지 못한다는 단점이 있다. 이에 비해 녹음기는 대부분 소형이고 눈에 잘 띄지 않아 성능이 좋은 경우 도움이 될 수 있다. 그러나 녹음된 내용만으로는 대화내용이나 대상의 식별이 어려울 수 있고 비언어적 요소들은 담지 못하여 보조자료로서 크게 도움이 되지 못하는 경우도 있다.

4.2 심층면접

질적 연구에서 심층면접은 강력한 자료수집도구다. 일대일로 이루어지는 심층면접의 경우 연구자의 면접태도는 매우 중요하다. 면접 과정에서 연구자는 최대한 자신의 가치판단을 배제시키고 개방적이고 긍정적인 태도를 가질 필요가 있다. 또한 연구 참여자가 최대한 자연스럽게 자신의 이야기를 할 수 있도록 경청하고 수용하는 모습을 보이도록 한다. 이야기하고 있는 연구 참여자를 쳐다보지 않고 열심히 메모만 한다거나 굳은 표정으로 앉아 있기만 한다면 참여자는 거북하거나 불편함을 느끼게 되어 충분히 정보를 제공할 수 없을 것이다. 심층면접을 할 때 연구자는 비구조적인 질문 리스트를 작성하여 미리 숙지하고 임하여야 한다. 취조하듯이 순서대로 질문을 던지는 것은 삼가야 하며, 연구 참여자의 대답이나 반응의 방향과 흐름에 따라 적절하게 질문들을 통합하거나 가감하는 기술도 요구된다. 면접시간에 대한 규칙은 없으나 성인 참여자의 경우 1회에 60분에서 90분 정도가 적당하다. 연구 참여자의 특성에 따라 대답의 질이나 양이 다양할 것이므로 이에 대한 준비나 기술 또한 필요하다.

아동이나 청소년을 대상으로 심층면접을 할 때는 성인인 연구자가 상대적으로 높은 지위에 있게 되므로 참여하는 아동이나 청소년이 편안하게 반응할 수 있도록 의도적으로 언어수준과 태도를 대상에 맞추도록 한다. 성인 참여자라 하더라도 연구자와의 사이에 이미 관계의 지위가 형성되어 있는 경우에는 면접 시 더욱 주의하여야 할 것이다. 교사와 해당 학급 부모의 관계라든지 직장 상사와 직원인 경우 등이 예가 될 것이다. 기존의 관계가 면접내용에 영향을 미치지 않도록 최대한 동등한 관계로 수준을 맞추도록 노력하면서 면접에 임하는 것이 좋다.

면접 전에 연구 참여자에게 반드시 언급되어야 할 몇 가지 사항들이 있으며, 이런 항목들을 사전의 서면동의서 내용에 포함시키는 것이 중요하다. 포함될 사항에는 연구동기 및 목적, 보고서에는 가명을 사용한다는 것, 본인이 원할 시에 언제든지 연구 참여를 그만둘 수 있다는 것 그리고 계획된 면접시간, 장소, 횟수 등이다. 또한 면접내용을 녹음하는 경우에는 이에 대한 양해도 미리 구해야 하며, 가능하면 녹음상태를 처음에 테스트해 본 후 면접에 들어가는 것이 좋다.

4.3 문서 및 작품 분석

질적 연구에서 문서 및 작품(artifact)의 수집과 분석은 여러 가지로 활용될 수 있다. 특히 역사적 연구, 내용분석 연구, 기록물 연구 등에서 주로 쓰이게 되며, 많은 질적 연구에서 보조자료로 사용되기도 한다. 질적 연구에서 사용될 수 있는 문서는 신문기사나 공적인 보고서 등 이미 공개되어 있는 기록과 함께 기관 내 회의록, 공문서, 회람 등 어느 정도 제한된 범위에서 공적인 문서 그리고 일기, 개인 노트, 편지 등의 사적인 기록이 모두 포함된다. 이 밖에 아동의 그림이나 작품 등의 학습 관련 자료도 분석의 대상이 될 수 있다. 예를 들면, 아동의 노래나 언어 등을 담은 녹음테이프, 작품 사진, 비디오 필름 등이 이에 해당된다.

4.4 초점집단면접

초점집단면접은 특정 주제에 대하여 소집단을 대상으로 토론식으로 면접을 하는 방법으로서 제11장 조사연구에서도 간략히 설명되어 있다. 제2차 세계대전 이후 대중매체의 광고 효과를 알아보기 위한 시장조사의 일환으로 시작되었으나, 현재는 다양한 사회과학 연구 분야에서 사용되는 자료수집방법 중 하나가 되었다. 면접에 참여하는 응답자들 간의 자연스러운 대화와 토론 과정에서 일대일 면접이나 관찰에서 얻기 어려운 정보를 획득하는 데 목적이 있다. 집단의 크기는 대부분 4~8명으로 구성하게 되며, 기존에 이미 형성된 집단의 구성원, 즉 가족 구성원이나 직장 동료 등을 대상으로 할 수도 있고 또는 연구목적에 맞게 따로 소집단을 형성할 수도 있다.

초점집단면접에서 연구자는 중재자(moderator)의 역할을 하며, 소집단 구성원 개개인에게 질문을 하는 것이 아니라 모든 구성원들이 참여할 수 있도록 도우면서 토론을 자연스럽게 이끌어 나가야 한다. 참여자 개개인의 내면에 있는 생각들을 편하게 표현할 수 있도록 적절한 질문을 제기하고 계속적인 진행을 유도하는 기술이 필요하다. 따라서 초점집단면접을 실시하기 전에 연구문제와 목적을 정확히 이해하여야 하며, 면접장소나 토론 진행방법 등에 대해서도 충분히 준비를 하는 것이 좋다.

연구자 한 명만 바라보고 대답하는 개별면접에 비해 집단면접은 좀 더 자연스럽고 편하게 진행될 수 있다는 장점이 있다. 특히 아동을 대상으로 하는 초점집단면접의 경우, 또래들과의 자연스러운 상황에서 생각하는 바를 이야기할 수 있어서 성인 연구자와의 일대일 관계상황일 때 얻기 어려운 반응들을 이끌어 낼 수도 있다.

대인면접과 달리 초점집단면접만이 가지는 몇 가지 기능이 있다. Salkind(2003)에 의하면 초점집단면접은 정보를 수집하고 연구대상들의 통찰력을 산출할 뿐만 아니라, 집단 구성원들이 어떻게 결론에 도달하는지에 대한 과정을 알 수 있고, 이 과정에서 집단 상호작용을 권장하게 된다는 고유의 특성이 있다. 반면 한두 명이 집단 내에서 지배적인 역할을 하고 집단 내의 상호작용을 이끌어 가게 되면 대화와 토론의 내용이 집단에 따라 크게 다를 수도 있다.

5. 자료분석

5.1 자료분석절차와 전략

질적 자료를 수집한 후에 분석하는 방법에 대해서는 정형화된 틀이 없으나, 많은 연구자들이 사용하고 있는 공통적인 일반적 특성은 있을 수 있다. 어떤 방법으로 분석을 하든 상관없이 우선적으로 기본이 되어야 하는 것이 있는데, 바로 수집된 모든 자료를 여러 번에 걸쳐 충분하게 읽는 것이다. 연구자가 자료를 숙독하면서 점차적으로 메모나 노트 형식으로 적기 시작하는 것이 자료분석의 시작이다. 끊임없이 메모하고 매번 떠오르는 의견이나 관점을 적어 나가면서 일차적인 범주, 즉 코드를 형성한다. 이를 바탕으로 범주들의 패턴을 발견하고 선택적으로 내용을 걸러 내면서 해석적 의미를 발견하여 이야기 형태로 발전시켜 나간다. 방대한 양의 자료를 체계화시키고 분석하는 전략은 연구자마다 다양할 것이다. 자료를 읽어 나가면서 발견되는 범주나 주제마다 다른 색깔의 펜으로 표시하는 컬러 코딩방법이 하나의 전략으로 사용되기도 한다.

근거이론에 뿌리를 둔 분석적 귀납 또한 질적 연구에서 일반적으로 사용되는 전략 중의 하나다. 분석적 귀납의 과정을 살펴보면, 연구 초기에 연구자는 특수한 현상에 대한 대략적인 정의와 설명체계를 갖고 있는데 이러한 정의와 설명체계를 충분한 자료가 수집될 때까지 최대한 보류한다. 자료를 수집하면서, 이미 형성된 정의와 설명에 맞지 않는 새로운 사례를 만날 때 그 정의와 설명체계를 수정해 나간다. 또한 연구자의 생각에 이미 형성된 이론과 설명체계에 맞지 않을 것 같은 사례를 의도적으로 선정하고 적극적으로 찾아낸다. 적합하지 않은 사례가 새롭게 나타나지 않을 때까지 자료수집을 계속하면서 보편적인 관련성이 확립되도록 그 현상을 재정의하고 설명체계를 형성하도록 한다.

5.2 컴퓨터 프로그램 활용

질적 연구의 분석을 위한 컴퓨터 프로그램이 최근 다양하게 개발되고 있다. 가장 잘 알려진 것은 초반에 개발된 NUD · IST와 Ethnography라는 프로그램으로서 주로 문서자료를 범주화하는 데 도움을 주었고, 최근에는 NVivo나 ATLAS/ti 등도 널리 쓰이고 있다. 연구의 유형별로 적합한 프로그램을 선택하여 사용하여야 하는데, 예를 들면 Ethnography는 이름에서도 알 수 있듯이 문화기술적 연구의 자료분석에 주로 사용되며, NUD · IST는 근거이론 연구에 많이 활용된다.

컴퓨터 기능의 향상과 더불어 이 밖에도 많은 프로그램들이 기존 프로그램의 한계를 넘어 연구자들에게 실질적 도움을 주고자 개발되고 있다. 예를 들어 NVivo 같은 프로그램은 다이어그램을 그리는 것도 도와줄 수 있다. 특히 원자료가 방대한 경우에는 이러한 컴퓨터 프로그램을 이용하여 파일을 조직화하고 쉽게 자료를 찾아낼 수 있도록 체계화시키는 것이 매우 도움이 된다. 그러나 이 모든 프로그램들이 아직은 영어로만 사용 가능하므로 국내에서는 실용화가 어려운 상황이다. 또한 질적 연구결과 분석에서 컴퓨터가 제공해 줄 수 있는 부분은 제한적이며, 자료를 저장하거나 저장된 자료를 부분적으로 범주화하여 연결시키거나 하는 등의 기능적인 것에 그칠 수밖에 없다.

5.3 연구결과의 타당화

5.3.1 삼각측정

질적 연구에서는 숫자로 표현되는 신뢰도나 타당도 수치를 제시할 수 없으나, 연구의 타당성을 입증하기 위하여 삼각측정(triangulation)이라는 용어를 사용한다. 삼각측정은 토지 측량에서 주로 쓰이던 용어였으나 연구 타당성을 위한 전략으로서 은유적인 의미로 사용되고 있다. 삼각측정의 형태는 자료, 연구자, 방법에 관한 것으로 나누어 생각해 볼 수 있다.

첫째, 자료의 삼각측정이란 다양하게 수집된 자료들을 이용하여 신뢰성을 높이는 것을 의미한다. 언어적 자료 외에 사진이나 비디오 녹화내용 등의 시각적 자료를 추가하는 방법이 대표적이라 할 수 있다. 예를 들어, 참여관찰의 경우 관찰자의 현장기록자료에 추가하여 비디오로 녹화한 자료, 관련 문서기록이나 작품 등 몇 가지 서로 다른 자료의 원천을 결합하여 현상을 이해하고자 하는 것이다.

둘째, 연구자의 삼각측정은 여러 명의 관찰자나 면담자를 두어 자료의 타당성을 높이고자 하는 것이다. 자료의 분석과 해석 과정에서 한 명의 연구자 외에 다른 동료 연구자들을 참여시키는 경우도 이에 해당된다. 이를 통해 연구자 개인의 주관적 관점에서 비롯되는 영향을 어느 정도 감소시킬 수 있다.

셋째, 방법의 삼각측정은 다양한 연구방법을 함께 사용하여 자료의 타당화를 높이고자 하는 것이다. 예를 들면, 심층면접과 참여관찰, 작품분석 등의 여러 연구방법을 결합하는 것이다.

이 밖에 이론적으로 다양한 관점과 개념을 적용하여 결과를 해석하고자 하는 이론의 삼각측정을 포함시키기도 한다. 질적 연구에서 삼각측정의 목적은 연구결과의 객관화나 일반화에 있다기보다는 연구대상을 좀 더 심층적이고 총체적으로 이해하기 위한 것이라 할 수 있다.

5.3.2 구성원 점검

구성원 점검(member check) 혹은 구성원 확인이란 연구결과나 해석에 관하여 연구 참여자로부터 직접 피드백을 받는 것을 말한다. 질적 연구에서 연구 참여자들은 수동적인 행위만 하는 것이 아니라 연구 과정 전반에 적극적 역할을 하게 된다. 질적 연구의 특성상 연구가 진행되는 동안 연구자와 연구대상 간에 상호 협조가 이루어지게 되므로 중간 중간 연구 참여자가 자신의 의견이나 조언을 연구자에게 표현하는 경우가 있다. 뿐만 아니라 수집된 연구자료의 맥락을 해석하는 데 도움이 되는 정보를 부가적으로 주기도 한다. 구성원 점검은 질적 연구의 타당화에 중요한 역할을 하는데, 연구 참여자에게 현장 기록이나 연구보고서 초고 등을 읽도록 하여 자료의 묘사가 적절하고 정확한지 확인하게 하는 것이다. 물론 이를 최종 연구결과보고서에 그대로 반영하지는 않을 수 있다는 것을 알려줘야 할 것이다.

구성원 점검에서 종종 문제점으로 부각되는 것은 그러한 확인 과정이 과연 얼마나 결과의 해석에 타당성을 부여할 수 있느냐 하는 것이다. 연구자의 발견이나 해석에 연구 참여자 또한 완전히 동의한다면 결과의 타당성을 뒷받침할 수 있겠지만 항상 동의하는 것은 아닐 수 있다. 만약 연구 참여자가 연구자의 결과 해석이나 의견에 동의하지 않는 부분이 있을 때, 상이한 견해를 보이는 영역에 대하여 다시 탐색하고 확인하여야 하는지에 대해 의문을 갖게 된다. 어떤 경우에는 연구결과에 대해 연구 참여자가 내면으로는 긍정하고 받아들이면서도 그것이 공식적으로 발표되거나 연구자의 해석처럼 나타나는 것을 원하지 않기도 한다. 그럼에도 불구하고, 연구 참여자의 참여만큼 연구결과에 대해 알 권리를 제공한다는 측면에서는 긍정적이라고 하겠다.

연습문제

1. 본인이 관심 있는 연구주제 중 질적 연구에 적합하다고 생각되는 것을 한 가지 선택하여 다음에 답하여라.
   1) 이 주제로 질적 연구를 실시할 때 가장 적합한 질적 연구의 유형은 무엇인가?
   2) 연구자로서의 자신이 이 주제에 대하여 가지는 관점이나 관련 배경 그리고 연구 참여자에게 미칠 수 있는 영향이 무엇인지에 대하여 서술하여 보라.
2. 최근 연구논문 중 질적 연구 한 편을 찾아 연구방법과 자료분석 부분을 읽어 보라. 연구결과를 분석하는 주요 방법은 무엇이었으며, 타당성을 높이기 위해 어떤 노력을 하였는지 서술되어 있는가? 있다면 이에 대해 간략히 서술하고, 없다면 어떻게 이를 보충할 수 있을지 논하여라.

제V부 자료분석과 연구결과 보고

13 Chapter 자료의 통계분석과 해석

통계분석은 수집된 자료를 수리적 개념으로 요약해서 정리하고 추론하는 과정이다. 과학적 연구를 수행하기 위해서 통계적 분석을 필요로 하나 통계분석 방법을 사용하였다고 해서 반드시 과학적 연구는 아니다. 과학적 연구로 평가받기 위해서는 분석 이전에 가설검증에 적합한 연구설계가 선택되고 자료수집 과정에서 심각한 오류가 없어야 하며, 연구설계에 적합한 통계분석 방법을 선택하는 것이 중요하다.

이 장에서는 자료의 통계분석을 이해하기 위해 필요한 기본 개념과 일반적으로 많이 활용되고 있는 통계분석 기법에 대해 살펴보고자 한다. 자료의 통계분석을 이해하기 위해 필요한 기본 개념으로는 기술통계와 추리통계, 가설검증, 통계분석을 위한 자료의 검토방법을 살펴보기로 한다. 통계분석 기법으로는 모수통계분석 방법 중에서 집단 간 차이를 검증하는 방법인 t검증과 변량분석, 변인들 간의 관계를 검증하는 방법인 상관분석과 중다회귀분석을 살펴보고자 한다. 또한 비모수통계분석 방법으로 대표적인 방법인 카이검증을 살펴보기로 한다.

1. 기술통계

기술통계(descriptive statistics)란 연구대상 집단의 특성을 요약하여 정리하고 그 의미를 해석하는 통계를 말한다. 연구 유형에 따라서는 연구대상 수가 몇 천 명 이상으로 많을 수 있으며 이와 같이 많은 연구대상으로부터 수집한 원자료(raw data)를 있는 그대로 독자에게 다 보여 줄 수는 없다. 따라서 원자료의 내용을 요약할 필요가 있으며, 이렇게 원자료의 내용을 요약하는 통계분석을 기술통계분석이라고 한다.

기술통계분석 방법으로는 빈도분석, 집중경향치와 변산도의 산출이 있다. 빈도분석(frequency analysis)이란 자료에서 각 점수들이 발생하는 빈도를 점수의 크기 순으로 배열하는 분석이다. 빈도분석을 통해서 각 점수별 빈도와 백분율을 산출하며, 자료의 분포양상을 알 수 있다. 집중경향치와 변산도는 자료의 분포양상을 단일 통계치로 기술하는 것이다. 집중경향치와 변산도를 통해서 자료의 특징을 알 수 있다.

기술통계는 자료의 특성을 요약하는 기능 외에 추리통계를 적용할 때 전제되어야 할 기본적 가정을 충족시키는지의 여부를 판단할 때 활용되기도 한다. 추리통계 적용에서 전제되어야 할 가장 기본적인 가정은 자료의 분포가 정상분포를 이루어야 한다는 것이다. 정상분포를 이루는지의 여부를 점검하는 방법은 여러 가지가 있으나 집중경향치와 변산도를 함께 살펴봄으로써 개략적으로 판단할 수 있다.

1.1 집중경향치

집중경향치는 연구대상 집단의 특성을 단일 통계치로 기술하는 것으로서 전체 점수분포에 대해 전형적인 또는 대표적인 점수를 나타낸다. 흔히 사용되는 집중경향치로는 최빈치(M_o), 중앙치(M_{dn}), 평균치($\overline{X}$)가 있다. 이러한 집중경향치를 이용하면 여러 집단 간에 비교가 가능하며 집단 내에서 어떤 점수의 위치를 짐작할 수 있다.

최빈치는 가장 최대의 빈도를 갖는 점수나 유목을 말한다. 최빈치는 빈도분포로 된 자료에서 흔히 사용되는 집중경향치다. 중앙치는 한 집단의 측정치를 크기의 순서로 배열하였을 때 정확하게 중앙에 오는 값이다. 집단의 전체 사례 수가 짝수일 때에는 중앙에 오는 값이 2개가 되는데, 이러한 경우에는 이 두 점수의 평균값이 중앙치가 된다.

평균치는 한 집단의 점수를 모두 합하여 전체 사례 수로 나눈 값이다. 표본의 평균치는 $\overline{X}$로 표기하며 산출공식은 다음과 같다. 이 공식에서 X는 표본을 구성하는 각 사례들의 원점수를 말하며 N은 표본의 사례 수를 말한다.

$$\overline{X} = \frac{\sum X}{N}$$

자료의 분포가 정상분포를 이룰 경우에는 평균치, 중앙치, 최빈치의 값이 일치한다. 그러나 자료의 분포가 어느 한쪽으로 치우쳤을 경우에는 그 값이 서로 다르다. 자료의 분포가 왼쪽으로 치우쳤을 때, 즉 분포의 꼬리가 오른쪽을 가리킬 때는 평균치가 가장 크고, 다음이 중앙치, 그 다음이 최빈치 순이다. 이러한 분포를 정적 편포라고 한다. 반면에 자료의 분포가 오른쪽으로 치우쳤을 때에는 최빈치가 가장 크고 다음이 중앙치, 평균치 순이며, 이러한 분포를 부적 편포라고 한다. 이와 같이 한 분포의 집중경향치들의 크기를 비교하면 분포의 편포 정도를 짐작할 수 있다. [그림 13-1]에는 정적 편포에서의 평균, 중앙치, 최빈치의 위치를 볼 수 있다.

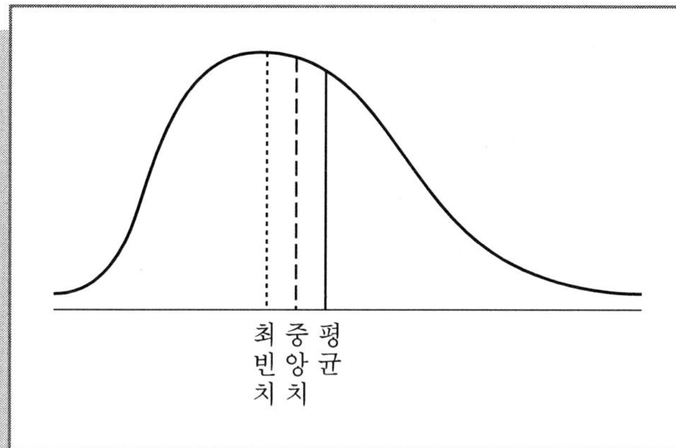

[그림 13-1] 정적 편포 곡선

1.2 변산도

연구대상 집단의 분포를 전반적으로 파악하기 위해서는 집중경향치에 추가하여 변산도를 산출할 필요가 있다. 변산도는 분포 내의 점수들이 얼마나 흩어져 있는지의 정도를 나타내는 것이다. 집중경향치만으로 집단의 분포를 이해한다면 다른 특성을 가진 두 집단을 동일한 특성으로 기술할 가능성이 있다. [그림 13-2]는 평균치가 같으나 변산도가 다른 세 분포를 보여준다. 그림에 제시된 바와 같이 분포의 양상이 다른 집단 a, b, c를 평균치만 제시했을 때에는 동일한 특성을 가진 집단으로 볼 수

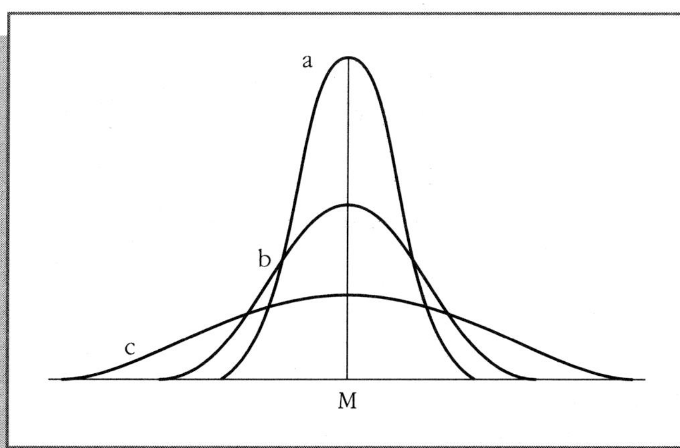

[그림 13-2] 평균치는 같으나 변산도가 다른 분포

있다. 그러나 a, b, c 순으로 분포의 점수들이 평균치로부터 많이 흩어져 있다. 그러므로 연구대상 집단의 특성을 요약하여 파악하기 위해서는 적어도 집중경향치와 변산도가 함께 산출되어야 한다. 연구보고서에서 기술적 결과를 제시할 때 평균과 표준편차를 함께 제시하는 이유가 여기에 있다.

변산도를 나타내는 통계치 중에서 가장 대표적인 통계치는 표준편차(standard deviation)다. 표본의 표준편차는 S 또는 SD로 표기하며 계산공식은 다음과 같다.

$$SD = \sqrt{\frac{\Sigma\left(X - \overline{X}\right)^2}{N}}$$

위의 공식에 의하면 표준편차는 한 집단을 구성하는 개개인의 측정치에서 그 집단의 평균을 뺀 값을 자승하여 모두 합하고, 이를 사례 수로 나눈 값의 제곱근이다. 즉 표준편차는 한 집단을 구성하는 개개인의 점수가 그 집단의 평균치로부터 떨어져 있는 거리의 평균을 의미한다. 따라서 표준편차가 클수록 그 집단의 점수들이 평균으로부터 멀리 떨어져 있는 양상을 나타낸다. [그림 13-2]에서 보면 c분포의 표준편차가 가장 크게 산출될 것이다.

이와 같이 표준편차는 집단을 구성하는 개개인의 점수들이 평균으로부터 떨어져 있는지 아니면 가까이 있는지를 기술하는 것이다. 이러한 점을 고려해 볼 때 자료의 분포에서 표준편차가 평균에 비해서 크면 정상분포가 아닐 경우가 많다. 일반적으로 표준편차를 평균으로 나눈 값이 1/4보다 적으면 정상분포에 가깝다고 본다.

변산도를 나타내는 개략적인 통계치로 점수의 범위(range)가 있다. 분포에서 가장 높은 값과 가장 낮은 값의 차이를 말하는 것으로서 가장 높은 점수에서 가장 낮은 점수를 빼고 1을 더해서 산출한다. 예를 들어, 6명으로 구성된 집단의 점수가 4, 5, 7, 7, 7, 9라면 범위는 6이다. 동일한 척도를 사용해서 두 집단이 다른 점수의 범위를 나타낸다면 이는 두 집단 분포의 변산도에 차이가 있음을 말하는 것으로 간편하게 집단 간의 변산도를 비교할 수 있다. 그러나 범위는 분포의 양 극단값에 의해서 산출되므로 표준편차에 비해 정확성이 떨어진다.

2. 추리통계

추리통계(inferential statistics)는 표본조사의 결과를 통해 전집의 특성을 추측하고 판단하는 통계로서 추리 과정에 유의도 검증(significance test)이 포함된다. 일반적으로 전집의 특성에서 집단 간의 차이를 보이는지, 변인 간의 관계가 있는지에 대한 가설은 표본의 통계치(sample statistics)를 사용하여 검증하게 된다. 표본의 통계치는 전집치(population parameter)를 알 수 있는 가장 좋은 수치이나, 표집 과정에서 생기는 오차로 인해 통계치와 전집치는 동일하지 않다. 따라서 추리통계는 표본을 통해서 산출된 통계치가 전집의 특성을 나타내는 것인지를 추리하는 유의도 검증의 과정을 거치게 된다. 이 절에서는 추리통계의 개념을 이해하기 위해서 표집분포와 정상분포 그리고 가설검증에 대해서 살펴보기로 한다.

2.1 표집분포와 정상분포

표집분포란 하나의 전집에서 일정한 크기의 표본을 계속적으로 표집하여 산출된 통계치(예: 평균)들의 분포를 말한다. 예를 들어, 전집에서 하나의 표본을 추출해서 그 표본을 구성한 요소들로부터 측정치들의 평균이 하나 산출되고, 또 다른 표본을 추출해서 그 표본 측정치의 평균을 산출하는 과정을 무한대로 계속하면 각 표본에서 산출된 평균치들의 분포, 즉 표집분포는 정상분포에 근접한다.

그러나 이러한 표집분포는 이론적인 가정이다. 실제로 연구를 수행할 경우 연구자는 자료수집을 위해 한 개의 표본을 추출해서 측정을 하지 동일한 전집을 대상으로 여러 개의 표본을 추출하여 동일한 측정치를 반복적으로 얻어내지는 않는다. 따라서 표본의 특성으로 전집의 특성을 설명하고자 하는 추리통계를 적용할 때는 표본의 분포가 전집분포에 속하는지 여부를 검증하는 유의도 검증의 과정을 거치게 된다.

일반적으로 인간의 특성이나 행동에 대한 전집의 분포는 정상분포곡선(normal distribution curve)을 나타낸다고 가정한다. 여기서 '정상' 이란 용어는 방정식으로 정의될 수 있는 특정한 모양을 말하는데 [그림 13-3]에서 보여 주는 바와 같이 좌우대칭이며 분포의 중간에 가장 많은 사례가 집중되어 있고 양 끝으로 갈수록 사례가 줄어드는, 종을

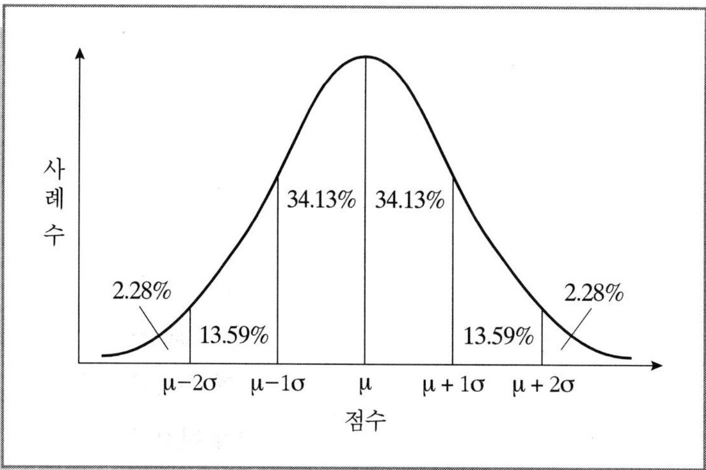

[그림 13-3] 정상분포곡선과 표준편차 간격별 곡선 아래의 면적비율

엎어 놓은 듯한 모양이다. 이 그림에서 μ는 전집의 평균을 나타내며, σ는 전집의 표준편차다. 이처럼 전집의 통계치는 일반적으로 그리스 문자로 표시함으로써 표본의 통계치와 구분하여 사용한다.

정상분포곡선은 흥미로운 수학적 특성을 가지고 있는데, 일정한 측정치의 이상이나 이하에 해당하는 사례 수가 전체의 몇 %가 되는지 알 수 있으며, 이를 근거로 정상분포곡선의 X축상의 값을 이용해 표본으로부터 산출된 통계치가 우연히 발생할 확률을 알 수 있다. 즉 X축상의 값이 우연에 의한 확률인지 아닌지를 판단할 수 있다. 따라서 정상분포곡선은 추리통계분석에서 매우 중요한 역할을 한다.

일반적으로 키, 지능, 불안 등과 같은 인간의 특성에 관한 측정치를 무한히 많은 사람들로부터 수집하여 빈도분포를 그리면 이러한 정상분포 모양을 나타낸다. 즉 중간 정도의 키에 속하는 사람들의 사례 수가 가장 많으며 키가 아주 작거나 아주 큰 경우에 해당하는 사람들의 수는 적다. 그러므로 전집의 분포가 정상분포를 그릴 것이라는 가정을 할 수 있다.

2.2 가설검증

양적 연구에서 연구자들은 다양한 변인들의 측정치에서 집단 간 차이가 있는지 혹은 측정치들 간에 관계가 있는지에 관심이 있다. 그런데 변인의 측정치가 전집의 측정치가 아니고 표본의 측정치이기 때문에 표본의 측정치로 전집의 특성에 대해 추론해야 한다. 전집의 특성에 대한 추론을 가설이라 하고 가설이 옳은지를 검증함으로써 전집의 특성에 대한 결론을 내리게 되는데, 이러한 과정을 가설검증이라고 한다. 따라서 가설검증은 추리통계의 주요 과정이다.

한편 가설검증과 유의도 검증은 거의 동의어처럼 사용되나, 엄밀하게 말하면 가설검증 과정에 유의도 검증이 필수적으로 포함된다. 유의도 검증을 위해서는 표본에서 산출된 통계치가 유의한지를 판단할 수 있는 기준이 설정되어야 하는데, 이러한 기준을 유의도 수준(significance level)이라고 한다. 예를 들어, 유의도 검증 과정에서 집단 간의 차이를 비교하고자 할 때 집단 간의 차이를 나타내는 통계치가 전집의 집단 간에 존재하는 차이를 진정으로 반영하는 것인지, 아니면 표집의 오차로 생긴 우연에 의한 차이인지를 설정된 유의도 수준에 근거해서 판단하게 된다.

이러한 일련의 검증 과정이 필요한 이유는 표본의 통계치가 전집치를 반영하는 적합한 추정치이기는 하지만, 표집의 오차로 인해 통계치와 전집치는 동일하지 않기 때문이다. 따라서 유의도 검증을 통해서 집단의 차이를 나타내는 통계치가 표집의 오차를 뛰어넘을 수 있는, 다시 말해서 우연에 의해 발생할 수 있는 범위를 넘어선 차이인지 아닌지를 판단하게 된다. 다음은 가설검증의 단계와 유의도 검증의 두 유형인 양방검증과 일방검증 그리고 유의도 검증에서 범하게 되는 1종 오류와 2종 오류에 대해서 살펴보기로 한다.

2.2.1 가설검증의 단계

통계분석에서 가설검증의 과정은 대체로 다음의 네 단계를 거친다. 두 집단의 평균에 차이가 있는지를 검증하는 경우를 예로 들어 가설검증의 각 단계를 설명해 보면, 먼저 1단계에서는 영가설을 설정한다. 영가설은 연구문제 또는 연구가설에 기초하여 세울 수 있다. 영가설은 전집에 대한 예측으로서 두 집단 간에 차이가 없음을 진술하는 문장으로 H_0로 표시한다. 반면에 연구가설은 상대가설이라고도 하며, 두 집단 간에 차이가 있음을 진술하는 문장으로 H_1 혹은 H_A로 표시한다. 연구보고서에서는 연구가설 또는 연구문제를 기술하고, 통계분석 과정에서는 영가설의 기각 여부에 따라 연구가설의 채택 여부가 결정된다. 즉 영가설을 기각하게 되면 자동적으로 연구가설을 채택하게 된다. 연구가설과 영가설의 예를 들어 보자. 두 집단 간의 차이를 기술하는 연구가설은 다음 두 가지 중의 하나로 기술될 수 있다.

연구가설 1: 아동의 공격적 행동에는 남녀 간 차이가 있을 것이다.

연구가설 2: 남아의 공격적 행동이 여아보다 높을 것이다.

연구가설 1은 두 집단 간에 차이가 있음을 기술한 가설이고, 연구가설 2는 비교되는 한 집단이 다른 집단보다 높거나 낮음을 기술한 것이다. 이 두 가지 가설의 차이에 대해서는 나중에 살펴보기로 하자. 연구가설 1과 2에 대한 영가설은 아래와 같다.

영가설 1: 아동의 공격적 행동은 남녀 간 차이를 보이지 않을 것이다.
영가설 2: 남아의 공격적 행동은 여아보다 낮거나 같을 것이다.

영가설을 설정한 다음, 표본에 나타난 남아와 여아의 공격적 행동점수 평균의 차이가 우연이나 오차에 의한 차이인지, 아니면 실제로 존재하는 남녀 집단 간의 차이인지를 결정하기 위하여 다음의 단계들을 밟게 된다.

가설검증의 2단계에서는 영가설을 기각하기 위한 유의도 수준을 정한다. 유의도 수준을 결정하기 위해서는 앞에서 설명한 표집분포를 활용한다. 영가설이 사실일 경우에 발생할 수 있는 모든 가능한 표본통계치 평균의 분포, 다시 말해서 평균의 표집분포를 [그림 13-4]에 제시하였다. [그림 13-4]를 표준 정상분포곡선(standardized normal distribution)이라고 하며, 평균이 0이고 표준편차가 1인 표준점수(Z점수)로 환산한 값으로 그린 분포다. 위의 가설에서 제시한 바와 같이 두 집단의 평균에 차이가 없다는 영가설이 사실일 경우 [그림 13-4]에서 보는 바와 같이 대부분의 표본통계치의 평균은 분포의 중앙에 위치하며 적은 수가 분포의 양끝에 위치한다.

예시된 가설에서 남아와 여아의 공격적 행동 수준에 차이가 없다면 남아와 여아의 공격적 행동점수의 차이는 정상분포곡선의 가운데 부분에 속하게 된다. 즉 영가설이 사실

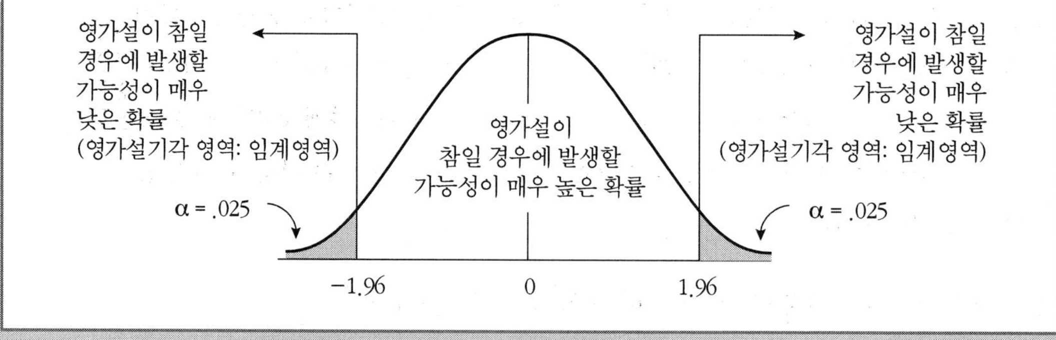

[그림 13-4] 표준 정상분포곡선상의 영가설 기각영역

이라면 전집에서 추출된 대부분의 표본에서 산출된 남아와 여아의 공격적 행동점수는 차이가 없으며, 소수의 표본에서 산출된 남아와 여아의 공격적 행동점수에는 차이가 날 수 있다. 그렇다면 두 집단 간에 진정으로 차이가 있는지 없는지를 무엇을 기준으로 결론내릴 수 있을까?

두 집단 간에 차이가 있다는 결론을 내리기 위해서는 어떤 기준을 설정할 필요가 있으며, 이러한 기준은 α수준 또는 유의도 수준에 의한다. 유의도 수준은 [그림 13-4]에서 α영역에 해당하는 확률인데 이 영역을 임계영역이라고 하며, 임계영역을 가리키는 X축의 값을 임계치라고 한다. 표본의 통계치가 임계치보다 커서 임계영역에 속하면 영가설이 기각된다. 즉 영가설이 참이라고 보기에는 매우 드문 경우로서 100회 중 5회에 해당하는 결과다. 반면에 산출된 통계치가 임계영역 바깥에 속하게 되면, 즉 표준정상분포의 가운데 영역에 속하게 되면, 표집오차로 인해 우연히 나타난 차이로 결정을 짓고 영가설을 기각하지 않는다.

유의도 수준을 .05로 정했을 때 [그림 13-4]에서 보는 바와 같이 영가설을 기각하기 위한 임계영역은 양 끝 2.5%씩으로 전체의 5%에 해당한다. 전통적으로 유의도 검증을 위한 유의도 수준, 즉 α값은 .05, .01 혹은 .001로 정하고 있다. 유의도 수준을 .01로 정한 경우는 임계영역을 [그림 13-4]에 제시된 분포에서 양 끝 .5%씩 하여 합이 1%가 되게 정하고, 유의도 수준을 .001로 정한 경우에는 분포의 양 끝 .05%씩 합이 0.1%가 되게 정한다. 그러나 이러한 임계영역을 분포의 양쪽으로 정하느냐 아니면 한쪽으로 정하느냐에 따라서 영가설의 기각 여부를 결정짓는 임계치가 달라진다. 이와 관련된 내용은 양방검증과 일방검증을 다루는 부분에서 구체적으로 살펴보기로 하자.

가설검증의 3단계에서는 수집된 자료로 통계 프로그램을 사용하여 두 집단의 기술통계치와 함께 차의 검증에 관련된 통계치를 구한다. 가설검증의 마지막 4단계에서는 위의 2단계에서 설정한 α수준을 적용하여 영가설의 기각 여부를 결정한다. 영가설을 기각하게 되면, 다시 말해서 통계적으로 유의한 차이 혹은 유의한 관계를 발견하면 기술통계치와 함께 검증결과를 해석한다.

2.2.2 양방검증과 일방검증

가설검증의 방법은 양방검증(two-tailed test)과 일방검증(one-tailed test)으로 분류할 수 있다. 양방검증을 하기 위한 연구가설은 앞에서 예시한 연구가설 1에 해당하고, 일방검증을 하기 위한 연구가설은 연구가설 2에 해당한다. 양방검증을 할 경우는 측정치가 기대하는 값보다 큰지 혹은 작은지 모를 경우에 적용하는 가설검증방법으로 임계영역을 [그림 13-4]에서 보는 바와 같이 정상분포의 양 끝으로 설정한다. 이렇게 임계영역을 분포의 양 끝으로 설정한다고 하여 양방검증이라고 한다. 이에 반해 일방검증은 사전연구의 결과를 통해 측정치가 영가설에서 기대하는 값보다 큰지 혹은 작은지 알려진 경우에 적용하는 가설검증방법으로 임계영역을 정상분포의 한쪽 끝으로 설정하여 영가설의 기각 여부를 결정짓는다. 즉 [그림 13-4]에서 임계영역을 좌측이나 우측의 한쪽 끝으로 설정하므로 이를 일방검증이라고 한다.

[그림 13-4]에서 보는 바와 같이 유의도 수준 $\alpha<.05$에서 양방검증을 하는 경우, 영가설을 기각하기 위한 임계치의 크기는 일방검증보다 양방검증의 경우에 더 크다. 유의도 수준 $\alpha<.05$에서 양방검증일 경우에 표준 정상분포곡선상에서의 임계치는 절대값 1.96이며, 일방검증일 경우의 임계치는 연구가설에 따라서 +1.65 혹은 −1.65다. 다시 말해서 같은 유의도 수준을 설정하였다고 해도 일방검증을 하는 경우는 양방검증을 하는 경우보다 영가설을 기각하기 위해 요구되는 임계치가 작기 때문에 영가설을 기각하기가 더 쉽다. 즉 양방검증은 일방검증에 비해 영가설을 기각하기 어려워 보수적인 검증이라 할 수 있으며, 가설검증 시에 발생하는 1종 오류를 줄이기 위해서는 주로 양방검증을 한다.

2.2.3 가설검증의 오류

가설검증의 과정에서 통계치에 의해 영가설 기각 여부를 결정할 때 일반적으로 발생하는 오류가 있다. 오류의 종류는 1종 오류(Type I error)와 2종 오류(Type II error)로 구분된다. 가설검증의 모든 가능한 결과는 네 가지 경우로 분류될 수 있다. 전집의 특성에서 영가설이 참인 경우와 거짓인 경우 그리고 가설검증결과에 의한 영가설의 기각 혹은 채택 여부에 따라 분류되는 네 가지 가능한 결과를 [그림 13-5]에 제시하였다.

두 집단의 평균 차이를 비교하는 가설검증의 예를 들어서 [그림 13-5]를 설명하면 다음과 같다. 첫째는 [그림 13-5]의 ①에 해당하는 경우로 전집의 특성에서 비교집단 간에 유의한 차이가 없을 때 영가설을 기각하는 것이다. 가설검증에서 오류를 범한 경우인데 이러한 오류를 1종 오류라고 한다. 이러한 오류의 확률을 α라고 하며 가설검증 시 설정하는 유의도 수준에 의해 결정된다.

둘째 가능성은 칸 ②에 해당하는 경우로 전집의 특성에서 비교집단 간에 유의한 차이

검증결과		전집의 특성: 영가설이 참일 때	전집의 특성: 영가설이 거짓일 때
	영가설 기각	1종 오류 (α) ①	③ 올바른 검증 (검증력)
	영가설 기각에 실패	② 올바른 검증	④ 2종 오류 (β)

[그림 13-5] 가설검증의 가능한 결과

가 없을 때 영가설을 기각하지 않는 것이다. 즉 가설검증에서 오류를 범하지 않은 경우다. 칸 ③에 해당하는 경우도 ②와 마찬가지로 가설검증에서 오류를 범하지 않은 경우다. 전집의 특성에서 두 비교집단 간에 유의한 차이가 있을 때 영가설을 기각하는 것이다. 이처럼 영가설이 거짓일 때 영가설을 기각할 확률을 검증력(power)이라고 한다.

마지막은 칸 ④에 해당하는 경우로 전집의 특성에서 두 비교집단 간에 유의한 차이가 있을 때 영가설을 기각하지 못하는 것이다. 칸 ①과 마찬가지로 가설검증에서 오류를 범하는 경우다. 이러한 오류를 2종 오류라고 하며 이러한 오류의 확률을 β라고 한다. 2종 오류는 두 집단 간에 차이가 있으나 차이가 있다고 결정내릴 만한 충분한 증거를 제시하지 못했을 때 발생한다.

2.3 모수통계와 비모수통계

추리통계는 모수통계(parametric statistics)와 비모수통계(nonparametric statistics)로 나누어진다. 모수통계는 표본이 추출된 전집이 정상분포를 이룬다는 전제하에 이루어지는 통계검증방법이다. 통계분석에서 빈번히 사용하는 t검증, 변량분석, Pearson의 적률상관분석, 중다회귀분석 등을 예로 들 수 있다. 모수통계검증법을 적용하기 위해서는 다음과 같은 가정을 충족시켜야 한다.

첫째, 측정된 변인들은 연속적 변인으로서 동간척도 또는 비율척도이어야 한다.

둘째, 측정된 변인들의 분포는 정상분포를 이루어야 한다는 정상성의 가정이다. 유의도 검증 과정에서 영가설의 기각 여부를 결정짓는 준거는 전집의 측정치가 정상분포를 이룬다는 가정 아래서 만들어진 것이다. 따라서 추리통계분석을 적용하기에 앞서 측정된 변인들이 정상분포를 이루는지를 점검하는 과정이 선행되어야 한다. 정상분포를 이루는지 점검하는 방법으로는 앞에서 말한 바와 같이 집중경향치나 변산도와 같은 기술통계치를 활용하여 개략적으로 점검하는 방법, 시각적으로 분포의 양상을 살펴봄으로써 점검하는 방법 그리고 첨도와 왜도지수를 통해 점검하는 방법이 있다. 이 내용과 관련해서는 뒤에서 구체적으로 다루기로 하겠다.

셋째, 모수통계검증을 적용하기 위해서 충족되어야 할 또 다른 가정은 독립성의 가정이다. 독립성의 가정이란 연구대상으로부터 수집된 측정치들이 각각 독립적이어야 한다는 것이다. 즉 한 대상에 대한 측정치가 다른 대상의 측정치에 영향을 주지 않아야 한다. 예를 들어, 초등학교 아동의 공격적 행동 수준을 측정한 결과 출석부의 일련번호와 공격적 행동 수준 간에 의미 있는 관계를 보인다면, 공격적 행동 수준의 측정치는 독립성 가정에 위배된다. 왜냐하면 출석부의 일련번호와 공격적 행동 수준은 서로 관련성을 보여서는 안 되는 변인인데 관계가 있다는 것은 일련번호상에서 가까이 있는 사람들끼리 공격적 행동 수준의 측정 과정에서 서로 영향을 주었을 가능성이 있음을 말하는 것이기 때문이다.

넷째, 둘 이상의 집단을 비교할 경우에 각 집단의 전집 분포의 변량은 동일해야 한다. 이러한 가정을 동변량성의 가정이라고 한다.

이상의 기본 가정 중 어느 하나라도 충족시키지 못한 상황에서 모수통계를 적용했을 경우에는 추론의 결과에 오류가 있을 수 있다.

한편 비모수통계를 적용할 경우는 모수통계만큼 기본적으로 충족시켜야 할 가정이 복잡하지는 않다. 위의 네 가지 가정 중에서 독립성의 가정만을 충족시키면 된다. 비모수통계를 적용하는 경우는 독립변인과 종속변인이 명명척도 혹은 서열척도로 측정되었을 때 또는 표본의 크기가 10 이하로 작을 경우에 해당된다. 표본의 크기가 작을 경우 측정의 수준이 어떠하든지 정상성의 가정이 충족되기 어려운 상황이므로 비모수통계를 사용해야 한다.

2.4 유의도 수준의 선택과 유의도 검증결과를 해석하는 기준

가설검증을 위한 유의도 수준(α)은 연구자가 임의로 정하게 되는데 전통적으로 .05, .01, .001로 정하고 있다. 이와 같이 유의도 수준을 정해 두는 것은 연구마다 통일된 유의도 기준을 사용함으로써 연구결과에 대한 통계학적 유의도 간의 비교를 용이하게 하기 위함이다. 유의도 수준을 정할 때 고려해야 할 점에 대해서 살펴보기로 하자(김영종, 2001).

첫째, 유의도 수준을 선택하기 위해서는 영가설 기각에 따른 결과를 고려해야 한다. 영가설을 기각함으로써 1종 오류의 발생에 따른 실제적인 문제가 심각하다면 유의도 수준을 최소한으로 낮추어야 한다. 그러나 탐색적 연구에서처럼 관계나 차이의 가능성을 타진하고자 하는 연구에서는 2종 오류를 줄여야 하므로 유의도 수준을 낮출 필요가 없다.

둘째, 유의도 수준의 선택을 위해서는 표본의 크기를 고려해야 한다. 예를 들어, 변인들 간에 관계가 있는지 검증할 경우 표본의 크기가 크면, 변인들 간의 관계의 정도가 미미해도 쉽게 영가설을 기각할 수 있다. 반면에 표본의 크기가 작을 경우에는 변인들 간의 관계의 정도가 커도 영가설을 기각하기가 쉽지 않다. 다시 말해서 실제적인 관계의 존재 유무에 상관없이 표본의 크기에 따라서 관계의 존재 유무가 결정된다. 따라서 표본의 크기가 클 경우에는 유의도 수준을 .01이나 .001로 잡는 것이 바람직하며, 표본의 크기가 작을 경우에는 유의도 수준을 .05로 높여서 잡는 것이 바람직하다.

가설검증 시 연구자가 현상에 대한 이론적 지식이나 경험적 판단이 없이 통계적 유의도에만 관심을 갖게 되면 통계적으로 유의하다는 이유만으로 가설검증결과에 대한 맹목적인 해석을 하는 우를 범하게 된다. 즉 두 변인 간에 관계가 있다고 말하기에는 그 정도가 약한데도 사례 수가 커서 유의도 검증결과 의의가 있으면 관계의 크기는 어떠하든지 간에 두 변인은 서로 관계가 있다고 해석을 한다. 혹은 그 반대로 실질적으로 혹은 이론적으로 두 변인 간에 의미 있는 관계가 존재하며 관계의 정도가 크게 산출되었는데도 사례 수가 적어 유의도 검증결과 통계적으로 유의하지 않으면, 두 변인은 서로 관계가 없다고 해석을 한다. 이러한 우를 범하지 않기 위해서는 유의도 검증결과를 해석할 때 연구자들은 통계적 유의도뿐 아니라 실질적, 이론적 중요성도 함께 고려하여 종합적으로 판단할 필요가 있다.

3. 통계분석을 위한 자료의 검토

3.1 원자료의 검토와 입력 오류의 수정

통계분석의 오류를 줄이고 정확한 결과를 얻기 위해서는 먼저 원자료를 컴퓨터에 입력하기 전 분석에 적용될 수 있는 자료인지 검토하는 과정이 선행되어야 한다. 원자료가 질문지라면 무응답이 많은 질문지나 반응세트를 보이는 질문지를 선별해 낼 필요가 있다. 원자료를 살펴보는 과정을 통해 연구자는 신뢰할 수 없는 자료를 통계분석 대상에서 제외시킬 수 있다. 또한 원자료에 보고된 연구대상의 응답내용을 검토함으로써 통계분석결과를 해석하거나 연구결과를 논의하는 데 도움이 되는 통찰을 얻을 수도 있다.

이러한 원자료 검토 과정을 거친 후 원자료를 컴퓨터에 입력한다. 그런 다음 컴퓨터에 입력된 자료에 오류가 없는지 검토하는 과정이 반드시 따라야 한다. 입력의 오류를 검토하는 데 특별한 기술이 요구되는 것은 아니다. 가장 손쉬운 방법은 컴퓨터에 입력된 자료 파일을 출력하여 원자료와 대조하면서 잘못 입력된 사례를 찾아 수정할 수 있다. 그 밖에도 기술통계분석을 통해서 자료가 코딩된 대로 입력되었는지 살펴보는 것이다. 입력된 자료 파일의 모든 변인에 대한 빈도분석을 해 봄으로써 두 번 이상 입력된 사례나 입력에서 빠진 사례를 찾아낼 수 있다. 또한 모든 변인의 변수값(value)의 범위를 벗어나는 값이 있는지를 점검하여 잘못 입력된 사례를 찾아낼 수 있으며 무응답 처리가 되지 않은 변인을 찾아낼 수 있다. 이러한 과정을 거쳐서 컴퓨터에 입력된 자료의 오류를 수정해야 한다.

3.2 분포의 기본 가정 검토와 자료의 변환

자료에 대한 통계적 분석을 실시하기에 앞서 수행해야 할 과제는 추리통계, 특히 모수통계를 적용할 수 있는 기본 가정을 충족시키는지 점검하는 것이다. 앞에서 서술한 바와 같이 추리통계의 적용을 위해 충족되어야 할 기본 가정은 분포의 정상성, 독립성, 동변량성의 가정이다. 동변량성의 가정은 비교대상이 되는 각 집단의 변량이 동일해야 한다는 것으로서 집단별 사례 수가 유사하고 정상성 가정에 적합하면 대체로 충족된다.

여기에서는 정상성 가정과 독립성 가정을 검토하는 방법에 대해 구체적으로 살펴보기로 하자.

3.2.1 정상성 가정의 검토

앞에서 정상성 가정을 점검하는 방법으로 분포의 양상을 살펴보는 방법과 다양한 기술통계치를 활용하는 방법이 있다고 하였다. 먼저 분포의 양상을 통해서 정상분포를 이루는지 판단하는 방법을 살펴보자. 일반적으로 다음의 세 가지를 고려해야 한다. 첫째, 변인의 분포가 좌우대칭인지 아니면 한쪽으로 치우쳤는지 살펴보아야 한다. 앞에서 제시한 [그림 13-1]에서 보여 주는 바와 같이 자료가 어느 한쪽으로 치우친 분포를 편포되어 있다고 하는데, 이렇게 편포되었을 경우에 산출된 평균과 표준편차는 왜곡된 값이 된다.

둘째, 분포의 범위 밖에 속하는 극단치(outlier)가 없는지 살펴보아야 한다. 극단치란 집단에 속한 대부분의 값들이 위치하는 범위 밖에 동떨어져서 분포되어 있는 값이다. 이러한 관찰치가 있을 경우에 산출된 평균은 왜곡되어 나타난다. 셋째, 분포상 봉우리가 몇 개인지 그리고 자료의 분포가 연속적인지를 살펴보아야 한다. 자료의 분포가 불연속적이고 봉우리가 2개 이상의 분포에서는 평균이나 표준편차의 값이 왜곡되어 산출된다. 이와 같이 변인의 분포가 정상분포를 이루지 않을 때에는 평균치와 표준편차가 왜곡되어 해석하기 어렵고, 그러한 값들을 적용해 산출된 통계치를 통해서 가설검증을 하는 추리통계분석결과는 신뢰하기 어렵다.

다음은 다양한 통계치의 산출이나 통계적 방법으로 변인의 정상분포 여부를 판단할 수 있는 방법을 살펴보기로 하자. 첫째, 기술통계치 중에서 왜도지수(skewness)와 첨도지수(kurtosis)를 산출하여 분포의 정상성 여부를 판단한다. 왜도지수는 자료의 분포가 한쪽으로 치우친 정도를 나타내는 지수로서 왜도지수가 0에 가까우면 정상분포에 가깝고, +인 경우는 정적 편포, −인 경우는 부적 편포이다. 일반적으로 왜도지수의 절대값이 1보다 클 경우에 편포되었다고 판단한다.

한편 첨도지수는 자료 분포의 봉우리가 얼마나 뾰족한지의 정도를 나타내는 지수다. 왜도지수와 마찬가지로 첨도지수가 0에 가까우면 정상분포에 가깝고, +인 경우는 정상분포보다 뾰족하며, −인 경우는 정상분포보다 평평한 봉우리다. 일반적으로 절대값이 1보다 클 경우 정상분포보다 봉우리가 뾰족하거나 평평하다고 판단한다. 왜도지수와 첨도지수의 절대값이 크다는 것은 그만큼 자료의 분포 모양이 정상분포에서 멀어진다는 것을 의미한다. 이외에도 자료의 분포가 정상분포를 이루는지 평가하는 통계검증방법으로 Shaporo-Wilk 검증, Kolmogorov 검증 등이 있다.

자료가 정상분포를 이루기 위해서는 표본선정에서 편파성이 없어야 하며, 측정도구의 선정 및 측정 과정에서 충분히 검토되어야 한다. 그럼에도 불구하고 수집된 자료가 정상성 가정을 충족시키지 않는 경우에는 자료를 변환시킴으로써 변인의 분포가 정상성을 갖도록 다듬는 작업을 거친 후 추리통계분석을 적용할 수 있다. 변환점수를 산출할 경우에는 해석에 많은 주의를 기울여야 한다. 원점수의 분포에서 평균과 변량의 관계에 따라 변환점수를 산출하는 방법은 다양하나 대표적인 산출방법으로는 로그값이나 제곱근값을 산출하는 방법이 있다. 자료분석을 위해서 변환점수를 사용할 것인지 원점수를 사용할 것인지를 결정하기 위해서는 변환점수와 원점수로 모두 분석을 하여 결과에 차이가 있는지 비교해 보고 변환점수의 결과가 다르다면 추리통계분석을 위한 정상성의 가정에 최대한 접근하기 위해서 변환점수를 사용해야 한다(정현숙, 1994).

정상성의 가정을 충족시키기 위해서 변환점수를 사용하는 방법 이외에 극단치를 제거하거나 특정 점수를 기준으로 분포를 분리하여 분석하는 방법도 있다. 한두 사례의 극단치에 의해 편포 정도가 심할 때에는 상황에 따라 이를 제거함으로써 분포의 정상성을 유지할 수 있다. 또한 자료의 분포가 불연속적이거나 봉우리가 두 개 이상일 때에는 분포를 봉우리에 따라 분리함으로써 정상성을 유지할 수도 있다.

3.2.2 독립성 가정의 검토

독립성 가정은 연구설계와 자료수집 과정에서 연구자가 분석단위를 결정할 때 유의해야 하는 부분이다. 예를 들어, 어린이집 교사의 직무 스트레스를 조사하기 위해 50개 기관에서 130명의 교사로부터 설문지를 수집하였다고 하자. 이때 분석단위가 130명의 교사라면, 큰 기관에서는 여러 명의 교사가 응답한 경우가 생긴다. 이럴 경우 한 기관에 속한 교사들의 직무 스트레스 측정치는 각각 독립적이라고 보기 어렵다. 왜냐하면 공통된 직무 환경에 소속되기 때문이다. 자료수집 과정에서든지 혹은 다른 이유로 측정치의 독립성 가정이 의심될 때에는 이를 검토해 보아야 한다.

독립성 가정의 여부를 검토하는 방법으로는 산포도(scatter plot)를 그려 보는 방법과 더빈-왓슨 계수(Durbin-Watson statistic)를 산출하는 방법이 있다. 독립성 가정의 충족 여부를 살펴보기 위한 산포도를 그리는 방법은 y축을 변인의 값으로 하고 x축을 연구대상의 일련번호로 한다. [그림 13-6]에 산포도를 제시하였다. 산포도의 각 점들의 분포가 [그림 13-6]의 (a)에서 보여 주는 바와 같이 아무런 패턴을 보이지 않고 무작위로 분포되어 있으면 독립성을 가정할 수 있다고 본다. 그러나 [그림 13-6]의 (b)와 (c)에 제시된 산포도는 일련번호의 증가에 따라 변인의 값이 증가하거나 증가와 감소가 반복되는 변화를 보이고 있다. 변인의 값과 관련성을 보여서는 안 되는 일련번호와 이러한 관련성을 보일 때 변인의 측정치들 간에 독립성을 가정할 수 없다. 또한 더빈-왓슨 통계치를 산출하여 독립성 가정 여부를 점검할 수 있다. 더빈-왓슨 계수가 2에 가까우면 독립성의 가정이 충족된다고 본다.

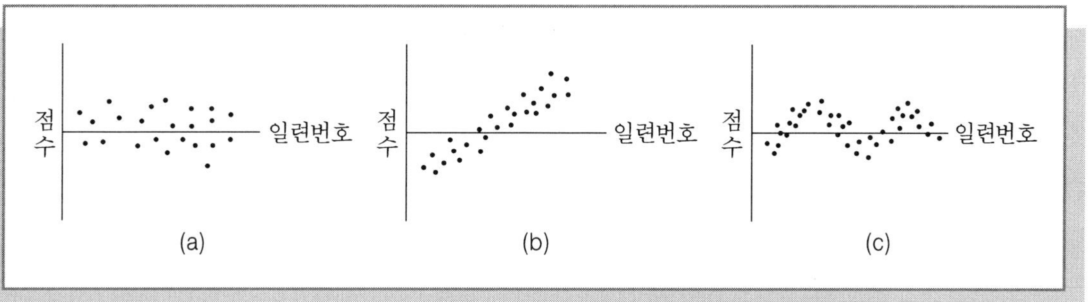

[그림 13-6] 독립성 검증을 위한 산포도

4. 차이검증을 위한 모수통계분석

자료의 입력이 정확하게 되었고 자료의 분포가 추리통계분석을 적용할 수 있는 기본가정을 충족시키면 추리통계분석을 할 수 있다. 여기서는 추리통계 중에서 모수통계분석 방법을 살펴보고자 한다. 먼저 집단 간 평균의 차이가 유의한지를 분석하기 위한 대표적인 모수통계분석 방법인 t검증과 변량분석에 대해서 살펴보고자 한다. t검증과 변량분석은 어떤 조건에서 사용되며, 어떠한 종류로 더 세분화될 수 있는지 그리고 SPSSWIN을 사용한 분석결과는 어떻게 해석하는지를 중점적으로 살펴보기로 하자.

4.1 두 집단 평균의 차이검증

두 집단 간 평균의 차이가 유의한지를 검증하는 대표적인 통계분석법은 t검증이다. t검증에서는 두 표본집단이 추출된 두 모집단에서 평균이 같다는 영가설을 검증한다. 어떤 두 집단을 비교하느냐에 따라서 독립표본에 대한 t검증(independent t-test)과 상관표본에 대한 t검증(paired t-test)으로 분류된다. 독립표본에 대한 t검증은 서로 독립적인 두 집단의 평균을 비교할 때 사용하는 방법이다. 남아와 여아 집단의 비교, 도시 거주 아동과 농촌 거주 아동 집단을 비교하는 경우를 예로 들 수 있다. 상관표본에 대한 t검증은 서로 짝을 이룬 집단의 평균을 비교하거나 동일 집단에 대한 반복측정치의 평균을 비교할 때 사용되는 방법이다. 부부 혹은 형제, 자매 등에 대한 동일 측정치의 평균을 비교하는 경우 또는 한 집단의 사전검사와 사후검사를 비교할 때 등을 예로 들 수 있다.

4.1.1 독립표본에 대한 t검증

아동의 공격적 행동 수준에 있어서 남녀 간에 차이가 있는지를 살펴보기 위한 연구의 예를 가지고 독립표본에 대한 t검증에 대해서 구체적으로 살펴보자. 이 연구의 영가설은 '남아와 여아의 공격적 행동에는 차이가 없을 것이다.' 이다. 남아와 여아는 서로 다른 독립적인 집단이므로 독립표본에 대한 t검증을 적용하게 된다.

사회과학 분야에서 널리 사용되고 있는 통계분석 프로그램인 SPSSWIN을 이용하여 독립표본에 대한 t검증을 실행한 결과를 살펴보기로 하자. 〈표 13-1〉에 제시된 결과물에 의하면 (a)에서 비교집단들의 사례 수와 기술통계치가 제시되고, (b)에 t검증결과가 제시되어 있다. (a)에 의하면 남자가 여자보다 공격적 행동점수의 평균이 높다. 이러한 두 집단 간 평균점수의 차이가 이들 표본이 추출된 전집들 간의 차이를 반영하는 것인지 추론하기 위한 t검증결과가 (b)에 제시되어 있다.

〈표 13-1〉에서 제시된 t검증결과표를 읽는 방법은 두 과정을 포함한다. 먼저 표의 (b)에서 레빈의 동변량성 검증(Levene' s test for equality of variance)결과를 살펴보아야 한다. 레빈의 동변량성 검증은 두 집단의 변량이 같다는 영가설을 검증하는 것이다. 동변량성 검증을 위해 산출된 F값이 1.543이고, 이에 대한 유의확률은 .215로 영가설을 기각하기 위한 유의도 수준인 .05보다 크므로 F값이 유의하지 않다. 즉 두 집단의 변량이 같다는 영가설을 기각할 수 없다. 따라서 비교대상이 되는 두 집단의 변량이 동일해야 한다는

표 13-1 SPSSWIN을 이용한 독립표본에 대한 t검증결과

(a) Group Statistics

	성별	N	Mean	Std. Deviation	Std. Error Mean
공격행동	남자	200	48.2250	14.99864	1.06056
	여자	211	42.2796	14.83151	1.02104

(b) Independent Samples Test

		Levene's Test for Equality of Variances		t-test for Equality of Means						
		F	Sig.	t	df	Sig. (2-tailed)	Mean Difference	Std. Error Difference	95% Confidence Interval of the Difference	
									Lower	Upper
공격행동	Equal variances assumed	1.543	.215	4.040	409	.000	5.9454	1.47174	3.05226	8.83850
	Equal variances not assumed			4.038	407.286	.000	5.9454	1.47218	3.05135	8.83941

동변량성 가정이 충족되는 경우에 해당한다.

다음은 평균의 차이에 대한 t검증결과를 본다. 첫째 줄에 제시된 결과는 동변량성의 가정이 충족되는 경우의 결과고, 둘째 줄에 제시된 결과는 동변량성의 가정이 충족되지 않는 경우의 결과다. 동변량성의 가정이 충족되므로 두 가지 결과 중에서 첫째 줄에 제시된 결과를 본다. 결과에 의하면 t값이 4.040이며 유의확률이 .000으로 영가설을 기각하기 위한 가장 낮은 유의도 수준인 .001보다도 적으므로 두 집단의 공격적 행동 수준은 차이가 없을 것이라는 영가설을 기각한다. 즉 두 집단의 평균에 차이가 있다고 할 수 있다. (a)에 제시된 기술통계치에서 남아의 공격적 행동의 평균점수는 48.2250이고, 여아는 42.2796이므로 남아가 여아보다 공격적 행동 수준이 높다고 해석할 수 있다.

4.1.2 상관표본에 대한 t검증

아동의 공격적 행동문제를 다루는 집단상담 프로그램의 효과를 분석한 연구의 예를

들어 상관표본에 의한 t검증에 대해 살펴보자. 이 연구에서는 집단상담 프로그램 실시 전후로 연구대상의 공격적 행동 수준을 측정하기 위해 사전검사와 사후검사를 실시하여 이 두 검사점수를 비교해 봄으로써 프로그램의 효과를 분석하고자 한다. 이 연구 예의 영가설은 '아동의 공격적 행동은 집단상담 프로그램 참여 전후로 실시된 사전검사와 사후검사 간에 차이가 없을 것이다.' 이다.

이 연구에서는 서로 독립적인 두 표본의 평균을 비교하는 것이 아니라 한 표본을 사전과 사후로 반복적으로 측정하여 비교하는 경우이므로 상관표본에 대한 t검증을 적용한다. 상관표본에 대한 t검증을 실행한 SPSSWIN결과를 〈표 13-2〉에 제시하였다.

〈표 13-2〉에 제시된 (a)에서는 사전검사와 사후검사의 기술통계치가 제시되고, (b)에서는 t값과 유의확률이 제시되어 있다. (b)에 제시된 t검증결과에 의하면 t값이 −2.710이고 유의확률이 .007로 영가설을 기각하기 위한 유의도 수준인 .01보다도 작으므로 사전검사결과와 사후검사결과 간에 차이가 없을 것이라는 영가설을 기각한다. 즉 두 평균 간에는 유의한 차이가 있다. (a)에 제시된 사전검사와 사후검사의 기술통계치에 의하면 공격적 행동에 대한 사전검사결과의 평균은 1.36, 사후검사결과의 평균은 1.24로 집단상담 프로그램 적용 후의 공격적 행동 수준이 더 낮아졌으므로 집단상담 프로그램은 공격적 행동에 대해 중재효과가 있다고 해석할 수 있다.

표 13-2 SPSSWIN을 이용한 상관표본에 대한 t검증결과

(a) Paired Samples Statistics

		Mean	N	Std. Deviation	Std. Error Mean
Pair 1	사전검사	1.36	409	.835	.041
	사후검사	1.24	409	.717	.035

(b) Paired Samples Test

		Paired Differences					t	df	Sig. (2-tailed)
		Mean	Std. Deviation	Std. Error Mean	95% Confidence Interval of the Difference				
					Lower	Upper			
Pair 1	사후검사-사전검사	−.13	.949	.047	−.22	−.03	−2.710	408	.007

4.2 변량분석

변량분석(Analysis of Variance: ANOVA)은 3개 이상 집단의 평균 차를 비교하고자 할 때 사용하며, 특히 실험연구의 결과를 분석할 때 적합한 통계분석 방법이다. 변량분석은 독립변인의 수에 따라서 크게 두 가지 종류로 분류하는데 독립변인이 한 개이면 일원변량분석이라 하고 두 개 이상일 때 다원변량분석이라 한다. 다원변량분석 중에서 독립변인이 두 개인 이원변량분석이 보편적으로 많이 사용된다. 집단 간 평균들을 비교하여 서로 차이가 있는지에 대한 검증은 비교의 대상이 되는 각 표본집단 간 변량의 차이를 각 표본집단 내의 변량과 비교한 값에 기초한다. 즉 집단 내의 변량에 대한 집단 간 변량의 비율인 F값을 산출하여 산출된 F값에 대한 유의확률이 유의수준보다 작으면 집단 간 평균의 차이가 있다고 판단한다. 이와 같이 변량의 비에 의해 평균 차이를 검증하므로 변량분석이라고 한다. 여기서는 변량분석 중에서 가장 많이 사용되는 일원변량분석과 이원변량분석을 연구의 예를 들어 살펴보기로 하자.

4.2.1 일원변량분석

일원변량분석(one-way ANOVA)은 독립변인이 한 개이고 세 집단 이상의 집단 간 평균의 차이를 비교하기 위한 통계검증법이다. 일원변량분석은 두 단계를 밟게 된다. 먼저 첫 단계에서 집단 간 평균의 차이가 있는지를 F값을 산출하여 검증하게 된다. 이 단계에서 F값이 통계적으로 유의하면 집단 간 평균의 차이가 존재한다고 결정한다. 그러나 F값을 근거로 하여 집단 간에 평균이 서로 다른 것은 알 수 있지만, 비교대상이 되는 집단 중 어느 집단 간에 차이가 있는지는 알 수 없다.

따라서 일원변량분석의 두 번째 단계에서는 비교대상 중 어느 집단 간에 차이가 존재하는지를 추후에 탐색하게 되는데 이러한 검증을 사후검증(post-hoc test)이라고 한다. 사후검증의 종류는 다양한데 비교집단의 수, 집단별 사례 수의 동등성 여부 등에 따라 다른 검증법이 적용된다. 일반적으로 Tukey, Duncan, Scheffé 검증의 방법이 많이 쓰이고 있는데, 이 중에서 Scheffé 검증은 가장 융통성 있고 보수적인 검증법이다. 즉 영가설을 기각하기 가장 어려운 사후검증법으로서 다른 사후검증법에 비해서 1종 오류를 범할 가능성이 가장 낮다. 물론 이러한 사후검증은 일원변량분석의 첫 단계에서 F값이 유의하지 않으면 적용할 필요가 없다.

아동의 스트레스 수준에 따라서 공격적 행동이 어떠한 차이를 보이는지 살펴본 연구의 예를 들어서 일원변량분석방법에 대해 살펴보기로 하자. 이 연구에서는 연구대상을 스트레스 수준에 따라서 상, 중, 하 집단으로 분류하고 각 집단의 공격적 행동점수의 평

표 13-3 SPSSWIN을 이용한 일원변량분석결과

(a) Descriptives

	N	Mean	Std. Deviation	Std. Error	95% Confidence Interval for Mean		Minimum	Maximum
					Lower Bound	Upper Bound		
하	130	1.3308	.47231	.04142	1.2488	1.4127	1.00	2.00
중	131	1.4656	.50073	.04375	1.3791	1.5522	1.00	2.00
상	137	1.6423	.48107	.04110	1.5611	1.7236	1.00	2.00
Total	398	1.4824	.50032	.02508	1.4331	1.5317	1.00	2.00

(b) ANOVA

	Sum of Squares	df	Mean Square	F	Sig.
Between Groups	6.530	2	3.265	13.891	.000
Within Groups	92.847	395	.235		
Total	99.377	397			

(c) Post Hoc Tests

Multiple Comparisons
Dependent Variable: 공격행동
Scheffé

(I) STRESS3	(J) STRESS3	Mean Difference (I-J)	Std. Error	Sig.	95% Confidence Interval	
					Lower Bound	Upper Bound
하	중	−.1349	.06002	.081	−.2824	.0126
	상	−.3116(*)	.05936	.000	−.4574	−.1657
중	하	.1349	.06002	.081	−.0126	.2824
	상	−.1767(*)	.05925	.012	−.3223	−.0311
상	하	.3116(*)	.05936	.000	.1657	.4574
	중	.1767(*)	.05925	.012	.0311	.3223

* The mean difference is significant at the .05 level.

균 차이를 비교하였다. 스트레스 상, 중, 하 집단 간 공격적 행동의 수준에 차이가 나는지 분석하기 위해서 SPSSWIN을 사용하여 일원변량분석을 실행하였으며 결과를 〈표 13-3〉에 제시하였다.

〈표 13-3〉의 (b)에 제시된 ANOVA 표에 의하면, 스트레스 수준에 따라 아동의 공격적 행동 수준은 유의한 차이를 보인다. 즉 집단 간(between groups)의 F 값이 13.891이고 유의확률이 .000으로 가설검증을 위한 가장 낮은 유의도 수준인 .001보다 작으므로 F값이 통계적으로 의미 있다. 이는 (a)에 제시되어 있는 기술통계, 즉 스트레스 수준에 따른 세 집단의 공격적 행동의 평균이 다름을 의미한다. 일원변량분석에서 이와 같이 F값이 의미 있는 경우에는 사후검증을 통해서 비교대상이 되는 집단들 중에서 어느 집단 간에 차이를 보이는지 검증하게 된다.

여기서는 사후검증으로 Scheffé 검증을 실시하였으며 그 결과는 (c)에 제시되어 있다. (c)에 의하면 스트레스 하집단과 상집단 그리고 중집단과 상집단 간에 공격적 행동 수준에 유의한 차이가 있음을 알 수 있다. 기술통계치가 제시된 (a)에 의하면 스트레스 하집단의 공격적 행동의 평균점수는 1.3308, 중집단은 1.4656, 상집단은 1.6423으로 나타났다. 사후검증결과에 의하면 스트레스 상집단은 중집단이나 하집단보다 공격적 행동 수준에서 높지만 하집단과 중집단의 공격적 행동은 의미 있는 차이를 보이지 않았다.

일원변량분석결과를 종합하면, 스트레스 수준에 따라 공격적 행동에 차이가 있으며, 특히 스트레스가 높은 집단은 보통 수준의 집단이나 낮은 집단에 비해 공격적 행동 수준이 높다고 할 수 있다.

4.2.2 이원변량분석

이원변량분석(two-way ANOVA)은 두 개의 독립변인이 하나의 종속변인에 나타나는 효과를 검증하기 위한 통계분석기법이다. 이원변량분석에서 독립변인의 효과는 주효과와 상호작용 효과로 분류된다. 이원변량분석의 이점은 상호작용에 관련된 가설을 검증할 수 있다는 것이며, 이를 통한 정보가 일원변량분석보다 풍부하다는 것이다.

이원변량분석에서 독립변인의 주효과는 각 독립변인의 수준에 따른 종속변인의 차이를 말한다. 상호작용 효과는 두 독립변인이 상호작용하여 나타나는 종속변인의 차이를 말하는데, 한 독립변인의 효과가 다른 독립변인의 수준에 따라 다르게 나타날 때 상호작용 효과가 있다고 말한다.

이원변량분석결과 주효과와 상호작용 효과가 모두 의미있게 나타나는 경우, 특히 상호작용 효과가 주도적일 때는 각 독립변인의 종속변인에 대한 독립적인 주효과를 해석하기 어렵다. 왜냐하면 한 독립변인의 주효과가 다른 독립변인의 수준에 따라서 다르게 나타나기 때문이다. 따라서 이원변량분석에서 주효과와 상호작용 효과가 모두 의미 있게 나타났을 때에는 주효과에 대한 해석과 상호작용 효과의 해석이 서로 상치되지 않도록 조심스럽게 해석해야 한다.

이원변량분석의 예로 아동의 스트레스 수준과 성별에 따라 공격적 행동에 차이가 있는지를 검증한 결과를 살펴보면 다음과 같다. 이 연구에서 독립변인은 스트레스 수준과 성별로 2개이며, 스트레스 수준은 상, 중, 하 3개의 범주로 되어 있고 성별은 남과 여 2개의 범주로 되어 있다. 따라서 3×2 two-way ANOVA를 SPSSWIN으로 실행하였으며, 결과는 〈표 13-4〉에 제시되어 있다.

〈표 13-4〉의 (a)에는 집단 간 차이를 검증한 two-way ANOVA결과를 보여 주고 있다. 공격적 행동에 대한 스트레스 수준의 주효과가 의미 있는지 검증한 결과는 스트레스 변인의 F값을 통해서 알 수 있는데 F값이 17.035이고 유의확률이 .000으로 유의한 효과를 보이고 있다. 즉 스트레스 수준에 따라 공격적 행동 수준에 차이가 있다. 성별에 따른 주효과도 F값이 23.748이며 유의확률이 .000으로 유의하다. 성별은 남녀 두 집단뿐이므로 (c)에 의하면 남아가 여아보다 공격적 행동 점수가 높다.

한편 스트레스 수준과 성별의 상호작용은 의미 있는 효과가 아닌 것으로 나타났다. 따라서 상호작용에서 유의한 효과가 없으므로, 두 개의 주효과를 중심으로 일원변량분석에서와 마찬가지로 해석한다. 이때 스트레스 수준이 세 집단으로 분류되어 있으므로 어느 집단들 간에 공격적 행동 수준의 차이를 보이는지는 사후검증을 통해서 살펴볼 필요가 있다.

다음에는 새로운 예를 통해 이원변량분석에서 상호작용효과를 해석하는 방법을 구체적으로 살펴보기로 하자. 이 예는 교수방법과 성별에 따른 영어성취의 효과를 분석한 결과다(강봉규, 1996: 326). SPSSWIN을 통해 분석한 결과가 〈표 13-5〉에 제시되어 있다. 〈표 13-5〉의 (a)에 의하면 교수방법과 성별은 모두 영어성적에 대해 의미 있는 주효과를 보이고 있으며, 이들 두 변인에 의한 상호작용 효과도 F값이 4.594로 유의도 수준 $p < .05$에서 유의하게 나타났다. 주효과와 상호작용 효과가 모두 유의하게 나타났을 경

표 13-4 SPSSWIN을 이용한 이원변량분석결과 1

(a) Tests of Between-Subjects Effects

Source	Type III Sum of Squares	df	Mean Square	F	Sig.
Corrected Model	11.849(a)	5	2.370	10.613	.000
Intercept	863.857	1	863.857	3868.833	.000
스트레스	7.607	2	3.804	17.035	.000
성별	5.303	1	5.303	23.748	.000
스트레스 × 성별	2.538E-02	2	1.269E-02	.057	.945
Error	87.528	392	.223		
Total	974.000	398			
Corrected Total	99.377	397			
a R Squared = .119 (Adjusted R Squared = .108)					

(b) 스트레스

	Mean	Std. Error	95% Confidence Interval	
스트레스			Lower Bound	Upper Bound
1.00	1.317	.042	1.235	1.399
2.00	1.468	.041	1.387	1.549
3.00	1.656	.041	1.576	1.736

(c) 성별

	Mean	Std. Error	95% Confidence Interval	
성별			Lower Bound	Upper Bound
남자	1.596	.034	1.530	1.663
여자	1.364	.033	1.299	1.430

우에는 상호작용 효과부터 해석한 후 주효과를 해석한다. 이는 상호작용의 해석에 따라 주효과의 의미가 달라지기 때문이다.

〈표 13-5〉에서 보는 바와 같이 상호작용 효과를 나타내는 F값이 통계적으로 유의할

표 13-5 SPSSWIN을 이용한 이원변량분석결과 2

(a) Tests of Between-Subjects Effects

Source	Type III Sum of Squares	df	Mean Square	F	Sig.
Corrected Model	7788.475(a)	3	2596.158	26.969	.000
Intercept	83631.025	1	83631.025	868.768	.000
교수방법	1071.225	1	1071.225	11.128	.002
성별	6275.025	1	6275.025	65.186	.000
교수방법×성별	442.225	1	442.225	4.594	.039
Error	3465.500	36	96.264		
Total	94885.000	40			
Corrected Total	11253.975	39			
a R Squared = .692 (Adjusted R Squared = .666)					

(b) 교수방법 × 성별

교수방법	성별	Mean	Std. Error	95% Confidence Interval Lower Bound	95% Confidence Interval Upper Bound
1.00	남자	60.100	3.103	53.808	66.392
	여자	41.700	3.103	35.408	47.992
2.00	남자	56.400	3.103	50.108	62.692
	여자	24.700	3.103	18.408	30.992

때는 상호작용 효과의 내용을 추가로 살펴보아야 한다. 상호작용 효과의 내용을 살펴보기 위해 좋은 방법은 집단별 평균을 그래프로 나타내는 것이다. (b)에 의하면 각 교수방법에 대한 남녀별 영어성적의 평균이 제시되어 있다. 이 평균값을 이용해서 y축은 종속변인, x축은 하나의 독립변인 그리고 다른 하나의 독립변인은 별개의 선으로 하여 그래프를 그리면 [그림 13-7]과 같다. 이러한 그래프는 SPSSWIN의 이원변량분석 실행 시 plot 기능을 사용하여 그릴 수 있다.

[그림 13-7]의 내용을 해석하면 영어성적에서 남학생이 여학생보다 대체로 높은 수준

을 유지하나, 두 가지 교수방법에 따른 효과는 다르게 나타난다. 즉 남학생들은 교수방법에 따른 차이가 거의 없으나, 여학생들은 교수방법 1이 교수방법 2보다 효과적이다. 이상에서 보듯이 주효과와 상호작용 효과가 모두 유의할 때는 두 개 독립변인에 따른 주효과를 일률적으로 해석할 수 없는 경우가 있다. 이 예에서는 성에 따른 주효과는 어느 정도 명백하나, 교수방법에 따른 효과는 성과 상호작용을 하여 효과가 달라짐을 알 수 있다.

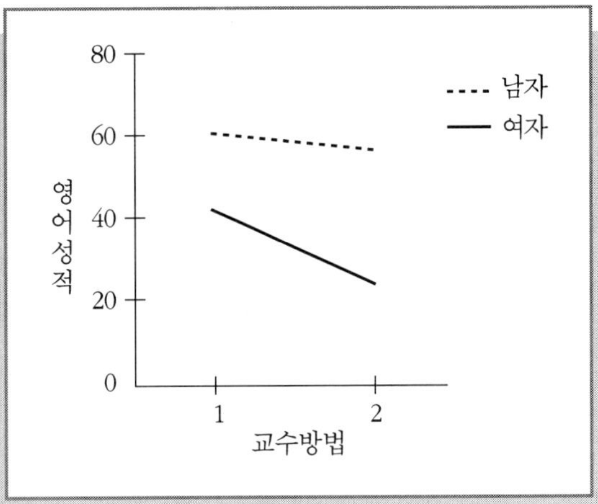

[그림 13-7] 영어성적에 대한 교수방법과 성별의 상호작용 효과

5. 관계검증을 위한 모수통계분석

두 변인 또는 그 이상의 여러 변인 간의 관계를 검증하려 할 때 사용할 수 있는 대표적인 모수통계분석 방법인 Pearson의 적률상관분석과 중다회귀분석에 대해 서술하려 한다. 앞에서와 마찬가지로 어떤 조건에서 이러한 분석을 하며, SPSSWIN을 통해 분석한 결과는 어떻게 해석하는지를 중점적으로 살펴보기로 하자.

5.1 Pearson의 적률상관분석

상관분석은 두 개의 연속적 변인 간에 관계가 있는지 그리고 관계의 정도와 관계의 방향을 분석하는 통계분석기법이다. 상관관계를 나타내는 대표적인 통계치는 Pearson의 적률상관계수로서 r로 표시한다. 상관계수 r은 한 번에 2개 변인 간의 관계만을 분석하므로 단순상관이라고도 하며 r의 산출공식은 다음과 같다. 아래 공식에서 S_x, S_y는 각 변인 분포의 표준편차이며 X, Y는 각 변인의 원점수, $\overline{X}$, $\overline{Y}$는 각 변인의 평균을 나타낸다.

$$r = \frac{\sum(X-\overline{X})(Y-\overline{Y})}{NS_xS_y}$$

상관계수 r의 범위는 −1에서 1이며, 계수가 1이면 두 변인 간의 관계가 완전한 정적관계이고 −1이면 완전한 부적관계다. 정적관계란 한 변인의 값이 증가하면 다른 변인의 값도 증가하는 경우이며, 부적관계란 한 변인의 값이 증가하면 다른 변인의 값은 감소하는 경우다.

[그림 13−8]은 다양한 상관관계의 종류를 보여 준다. (a)와 (b)는 X와 Y 간에 유의한 선형적인 상관관계를 보여 주며 (a)는 정적상관이 있는 경우이고 (b)는 부적상관이 있는 경우다. (c)는 X와 Y 간에 곡선적인 관계가 있으나 상관계수 r은 직선적 관계를 가정하는 통계치이므로 r이 0으로 산출된다. (d)는 X와 Y 간에 의미 있는 관계가 존재하지 않는 경우다. 이와 같이 r은 두 연속적 변인들 간에 직선적인 관계를 가정하는 통계치이므로 r 값이 0일 때 두 변인 간에 관련성이 없다고 단정 짓는 것은 잘못된 결론을 내릴 가능성이

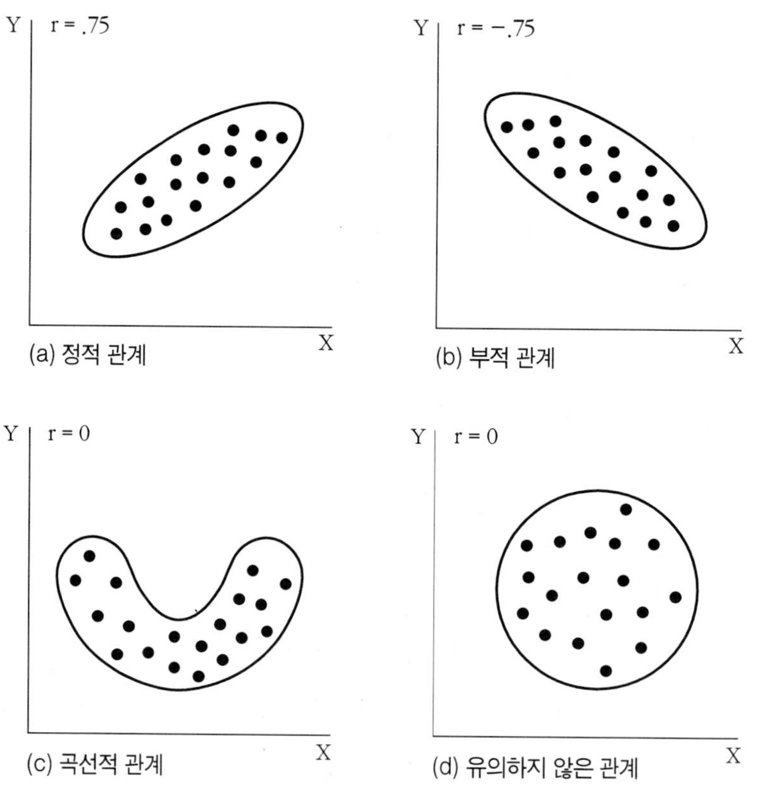

[그림 13−8] 상관관계의 종류

있다. 따라서 상관분석을 위해서는 두 변인의 관계를 일단 산포도로 그려 봄으로써 사전에 확인할 필요가 있다. 이렇게 산포도를 그려 보는 작업을 통해 r이 0으로 산출되었을 때 (c)의 경우인지 (d)의 경우인지 판별해 낼 수 있다. 만약에 (c)의 경우라면 곡선적 관계의 여부를 판단하기 위한 통계분석을 적용하든지 또는 두 개의 직선적 관계로 설명하든지, 그 분석과 해석방법을 달리 적용해야 한다.

연구의 예로 아동의 스트레스와 공격적 행동 수준의 관계를 살펴보기 위해 상관분석을 실시한 결과를 구체적으로 살펴보자. 이들 두 변인의 상관관계를 분석한 SPSSWIN결과표를 〈표 13-6〉에 제시하였다. 〈표 13-6〉에 의하면 스트레스와 공격적 행동의 상관계수 r = .574로 스트레스가 많을수록 공격적 행동을 많이 하는 정적인 관계를 보인다.

한편 적률상관계수 자체는 기술적 통계치이나, 전집에서의 두 변인 간 관계를 추정하려면 전집의 상관계수 ρ = 0이라는 영가설을 검증한다. 이는 t검증으로 분석되는데 〈표 13-6〉에서 유의도를 확인할 수 있다. 이 예에서 두 변인 간 상관계수 .574는 .001 수준에서 유의한 것으로 나타난다.

두 변인의 관계 여부를 분석하고자 하지만 어느 한 변인이라도 정상분포를 이루지 않거나 변인의 측정 수준이 서열척도 혹은 명명척도일 경우에는 비모수통계검증법으로 상관계수를 산출하여 관계 여부를 검증하게 된다. 비모수 통계치로 상관관계를 산출하기 위해서는 Spearman의 순위상관계수 ρ, Kendall의 순위상관계수 τ, Kendall의 일치계수 W, 4분상관계수 r_t, 4분점상관계수 ϕ, Cramer 계수 V 등이 있다.

표 13-6 SPSSWIN을 이용한 상관분석결과

		스트레스	공격행동
스트레스	Pearson Correlation	1	.574(**)
	Sig. (2-tailed)	.	.000
	N	45	45
공격행동	Pearson Correlation	.574(**)	1
	Sig. (2-tailed)	.000	.
	N	45	45

** Correlation is significant at the 0.01 level (2-tailed).

5.2 중다회귀분석

중다회귀분석(multiple regression)은 여러 개의 독립변인으로 한 개의 종속변인을 설명 혹은 예언하고자 할 때 적용하는 통계분석 방법이다. 중다회귀분석은 동간척도 이상의 종속변인에 대해 둘 이상의 독립변인들 각각이 갖는 고유한 관계와 변인의 설명력 정도를 분석한다. 종속변인을 준거변인(criterion variable) 혹은 기준변인이라고 하고, 독립변인을 예언변인(predictor) 혹은 예측변인이라고 한다. 중다회귀분석을 통해서 준거변인을 예언하는 중다회귀방정식이 만들어지고 각 예언변인의 준거변인에 대한 상대적인 기여도가 산출된다.

아래 공식은 중다회귀방정식의 모형이다. 이 방정식에서 Y′는 예언하고자 하는 종속변인, 즉 준거변인이고, b_0는 절편으로 모든 독립변인, 즉 예언변인의 값이 0일 때의 Y′ 값인 상수다. 각 예언변인은 X_i이며, b_i는 회귀계수로서 준거변인에 대한 상대적 기여도, 즉 가중치를 의미한다.

$$Y' = b_0 + b_1X_1 + b_2X_2 + \ldots + b_iX_i$$

중다회귀분석을 적용하는 목적은 크게 두 가지다. 첫째는 준거변인에 대한 여러 개의 예언변인들의 상대적 관련성을 비교한다. 둘째, 예언변인들이 준거변인의 변량을 얼마나 설명하는지를 알 수 있다. 예를 들어, 아동의 스트레스, 성별, 자아존중감 중 어느 변인이 공격적 행동을 더 많이 설명하는지 그리고 이 변인들이 공격적 행동 변량의 몇 %를 설명하는지 알려면 스트레스, 성별, 자아존중감을 예언변인으로 공격적 행동을 준거변인으로 하여 중다회귀분석을 실행한다.

중다회귀분석 실행결과 산출되는 다양한 통계치 중 결과 해석에서 중요시되는 통계치는 각 예언변인의 회귀계수와 예언변인들에 의해 설명되는 준거변인의 변량이다. 회귀계수는 각 예언변인과 준거변인 간의 관계의 방향과 정도를 말해 주는 계수로서 b와 β로 산출되는데, b는 각 예언변인의 원점수를 사용해서 산출된 계수이며, β는 예언변인의 원점수를 표준점수로 전환하여 산출한 계수다. β를 표준화 회귀계수라 하며 여러 개의 예언변인의 준거변인에 대한 상대적 관련 정도를 비교하고자 할 때 사용된다.

중다회귀분석을 실행하기 위해서는 자료가 중다회귀분석을 실행하기 위한 기본 가정들을 만족시키는지 먼저 점검하여야 한다. 무엇보다 중다회귀분석결과를 신뢰할 수 있으려면 충분한 사례 수가 있어야 하는데 대체로 사례 수가 독립변인, 즉 예언변인 수의 20배는 되어야 한다. 사례 수 외에 중다회귀분석을 실행하기 위한 기본 가정으로는 독립변인들 간에 상관이 낮아야 한다는 것이다. 중다회귀분석에 사용되는 독립변인, 즉 예언변인들 간의 상관이 높으면 회귀계수를 해석하는 데 오류를 범하게 된다. 이러한 오류를 다중공선성(multicollinearity)의 오류라고 한다.

다중공선성의 오류를 진단하기 위해서는 독립변인들 간의 상관계수를 산출하는 방법이 있다. 일반적으로 독립변인들 간의 상관이 .40 이상이면 다중공선성의 위험이 있으므로 서로 상관 정도가 높은 변인들 중에서 한 변인을 독립변인에서 제외시켜야 한다. 다중공선성의 위험을 진단할 수 있는 또 다른 방법은 독립변인의 공차(tolerance)나 상승변량(Variance Inflation Factor: VIF)을 산출하는 것이다. 산출된 공차나 상승변량이 1에 접근하면 다중공선성의 위험성이 적은 것으로 판단한다. 상승변량의 경우는 그 값이 10 이상이 되면 다중공선성이 있는 것으로 판단한다.

다음은 종속변인의 측정치에서 독립성 가정이 충족되는지 점검할 필요가 있다. SPSSWIN 프로그램을 사용할 경우 이러한 독립성의 가정을 더빈-왓슨(Durbin-Watson) 계수를 산출해서 판단할 수 있다. 더빈-왓슨 계수가 2에 접근할 때 독립성 가정이 충족되었다고 판단할 수 있다. 중다회귀분석을 실행하기 위해서 충족되어야 할 그 외의 기본 가정들에 대해서는 양병화(1999)를 참고하기 바란다.

중다회귀분석을 실행한 예로 아동의 공격적 행동에 대한 집단괴롭힘 피해, 부모의 폭력행동에 대한 관찰 경험, 스트레스 수준의 효과를 살펴보기로 하자. SPSSWIN을 사용하여 중다회귀분석한 결과를 〈표 13-7〉에 제시하였다.

먼저 중다회귀분석을 실행하기 위한 기본 가정이 충족되는지 여부를 점검하자. 첫째, 사례 수에서 독립변인의 수가 3개이므로 적어도 60명 이상이면 가능하다고 볼 수 있는데, 연구대상 수가 (b)에서 보여 주는 바와 같이 408명이므로 사례 수는 충분하다. 둘째, 다중공선성의 위험여부가 존재하는지 살펴보기 위해서 각 독립변인들에 대한 Tolerance와 VIF값을 산출한 결과 (c)에서 보여 주는 바와 같이 모든 독립변인들의 Tolerance값이 .98 이상으로 1에 가까우므로 다중공선성의 위험이 적다고 본다. 셋째, 독립성 가정의 충족여부를 점검하기 위해서 더빈-왓슨 계수를 산출한 결과 (a)에 제시된 바와 같이 2.093으로 2에 가까우므로 독립성 가정이 충족된다고 본다.

다음으로 단계적(stepwise) 중다회귀분석의 결과를 〈표 13-7〉에 제시된 표의 순서대로 해석하면 다음과 같다. (a)에서는 공격적 행동점수를 설명하는 3개의 독립변인이 모

표 13-7 SPSSWIN을 이용한 중다회귀분석결과

(a) Model Summary

Model	R	R Square	Adjusted R Square	Std. Error of the Estimate	Change Statistics					Durbin-Watson
					R Square Change	F Change	df1	df2	Sig. F Change	
1	.448(a)	.201	.199	.95364	.201	102.379	1	407	.000	
2	.491(b)	.241	.238	.93040	.040	21.581	1	406	.000	
3	.501(c)	.251	.245	.92579	.009	5.059	1	405	.025	2.093

a Predictors: (Constant), 집단피해
b Predictors: (Constant), 집단피해, 스트레스
c Predictors: (Constant), 집단피해, 스트레스, 부모폭력
d Dependent Variable: 공격행동

(b) ANOVA

Model		Sum of Squares	df	Mean Square	F	Sig.
1	Regression	93.106	1	93.106	102.379	.000(a)
	Residual	370.134	407	.909		
	Total	463.240	408			
2	Regression	111.787	2	55.894	64.569	.000(b)
	Residual	351.453	406	.866		
	Total	463.240	408			
3	Regression	116.123	3	38.708	45.163	.000(c)
	Residual	347.117	405	.857		
	Total	463.240	408			

(c) Coefficients

Model		Unstandardized Coefficients		Standardized Coefficients	t	Sig.	Collinearity Statistics	
		B	Std. Error	Beta			Tolerance	VIF
1	(Constant)	4.150	.251		16.559	.000		
	집단피해	.474	.047	.448	10.118	.000	1.000	1.000
2	(Constant)	4.014	.246		16.301	.000		
	집단피해	.485	.046	.458	10.590	.000	.998	1.003
	스트레스	.653	.141	.201	4.646	.000	.998	1.003
3	(Constant)	3.924	.248		15.809	.000		
	집단피해	.476	.046	.450	10.396	.000	.989	1.011
	스트레스	.635	.140	.195	4.531	.000	.994	1.006
	부모폭력	6.706E-02	.030	.097	2.249	.025	.989	1.011

두 회귀방정식에 투입되었으며, 세 개의 독립변인 중에서 집단괴롭힘 피해 정도가 첫 번째로 투입되었고, 다음 단계에는 스트레스 수준이 추가로 그리고 마지막 단계에는 부모 폭력 행동의 관찰 경험 정도가 회귀식 산출을 위해 투입되었음을 말해 준다. 종속변인은 공격적 행동 수준임을 알 수 있다.

(a)에 제시된 R Square값은 각 단계에서 투입된 독립변인이 종속변인 점수 변량의 몇 %를 설명하는지 말해 준다. (a)와 (b)를 함께 해석해야 하는데, 먼저 집단괴롭힘 피해의 R^2값이 .201로서 이는 공격적 행동 점수 변량의 20.1%를 설명한다는 것을 의미하며 이러한 설명변량은 통계적으로 의미가 있음을 (b)에 제시된 Model 1의 F검증결과를 통해 알 수 있다. 다음으로 (a)에 제시된 Model 2의 R^2값은 .241로 이는 집단괴롭힘 피해와 스트레스 수준이 공격적 행동 점수 변량의 24.1%를 설명하고 그 설명변량은 통계적으로 의미가 있음을 (b)에 제시된 Model 2의 F검증결과로 알 수 있다. 끝으로 Model 3의 R^2값은 .251로 이는 집단괴롭힘 피해와 스트레스 그리고 부모의 폭력행동 관찰 경험 정도가 공격적 행동 점수 변량의 25.1%를 설명하고 그 설명변량은 통계적으로 의미가 있음을 (b)에 제시된 Model 3의 F검증결과로 알 수 있다.

(c)에서는 각 독립변인의 회귀계수를 제시하고 있으며, 앞에서 말한 바와 같이 다중공선성 여부를 판단할 수 있는 통계치들이 제시되고 있다. 각 독립변인에 해당하는 비표준화 회귀계수(Unstandardized Coefficients)와 표준화 회귀계수(Standardized Coefficents)가 함께 제시되며, 회귀계수에 대한 유의도 검증 통계치인 t값이 제시되었다. 표준화 회귀계수를 통해 각 독립변인들의 종속변인에 대한 상대적인 설명력을 비교하는 데 사용한다. 예를 들어, (c)의 Model 3에서는 세 개의 독립변인이 모두 투입되어 종속변인을 설명하는 경우에 산출된 회귀계수들이다. 표준화 회귀계수를 살펴보면 집단괴롭힘 피해는 .450, 스트레스 수준은 .195, 부모폭력행동 관찰 경험 정도는 .097로 세 변인 모두 종속변인을 설명하는 데 의미 있게 기여하나, 집단괴롭힘 피해 경험이 다른 두 독립변인보다 종속변인의 변량을 설명하는 데 상대적으로 더 많이 기여하는 것을 의미한다.

이러한 결과를 기초로 연구보고서에 제시할 수 있는 일반적인 형식의 중다회귀분석결과를 표로 제시하면 〈표 13-8〉과 같다.

표 13-8 아동의 공격적 행동에 대한 중다회귀분석결과

독립변인 \ 통계치	β	R^2 증가분	R^2	F
집단괴롭힘 피해	.450**	.201**	.201	102.379*
스트레스	.195**	.040**	.241	64.569**
부모폭력관찰 경험	.097*	.009*	.251**	45.163**

주: β값은 단계적 회귀분석의 마지막 단계에서 산출한 값임. *p < .05 **p < .01

6. 비모수통계분석: 카이검증

카이(x^2)검증은 독립변인과 종속변인이 모두 명명척도인 경우에 두 변인이 서로 독립적인지 아니면 관련성이 있는지를 검증하기 위한 것으로서 비모수통계방법 중에서 빈번하게 사용된다. 두 개 변인 간의 관계가 서로 독립적인지를 알아보기 위한 방법으로서 카이검증을 독립성 검증이라고도 한다. 카이검증은 두 명명척도들의 하위범주별 빈도를 교차분석표(contingency table)로 제시할 수 있는 경우에 적용되는데, 각 범주별 빈도와 기대되는 빈도와의 차이를 통해서 x^2값을 구하고, 이 값이 통계적으로 유의한지를 결정한다. x^2을 산출하기 위한 공식은 다음과 같다.

$$x^2 = \frac{\Sigma(f_o - f_e)^2}{f_e}$$

각 범주별 빈도를 관찰빈도(f_o)라고 하며, 기대빈도(f_e)는 두 변인이 유의미한 관계가 없는 경우에 기대되는 빈도를 말한다. 위의 공식에 의하면 관찰빈도와 기대빈도 간에 차이가 클수록 x^2값은 커지며 이 값이 클수록 영가설을 기각할 가능성이 높아진다. 카이검증의 영가설은 두 변인 간에 서로 관련이 없다는 것이다. 기대빈도는 관찰빈도로부터 산출될 수 있다. 연구의 예로 아동의 공격적 행동 수준과 성별 간에 관련성이 있는지를 카이검증으로 분석하여 살펴보기로 하자. 〈표 13-9〉에 공격적 행동수준과 성별빈도자료를 제시하였다.

〈표 13-9〉에 의하면 411명의 아동 중에서 남아가 공격적 행동 수준 상집단에 속한 경우는 117명으로 남아 전체의 58.5%이고, 하집단에 속한 경우는 83명으로 남아 전체의 41.5%이다. 한편 여아가 상집단에 속한 경우는 80명으로 여아 전체의 37.9%이며, 하집

표 13-9 아동의 공격적 행동수준과 성별에 따른 관찰빈도

성별 \ 공격적 행동 수준	상집단 빈도(백분율)	하집단 빈도(백분율)	전체 빈도(백분율)
남	117(58.5)	83(41.5)	200(100.0)
여	80(37.9)	131(62.1)	211(100.0)
전체	197	214	411

단에 속한 경우는 131명으로 여아 전체의 62.1%이다. 이러한 분포를 보면 공격적 행동수준과 성별은 서로 관련성이 있어 보인다. 즉 남아가 여아보다 공격적 행동수준이 더 높은 경향을 보인다. 그러나 이러한 경향이 표본에서 우연히 나타난 결과인지 아니면 전집에서도 이러한 경향을 보이는지는 유의도 검증을 통해 알 수 있다.

카이검증의 영가설은 앞에서 말했듯이 이들 두 변인이 서로 관련성이 없다는 것이다. 두 변인 간에 관계가 없을 경우에 교차분석표에서 예상되는 빈도를 기대빈도라고 하는데, 〈표 13-9〉에 대한 기대빈도를 계산하면 〈표 13-10〉과 같다. 각 칸의 기대빈도는 관찰빈도의 교차분석표에서 각 칸이 속하는 열과 행의 곱을 전체 사례 수로 나누어 산출한다. 이렇게 산출된 기대빈도와 관찰빈도의 차이가 크면 두 변인 간의 관계가 없다는 영가설을 기각하게 되어 두 변인 간에 관련성이 있다는 결론을 내리게 된다.

표 13-10 아동의 공격적 행동수준과 성별에 따른 기대빈도

성별 \ 공격적 행동 수준	상집단	하집단	전체
남	95.9	104.1	200
여	101.1	109.9	211
전체	197	214	411

SPSSWIN을 활용하여 산출된 카이검증결과는 〈표 13-11〉에 제시되어 있으며, 이 표에 의하면 x^2값이 17.434이다. 이 값이 영가설을 기각할 수 있을 정도로 충분히 큰 값인지는 영가설을 기준으로 작성된 x^2 분포를 기준으로 하여 유의도 수준과 자유도를 고려하여 결정한다. 〈표 13-11〉에 의하면 자유도 1에 해당하는 x^2 분포에서 영가설이 옳을

표 13-11 SPSSWIN을 이용한 카이검증결과

	Value	df	Asymp. Sig. (2-sided)	Exact Sig. (2-sided)	Exact Sig. (1-sided)
Pearson Chi-Square	17.434(b)	1	.000		
Continuity Correction(a)	16.619	1	.000		
Likelihood Ratio	17.555	1	.000		
Fisher' s Exact Test				.000	.000
Linear-by-Linear Association	17.391	1	.000		
N of Valid Cases	411				

a Computed only for a 2x2 table

b 0 cells (.0%) have expected count less than 5. The minimum expected count is 95.86.

		Value	Approx. Sig.
Nominal by Nominal	Phi	-.206	.000
	Cramer' s V	.206	.000
	Contingency Coefficient	.202	.000
N of Valid Cases		411	

a Not assuming the null hypothesis.

b Using the asymptotic standard error assuming the null hypothesis.

때 이러한 값이 산출될 확률은 .000으로서 매우 낮다. 따라서 영가설을 기각하고 두 변인 간에 관련이 있다는 상대가설을 받아들이게 된다. 즉 카이검증결과에 의하면 성별과 공격적 행동 수준 간에는 유의한 관련성이 있다.

독립성 검증을 통해서 두 명명변인이 관련이 있는지 없는지를 검증할 수 있지만 그 관련성 정도를 알 수는 없다. 이런 경우에 명명변인들 간의 상관관계의 크기를 알기 위해서 파이계수(ϕ), 상황계수(contingency coefficient) 또는 크레이머 V계수(Cramer' s V)를 산출한다. 〈표 13-11〉에 이들 상관계수가 산출되어 있다. 각 계수의 특징을 살펴보기로 하자.

파이계수는 2×2 교차분석표의 상관관계를 산출할 때 사용되며, 계수의 크기는 0에서 1 사이다. 그러나 교차분석표의 행이나 열이 각각 3 이상이 되면 파이계수의 값이 1보다 커지게 되므로 이 경우에는 상황계수나 크레이머 V계수를 사용하게 된다. 상황계수는 행과 열이 3 이상이고 같은 수의 정사각형 교차분석표에서 명명변인 간의 관계의 크기를 나타내며 0에서 1에 접근하는 값을 가진다. 크레이머 V계수는 행과 열의 수가 같은 경우와 다른 경우 모두에 대해 산출될 수 있으며, 계수의 값이 0과 1 사이 값을 가진다. 이 예에서는 2×2표이므로 파이계수를 사용하는데 그 값은 -.206이며 유의한 상관임을 알 수 있다. 여기서는 변인이 유목으로 나누어지므로 상관계수의 부호는 큰 의미가 없다. 결과를 종합하면, 공격적 행동 수준은 성별과 관계가 있으며, 남아의 공격적 행동 수준이 여아보다 높다고 해석할 수 있다.

7. 통계분석 방법의 선택

통계분석을 위해서는 연구가설과 설계, 수집된 자료의 특성에 적합한 방법을 선택하여야 한다. 여기서는 위에서 설명한 통계분석 방법을 비롯하여 다양한 통계분석 방법 중 자신의 연구문제 혹은 연구가설을 검증하는 데 적합한 방법을 선택하기 위해 고려해야 할 점들에 대해서 살펴보기로 하자. 통계분석 방법을 선택하기 위해서는 기본적으로 연구가설의 내용과 연구에서 다루는 변인들의 특성을 고려해야 한다. 집단 간 차이를 검증하고자 하는지 혹은 변인들 간의 관계를 보고자 하는 것인지, 변인의 개수와 측정 수준은 어떠한지 그리고 통제변인이 있는지 등을 우선적으로 고려해야 한다.

Creswell(2002)은 연구가설의 검증에 적합한 통계분석 방법을 결정하기 위해 고려해야 할 조건들과 각 조건에 부합되는 방법을 다음 〈표 13-12〉와 같이 정리하여 제시하였다. 첫째, 연구가설 혹은 연구문제가 집단 간 비교를 하려는 것인지 또는 변인들 간의 관계를 보고자 하는 것인지 파악한다. 둘째, 독립변인과 종속변인의 수를 확인한다. 독립변인과 종속변인의 수가 각각 한 개씩인지 둘 이상인지 그리고 각각 한 개씩 따로 분석할 것인지 동시에 두 개 이상의 독립변인 혹은 종속변인을 분석할 것인지에 따라서 통계분석 방법이 달라진다. 셋째, 통제변인이 있는지 확인한다. 넷째, 독립변인과 종속변인에서의 측정의 수준을 파악한다. 즉 명명척도, 서열척도, 동간척도, 비율척도 중 어느 수준에 해당하는지 확인한다. 다섯째, 독립변인과 종속변인의 측정치가 연속적인 경우 정상성 가정을 충족시키는지 여부를 점검하고 충족시키는 경우는 모수통계, 충족시키지 않은 경우는 비모수통계를 적용한다.

표 13-12 통계분석 방법의 선택을 위해 고려할 점(Creswell, 2002: 238)

통계분석 방법			가설(혹은 연구문제)의 유형	독립변인의 수	종속변인의 수	통제 변인 유무	독립 변인의 측정 수준	종속 변인의 측정 수준	측정치 분포의 정상성 여부
모수통계	차이검증	t검증	집단 간 비교	1개 (2 수준)	1개	0	명명척도	연속적	정상분포
		ANOVA	집단 간 비교	1개 혹은 2개 이상	1개	0	명명척도	연속적	정상분포
		ANCOVA	집단 간 비교	1개 혹은 2개 이상	1개	1개	명명척도	연속적	정상분포
		MANOVA	집단 간 비교	1개 혹은 2개 이상	2개 이상	0	명명척도	연속적	정상분포
	관계검증	Pearson 적률상관분석	변인들 간의 관계 유무	1개	1개	0	연속적	연속적	정상분포
		중다회귀분석	변인들 간의 관계 유무	2개 이상	1개	0	연속적	연속적	정상분포
비모수통계	차이검증	Mann-Whitney U 검증	집단 간 비교	1개 (2 수준)	1개	0	명명척도	연속적	정상분포 아님
		Kruskall-Wallis 검증	집단 간 비교	1개 혹은 2개 이상	1개 혹은 2개 이상	0	명명척도	연속적	정상분포 아님
		Friedman Chi-square 검증	집단 간 비교	2개 혹은 그 이상	2개 혹은 이상	0	명명척도	연속적	정상분포 아님
		Chi-square 검증	집단 간 비교	1개	1개	0	명명척도	명명척도	정상분포 아님
	관계검증	사분상관분석 (Phi 계수)	변인들 간의 관계 유무	1개 (2 수준)	1개 (2 수준)	0	명명척도	명명척도	정상분포 아님

〈표 13-12〉에는 모수통계분석 기법과 비모수통계 기법을 차이검증을 위한 경우와 관계검증을 위한 경우의 순으로 제시하고 있다. 앞에서 설명되지 않은 통계분석 기법은 ANCOVA, MANOVA, Mann-Whitney U 검증, Kruskall-Wallis 검증, Friedman Chi-square 검증, 사분상관분석이다. 이들에 대한 내용을 간단히 살펴보기로 하자.

ANCOVA는 공변량분석(Analysis of Covariance)이라고 한다. 공변량분석은 ANOVA에서처럼 독립변인에 따른 종속변인의 효과를 검증하는 것인지만, 다른 점은 독립변인 외의 통제변인의 효과를 제거하고 분석하는 방법이다. 이때 통제변인을 공변인(covariate)이라 하며, 추가로 이 변인에 대한 측정치가 수집되어야 한다.

MANOVA는 다변인변량분석(Multivariate Analysis of Variance)이라고 한다. 다변인변량분석도 ANOVA와 유사한데 다른 점은 종속변인이 두 개 이상일 경우에 여러 종속변인에서의 집단 간 차이를 동시에 검증하는 방법이다. 대부분의 종속변인들이 서로 상관이 있고 공통적인 개념을 갖고 있을 때 적용한다. 한 척도의 하위요인 점수들이 종속변인일 경우를 예로 들 수 있다.

다음은 비모수통계분석 방법인 Mann-Whitney U 검증이다. Mann-Whitney U검증은 비모수통계방법 중에서 유용한 방법의 하나인데, 모수통계방법으로 독립표본에 대한 t검증에 해당하는 방법이다. 종속변인이 최소한 서열변인인 연속변인이어야 하나 모수통계에서처럼 정상성이나 동변량성의 가정을 요구하지는 않는다. 또한 종속변인의 측정수준이 동간변인 이상이라고 하더라도 사례 수가 10명 이하로 적을 때에도 적용한다. Kruskall-Wallis 검증은 모수통계분석 방법 중에서 일원변량분석에 대응하는 비모수통계분석 방법으로 Mann-Whitney U 검증을 적용할 수 있는 조건에서 비교집단의 수가 두 개 이상일 때 적용한다.

Friedman의 χ^2 검증은 모수통계분석 방법 중에서 상관표본에 의한 t검증의 확대형에 해당한다고 말할 수 있다. 동일집단에 대해 세 개 이상의 반복 측정된 종속변인 점수의 차이나 서로 상관이 있는 3개 이상 집단의 종속변인 점수의 차이를 비교하고자 할 때 적용할 수 있다. 따라서 Friedman의 χ^2 검증은 사례 수가 적고 분포의 정상성을 가정하지 못하는 상황에서 여러 처치의 효과를 비교하는 실험연구 자료를 분석할 때 적용된다.

Phi 계수를 산출하는 사분상관분석은 독립변인과 종속변인이 둘 다 양분된 유목변인일 경우에 두 변인 간의 상관계수를 산출하기 위한 비모수통계분석 방법이다. 독립변인과 종속변인 중 어느 하나라도 하위범주가 셋 이상일 때 두 유목변인 간의 상관계수를 산출하고자 하면 Phi 계수 대신에 Cramer의 V 계수를 산출한다.

그러면 연구문제와 자료에 적합한 통계분석 방법을 선택하기 위해서 〈표 13-12〉를 적용하는 예를 가지고 살펴보기로 하자. 연구의 예로 공격적 행동 수준에서 대도시 거주 아동, 중소도시 거주 아동 그리고 농촌 거주 아동의 차이가 있는지 살펴보고자 한다. 이 연구에서 제시된 연구문제는 '아동의 공격적 가해 경험과 공격적 피해 경험에서 거주지역에 따른 차이가 있는가?'다. 이 연구문제에 적합한 통계분석 기법은 무엇인지를 결정하기 위해 〈표 13-12〉에서 제시된 특성들을 고려해 보기로 하자.

첫째, 이 연구문제의 유형은 집단 간 비교를 하기 위한 것이다. 둘째, 독립변인은 대도시, 중소도시, 농촌으로 범주화된 거주지 변인 1개다. 셋째, 종속변인은 공격적 가해 경험 수준과 공격적 피해 경험 수준으로 2개며 이 연구에서는 두 종속변인을 따로 분석하고자 한다. 넷째, 통제변인은 없다. 다섯째, 독립변인의 측정 수준은 명명척도이며, 종속변인 측정의 수준은 연속적 측정치인 동간척도다. 여섯째, 종속변인의 분포가 모두 정상분포를 이루고 있다고 가정하자. 이상의 조건에서 선택할 수 있는 가장 적합한 통계분석 기법은 〈표 13-12〉에서 ANOVA임을 알 수 있다.

연습문제

1. 양적 연구에 속하는 논문을 학술지에서 2개 찾아 결과 및 해석 부분을 읽어 보고 다음 문제에 답하여라.
   1) 연구문제가 집단 간 차이를 보기 위한 것인지 또는 변인 간 관계를 보기 위한 것인지 설명하여라. 그리고 적용된 통계분석의 종류는 어떤 것인지 설명하여라.
   2) 이 장에서 통계분석 기법을 선택하기 위해 제안된 〈표 13-12〉를 활용하여 각 논문에서 통계분석 기법이 적합하게 선택되었는지 평가해 보라. 적합하다면 어떤 면에서 적합한지, 부적합하다면 어떤 점이 문제인지 논하여라.

14 Chapter 연구보고서 작성

연구의 마지막 단계는 연구보고서를 작성하는 일이다. 연구가 과학적으로 타당하며 신뢰할 수 있게 진행되었고 또한 중요한 결과가 발견되었다고 해도 이를 다른 사람들에게 효과적으로 전달하지 못한다면, 그 연구는 지식세계에 보탬이 되지 않을 것이다. 연구보고서를 작성하는 목적은 연구의 모든 절차를 마무리하고 이를 독자들에게 효과적으로 전달하는 데 있다.

아동발달 및 교육 분야와 관련된 연구보고서의 독자는 이 분야의 관련 전문가뿐 아니라 교사, 부모에 이르기까지 광범위한 대상이 포함된다. 따라서 연구가 보고될 학술지의 성격과 주요 독자들의 특성에 따라 보고서 양식도 어느 정도 달라질 수 있을 것이다. 그러나 다양한 독자들에게 정보를 정확하게 전달하는 것도 중요하지만, 학술보고서의 궁극적인 역할은 동료 전문가들 간의 의사소통을 원활히 하고 새로운 지식을 공유하는 것이라고 할 수 있다. 이러한 역할을 효과적으로 수행하기 위해서 모든 학술보고서는 전문가들 간에 미리 약속된 일정한 보고서의 체제에 따라 작성되며, 처음 보고서를 작성하게 되는 연구자는 보고서 작성에 앞서 학술 연구보고서의 작성방식을 숙지할 필요가 있다. 따라서 이 장에서는 연구보고서의 체제와 일반적으로 고려해야 할 사항들에 관하여 구체적으로 살펴보고자 한다.

1. 연구보고서의 체제

보고서 작성 경험이 없는 연구자들이 막상 처음으로 학술적인 연구보고서를 쓰려고 하면 어떻게 글을 시작하고 전개해야 할지 막연하게 생각될 수 있다. 처음으로 연구보고서를 쓰게 될 사람들에게 가장 필요한 것은 연구의 다른 절차와 같이 '보고서 작성도 배우면 할 수 있다' 는 믿음이다. 연구보고서는 문학작품이 아니다. 보고서의 내용은 아주 소박하고 단순한 문장으로 구성되며 처음부터 글의 구성이 결정되어 있는 작업이다. 심지어 저자가 사용하게 될 용어 및 문장의 형태가 미리 결정되어 있기까지 하다. 그럼에도 불구하고 처음 연구보고서를 쓰는 사람들이 작업을 시작하려고 할 때 마치 넘어야 할 큰 벽 앞에 서 있는 듯한 느낌을 받게 되거나 보고서를 완성할 때까지 몇 번의 좌절을 경험하게 된다. 이 책에서 소개된 연구 과정과 방법에 대한 내용을 바탕으로 자신이 작성하게 될 보고서의 목차를 정하고 그 목차에 따라 각 부분을 성실하게 정리해 나가면 무리가 없을 것이다. 보고서 작성에 대해 연구자들이 흔히 갖기 쉬운 잘못된 생각을 〈Box 14.1〉에 소개하였다.

학위논문이나 연구비 지원을 신청하는 경우에는 실제로 연구를 실시하기 전에 연구계획서를 먼저 작성하게 된다. 연구계획서는 결과와 논의를 제외한 대부분의 내용을 포함하여 작성하는데, 이는 문헌고찰에 대한 부분을 정리하고 연구설계와 방법에 대해 구체적으로 서술하는 과정을 통해 연구에 대해 보다 명확한 생각과 계획을 가지고 임할 수 있다는 점에서 바람직하다. 따라서 연구계획서가 요구되지 않는 경우에도 연구자가 미리 계획서를 작성해 보는 것은, 연구 실시 자체에 도움이 될 뿐 아니라 연구가 끝난 후 완성도 높은 보고서를 작성하는 데에도 도움이 된다.

보고서에 따라서 조금씩 구성이 달라질 수는 있지만, 다음의 내용이 일반적으로 학술보고서에 포함되는 요소들이다.

- 제목(Title)
- 저자(Authors)
- 감사의 글(Acknowledgement)
- 초록(Abstract)

- 서론(Introduction)
- 방법(Method)
- 결과(Results)
- 논의(Discussion)
- 참고문헌(References)
- 부록(Appendix)

<Box 14.1> 보고서 작성에 대한 잘못된 생각(Peterson, 1996)

잘못된 생각 1: 연구보고서를 잘 쓰기 위해서는 글을 잘 쓰는 능력이 필요하다.

연구보고서는 창의적인 상상력 및 기발한 어휘 능력을 요구하는 문학작품이 아니다. 이미 결정된 체제에 따라 익숙한 용어들을 사용하여, 단계적으로 검증한 생각의 조각을 연결하는 작업이다. 중요한 것은 연구에 대해 얼마나 열심히 생각했는가 하는 것이다. 즉 생각이 많이 진전된 경우에는 비교적 쉽게 글이 진행될 수 있지만, 생각이 부족한 경우에는 글이 더 이상 진행되지 않는다. 보고서 작성이 어렵다고 느껴지면, 자신의 서술 능력 부족을 탓할 것이 아니라 연구에 대한 생각이 부족하거나 체계적으로 정리되지 않았음을 시인해야 한다.

잘못된 생각 2: 연구보고서는 초고부터 제대로 작성되어야 한다.

보고서를 처음 쓰는 학생 중에 서론에 매달려 더 이상 진전을 하지 못하는 학생들이 있다. 이런 학생들에게 강조하고 싶은 말은, 훌륭한 서론만 있는 초고보다 아직 부족하더라도 완성된 초고가 몇 배 더 낫다는 말이다. 대가들의 논문에도 어색하고, 이치에 맞지 않는 부분들이 얼마나 많이 있는지를 안다면 초보 연구자들이 논문을 작성하는 일이 훨씬 쉬워질 것이다. 어쩌면 초고는 완성된 보고서를 향한 커다란 메모지일 수 있다. 두서없는 것 같지만, 필요한 내용을 생각날 때마다 메모하듯이 끼워 넣다 보면 어느새 완성된 형태에 접근해 가게 된다. 오늘날과 같이 컴퓨터의 워드 프로그램으로 논문을 작성하는 경우에는 더욱 맞는 말이다. 따라서 논문을 작성하는 일은 초고에 대한 반복적인 보완의 연속이라고 할 수 있다.

잘못된 생각 3: 연구보고서에는 저자 자신의 생각을 잘 표현하여야 한다.

연구보고서에는 저자의 생각이 잘 표현되어야 한다. 그러나 그보다 더 중요한 것은 독자들이 저자의 생각을 잘 이해할 수 있도록 표현하는 것이다. 연구보고서의 용도는 감상용이 아니라 의사소통용이다. 따라서 초보자뿐 아니라 경험자들도 연구보고서를 쓰고 나면 주변 동료들의 피드백을 받게 된다. 수정 · 보완할 점이 있거나 어떤 부분이 잘못되었다는 비판을 받을 수도 있다. 이와 같은 평가를 자신의 보고서에 겸허하게 반영할 수 있는 사람들이야말로 독자와 원활하게 생각을 교환할 수 있는 훌륭한 저자가 될 수 있다.

보고서를 작성할 때 별도로 표지를 두어 논문 제목, 저자 이름, 저자의 소속기관, 직위 등에 대해 기록하는 것이 일반적이며, 학위논문의 경우에는 학위 종류와 수여기관을 포함하게 된다. 학회지 발표를 위하여 심사본을 제출할 때는 공정한 심사를 위해 표지에만 저자 관련 정보를 밝히고 본문에는 이를 밝히지 않는 경우가 많다. 보고서에 일반적으로 포함되는 사항들에 대해 구체적으로 살펴보자.

1.1 제 목

연구자 또는 일반 독자들이 논문을 찾을 때 논문의 제목은 선택의 첫 번째 기준이 된다. 특히 최근에는 인터넷으로 논문을 찾는 경우가 많으므로 제목의 중요성은 더 커졌다. 따라서 제목을 보면 연구자들이 어떠한 연구를 하였는지 한눈에 알 수 있도록 제목을 만드는 것이 중요하다. Martin(2004)은 제목을 만드는 방법을 두 가지로 소개하고 있다. 첫째, 제목에 가능한 한 많은 정보를 포함시켜야 한다는 것이다. 둘째, 제목은 가능한 한 짧아야 한다는 것이다. 그런데 이 두 가지가 서로 모순된다는 점이 흥미롭다. 그만큼 두 가지 조건을 모두 만족시킬 수 있게 적절한 제목을 정하는 일이 쉽지 않음을 의미한다.

다음의 몇 단계를 거쳐서 제목을 함께 만들어 보자.

1단계: 가장 명쾌하고 간단하게 제목을 정하는 방법은 주요 연구변인들을 연결하여 제목을 만드는 방법이다.

예: 연구변인이 '애착 유형'과 '사회적 행동'이었다면, 가장 간단한 제목은 「애착 유형과 사회적 행동」이 될 것이다.

2단계: 그러나 인간을 연구대상으로 하는 대부분의 연구에서는 연구변인 외에 연구대상이 누구인지 알 수 있도록 연구대상의 연령 또는 성 등의 정보를 제목에 포함시킨다.

예: 「애착 유형과 사회적 행동」은 연구대상에 따라 다양하게 제목이 달라질 수 있다. 연구대상이 유아인 경우는 「유아의 애착 유형과 사회적 행동」, 연구대상에 유아와 부모가 모두 포함되는 경우는 「부모-자녀 간 애착 유형과 유아의 사회적 행동」, 연구대상이 초등학교 남학생으로 한정되는 경우는 「초등학교 남아의

애착 유형과 사회적 행동」이 된다.

3단계: 좀 더 구체적으로 연구의 가설 및 연구설계에 대한 정보를 제공하는 경우도 있다. 아래의 ①번과 ②번 제목은 이 연구의 문제나 가설이 무엇인지를 제목만 보아도 알 수 있도록 만들어진 제목이다. 그리고 ③번 제목은 이 연구가 종단적 연구설계를 활용한 연구라는 정보를 제공하고 있다.

예: ① 「유아의 애착 유형과 사회적 행동 간의 관계」, ② 「아동의 성에 따른 애착 유형과 사회적 행동의 차이」, ③ 「출생 초기의 애착 유형이 아동기 사회적 행동에 미치는 영향에 대한 종단적 연구」

4단계: 제목에 필요한 내용이 충분히 포함되었다고 생각되면, 이번에는 완성된 제목에서 삭제할 부분이 없는지 검토한다. 예를 들어, 불필요한 조사가 포함되었는지, 현재 제목에 포함된 내용이 모두 꼭 필요한지 다시 한 번 검토할 필요가 있다.

가장 훌륭한 제목은 축약적이면서도 동시에 연구의 내용을 포괄적으로 표현할 수 있는 제목이다. 따라서 제목을 정하는 규칙은 없지만, 위에 제시된 방법을 융통성 있게 활용하여 연구자가 자신의 연구를 가장 잘 알려 줄 수 있는 제목을 정하는 것이 최선의 방법이 될 것이다.

1.2 저 자

연구보고서의 저자들은 연구가 시작되어 보고서가 나오기까지의 모든 작업에 전적으로 또는 부분적으로 참여하여 기여한 사람들이다. 한 명의 연구자가 이 모든 과정을 수행한 경우, 연구결과물에 저자의 이름이 단독으로 기재될 것이므로 저자를 결정하는 일이 간단하다. 그러나 두 명 이상의 연구자가 보고서에 이름을 올리게 되는 경우, 보고서에 기록되는 저자의 순서가 때로는 쟁점이 된다.

일반적으로 보고서를 직접 쓴 사람이 첫 번째 저자가 되어 맨 처음에 이름이 기록된다. 그리고 두 번째 저자부터 마지막 저자까지의 순서는 누가 연구에 더 많이 기여를 했는가를 평가하여 정하게 된다. 그러나 연구에 대한 기여도는 쉽게 비교되거나 평가하기 어려운 점이 있으므로, 실제로 누가 가장 많은 기여를 했는지 정하는 것이 어려운 경우가 많다. 따라서 일반적으로 보고서에 기록되는 연구저자의 순서는 어떤 정해진 원칙을 기계적으로 적용하여 정하기보다는, 연구에 참여한 연구자들의 합의에 의해 결정하는 것이 바람직하다. 그리고 보고서를 작성하기 전에 저자의 순서를 미리 정한다면 보고서에 대한 책임감이 분명해지며, 논문이 출판된 후 발생할 수 있는 갈등의 소지를 막을 수 있다(Fine & Kurdek, 1993).

저자의 순서와 무관하게 '교신저자 또는 책임저자'(corresponding author)를 결정해야 하는 경우가 있다. 보고서를 출판하는 경우, 출판될 논문의 내용과 논문의 저작권에 대해 전적으로 책임을 질 사람이 교신저자 또는 책임저자다. 일반적으로 연구에 가장 많은 기여를 한 첫 번째 저자가 교신저자인 경우가 많으나, 때때로 논문이 큰 연구 프로젝트의 일부분인 경우 프로젝트의 책임자 또는 프로젝트가 주어진 기관의 연구자가 이 역할을 맡기도 한다.

또한 연구에 직접적인 기여를 한 사람이지만, 연구저자에 포함되지 않는 경우도 있다. 예를 들어, 연구비의 일부를 인건비로 받고 연구 진행에 보조적인 역할만을 한 연구보조원이나, 선의의 의도를 가지고 대가 없이 연구에 도움을 준 사람들이 반드시 연구저자로 포함될 필요는 없다. 그러나 연구보고서 한 부분에 '감사의 글'을 포함시키는 경우, 여기에 이들의 도움에 대한 감사가 표현되는 것은 바람직하다.

1.3 감사의 글

사회과학 분야의 연구를 수행하는 동안 많은 사람들의 도움을 받게 되므로, 사적으로 도움을 준 대상뿐 아니라 경우에 따라서는 공적인 대상들에게도 감사를 표현하게 된다. 학위논문에서는 한 페이지 정도 분량의 감사의 글이 초록 전에 독립된 쪽으로 서술되는 경우가 많지만, 학술지에 발표되는 논문의 경우에는 표지 하단에 각주의 형태로 제시되거나 보고서 본문의 마지막에 메모형식으로 덧붙이게 될 때가 있다.

연구를 재정적으로 지원해 준 기관이 있을 경우 구체적으로 기관명을 밝히고 감사를 표하게 되며, 논문의 초고를 읽고 조언을 해 준 동료가 있다면 실명이나 익명으로 감사의 글에 포함하기도 한다. 아동학이나 유아교육 분야 연구의 경우, 연구에 참여해 준 아동이나 교사, 부모들에 대해 많은 연구자들이 감사를 표시한다. 학위논문의 감사의 글에는 논문 심사위원들뿐 아니라 연구를 완성하는 동안 저자를 정서적으로 지원해 준 가족이나 친구들을 포함시키기도 하지만, 학회지에 발표되는 논문의 경우에는 사적인 대상은 생략하고 연구 보고에 직접 관련된 대상에 대한 감사 표현만 짧게 제시하는 것이 일반적이라고 할 수 있다.

1.4 초 록

초록은 연구의 전반적인 내용을 포함하고 있으며 축약적이라는 점에서 제목과 공통점이 있다. 그러나 제목보다는 훨씬 상세하게 연구를 설명하여야 하며, 연구 전반에 관한 내용이 포함되어야 한다. 즉 연구의 목적, 연구주제와 관련된 이론적 쟁점, 연구문제나 가설, 연구대상과 도구 및 실시 절차를 요약한 연구방법에 관한 내용, 연구결과 그리고 결론이 최대한 간략하게 모두 소개되어야 한다.

학위논문에는 국문초록과 영문초록이 함께 제시되며 분량을 제한하지 않는 경우가 많으나 가능하면 간략하게 작성하는 것이 좋다. 관련된 분야의 학회지들을 예로 살펴보면, 아동학회지는 국문초록 없이 영문초록을 175단어 이내로, 발달심리학회지는 국문초록을 150단어 이내로 작성하게 하며 영문초록에 대한 제한은 없다. 유아교육학회에서 발간하는 학회지인 『유아교육연구』의 경우 국문초록은 가로 80열과 세로 12행 이내로, 영문초록은 600단어 이내로 분량을 제한하고 있다. 최근에는 대부분의 학위논문이나 학회지에 출판되는 논문에 연구를 대표하는 주제어(key words)를 다섯 개 이내로 선정하여 적도록 하는데, 초록 아래에 제시하게 되어 있다.

보고서에서 초록의 위치는 보고서의 본문이 시작되기 전이므로 가장 처음에 등장하는 글이다. 그러나 초록은 연구의 전반적인 내용을 담고 있어야 하므로 연구보고서를 모두 작성한 후에 보고서 내용을 요약하여 완성하는 것이 좋다.

1.5 서 론

독자들은 서론을 읽으면서 연구의 주제와 관련된 지식들이 현재 어느 정도나 축적되어 있는지 알게 된다. 그리고 순수 학술연구라면, 현재의 학문적 기반에서 '이 연구가 학문적으로 중요한 이유는 무엇인지' 에 대해 궁금해하며, 응용연구라면 현실생활에 '연구의 결과가 어떻게 활용될 수 있을지' 에 대해 관심을 갖게 된다. 따라서 보고서의 서론을 작성하는 연구자는 자신의 연구가 갖고 있는 학문적 의의와 연구를 통해서 도달하고자 하는 목적을 논리적이고 설득력 있게 밝혀야 한다.

연구의 목적을 좀 더 명확히 하기 위해서 많은 연구들이 구체적인 연구문제를 설정하게 된다. 일반적으로 연구의 목적을 진술한 다음에 연구문제를 기술하게 된다. 그리고 연구문제를 가장 합리적으로 접근하는 방법을 조사하기 위해서 선행연구 문헌들을 찾아서 읽고 정리하게 되는데, 이 부분을 이론적 배경이라고 한다.

이론적 배경에는 연구에서 다루어지는 전문 용어 및 개념들에 대한 정의, 연구문제와 관련된 이론들 그리고 유사한 연구문제를 직접 조사한 선행연구들의 결과 및 연구방법의 한계 등을 검토하는 작업이 포함된다. 관련된 선행연구들이 별로 많지 않은 탐색연구의 경우에는 경험적 연구결과보다는 이론적 추론을 기초로 이론적 배경을 구성하게 된다. 그러나 선행연구가 상당히 많이 진행된 연구주제를 다루는 연구에서는 연구문제를 둘러싼 논쟁들을 기초로 가설을 만드는 것으로 서론을 마무리하기도 한다.

1.6 방 법

이 부분은 다른 사람들이 읽고 나서 동일한 연구를 복제할 수 있을 정도로 연구자가 실시한 모든 연구 과정을 정확하게 그리고 자세하게 기술해 주어야 한다. 다음의 내용들이 반드시 포함되어야 할 사항들이다.

대상 연구대상의 수, 표집방법, 연구대상의 인구학적 변인이 포함된다.

측정도구 도구의 이름, 도구의 제작자 및 제작 연도, 도구의 신뢰도 및 타당도와 관련된 정보들이 제시되어야 하고, 때로는 도구의 일부 문항이나 전체 문항 내용이 소개되기도 한다. 한편 실험연구의 경우 실험장치나 관련 도구가 소개될 수 있다.

절차 자료수집을 진행한 전반적인 과정이 서술되어야 한다. 조사연구의 경우에는 표집 과정과 조사 실시 과정이, 실험연구의 경우에는 실험실 상황 및 실험 과정이 자세히 기술되어야 한다. 연구 보조자가 있었다면 보조자를 훈련한 과정들이 소개되기도 한다. 예비실험이나 예비조사 과정이 있었다면 어떠한 작업이 있었는지도 이 부분에 서술한다. 만일 실험의 일부로 어떤 프로그램을 진행하였다면, 프로그램의 내용을 독립된 한 부분으로 소개하는 것이 좋다.

자료 분석방법　자료 코딩방법, 연구변인들의 점수 채점방법, 자료분석에 사용된 통계 프로그램, 연구문제 또는 가설을 검증하기 위해 사용된 통계방법들이 이 부분에 제시된다.

1.7 결 과

연구결과는 연구문제의 순서대로 정리하여 기술해 주면 독자들이 일관성을 느낄 수 있어서 좋다. 결과를 서술할 때, 연구문제 또는 가설에 대한 검증 결과만 제시하기보다는 자료의 기술적 통계치를 함께 제시해 주면 독자들이 전반적인 점수 분포를 이해하고 검증된 결과의 해석에 도움이 된다.

다음에 연구문제나 가설에 관련된 추리통계치를 기술할 때, 검증결과가 간단할 때는 본문 안에서 결과를 서술하여 주지만 결과로 제시할 수치가 다양하다면 대체로 표로 제시하여 준다. 만일 그림으로 제시하는 것이 효과적이라면 그림을 제시할 수도 있다.

〈Box 14.2〉 결과 서술하기

아래 〈표 A〉의 자료를 기초로 결과를 서술해 보기로 하자.

아동이 보고한 자신의 친구관계와 교사가 관찰한 행동문제 간에 어떠한 관련성이 있는지 검증하기 위하여 Pearson 상관계수를 산출하였다. 〈표 A〉에 제시된 바와 같이 친구와의 갈등은 품행문제 및 과잉행동문제와 유의한 정적 상관이 있었고, 친구에 대한 만족감은 품행문제와 유의한 부적 상관이 있었으나 과잉행동문제와는 상관이 유의하지 않았다. 즉 초등학교 아동들은 친구와 갈등이 있다고 지각하는 정도가 높을수록 교사로부터 품행문제나 과잉행동문제를 자주 일으키는 것으로 관찰되는 경향이 있었으며, 친구에 대한 만족감이 높은 아동일수록 품행문제가 적게 관찰되는 경향이 있었다. 이와 같은 결과는 친구관계가 행동문제와 관련이 있을 것이라는 가설을 지지해 준다.

〈표 A〉 초등학교 아동의 친구관계와 행동문제 간의 Pearson 상관계수 (N = 290)

	행동문제	
친구관계	품행문제	과잉행동문제
친구와의 갈등	.17**	.14**
친구에 대한 만족감	−.13*	−.05

$^{*}p < .05$　$^{**}p < .01$

결과를 서술할 때는 먼저 어떤 통계방법으로 검증하였는지 그리고 결과가 유의한지 아닌지를 간략하게 서술한다. 그리고 이어서 이와 같은 통계적 검증결과가 어떠한 의미를 갖고 있는지를 설명해 주어야 하는데, 이때는 그 의미를 독자들이 이해하기 쉽게 풀어서 설명해 주는 것이 좋다. 마지막으로 결과가 연구에서 설정된 가설과 관련된 것이라면, 가설을 지지하고 있는지 그렇지 않은지를 밝혀 준다(〈Box 14.2〉 참조).

1.8 논 의

보고서의 모든 내용은 사실에 기초하여 간략하게 기술하는 것이 원칙이나, 논의는 다른 부분들보다 비교적 자신의 창의적인 추론이나 견해들이 허용되는 공간이다(Elmes, Kantowitz, & Roediger, 1999). 논의를 시작하는 방식은 저자 개인의 선호에 따라 다를 수 있다. 그러나 가장 일반적인 방식은 연구의 결과를 먼저 정리하고 결과를 중심으로 논의를 전개해 가는 방식이다.

먼저 연구에서 얻어진 주요 연구결과를 요약하여 제시해 주고, 설정된 가설이 있다면 가설을 지지해 주었는지 확인한다. 그러나 가설이 지지되었다 하더라도 한 연구에서 발견된 결과가 바로 법칙이나 이론으로 확대될 수는 없을 것이다. 특히 사회과학 연구 분야에서 얻어진 결과들은 다양한 검증 과정을 통해서 추가로 확인된 후에야 하나의 이론으로 자리 잡을 수 있다. 따라서 자신의 연구결과와 일치하지 않았던 선행연구의 결과들이 있었는지 찾아보고, 일치된 연구결과를 보고했던 연구들과 그렇지 않은 연구들의 차이점이 무엇인지 상세히 비교 · 검토하는 작업이 필요하다.

인간을 연구대상으로 하는 사회과학 연구들의 또 다른 특성은 대부분의 연구문제를 직접적인 실험을 통해서 연구할 수 없으며, 그렇게 할 수 있다고 하더라도 엄격한 실험 절차를 통해서 얻어진 결과를 일상생활에 일반화할 때는 결과의 생태학적 타당도를 의심하게 된다. 따라서 거의 대부분의 연구들이 다양한 종류의 한계를 갖고 진행된다. 자신의 연구가 연구문제를 정확히 밝히는 데 또는 가설을 엄격하게 검증하는 데 어떠한 한계를 가지고 있었는지 연구자들은 솔직하게 밝혀 주어야 한다. 그리고 이러한 과정을 통해서, 후속연구를 계획하는 연구자들에게 유용한 정보를 제공할 수 있다.

논의의 마지막 단계에는 연구결과를 기초로 결론을 내려 주어야 한다. 그러나 결론을 내리기 전에 연구가 공헌하고 있는 점 및 연구결과가 함축하고 있는 의미를 설명해 준다면 연구의 의의가 좀 더 분명해질 것이다. 만일 순수연구였다면 연구결과가 학문적인 맥락에서 어떠한 의미를 갖고 있는지에 대해 설명해 줄 수 있다. 반면 응용연구였다면, 연구의 결과를 실생활에서 어떻게 적용하여 활용할 수 있는지 다양하게 제안할 수도 있을 것이다.

1.9 참고문헌

본문에서 인용된 참고문헌들은 모두 참고문헌 목록에 포함되어야 한다. 물론 본문에서 언급되지 않은 문헌이 들어가서도 안 된다. 보고서 작성이 끝난 후 본문과 참고문헌 부분을 대조해 가면서 틀리거나 빠진 부분이 없는지 세심히 살펴보아야 한다. 참고문헌 목록이 지나치게 긴 것은 바람직하지 않으며, 학술지에 따라서는 참고문헌을 포함하여 전체 보고서의 분량을 제한하는 경우가 있으므로 연구를 뒷받침하기 위해 꼭 필요한 것들만 포함시켜 간결하게 제시될 수 있도록 한다. 참고문헌의 정리방법에 관해서는 다음 절에서 상세히 다루었으므로 참고하기 바란다.

1.10 부 록

본문에 포함되는 것이 여러 가지 이유로 적합하지 않으나 본문을 읽는 데 참고가 되는 자료들이 부록에 포함된다. 연구에 사용된 측정도구, 상세한 통계자료, 자료수집 과정에서 적용된 구체적 절차나 실시 사항 또는 지시 등이 부록에 자주 포함되는 내용들이다. 아동을 대상으로 한 연구에서 장난감이나 그림 등을 사용하여 질문을 하였다면 각각의 사진과 질문내용을 자세히 부록으로 제시하기도 한다.

부록이 한 종류 이상일 때는 일련번호를 붙여 〈부록 1〉, 〈부록 2〉 등으로 구별하며, 보고서를 읽으면서 참조할 수 있도록 본문에서 언급해 주어야 한다. 참고문헌의 경우와 마찬가지로 연구를 이해하는 데 꼭 필요하고 도움이 된다고 생각되는 내용만 선별하여 제시하는 것이 중요하다.

2. 보고서 작성 요령

2.1 문체와 문단

보고서를 작성할 때 많은 연구자들이 어떤 문체를 사용하여 서술할 것인지에 대해 고민하게 된다. 시제나 인칭 등을 모두 고려하여 보고서의 문체를 정하게 되는데, 연구보

〈Box 14.3〉 논리적으로 글을 쓰는 방법

다음과 같은 방법을 활용한다면 보고서를 비교적 큰 어려움 없이 작성할 수 있다. (1) 머릿속에 자신의 주장을 정리한다. (2) 자신의 생각을 구성하는 중요한 주제들을 찾아 나열한 후 논리적으로 연결되었는지 확인한다. (3) 각 주제를 한 문단으로 작성한다. 이때 과학적 이론이나 선행 연구결과를 근거로 자신의 생각을 서술해 간다.

(1) 생각 정리	(2) 주제 정리	(3) 문단으로 작성
"20C 중반 이후부터 또래관계의 중요성이 주목받기 시작하였다. 그러나 또래관계에 대한 연구가 활발해지기 시작한 것은 1970년대 이후부터이며, 연구의 초점은 또래 수용도에 집중되는 경향이 있었으나, 최근에 와서 친구관계에 대한 연구가 활발해지고 있다."	또래관계의 중요성 인식	또래관계의 중요성에 대한 인식은 …… Sullivan(1953)의 친구관계 중요성 강조 ……
	또래관계 연구의 시작	또래관계에 관련된 연구는 Hartup(1977) 등의 연구자 ……
	또래관계 연구의 두 가지 접근방법	또래관계에 대한 두 가지 접근방법 …… 또래수용도란 …… 친구관계의 정의는 ……
	또래 수용도에 관한 연구	또래 수용도에 관해서는 이미 적지 않은 연구결과들이 축적되어 있는데, …… Bukowski(1982)의 연구 ……
	친구관계에 관한 연구	친구관계에 관한 연구는 아직 초기 단계에 머무르고 있다고 ……

고서의 문장은 가능한 간결하고 논리적으로 서술되는 것이 좋다. 따라서 문장의 길이도 너무 길지 않고 짧은 것이 바람직하며, 일관된 하나의 생각이나 주장을 표현하기 위한 몇 개의 문장으로 하나의 문단이 구성된다. 문단의 첫 문장에 문단의 주제가 표현되거나 또는 문단의 마지막 문장에서 내용을 요약하는 형식으로 저자가 주장하는 바를 정리할 수 있다. 이때 각 문단은 자연스럽고 부드럽게 이어져야 하며, 문단들 간에 논리적 비약이 있어서는 안 된다(〈Box 14.3〉 참조).

연구보고서는 연구가 완료된 뒤에 작성되므로 주로 과거형으로 기술되나, 경우에 따라서 현재형이나 미래형으로 서술되는 부분도 있다. 현재형을 사용하는 경우는 어떤 이론의 일반적 진술과 개념을 정의할 때, 연구문제를 진술할 때 그리고 논의에서 연구자의 의견을 진술할 때다. 미래형은 연구의 가설이나 연구결과를 토대로 예언이나 제언을 할 때 사용하게 된다. 또한 연구보고서에서는 1인칭이나 2인칭을 거의 사용하지 않는다. 주로 3인칭을 사용하며, 자신의 주장을 할 때에도 '본 연구자는 ……' 과 같이 3인칭을 활용하거나 또는 주어를 생략하고 '본 연구결과를 고려할 때 …… 하게 될 것으로 추측된다.' 등의 수동형의 표현을 쓰는 경우가 많다. 그러나 질적 연구의 보고서에서는 다양한 문체가 사용되기도 하는데, 이에 대해서는 이 장의 3절을 참조하기 바란다.

2.2 참고문헌의 인용

연구보고서를 작성할 때 선행연구에 기초하여 다양한 인용이 이루어지게 된다. 참고문헌의 인용방법에 대해 알아보자.

단독저자나 2인 저자의 문헌을 인용할 때는 다음과 같다.

단독 저자의 예: 김순희(1999)의 연구결과에 따르면……
Smith(1999)의 연구에 의하면……
2인 저자의 예: 선행연구 결과(김순희 · 이철수, 2000)에 따르면……
선행연구(Smith & Brown, 2000)에서 밝혀진 바로는……

저자 수가 3~5인의 문헌을 인용할 때는 처음에만 저자들을 모두 써 주고 다음부터는 첫 번째 저자의 이름만 써 준다.

처음의 예: 김순희 · 이철수 · 박영희(2002)의 연구결과에 따르면……

다음의 예: 김순희 등(2002)의 연구에서 밝혀졌듯이……
Smith와 동료들(2001)에 따르면……

저자 수가 6인 이상의 문헌인 경우 3~5인 저자 기술방식과 같지만, 처음에 저자들의 이름을 명시해 줄 때 여섯 명까지만 이름을 적고 나머지는 '등' (et al.)을 써 준다(American Psychological Association, 2001).

예: 김순희 · 이철수 · 박영희 · 이순희 · 김철수 · 김영희 등(2000)은……

여러 문헌들을 인용하는 경우 첫 번째 저자의 철자순으로 문헌을 나열한다.

예: ……에 관한 연구들(김순희, 1999; 박영희, 2000; 이철수 · 오미경, 1998)……
……에 관한 여러 선행연구들(Brown, 1999; Cox, 2001; Smith et al., 2001)에서 밝혀지고 있듯이……

다른 사람의 저술에서 직접 인용하고자 하는 내용의 문장이나 문단을 옮겨 올 때는 인용부호(" ")를 사용하여 본문에 삽입하고 아래와 같이 참고문헌을 명시해 준다.

"……" (김순희, 1999, 22쪽)
"……" (Smith, 2000, p. 172)

위와 같이 글의 한 부분을 인용을 하는 경우는, 자신의 생각을 더 잘 대변해 주거나 권위 있는 저자의 생각을 생생하게 전달하기 위해서다. 그러나 이러한 방식의 인용이 너무 자주 활용되면 글의 흐름이 좋지 않을 수 있다. 반드시 필요한 경우가 아니라면 글에 담긴 정보만을 인용하여 자신의 방식으로 서술하고 참고문헌을 명시해 주는 것이 자연스럽다.

참고문헌의 인용을 각주(foot note)로 처리하는 경우도 있다. 저서나 일부 학술지의 경우 참고문헌을 모두 각주로 처리한 후 보고서 끝의 참고문헌 부분에 한꺼번에 정리하기도 하지만, 최근의 경향은 각주로 처리하기보다는 되도록 본문 안에서 내용을 처리하는 방식이 선호되고 있다.

각주는 반드시 참고문헌 인용에만 쓰이는 것은 아니며, 본문에 보충설명이 필요하지만 본문 가운데 길게 삽입하면 글의 흐름을 막는다고 생각되는 경우에 사용된다. 설명이 필요한 단어의 오른쪽에 위첨자로 숫자를 붙이고, 그 페이지의 하단 또는 보고서의 뒷부분에 해당되는 내용을 삽입할 수 있다. 이때 각주번호는 본문에 나타나는 순서대로 붙여 나가면 된다.

2.3 약어, 외래어, 숫자의 표기

일반적으로 친숙하게 사용되는 학술용어의 약자들(예를 들어, IQ, SES, M, SD)은 보고서에서 그냥 사용할 수 있다. 그러나 친숙하지 않은 용어의 약어를 사용하게 될 때는 그 용어가 처음 나올 때 괄호 속에 약어를 써 주고, 그 다음부터 일관되게 약자를 사용하면 된다(Johnson & Christensen, 2000). 예를 들면, Attention Deficit and Hyperactivity Disorder(ADHD)라고 표기하고, 다음부터 그 용어를 지칭할 때는 ADHD로 표기해 주면 된다. ADHD는 주의력결핍 과잉활동장애라는 용어로 번역되어 사용되는데 이처럼 번역된 용어가 명확히 있을 때는 한글로 표현하고 괄호 속에 원어와 약어를 함께 포함하면 된다. 즉 '주의력결핍 과잉활동장애(Attention Deficit and Hyperactivity Disorder: ADHD)' 라고 표기할 수 있다.

이처럼 학술보고서에서는 외래어 및 역어가 빈번히 사용되는데, 이를 일관성 있게 사용하는 것이 중요하다. 가급적이면 본문의 서술어는 번역된 말을 사용하도록 하며, 번역된 원어를 표기하고 싶을 때에는 괄호 속에 삽입할 수 있다. 괄호 속의 원어가 고유명사인 경우에 첫 글자는 대문자로 쓰며, 원어의 삽입은 맨 처음에 나올 때 한 번만 표기한다. 인명을 표기할 때에도 외국인의 성명과 한국인을 구별하게 되는데, 한국인은 성명을 모두 기입하지만 외국인의 인명은 성만 기록하는 경우가 대부분이다. 이때 '교수' 나 'Dr.' 와 같은 존칭은 생략한다.

보고서 본문에서 숫자를 사용하여 서술할 때는 원칙적으로 아라비아 숫자를 사용한다. 그러나 10 이하의 작은 수를 표현할 때는 한글로 '하나, 둘, 셋 ……' 의 표현을 사용해도 된다. 그리고 문장의 첫 글자는 아라비아 숫자로 시작하지 않는 것이 좋다.

2.4 통계치와 도표의 제시

본문에서 통계결과를 서술해 줄 때는 충분한 정보를 제공해 주어야 한다. 물론 선택된 통계분석에 따라 제시할 내용이 조금씩 다를 수 있지만, 일반적으로 통계값, 자유도, 유의도 수준 등은 기본적으로 제시할 내용이다. 몇 가지 주요 통계치 서술방법을 〈표 14-1〉에 제시하였다(Johnson & Christensen, 2000).

표 14-1 통계검증결과의 서술 예

통계치 종류	서술방법	예
t검증 결과	t(자유도) = 점수, 유의도	$t(28) = 4.67, p < .05$
ANOVA 결과	F(집단 간, 집단 내 자유도) = 점수, 유의도	$F(3, 32) = 8.79, p < .01$
χ^2 검증결과	χ^2(자유도, 표집 크기) =점수, 유의도	$\chi^2(3, N = 52) = 8.72, p < .05$

많이 사용되는 분석방법의 경우에는 통계치를 산출하는 공식을 별도로 쓰지 않지만, 새롭거나 자주 사용되지 않는 또는 보고서에 꼭 필요한 수식은 제시해 준다. 위와 같이 통계치를 써 준 후에는 기술통계치를 제시하여 결과를 설명하는 과정이 뒤따른다. 일반적으로 통계치의 수가 많은 경우에는 본문에서 하나하나 적는 대신 표로 정리한 후 본문에서는 설명만을 해 주는 방식을 택한다.

표와 그림은 자료들을 일목요연하게 요약하여 제시하는 기능을 한다. 따라서 복잡한 자료들을 체계적으로 제시해야 할 때 적절히 사용하면 독자들이 보고서를 이해하는 데 큰 도움이 된다. 때때로 전문가들은 논문의 도표만을 읽고도 연구결과를 한눈에 이해할 수 있다. 따라서 각 도표는 부가 설명이 없이 그 자체만으로도 이해될 수 있는 형태로 제시되어야 한다. 만일 도표가 합리적으로 제시되어 있지 않다면 오히려 혼란을 초래할 수 있으므로, 꼭 필요한 도표들을 다음과 같은 점에 유의하여 제시한다.

도표의 위치 그림이나 표의 위치는 설명하는 본문에 가능한 가깝게 그리고 본문에서 설명이 된 후에 제시되어야 한다. 그림이나 표가 연구를 이해하는 데 도움이 되는 내용을 가지고 있지만 본문에 반드시 필요한 경우가 아니거나 너무 방대한 경우 부록에 포함시키기도 한다.

도표의 내용 표에 들어갈 자료는 제한된 항목에 대해 작성된 비교적 간단한 것이어야 한다. 너무 많은 자료를 하나의 그림이나 표에 포함시키는 것은 제시 효과를 감소시키는 일이다. 하나의 그림이나 표에 세 개 이상의 변인을 포함시키지 않는 것이 좋으며, 내용이 너무 복잡한 경우 몇 개로 나누어 작성한다.

도표의 번호 본문 안의 그림이나 표는 순서대로 고유번호를 가지고 있어야 하며, 표를 참조할 때는 '위의 표' 또는 '몇 쪽의 그림' 등의 방식으로 언급해서는 안 된다. 그림이나 표를 지칭할 때는 번호를 사용하여 '표 1' '그림 1' 등으로 지칭한다.

표제 표의 제목(title)이나 그림의 제목(figure caption)은 간결하면서도 자료의 성격을 명확히 나타낼 수 있도록 작성되어야 한다. 일반적으로 표제에는 그 자료가 수집된 대상집단, 변인 그리고 통계치에 대한 정보가 포함되어야 한다. 표의 제목은 표의 상단에, 그림의 제목은 그림의 하단에 제시한다. 표의 예를 보면 다음과 같다.

〈표 B〉 초등학교 아동[1)]의 친구관계와 행동문제[2)]간의 Pearson 적률상관계수[3)](N = 290)

친구관계	행동문제	
	품행문제	과잉행동문제
친구와의 갈등	.17**	.14**
친구에 대한 만족감	−.13*	−.05

* $p < .05$ ** $p < .01$

〈표 B〉의 제목에서 1)은 표에 나타난 자료가 어떤 연구대상에 관한 것인지, 2)는 연구변인이 무엇인지 그리고 3)은 표의 수치가 어떤 통계치인지에 관한 내용이 포함되어 있다. 마지막으로 표제 뒤에 괄호 속에는 연구대상의 수가 표시된다. 즉 위의 표제는 초등학교 아동 290명의 친구관계와 행동문제의 관련성을 Pearson 적률상관계수로 산출한 결과가 제시되어 있음을 의미한다. 표가 완성된 후에는 표제에 제시한 내용이 표에 모두 나타나 있는지 확인한다. 한편 표에 제시된 글자나 숫자 또는 기호에 관해 보조적으로 설명을 해야 할 내용들은 표의 하단에 기술해 준다. 〈표 B〉의 하단에는 상관계수에 부착된 기호(*)의 의미가 설명되어 있다. 기호가 하나인 경우 상관계수의 유의도가 .05 이하이고, 둘인 경우에는 유의도가 .01 이하임을 나타내고 있다.

다음 [그림 A]는 또래지위에 따라 아동을 분류한 분포의 막대그래프 그림이다. 그림을 제시할 때는 먼저 어떤 형태의 그림(그래프, 차트, 다이어그램 등)을 제시하는 것이 적절한지 선택한다. 그리고 필요한 내용들을 중심으로 그림이 완성되고 나면 그림에 제시된 변인의 이름이 적절하게 제시되었는지, 척도의 내용 및 수치가 정확하게 표시되어 있는지 그리고 척도의 비율이 적절하게 반영되었는지 확인한다.

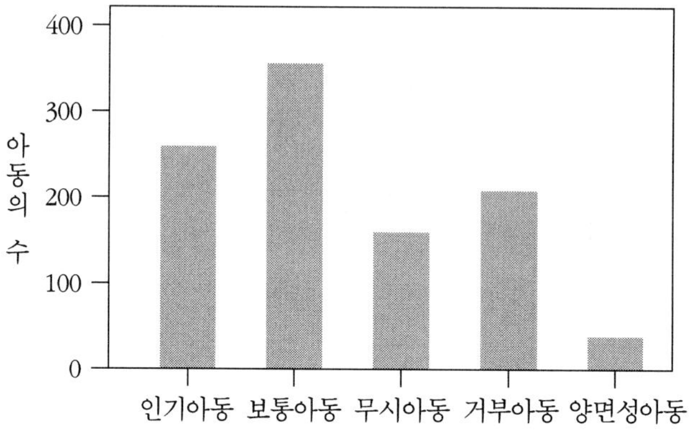

[그림 A] 또래지위에 따른 아동의 수

2.5 참고문헌 목록

각 문헌은 저자의 이름, 출판 연도, 제목, 정기간행물의 경우에는 간행물의 이름과 쪽 번호, 비정기 간행물의 경우에는 출판 장소 및 출판사 이름이 반드시 포함되어야 한다 (정기간행물에는 정기적으로 출판되는 학술지, 잡지, 회보 등이 포함된다.). 참고문헌을 정리할 때는 국내 문헌을 먼저 제시한 후 국외 문헌들을 제시한다. 아래에 좀 더 구체적으로 참고문헌 정리방법이 제시되어 있다(American Psychological Association, 2001).

제시 순서 철자순으로 정리한다. 만약 한 저자의 문헌이 여러 개 인용된 경우에는, ① 단독저자의 경우 연도가 빠른 것 먼저, ② 공동저자가 있는 경우에는 다음 저자의 철자순으로, ③ 공동저자들의 이름이 모두 같은 경우에는 연도가 빠른 것 먼저 제시한다. ④ 만일 저자의 이름과 연도가 모두 같은 경우에는 제목의 첫 철자순으로 정리하고 제시된 순서대로 연도 옆에 a, b, c, ……를 차례대로 붙여 준다. ⑤ 저자가 어떤 기관인 경우에는 해당 기관의 전체 이름을 쓰며, 익명의 경우는 익명(anonymous)이라고 표기하고 같은 원칙을 적용하여 순서를 정한다.

④의 예: 김순희(2000a). 아동의 ……
김순희(2000b). 한국 유치원 ……

제시 형태 문헌의 종류에 따른 제시 형태를 살펴보면 다음과 같다. ① 정기간행물:

저자(연도). 제목. 정기간행물 이름(한글은 다른 서체, 구문은 이탤릭), 권(한글은 다른 서체, 구문은 이탤릭), 쪽번호. ② 비정기간행물: 저자(연도). 제목(한글은 다른 서체, 구문은 이탤릭). 출판 장소: 출판사. ③ 비정기간행물의 일부분(book chapter): 해당되는 부분의 저자(연도). 해당되는 부분의 제목(또는 소제목), 비정기간행물의 편집자, 제목(한글은 다른 서체, 구문은 이탤릭)(쪽번호). 출판 장소: 출판사. ④ 학위논문: 저자(연도). 제목. 학위명과 대학(국외논문의 경우 대학이 위치한 장소를 추가). ⑤ 온라인 자료: 저자(등록 날짜). 제목(한글은 다른 서체, 구문은 이탤릭). 검색 날짜, 온라인주소(source).

①의 예: 이은해 · 고윤주(1999). 학령기 아동을 위한 친구관계의 질 척도 개발에 관한 연구. **아동학회지, 20**, 225–242.

Mellers, B. A. (2000). Choice and the relative pleasure of consequences. *Psychological Bulletin, 126*, 910–924.

②의 예: 이은해(1985). **아동 연구방법**. 서울: 교문사.

Beck, C. A., & Sales, B. D. (2001). *Family mediation: Facts, myths, and future prospects*. Washington, DC: American Psychological Association.

③의 예: 이수원(1989). 집단 고정관념의 변화. 한국심리학회(편). **심리학에서 본 지역 감정**(pp. 67–89). 서울: 성원사.

Baker, F. M., & Lightfoot, O. B. (1993). Psychiatric care of ethnic elders. In A. C. Gaw (Ed.), *Culture, ethnicity, and mental illness* (pp. 517–552). Washington, DC: American Psychiatric press.

④의 예: 정선진(2000). 학령기 아동의 행동문제와 또래 지위 및 친구관계의 질. 연세대학교 대학원 석사학위 청구논문.

Almeida, D. M. (1990). Fathers' participation in family work: Consequences for fathers' stress and father–child relations. Unpublished master's thesis, University of Victoria, Victoria, British Columbia, Canada.

⑤의 예: 이충환(2004. 12. 24). 뇌, 얼굴의 작은 특징 통해 사람 구별. **동아사이언스**. 검색일 2004, 12, 30, from http://www.dongascience.com[1)]

Hilts, P. J. (1999, February 16). In forecasting their emotions, most people flunk out. *New York Times*. Retrieved November 21, 2000, from http://www.nytimes.com[2)]

Fredrickson, B. L. (2000, March 7). Cultivating positive emotions to optimize health and well-being. *Prevention & Treatment, 3*, Article 0001a. Retrieved November 20, 2000, from http://journals.apa.org/ prevention/ volume3/pre0030001a.html[3)]

⑤의 예에서 1)과 2)는 잡지 및 신문의 기사이며, 3)은 인터넷 논문인 경우다.

3. 질적 연구보고서 작성의 유의사항

질적 연구의 보고서 작성에서도 학술 연구보고서에 포함되어야 하는 기본 요소와 체제를 숙지하여 따르면 되지만, 문체나 서술방법 등에서 질적 연구보고서가 가지는 부가적인 특성이 있을 수 있다. 전형적인 보고서 작성 양식을 따르는 대부분의 양적 연구에 비해, 질적 연구의 보고서는 작성 체제가 다양할 뿐만 아니라 결과를 효과적으로 전달하기 위해 연구자에 따라 다소 문학적이거나 창의적인 방법이 사용되기도 한다.

질적 연구를 수행하는 연구자들이 보고서 작성 시에 범하는 흔한 오류 중 하나는, 너무 많은 정보를 전달하고자 하는 것이다. 그 때문에 서술이 지나치게 길어지거나 비슷한 내용이 반복됨으로써 연구결과의 요지가 잘 전달되지 않게 된다. 따라서 최종보고서의 분량을 어느 정도 한정해 놓고 핵심적인 내용만 추려서 포함시키려고 노력해야 하며, 체계적이고 효율적인 보고서 구성에 대한 계획이 필요하다.

질적 연구는 상대적으로 연구 기간이 길고 자료의 양이 많다 보니 마지막 단계에서 방대한 분량의 자료를 골라내고 다듬어 간결하고 명확한 방법으로 독자에게 결과를 전달하도록 하는 것이 핵심이다. 내용 전달에 가장 효과적이라고 생각되는 형식을 연구자가 선택할 수 있으며 보고서 작성을 가능한 일찍 시작하여야 한다. Merriam(1998)은 질적 연구보고서를 쓰는 데 있어서 표준 형식은 없다고 하였으며, Stake(1995)는 독자의 이해를 도울 수 있다면 보고서는 어떠한 방식으로도 구성이 가능하다고 하였다. 예를 들어, 사례의 한 단면이나 쟁점을 부각시킬 수 있는 장면들을 몇 개의 짧은 이야기들로 연결하기도 하고, 수집된 전체 자료를 통합적으로 취하여 하나의 이야기 형태로 보고서를 작성하기도 한다. 또한 독자의 이해를 돕기 위하여 시각적인 자료를 사용할 수도 있다. 통계분석이나 수치 비교가 질적 연구의 목적은 아니지만 최근에는 연구내용의 효과적인 전달을 위해 간략한 그래프나 도표를 포함시키는 경우도 늘어나고 있다. 질적 연구보고서 작성에서 부가적으로 고려해야 할 사항들을 설명하면 다음과 같다.

3.1 문 체

질적 연구에서는 연구자를 적극적 참여자로 받아들이므로 보고서 작성에서도 수동태보다 능동태의 문체를 주로 사용한다. 화자를 1인칭으로 할 것인지 3인칭으로 할 것인지에 대해서는 연구 내용을 고려하여 연구자가 선택할 수 있으나, 자료 수집방법이 면접일 때에는 주로 3인칭, 즉 연구대상의 목소리에 초점을 맞추어 서술하는 경우가 많다. 참여관찰의 경우에는 연구자 자신의 관점에서 해석한 것에 비중을 두어 1인칭으로 표현하는 경우가 많다. 또한 독자들이 연구 내용이나 사례를 이해하는 데 도움을 주기 위하여 연구보고서가 이야기 형태(narrative)로 이루어지는 경우가 있다. 이야기 형태의 보고서에서는 수사적, 은유적 표현이나 수식어가 많이 포함된 문체를 사용하기도 한다. 그러나 장황하게 이야기를 나열하는 식이 되어서는 안 될 것이며 연구자가 숙고하여 추려 낸 핵심적 요소들을 포함하여 전개되어야 한다. 특정 학회지에 게재하는 것을 목표로 하는 경우, 그동안 학회지에 실린 질적 연구논문들을 참고하여 형식과 체제를 비슷하게 갖추는 것이 바람직하다.

3.2 제 목

질적 연구에서는 독립변인과 종속변인의 인과관계를 밝히거나 표본에서 얻어 낸 결과를 일반화하려는 목적보다는, 특정 연구대상이나 장면을 심층적으로 탐색하여 의미를 도출하고자 하는 목적을 가진다. 따라서 변인을 연결한 제목 구성이 어려우므로 연구주제를 함축적으로 표현하는 제목을 찾아야 한다. 연구보고서의 제목은 가능한 짧고 간결해야 한다는 전통적 접근을 깨고, 서술형의 긴 문장으로 제목을 구성하거나 이중 제목이나 부제를 포함시키는 것을 흔히 볼 수 있다. 쌍점(콜론)을 이용해 두 가지 제목을 연결한 다음의 예를 보자.

예: 유치원 학급에서의 반편견 교육: 문화 매개자로서의 교사

위의 예에서 이중 제목의 첫 부분은 연구대상(유치원 학급)과 주제(반편견 교육)를 포함

하며 뒷부분에서는 연구결과(문화 매개자와 같은 교사의 역할)를 간접적으로 유추할 수 있게 한다. 한 가지 예를 더 보자.

예: "그렇지 않아요. 이해가 안 돼요!": 과학 개념에 대한 학생들의 관점 이해하기

이 경우에는 과학 개념에 대한 학생들의 관점이 연구주제며, 수집된 자료의 일부, 즉 연구대상이 한 말을 직접 인용하여 제목을 만든 경우다. 연구에서 해석된 결과를 함축적으로 나타낼 수 있는 인용문을 선택적으로 골라 제목에 사용하는 것도 독자의 시선을 끄는 데 효과적일 수 있다.

예: 교사의 이야기 경청하기: 우리는 너무 편히 앉아 있는가?

위의 예를 보면, 제목을 길게 만들기는 하였지만 연구의 내용이 어떤 것인지 제목을 통해서는 알기가 어렵다. 이처럼 연구를 통해 해석한 상징적 의미를 가지고 문학적 제목을 만들기도 하는데, 의미 전달에 효과적일지는 모르나 제목 검색을 통해 관심 주제의 참고논문을 찾는 독자들에게는 어려움이 될 수도 있다. 따라서 가능하면 연구주제와 대상 혹은 연구방법(문화 기술적 연구, 사례 연구 등) 등에 대해 축약적인 정보를 가지고 있는 제목을 만드는 것이 좋다.

3.3 저 자

질적 연구에서는 연구대상이 저자가 되는 경우도 있다. 한 개인과의 반복적인 심층면접이나 관찰에 근거한 연구의 경우에는 연구자와 연구대상 간에 협력적인 토론이나 대화를 많이 가지게 되는데, 연구대상의 의견이나 관점이 결과 해석에 영향을 주었거나 보고서 작성에도 함께 참여하였다면 연구대상을 저자에 포함시키기도 한다.

이 외에 연구자 경험에 대한 관심이 고조되고 있는 것도 최근 질적 연구의 경향이라고 볼 수 있는데(Moch & Gates, 2000), 질적 연구를 수행한 연구자가 연구 진행 과정을 통해 경험하는 여러 가지 쟁점이나 개인적 사고의 변화 등에 대한 주제 자체가 하나의 연구가 되는 것이다. 현장기록지나 개인 노트에 수집된 연구자의 반성적 사고(reflective thinking)에 근거하여 분석한 것을 연구 · 발표하며, 이때에는 연구자와 연구대상이 동일인물이 된다. 특히 공동연구를 진행한 경우, 서로 다른 배경과 관점을 가진 연구자들이 같은 주

제를 연구해 나가면서 겪게 되는 여러 경험들에 대해 연구를 할 수 있는데, 공동으로 연구에 참여한 연구자들이 서로를 면접하거나 각자 연구자로서의 상징적 이미지를 나타내는 콜라주를 만들어 보는 등 다양한 방법으로 새로운 자료를 수집하여 연구를 하기도 한다. 이 경우에도 역시 저자와 연구대상이 동일하게 된다.

3.4 방 법

양적 연구에서와 마찬가지로 질적 연구에서도 연구방법에 대한 설명은 충분히 이루어져야 하며, 특히 질적 연구에서는 연구자의 사고와 주관적 입장에 대한 명확한 기술 또한 필요하다. 연구를 수행하는 동안 연구자의 관점이 어떻게 영향을 미쳤는지에 대한 구체적 분석을 보고서에 포함시키는 것이 중요하다. 연구자의 전문가적인 경험과 관심에 대한 진술 그리고 연구목적과의 관련성 등에 대한 설명은, 독자가 연구자의 관점을 이해하고 연구결과를 좀 더 비판적으로 이해하는 데에 도움을 줄 수 있다. 연구방법 서술의 초점은 연구에 따라 조금씩 다를 수 있는데, 사례연구에서는 대상이 되는 장면의 자세한 묘사와 맥락 설명이 중요하며 면접에 의한 연구에서는 각 면접대상에 대한 구체적 기술에 초점을 맞추게 된다.

3.5 결과와 논의의 서술

결과 서술은 다양한 형태로 이루어질 수 있다. 현장기록지나 다른 자료들을 통해 수집한 내용을 다듬어 서술하는 형식으로 보고할 수도 있고, 좀 더 해석적인 측면에 중점을 두어 연구자가 파악해 낸 의미를 주로 제시하는 방법을 사용할 수도 있다. 결과 전달에 주로 쓰이는 방식은 자료분석에서 도출해 낸 범주, 주제 혹은 이론에 근거해 보고서를 구성하는 것이다. 이를 구성함에 있어서 묘사적인 이야기를 먼저 쓰고 분석과 해석을 뒤에 논의할 것인지, 장면 묘사와 해석을 통합하여 기술할 것인지는 연구자가 선택하여야 할 것이다. 어떤 방법을 사용하든 보고서의 마지막 부분에서 연구의 목적을 재조명하고, 결과 요약과 더불어 연구의 의의와 제한점 그리고 후속 연구에 도움이 될 문제제기를 함께 포함하는 것이 바람직하다.

연습문제

1. 한 주제를 선정하여, 자신이 그 주제의 연구보고서를 작성하게 되었을 때를 생각하며 보고서 목차를 만들어 보라.
2. 학술지 논문 한 편을 골라 본문과 참고문헌 목록을 대조해 보라. 본문에 제시된 참고문헌이 빠짐없이 목록에 포함되었는가? 각각의 제시순서와 형태가 정확한지 점검해 보라.

부록

아동 연구를 위한 윤리적 기준[1)]

원칙 1. 피해를 주지 않는 절차 연구자는 아동에게 신체적으로나 심리적으로 피해를 줄 수 있는 연구절차를 사용해서는 안 된다. 또한 연구자는 가능한 한 스트레스가 적은 연구절차를 사용할 책임이 있다. 심리적 피해를 정의하기가 어려울지 모르나 이에 대한 정의와 피해를 감소시키기 위한 방법의 적용은 연구자의 책임에 속한다. 연구자가 연구절차상 피해를 줄지 모른다고 의심이 되면 전문가들의 자문을 구해야 한다. 피해가 불가피하게 보일 때는 정보수집의 다른 방안을 찾아보든가 연구를 포기해야 한다. 진단적 또는 치료적 혜택을 주는 연구라 하더라도 아동에게 스트레스를 줄지 모르는 경우에는 기관별 연구심의위원회(IRB)에서 충분히 이를 고려해야 한다.

원칙 2. 서면동의 아동에게 연구 참여의 동의를 구하기 전에 연구자는 참여에 영향을 줄 연구의 모든 측면에 대해 알려 주고 아동의 이해에 맞게 질문에 답을 해 주어야 한다. 연구자는 아동의 연구 참여에 대한 자유의사를 존중하여 참여하거나 거부할 수 있도록 하고, 참여 도중에도 언제나 그만 둘 수 있는 선택의 자유를 보장해야 한다. 아동의 동의 의사는 형식적 서면동의를 할 수는 없지만 어떤 형태로든지 표현되어야 한다. 영아를 대상으로 한 연구자는 부모에게 연구절차를 설명하고 영아가 나타내는 불편의 표시에 특별히 민감해야 한다. 연구 참여에 대한 동의를 받는 것이 원칙적으로 중요하나, 동의를

1) 이 글은 Society for Research in Child Development에서 제시한 아동 연구의 윤리강령을 번역한 것임. 출처: Society for Research in Child Development (2000). *Directory of members 1999–2000*. Ann Arbor, MI: SRCD, pp. 283–284 또는 www.srcd.org.

얻기 불가능한 상황(예: 비개입 현장연구)에서는 공공의 장소에서 대상의 익명성이 전적으로 보장되고 부정적 결과가 예견되지 않는다면, 연구가 수행될 수도 있다. 그러나 이 연구가 윤리적으로 문제가 없는지에 대해서는 IRB에 자문을 구해야 한다.

원칙 3. 부모 동의 연구 참여에 대한 서면동의는 부모, 법적 보호자 또는 법적 대리인(예: 교사, 교육기관장)으로부터 받아야 한다. 서면동의를 위해서는 아동의 연구 참여에 영향을 줄 수 있는 연구의 모든 절차에 대해 설명해 주고 연구자의 소속기관과 직위를 알려 준다. 부모의 거부할 권리를 존중하고, 참여 거부로 인해 어떤 벌칙도 가해지지 않는다는 것을 알려 주어야 한다.

원칙 4. 추가적 동의 연구 과정에서 아동과 상호작용을 하게 되는 사람, 즉 부모나 교사 등의 서면동의도 받아야 한다. 마찬가지로 이들에게도 연구의 모든 측면에 대해 설명해 주고 질문에 응답해 주어야 한다. 아동과 함께 연구에 포함된 사람들도 참여를 결정할 자유가 있으며, 참여 도중에 언제든지 중지할 수 있어야 한다.

원칙 5. 참여에 대한 보상 연구 참여에 대한 보상은 공평해야 하고 아동이 정상적으로 경험하는 보상의 범위를 지나치게 넘지 말아야 한다. 연구자는 어떤 보상을 사용하든지 연구가 아동에게 미치는 효과가 클수록 아동의 복리와 자유를 보호할 의무도 커진다는 점을 항상 유념해야 한다.

원칙 6. 속임 연구 참여에 대해 동의를 받을 때 연구의 모든 내용이 충분히 공개되어야 하는 것이 원칙이나, 특수한 연구에서는 어떤 정보를 제공하지 않거나 거짓으로 속여야 할 필요가 있을 수 있다. 이러한 연구를 수행할 때 연구자는 동료 전문가들로부터 그러한 판단이 옳다는 것에 대해 확인을 받아야 한다. 일부의 정보가 제공되지 않거나 속여야 할 때는 연구 참여자들이 그로 인해 부정적 영향을 받지 않을 것이라는 근거가 있어야 하며, 연구가 끝난 후 참여자들이 속인 이유를 이해할 수 있도록 적절한 설명이 있어야 한다. 속임이 포함된 연구를 수행할 연구자는 그간 아동이나 가족에게 부정적 효과가 없다고 알려진 속임방법을 사용하도록 노력해야 한다.

원칙 7. 익명성 연구자는 기관이 보유한 자료를 사용할 때 그 자료를 책임지는 사람으로부터 허가를 받아야 한다. 정보의 익명성이 유지되어야 하며 허가받은 목적 외의 정보사용을 금해야 한다. 연구자는 자료를 사용하도록 허가해 준 책임자도 참여자의 신뢰를 바탕으로 하며 책임을 공유한다는 점을 확실히 인식한다.

원칙 8. 상호 책임　연구의 시작부터 연구자, 부모 또는 보호자 그리고 아동 간 각자의 책임 한계에 대해 분명한 동의가 있어야 한다. 연구자는 그 동의와 모든 약속을 존중할 의무가 있다.

원칙 9. 위험요소의 발견　연구 진행 과정에서 아동의 복리가 위협받을 수 있다는 정보가 입수되면, 연구자는 이를 부모, 보호자 그리고 현장의 전문가와 논의할 책임이 있다.

원칙 10. 사전에 예견하지 못한 결과　연구절차에서 사전에 예견하지 못한 결과가 참여자에게 생길 때 연구자는 즉시 이를 수정하기 위한 적절한 조치를 취하고, 차후 연구에서 같은 절차가 포함된다면 이를 수정해서 설계해야 한다.

원칙 11. 비밀유지　연구 참여자에 대해 수집된 모든 정보는 비밀로 유지되어야 한다. 참여자 개인의 이름은 구두 발표나 보고서 그리고 학생이나 동료들과의 비공식적 대화에서도 일체 밝혀져서는 안 된다. 만일 연구 참여자의 정보에 다른 사람들이 접근할 가능성이 조금이라도 있다면, 비밀을 유지할 수 있는 계획과 함께 서면동의 절차에서 이 가능성을 참여자에게 설명해야 한다.

원칙 12. 참여자에게 정보제공　연구자는 자료수집이 끝난 후 즉시 참여자들이 연구에 대해 가질 수 있는 오해의 소지를 없애도록 해야 한다. 연구자는 또한 참여자들이 이해할 수 있는 용어로 연구의 일반적 결과를 알릴 의무가 있다. 정보제공을 보류할 때는 그것이 참여자들에게 해가 되지 않도록 모든 노력을 경주해야 한다.

원칙 13. 결과 보고　연구결과의 보고에서 연구자의 언어는 의도하지 않게 아동이나 부모에게 부담이 될 수 있으므로 결과 보고, 평가적 서술, 제언 등에서 특별히 세심하게 주의를 기울여야 한다.

원칙 14. 결과의 함의　연구자는 연구결과가 내포하고 있는 사회적, 정치적, 인간적 함의에 대해 충분히 이해하고, 결과의 제시에 특별히 유의해야 한다. 그러나 이 원칙 때문에 연구자가 과학적 연구보고의 기준을 지킬 권리가 부인되는 것은 아니다.

원칙 15. 과학적 측면의 위법행위　위법행위란 자료의 누락, 잘못된 분석, 표절, 왜곡된 제시 등으로 학계에서 일반적으로 수용되는 연구의 분석과 보고의 수준으로부터 심각하게 이탈된 행위를 말한다. 여기에는 연구자가 의도하지 않은 오류나 자료해석에서의 진정한 차이는 포함되지 않는다. 아동연구학회는 연구자의 통합성과 연구의 진실성 기초 위에서 과학적 연구를 추구하는 데 강력한 지도력을 행사하고자 하며, 회원들의 위법행위를 묵과하지 않을 것이다. 투표권한을 가진 운영위원은 과학적 측면에서 위법이라고 밝혀지는 회원에 대해 제명 결정을 내릴 책임이 있다.

원칙 16. 개인적 범법행위　　회원이 개인적으로 유죄 판결을 받게 되면 학회 회원에서 제명될 수 있는 근거가 된다. 범죄가 학회의 목적과 관련 있는지의 결정은 운영위원회에서 논의되며, 제명 여부도 운영위원회 위원들의 투표에 의해 결정된다.

참고문헌

강봉규(1996). 통계학: 연구자료처리의 통계적 방법. 서울: 형설출판사.

김기옥 · 김순옥 · 황선진 · 이수진 · 현은자 · 최인수 · 유현정(2005). ESM을 통해 본 대학생의 주관적 삶의 질. 대한가정학회지, 43(2), 203-229.

김아영(2000). 관찰연구법. 서울: 교육과학사.

김영종(2002). 사회복지 조사방법론. 서울: 학지사.

교육부(1995). 유치원 교육과정에 기초한 유아관찰척도. 서울: 교육부.

박성희(2004). 질적 연구방법의 이해: 생애사 연구를 중심으로. 서울: 원미사.

박주희 · 이은해(2001). 취학 전 아동용 또래 유능성 척도 개발에 관한 연구. 대한가정학회지, 39(1), 221-232.

성태제(2005). 교육연구방법의 이해(개정판). 서울: 학지사.

송혜린(2003). 어린이집의 질적 수준 및 교사의 놀이참여와 아동의 놀이행동 간의 관계. 연세대학교 대학원 박사학위 청구논문.

신경림 · 장연집 · 조영달 · 김남선(2003). 질적연구 용어사전. 서울: 현문사.

양병화(1998). 다변량 자료분석의 이해와 활용. 서울: 학지사.

이미리(1996). 청소년의 우울증 수준에 있어서 문화적 차이와 일상생활활동 경험과의 관계. 아동학회지, 17(2), 23-36.

이미리(2000). 일상생활의 어떤 경험이 초기 청소년의 폭력행동과 관계가 있는가. 연구보고 99-P 06. 한국청소년개발원.

이미리(2003). 중학생의 또래폭력행동피해와 일상활동경험의 관계. 한국심리학회지: 발달, 16(2), 87-110.

이은해(1985). 아동연구방법. 서울: 교문사.

이은해(1995). 발달의 평가와 측정. 서울: 교문사.

정현숙(1994). 자료의 수집과 자료 분석을 위한 준비. 한국가족학연구회 편. 가족학자료분석방법 (pp. 31-49). 서울: 하우.

조용환(1998). 한국에서의 질적 연구 동향 및 과제. 한국유아교육학회 1998년 연차 학술 대회 발표.

조용환(1999). 질적연구: 방법과 사례. 서울: 교육과학사.

초등생 학교폭력 중고생 보다 심각(2004. 1. 13). 조선일보, p. A 10.

최재원 · 강성구(2000). 비만 청소년의 운동참여와 그 생리, 심리적 혜택: 단일 피험자 사례 연구. 한국스포츠 심리학회지, 11(2), 183-200.

한국 아동학회 · 한솔교육문화연구원(2001). 아동발달백서 2001. 서울: (주)한솔교육.

한국청소년개발원(2004). 한국청소년 패널조사. 서울: 한국청소년개발원.

홍희영(2002). 정서유발 맥락이 영아의 미소에 미치는 효과. 연세대학교 대학원 박사학위 청구 논문.

황해익(2004). 아동 연구 방법. 서울: 정민사.

Adams, G. R., & Schvaneveldt, J. D. (1991). *Understanding research methods* (2nd ed.). White Plains, NY: Longman.

Adler, P. A., & Adler, P. (1994). Observational techniques. In N. K. Denzin, & Y. S. Lincoln (Eds.), *Handbook of qualitative research* (pp. 377-392). Thousand Oaks, CA: Sage.

AERA, APA, & NCME (1999). *Standards for educational and psychological testing*. Washington, DC: AERA.

American Educational Research Association (1992). Ethical standards of the American Educational Research Association. *Educational Researcher, 21*(7), 23-26.

American Psychological Association (2001). *Publication manual of the American Psychological Association* (5th ed.). Washington, DC: APA.

American Psychological Association (2002). Ethical principles of psychologists and code of conduct. *American Psychologist*, 57, 1060-1073. 또는 http://www.apa.org/ethics/code.html

Ayers, W. (1989). *The good preschool teacher*. New York: Teacher' s College Press.

Babbie, E. (2004). *The practice of social research* (10th ed.). Belmont, CA: Wadsworth Publishing Co.

Baltes, P. B. (1968). Longitudinal and cross-sectional sequences in the study of age and generation effects. *Human Development, 11*, 145-171.

Bandura, A. (1965). Influence of model's reinforcement contingencies on the acquisition of imitative responses. *Journal of Personality and Social Psychology, 1*, 589-595.

Baron, R. A., & Byrne, D. (1991). *Social Psychology: Understanding human interaction* (6th ed.). Newton, MA: Allyn & Bacon.

Beaty, J. J. (2002). *Observing development of the young child* (5th ed.). Upper Saddle River, NJ: Merrill Prentice Hall.

Bogdan, R. C., & Biklen, S. K. (1998). *Qualitative research for education: An introduction to theory and methods* (3rd ed.). Boston, MA: Allyn and Bacon.

Bracht, G. H., & Glass, G. V. (1968). The external validity of experiments. *American Educational Research Journal, 5,* 437–474.

Buss, A. H. (1961). *The psychology of aggression.* New York: Wiley.

Campbell, D. T., & Stanley, J. C. (1963). *Experimental and quasi-experimental designs for research.* Chicago: Rand McNally.

Christensen, L. B. (2001). *Experimental methodology* (8th ed.). Needham Heights, MA: Allyn & Bacon.

Cochran, W. G., & Cox, G. M. (1957). *Experimental designs.* New York: Wiley.

Cook, T. D., & Campbell, D. T. (1979). *Quasi-experimentation: Design and analysis issues for field settings.* Chicago: Rand McNally.

Creswell, J. W. (1998). *Qualitative inquiry and research design: Choosing among five traditions.* Thousand Oaks, CA: Sage.

Creswell, J. W. (2002). *Educational research: Planning, conducting, and evaluating quantitative and qualitative research.* Upper Saddle River, NJ: Merrill/ Prentice Hall.

Creswell, J. W., Wheeler, D. W., Seagren, A. T., Egly, N. J., & Beyer, K. D. (1990). *The academic chairperson's handbook.* Lincoln and London: The University of Nebraska Press.

Cronbach, L., & Furby, L. (1970). How should we measure "change"–or should we? *Psychological Bulletin, 74,* 68–80.

Csikszentmihalyi, M., & Larson, R. (1987). Validity and reliability of the experience sampling method. *Journal of Nervous Mental Disease, 175,* 526–533.

Czaja, R. (2005). *Designing surveys: A guide to decisions and procedures.* Thousand Oaks, CA: Sage.

Damon, W. (Ed.) (1998). *Handbook of child psychology* (5th ed.). New York: Wiley.

Deese, J. (1972). *Psychology as science and art.* New York: Harcourt Brace & Jovanovich.

Denzin, N. K., & Lincoln, Y. S. (Eds.) (2000). *Handbook of qualitative research* (2nd ed.). Thousand Oaks, CA: Sage.

deVries, M. (1992). *The experience of psychopathology.* Cambridge: Cambridge University Press.

Dutton, D., & Lake, R. (1973). Threat of own prejudice and reverse discrimination. *Journal of Personality and Social Psychology, 28,* 94–100.

Elmes, D. G., Kantowitz, B. H., & Roediger III, H. L. (1999). *Research methods in psychology* (6th ed.). New York: Brooks/Cole.

Fine, M. A., & Kurdek, L. A. (1993). Reflections on determining authorship credit and authorship order on faculty-student collaborations. *American Psychologist, 48,* 1141–1147.

Gall, M. D., Gall, J. P., & Borg, W. R. (2003). *Educational research: An introduction* (7th ed.). Boston, MA: Allyn & Bacon.

Glaser, B. G., & Strauss, A. L. (1967). *The discovery of grounded theory: Strategies for qualitative research.* Chicago: Aldine.

Goodwin, C. J. (2005). *Research in psychology: Methods and design* (4th ed.). New York: John Wiley & Sons.

Hersen, M., & Barlow, D. H. (1976). *Single case experimental designs: Strategies for studying behavioral change.* New York: Pergamon Press.

Johnson, B., & Christensen, L. (2000). *Educational research: Quantitative and qualitative approaches.* Boston, MA: Allyn and Bacon.

Kennedy, J. J., & Bush, A. J. (1985). *An introduction to the design and analysis of experiments in behavioral research.* Lanham, MD: University Press of America.

Kerlinger, F. N., & Lee, H. B. (2000). *Foundations of behavioral research* (4th ed.). New York: Harcourt College Publishers.

Kusche, C. A., & Greenberg, M. T. (1983). Evaluative understanding and role-taking ability: A comparison of deaf and hearing children. *Child Development, 54*, 141-147.

Larson, R. (1989). Beeping children and adolescents: A method for studying time use and daily experience. *Journal of Youth and Adolescence, 18*(6), 511-530.

Larson, R., & Verma, S. (1999). How children and adolescents spend time across the world: Work, play, and developmental opportunities. *Psychological Bulletin, 125*(6), 701-736.

Lincoln, Y. S., & Guba, E. G. (1989). Ethics: The failure of positivist science. *Review of Higher Education, 12,* 221-240.

Lorenz, K. (1966). *On aggression.* San Diego, CA: Harcourt Brace Jovanovich.

Martin, D. (2004). *Doing psychology experiments* (6th ed.). Belmont, CA: Wadsworth Publishing Co.

Merriam, S. B. (1998). *Qualitative research and case study applications in education.* San Francisco: Jossey-Bass Publishers.

Moch, S. D., & Gates, M. F. (Eds.) (2000). *The researcher experience in qualitative research.* Thousand Oaks, CA: Sage.

Pappworth, M. H. (1967). *Human guinea pigs: Experimentation on man.* Boston, MA: Beacon Press.

Peterson, C. (1996). Writing rough drafts. In F. T. L. Leong, & J. T. Austin (Eds.), *The psychology research handbook: A guide for graduate students and research assistants* (pp. 282-290). London: Sage.

Phillips, S. R. (1994). Asking the sensitive question: The ethics of survey research and teen sex. *IRB: A Review of Human Subjects Research, 16,* 1-6.

Popper, K. R. (1968). *The logic of scientific discovery.* London: Hutchinson and Co.

Rasinski, K. A. (1989). The effects of question wording on public support for government spending. *Public Opinion Quarterly, 53,* 388–94.

Ray, W. J. (1993). *Methods toward a science of behavior and experience.* CA: Brooks/Cole Publishing Company.

Rosenthal, R. (1966). *Experimenter effects in behavioral research.* New York: Appleton–Century–Crofts.

Rosenthal, R. (1978). How often are our numbers wrong? *American Psychologist, 33,* 1005–1007.

Rosenthal, R., & Rosnow, R. L. (1975). *The volunteer subject.* New York: Wiley.

Salkind, N. J. (2003). *Exploring research* (5th ed.). Upper Saddle River, NJ: Prentice–Hall.

Scott–Jones, D. (2000). Recruitment of research participants. In B. D. Sales, & S. Folkman (Eds.), *Ethics in research with human participants* (pp. 27–34). Washington, DC: American Psychological Association.

Sigall, H., Aronson, E., & Van Hoose, T. (1970). The cooperative subject: Myth or reality. *Journal of Experimental Social Psychology, 6,* 1–10.

Smith, S. S., & Richardson, D. (1983). Amelioration of deception and harm in psychological research: The important role of debriefing. *Journal of Personality and Social Psychology, 44,* 1075–1082.

Society for Research in Child Development (2000). Ethical standards for research with children. *SRCD directory of members 1999–2000,* 283–284. 또는 http://www.srcd.org

Stake, R. E. (1995). *The art of case study research.* Thousand Oaks, CA: Sage.

Stevens. S. S. (1951). Mathematics, measurement, and psychophysics. In S. S. Stevens (Ed.), *Handbook of experimental psychology.* New York: John Wiley.

Strauss, A., & Corbin, J. (1994). Grounded theory methodology: An overview. In N. K. Denzin, & Y. S. Lincoln (Eds.), *Handbook of qualitative research* (pp. 273–285). Thousand Oaks, CA: Sage.

Tuckman, B. W. (1999). *Conducting educational research* (5th ed.). New York: Harcourt Brace College Publishers.

Vuchinich, S. (1984). Sequencing and social structure in family conflict. *Social Psychology Quarterly, 47*(3), 217–234.

Walberg, H. J. (1984). Improving the productivity of America's schools. *Educational Leadership, 41*(8), 19–27.

Walsh, D. (1998). 유아교육에서의 질적 연구 I, II. 한국유아교육학회 1998년 연차 학술 대회 발표.

찾아보기

[인 명]

[내 용]

저자 소개

■ 이은해(李恩海)

〈약력〉 이화여자대학교 사범대학 교육심리학과 졸업
이화여자대학교 대학원 석사(교육심리학)
Ohio State University 대학원 Ph.D.(교육학)
연세대학교 어린이생활지도연구원 원장
연세대학교 생활과학대학 학장
한국아동학회 회장
〈현재〉 연세대학교 생활과학대학 아동가족학과 교수
〈저서〉 아동연구방법(교문사, 1985)
아동발달의 평가와 측정(교문사, 1995)
어린이집 프로그램 관찰척도: 사용지침(다음세대, 2003)

■ 이미리(李美利)

〈약력〉 연세대학교 생활과학대학 아동학과 졸업
연세대학교 대학원 석사(아동학)
University of Illinois at Urbana-Champaign 대학원 Ph.D.(청소년발달)
서울여자대학교 특수치료전문대학원 겸임교수
〈현재〉 한국체육대학교 청소년지도학과 조교수
〈저서〉 청소년인권론(교육과학사, 2004)

■ 박소연(朴昭姸)

〈약력〉 연세대학교 생활과학대학 아동학과 졸업
연세대학교 대학원 석사(아동학)
Virginia Polytechnic Institute and State University 대학원 Ph.D.(아동학)
삼성복지재단 어린이개발센터 연구원
University of New Hampshire 가족학과 조교수
University of New Hampshire 부속 아동연구발달센터(CSDC) 부원장
〈현재〉 연세대학교 생활과학연구소 전문연구원
연세대학교 생활과학대학 아동가족학과 강사

아동 연구방법의 이해

2006년 2월 18일 1판 1쇄 발행
2023년 3월 20일 1판 14쇄 발행

지은이 • 이은해 · 이미리 · 박소연
펴낸이 • 김 진 환
펴낸곳 • (주) 학지사
04031 서울특별시 마포구 양화로 15길 20 마인드월드빌딩 5층
대표전화 • 02) 330-5114 팩스 • 02) 324-2345
등록번호 • 제313-2006-000265호
홈페이지 • http://www.hakjisa.co.kr
페이스북 • https://www.facebook.com/hakjisabook

ISBN 978-89-5891-246-0 93370

정가 **17,000원**

저자와의 협약으로 인지는 생략합니다.
파본은 구입처에서 교환하여 드립니다.